Westfalen **in Amerika**

Friedrich Schütte

Friedrich Schütte

Westfalen **in Amerika**

Von Boeing, Bruns und Boas bis Ney,
Niebuhr und Wewer

Landwirtschafts**verlag**

Inhaltsverzeichnis

Vorwort 6

Jürnjakob Swehn, Heinrich Vogel und unzähligeTausende deutscher Amerikafahrer
verwirklichen ihren Traum: die eigene Farm in Amerika! 8

300000 Westfalen in der Neuen Welt. Berühmte amerikanische Pioniere stammen aus Westfalen
und Lippe 14

Ein eigener Bahnhof in Minden/Nevada für „Rinderkönig" H. F. Dangberg aus Halle/Westf. 26

Arzt Dr. Bernhard Bruns: „Pfadfinder" der Kettenwanderung
katholischer Westfalen nach Missouri 40

Dr. Abraham Jacobi aus Hartum. Gründer der ersten Kinderklinik und Nestor der
Kinderheilkunde in den USA 56

Briefe Gerdemann & Co: Beste Werbung für Kettenwanderung in die „Neue Welt" 60

Dr. Ernst Kapp, Minden: Lehrmeister für Demokratie westfälischer „Achtundvierziger"
in der „Neuen Welt" 66

„48er" Friedrich Kapp aus Hamm: erst Flucht nach New York, dann Mitglied des Reichstages 70

Die Marmetts aus Ostbevern als Reeder und Kapitäne auf Ohio und Mississippi 72

Blomberger Bürgermeistersohn Heinrich Küster segelte schon 1693 nach Amerika 76

Aus Liebe zu Adelheid von Borries nach Amerika: Hermann Garlichs gründet mit
Tecklenburgern die erste Kirchengemeinde westlich des Mississippi 78

Pauline von Mallinckrodt, Wegbereiterin des Schulwesens in den USA 92

Lipper Julius Vor(d)triede: Redakteur der neuen Verfassung des Staates New York 108

Franz Arnold Hoffmann (1822-1903) aus Herford: Banker, Gouverneur, Agrarjournalist und
PR-Lokomotive für Abraham Lincoln 114

Herrmann Kriege aus Lienen schrieb von New York City aus Presse-Geschichte(n) 120

Lippischer Oberst Emil von Donop unterlag 1777 George Washingtons Truppen 128

Von Amerika heimgerufen, um im Sauerland „Backes Hof" zu erben 132

Im Strohsack bettelarm geflohen, in Oklahoma steinreich gestorben 135

Clemens A. Hunck aus Duelm (Minnesota) schickte 1875 Mais als Saatgut nach Dülmen 140

Berühmte Söhne Münsterländer Emigranten setzten als Erzbischöfe in den USA
Wegmarken des Glaubens 144

Bauer Friedrich Reineking segelte 1847 mit 111 Langenholzhausern nach „Neu Lippe" 148

Peter Friedrich Tarke aus Löhne, Westfalen: eine riesengroße Ranch am
Feather River, Kalifornien 158

Kunstwerke von Elisabet(h) Ney aus Münster schmücken das US-Capitol in Washington D.C........ 162

Bauernsohn Heinrich Schlüter: Star-Architekt Weltausstellung Chicago 1893/St. Louis 1903......... 166

Heinr. Theodor Canisius aus Allendorf: Redakteur, Verleger, Partner Lincolns........................... 170

„Achtundvierziger"Wilhelm von Laer: Gründungsvater der „Westfälischen Landschaft" 174

Bruder Adrian Wewer aus Harsewinkel: Baukastensystem für Kirchenbau in den USA................ 182

Franz Boas aus Minden: Bedeutendster Anthropologe seiner Zeit auf der Welt 185

Familie Derenthal aus dem Warburger Land: vom Indianer-Missionar in Wisconsin bis zur
Muster-„Stock-Farm" in Minnesota.. 188

Stromberger Griesediecks brauten in St. Louis mehr Bier als der Urahn von Anheuser-Busch......... 192

Deserteur Heinrich Lembeck aus Osterwick: Bierbrauer und Mäzen in New Jersey..................... 196

Heinrich Brockmeyer: in Amerika ein Kultur-„Hero", zu Haus ganz unbekannt......................... 199

C. F. G. Meyer aus Ilwede, Stemweder Berg – vom Schäferjungen zum Pharma-Millionär............. 205

Gottlieb Viehe aus Mennighüffen: Ein Amerikaner als Missionspräses im früheren
Deutsch-Südwestafrika 212

Berühmte Söhne westfälischer Auswanderer: Flugzeug-Pionier William Boeing und
US-Präsidentenberater Reinhold Niebuhr... 219

Wittenborgs aus Lippe als Ärzte und Professoren in Memphis und Harvard........................... 225

„Roots" von „Columbia"-Chef William McCool führen zu Familien Peithmann und Huck in Hille.... 228

„DAUSA" und die niedersächsisch-westfälische Auswandererforschung im Osnabrücker Land........ 232

Westfälische und südniedersächsische Auswanderungsforscher bündeln ihr Fachwissen in
HYPERLINK „http://www.amerikanetz.de" www.amerikanetz.de 236

In Westfalen gibt es für 19 Orte in den Vereinigten Staaten von Amerika 17 „Sister Cities".......... 238

Fünfzig Jahre „Sister Cities International": Westfälisch-lippische Bestandsaufnahme 241

Bibliographie 253

Dank.. 255

Bildnachweis.. 256

Vorwort

*Autor dieses Buches,
Friedrich Schütte*

Innerhalb von nur 70 Jahren, zwischen 1830 und 1900, zogen Hunderttausende von Westfalen und Lippern nach Amerika, von der Not getrieben.

Nie zuvor in der Geschichte Westfalens hat diese Region einen derart starken, katastrophalen Bevölkerungsschwund erlebt: Eine wahre Völkerwanderung per Schiff in die hierzulande damals völlig unbekannte „Neue Welt" auf der anderen Seite des Atlantiks setzte ein. Nach Amerika, 6 000 Kilometer und weiter von der alten Heimat an Weser, Ems, Werre und Lippe entfernt!

Die überwiegende Mehrheit der Auswanderer waren erwerbslose Tagelöhner, Heuerlinge, Spinner und Weber, Knechte und Mägde, aber auch bemerkenswert viele westfälische junge Männer, die sich heimlich dem bevorstehenden, gefürchteten Dienst beim Militär entziehen wollten.

Eine eher kleine, politisch gleichwohl sehr einflussreiche Gruppe unter den Amerikafahrern stellten so genannte „Frühmärz-Demokraten" aus den 30er-Jahren und vor allem 1848er Revolutionäre dar, von denen es in Westfalen offenbar erheblich mehr gab, als der Geschichtsforschung bisher bekannt war.

Sie alle verließen ihre westfälische Heimat damals unter höchst dramatischen Umständen und meist unvorstellbar primitiven Reisebedingungen.

Von Flugzeug, Motorschiffen und Autos war noch keine Rede. Zu Fuß, per Pferd und Wagen oder im Ruderboot auf der Weser ging es nach Bremen. Dort begann die nicht selten bis zu 10 Wochen lange, entbehrungsreiche und gesundheitlich oft katastrophale Überfahrt auf meist kleinen, häufig völlig überladenen Seglern gen Nordamerika. Von den Nöten des dann folgenden, totalen Neubeginns in einer sprachlich und kulturell völlig andersartigen, weitgehend unzivilisierten Umgebung gar nicht zu reden!

In diesem Buch erzählt Friedrich Schütte (Jahrgang 1933) Erfolgsgeschichten von Westfalen in der „Neuen Welt", eingebunden in zeitgemäße Berichte über die Massenauswanderung des 19. Jahrhunderts nach Amerika – festgemacht an faszinierenden Einzelschicksalen. Dabei wird, der besseren Lesart wegen, bewusst auf Fußnoten und eine lückenlose Aufzählung benutzter Quellen verzichtet, ohne die Herkunft maßgebender Daten generell zu verschweigen.

Für diejenigen, die den folgenden Geschichten gründlich oder/und gar wissenschaftlich nachgehen möchten, sei auf die „Westfälische Bibliothek" beim Stadtarchiv Bielefeld sowie (auf Anregung des Verfassers) eine dort im Jahre 2004 erstellte und elektronisch einzusehende „Bibliographie zur westfälischen Amerikaauswanderung" verwiesen (>www.amerikanetz.de<).

Unser Autor möchte sich beim Leser geradezu entschuldigen, dass er weitgehend nur mit stolzen Erfolgsgeschichten westfälischer Männer und Frauen in der „Neuen Welt" aufwartet und dass die vielen ebenso ehrenwerten, aber arm und unglücklich gebliebenen, im knallharten US-Lebenskampf sang- und klanglos untergegangenen Landsleute in diesem Buch mit keinem Einzel-Porträt gewürdigt werden.

Ferner, dass Schicksale großer westfälischer Frauen im Amerika des 19. Jahrhunderts nur in wenigen Ausnahmefällen dargestellt werden können. Auch dafür gibt es aufgrund der Untersuchungen des Autors in den USA triftige Gründe. Zusammengefasst:

Über die Gescheiterten, bei Epidemien und in den Slums der US-Metropolen namenlos untergegangenen, ungezählt vielen Deutschen ist in US-Archiven leider wenig oder nichts verzeichnet. Das hat u. a. wohl mit einer dort weit verbreiteten, holzschnittartig vereinfachten, vorwärts gerichteten amerikanischen Sicht des Lebens zu tun.

Die Chronisten der „Neuen Welt" schätzen keine „Looser". Sie schreiben eher selten über deren privates Unglück – gleich, ob das Elend selbst verschuldet ist oder nicht. Vielmehr setzen für sie Erfolg und der im harten Existenzkampf Erfolgreiche („Heroes") mehr oder weniger die Maßstäbe.

Frauen durften im öffentlichen Leben der Vereinigten Staaten im 19. Jahrhundert, (lange) keine Rolle spielen: Ein allgemeines Frauenwahlrecht z. B. war während des ganzen 19. Jahrhunderts für die herrschende Männerwelt in den USA, trotz vorbildlicher „Bill of Rights", kein Thema!

Unter unseren westfälischen Auswanderern gab es tatsächlich sehr viele Menschen, die in der kalten, materialistischen Wirtschaftswelt Amerikas, trotz ihres nicht zu erschütternden Gottvertrauens und unbeugsamen Arbeitswillens, nicht zurechtgekommen sind. Die vor Heimweh fast starben und am liebsten wieder nach Europa zurück gesegelt wären. Wenn sie denn wenigstens das nötige Geld für ihre Schiffspassage Richtung Heimat besessen hätten!

Verhältnismäßig umfangreich ist heute das Wissen über deutsche Landsleute, die drüben, allen Widrigkeiten zum Trotz, ihr Glück machen konnten und in der neuen Heimat erfolgreich waren: als Farmer, Kaufleute, Handwerker, aber auch Erfinder, Ärzte, Wissenschaftler oder in der Politik.

Hierüber hat unser Autor als Journalist und Reporter jahrzehntelang hüben wie drüben jenen Stoff zusammengetragen, aus dem seine „Heroes"-Geschichten sind: Überwiegend von der so genannten „Plattdeutschen Prärie" des Mittleren Westens der USA, aber auch aus Mega-Cities wie New York, Chicago oder Los Angeles. Und: Überall stehen ausgewanderte Westfalen im Mittelpunkt.

Mit einigen seiner heutigen „Heroes" wurde unser Autor allerdings erst durch Leser des „Landwirtschaftlichen Wochenblattes für Westfalen-Lippe" bekannt gemacht.

Diese hatten im Laufe des Jahres 2004 gespannt Schüttes Wochenblatt-Serie „Westfalen in Amerika" verfolgt und machten ihn daraufhin in Anrufen und Zuschriften auf US-„Heroes" aus ihren eigenen Familien oder Dörfern aufmerksam.

So können denn auch etliche solcher „Helden" in diesem Buch erstmals vorgestellt werden.

Der Verfasser lässt es freilich nicht bei der Vergangenheit, sondern er hat auch nach einer Antwort auf die naheliegende Frage gesucht, was denn über 150 Jahre, mit zwei Weltkriegen und großer Entfremdung dazwischen, von den wechselseitigen verwandtschaftlichen und landsmännischen Beziehungen Westfalen – „Neue Welt" überhaupt noch übrig geblieben sei. Diese Untersuchungen ergaben überraschend viel Erfreuliches.

Zwischen den Nachfahren unserer Amerikafahrer und der Heimat bzw. den Stammfamilien ihrer ausgewanderten Ahnen in Westfalen gibt es heute, zu Beginn des 21. Jahrhunderts, tatsächlich immer noch viel engere Beziehungen, als von dem langen Zeitablauf seit der Massenauswanderung ab 1830 überhaupt noch zu erwarten gewesen wäre. Und – „Sister Cities International", 2005/2006 gerade 50 Jahre alt und wichtigstes privates deutsch-amerikanisches Freundschaftsprogramm, hat auch in Westfalen viele Familien, Dörfer und Städte mit ihren Amerikaauswanderern bzw. deren Enkeln und Urenkeln wieder in Verbindung gebracht. Durch gegenseitige Besuche, Familiengeschichten, vor allem tausendfachen Schüler- und Studentenaustausch.

Insofern ist die Auswanderergeschichte Westfalens noch lange nicht zu Ende, wie der Autor in einem gesonderten Kapitel zum Schluss dieses Buches feststellt und dabei viele nützliche Hinweise dafür gibt, wie und wo Westfalen heute mit den Mitteln weltumspannender Kommunikation denkbar einfach in den völkerverbindenden deutsch-amerikanischen Dialog „People to People" einsteigen können – wenn sie das denn, trotz mancher zeitweilig sehr störenden politischen Verspannungen zwischen dem „Alten Europa" und der „Neuen Welt" USA, wirklich möchten!

Jürnjakob Swehn, Heinrich Vogel
und unzählige Tausende deutscher Amerikafahrer verwirklichten ihren Traum: die eigene Farm in Amerika!

Amerikafahrer Heinrich Vogel aus Grimminghausen Nr. 50, Kreis Herford (1878–1967) träumte weder von Heldentaten noch Millionen Dollar in der Tasche. Er wollte in der „Neuen Welt" einzig und allein freier Bauer auf eigener Scholle sein. Ein Wunsch, den die meisten jungen Männer unter geschätzten 300 000 westfälischen und lippischen Amerika- auswanderern des 19. Jahrhunderts ebenfalls hatten. Und – nicht Soldat werden!

Heinrich Vogel packte 1895 den Koffer, um seinen bereits 1883 und 1891 nach Carlyle und New Minden (Illinois) vo- rausgewanderten Brüdern Fritz und Wilhelm Vo- gel zu folgen. Auch diese hatten innerhalb ihrer Großfamilie an Weser, Wiehen und Werre Wegbe- reiter gehabt: Onkel und Tanten namens Schier- becker, Schnitzmeyer, Lunte, Krüger, Böker oder Vogel. Diese waren bereits in den 40er-Jahren des 19. Jahrhunderts als „Pfadfinder" für ihre ganze Sippe in die „Neue Welt" gesegelt. Sie machten die alte Indianer-Prärie am Kaskaskia-River in meist lebenslanger, unvorstellbar harter „Knochenar- beit" urbar und gründeten darauf ihre „plattdeut- schen" Siedlungen und Farmen.

Farmer Heinrich Vogel aus Men- nighüffen

Um das Hoferbe gebracht

Insofern war Heinrich Vogel ein Nachzügler und wohl einer der letzten landwirtschaftlichen „Frontier" im Übergang vom 19. zum 20. Jahr- hundert, als die Zeit der Pioniere im Mittleren Westen der USA längst zu Ende gegangen war.

Der Arbeiter und Kuhbauernsohn Heinrich Vogel wäre mit 17 Jahren vielleicht nicht zu sei- nen Brüdern in die „Plattdeutsche Prärie" rund um Minden, Illinois, gezogen, wäre er nicht als Jüngster auf der gerade mal 12 Morgen gro- ßen, hochverschuldeten elterlichen Stätte durch seine Schwester und deren Mann gewisserma- ßen um sein rechtmäßiges Hoferbe gebracht worden.

Schwager Fritz Mathemeier hatte nämlich mit seiner Einheirat auf einen Schlag sämtliche Hypothekenschulden auf dem Anwesen abge- löst und den Eltern Friedrich Vogel nebst dessen Frau Anna Karoline (geborene Schierbecker aus Wulferdingsen) den Hof praktisch abgekauft. Da- mit blieben dem eigentlichen Erben Heinrich nur noch der Kotten und die Mitarbeit als Heuerling bzw. Knecht, – ein elendes Los, das damals noch Hunderttausende Deutsche in Armut, Hunger und Elend teilten und dem sie mit der landauf, landab verbreiteten Parole „Auf nach Amerika!" zu ent- kommen suchten.

Parallelen zu Jürnjakob Swehn

Von hier an gibt es viele soziale und beruf- liche Parallelen zu dem wegen seiner anrühren- den, teils plattdeutschen Erzählungen über sei-

Eine westfälische Auswandererfamilie auf dem großen Trail, quer über die Plains nach Oregon. Dieses Foto stammt aus dem Museum in Scott's Bluff, Wyoming

nen Weg vom armen Knecht zum glücklichen, erfolgreichen Iowa-Farmer berühmt gewordenen Amerikafahrer Jürnjakob Swehn aus Mecklenburg.

Was Jürnjakob Swehn jahrzehntelang in vielen hundert Briefen an seinen ehemaligen Dorfschullehrer Gillhoff schrieb, ist 1917 zum ersten Mal in einem Büchlein unter dem Titel „Jürnjakob Swehn der Amerikafahrer" herausgekommen, 1992 in elfter Auflage erschienen und hat bis heute Millionen Leser fasziniert.

Auch der Autor dieses Buches las als Kind begeistert Jürnjakobs Erlebnisse und wirklichkeitsnahen wie lustigen Beschreibungen der „Neuen Welt"; neben „Karl May" und Daniel Boons „Lederstrumpf". Vor allem dadurch wurde er letztendlich auch auf seine eigenen bäuerlichen Verwandten im Mittleren Westen der USA gestoßen. Und diese hatten, als Farmer an Mississippi, Ohio und Kaskaskia River, ein ganz ähnliches Schicksal wie Jürnjakob Swehn. Ihren Weg und ihr Dasein in der „Neuen Welt" zu erkunden, einschließlich des Schicksals von Heinrich Vogel, wurde ihm so zur fixen Idee und hat ihn schließlich sein ganzes Erwachsenenleben lang beschäftigt. Als eine fast unendliche, aus unzähligen Mosaiksteinchen zusammengesetzte, bis in die Gegenwart reichende Geschichte.

In der Prärie Prominente entdeckt

1967 als Reporter der „Westfälischen Zeitung" Bielefeld erstmals auf den alten Prärien zwischen Chicago und St. Louis, Indianapolis und Kansas

City angekommen, entdeckte der Autor nicht nur seine, in die amerikanische Wildnis verpflanzten und heimatliches Plattdeutsch sprechenden Vettern. Er kam darüber hinaus in geschichtlichen Kontakt mit Tausenden anderen „Westfalen in der Neuen Welt". Einschließlich früheren Landsleuten, die ihre westfälische Heimat seinerzeit als Revolutionäre und „Achtundvierziger" Demokraten verlassen mussten und entweder deutsche oder amerikanische „Heroes" (Helden) waren. Und:

Manch weitere, in Deutschland bis dahin unbekannt gebliebene Westfalen entpuppten sich in den USA als berühmte Westernpioniere, Wissenschaftler, Forscher, führende US-Politiker, erfolgreiche Industrielle oder Dollar-Millionäre.

Doch soll auch an jene Hunderttausende Westfalen und angrenzende Niedersachsen gedacht werden, die – wie unser Farmer Heinrich

Heinrich Vogel und Frau Caroline geborene Reinkensmeyer mit fünf Kindern etwa um 1905

Auswanderer-Trail nach Westen

ein Ei dem anderen. Was schrieb doch eine ostwestfälische Austauschschülerin nach vier Wochen Aufenthalt auf Farmen im Mittleren Westen später in einem Aufsatz: „Morgens sprechen die Farmer über Corn & Beans und nachmittags über Beans & Corn!"

Jürnjakob Swehns Lebensleistung, buchstäblich aus dem Nichts – vom Einwanderungsjahr 1868 bis zur Jahrhundertwende - eine schuldenfreie, florierende Farm von 320 Acre (ca. 200 Hektar) nebst eigener, großer Familie aufzubauen, wäre wohl kaum in die breite Öffentlichkeit gedrungen, hätte nicht der Sohn des jahrzehntelangen Swehnschen Korrespondenten in der alten Heimat jene brieflichen Erzählungen in einem Buch veröffentlicht, das in Deutschland bis heute im breiten Volk als Amerika-Bestseller gilt.

Vogel – in Amerika keine Schlagzeilen machten oder sogar in den Schmelztiegeln der großen Städte untergegangen sind.

Heinrich Vogel war kein „Heroe"

Heinrich Vogel war keiner jener, vom Autor in Jahrzehnten aufgespürten amerikanischen „Heroes", ebenso wenig wie dessen Schicksalsgenosse und Berufskollege Jürnjakob Swehn tausend Meilen nördlich auf seiner Farm in Iowa.

Beide wuchsen in Deutschland armselig auf. Beide hätten als Heuerleute oder Knechte keine Chance auf ein besseres Leben gehabt. Beide fürchteten die strenge deutsche Soldatenzeit. Und jeder von ihnen wünschte sich nichts sehnlicher, als freier Bauer bzw. Farmer zu werden, wie die meisten ihrer vorausgereisten „plattdeutschen" westfälischen, mecklenburgischen und niedersächsischen Landsleute.

Über jene in der „Neuen Welt" tatsächlich, nach härtesten Anfangszeiten, als Farmer erfolgreich und glücklich gewordenen deutschen Einwanderer weiß man nicht gerade viel. Ihr Leben in der Prärie verlief für Außenstehende meist ja auch nicht gerade spannend. Sie selbst schrieben (Ausnahmen wie Jürnjakob Swehn bestätigen die Regel!) wenig oder gar nicht.

Literaten und Journalisten machten zu allen Zeiten mangels spannenden Stoffs einen Bogen um die „Little Westphalians", weil eben die eine Farm der nächsten und die eine landwirtschaftliche Auswanderer-Story der anderen gleicht wie

89-jähriger Heinrich Vogel erzählt

Über Jürnjakobs späteres westfälisches Pendant Heinrich Vogel aus Mennighüffen auf seiner 105 Acre (42 Hektar) großen Farm in New Minden, Illinois, hätte in der alten Heimat wahrscheinlich auch kaum jemand etwas erfahren, wäre der Autor dieses Buches nicht weitläufig mit ihm ver-

Dieses Haus bei New Minden, Illinois, baute Heinrich Vogel 1890 für seine Familie

wandt gewesen und hätte er diesen Heinrich Vogel in dessen 89. Lebensjahr (siehe Titelbild!) nicht interviewt. Und zwar während einer Reportagen-Reise für die „Westfälische Zeitung" Bielefeld im Sommer 1967.

Heinrich Vogel stand damals mitten in der Weizenernte. „Beseuk van Mennighüffen? Denn wü wi mohl ens sitten gohn un us wat vatelln!", entstieg der rüstige Fast-Neunziger seinem Truck und begann zu erzählen, wie das früher auf den Farmen der Gebrüder Vogel gewesen war und wie es ihm selbst in der „Neuen Welt" ergangen ist. Im Schaukelstuhl auf der mondbeschienenen Veranda sitzend und bis tief in die sternenklare Nacht hinein. Alles in Original Mennighüffer Platt.

Hier, der Verständlichkeit wegen, ins Hochdeutsche übersetzt, Vogels abschließendes Urteil über seinen damaligen Entschluss, nach Amerika zu gehen:

Die den frühen Mississippidampfern nachgebaute „Delta Queen" von St. Louis. Mit solchen Raddampfern ging es in den 50er-Jahren des 19. Jahrhunderts von New Orleans her nordwärts nach St. Louis

Vogel: Es hat sich wirklich gelohnt!

„Ich habe es in den 72 Jahren in Amerika, im Vergleich zu anderen deutschen Farmern hier, nicht besonders weit gebracht. Meine Farm ist man bloß 105 Acre groß. Da ist unser Sohn Louis in Roanoke mit seinen 1 600 Acre, und das ohne Schulden, viel erfolgreicher gewesen!"

„Aber", fuhr der Neunundachtzigjährige heiter-verschmitzt fort, indem er seinen verblichenen, zerfransten Strohhut zufrieden in den Nacken schob: „Es hat sich wirklich gelohnt, nach Amerika zu gehen! Für mich, meine aus Wulferdingsen stammende Frau und für unsere Kinder allemal.

Wir haben hier immer sehr hart arbeiten müssen, sparsam gelebt und als Plattdeutsche aus dem Mindener Land fest zusammengehalten. Nur so konnten wir, mit unserer eigenen Sprache, Schule und Kirche, das ständige Heimweh besiegen."

Amerika sei gut zu ihm gewesen, stellte Heinrich Vogel damals, kurz vor Ende seines Lebens dankbar fest. „Hier konnte nämlich wirklich je-

der, wenn er nur gesund und arbeitsam war, alles das tun und werden, was er anfangs als mittelloser Einwanderer und später dann als Farmer auf eigenem Land erreichen wollte. Ohne König und Kaiser, ohne Fürsten oder strenge deutsche Vorschriften!"

„Das Freisein ist schon ein paar Eimer Schweiß wert!"

Das hört sich bei dem berühmt gewordenen deutschen Landsmann Jürnjakob Swehn ähnlich gut an: „Meine Farm in Iowa hält 329 Acre. Ich habe schon 10 Pferde und 80 Kühe. Die Hühner zählen wir gar nicht mehr. Da kann ich genug Futter bauen und meine Familie ohne Sorgen ernähren."

„Hier ist es zwar nicht so gemütlich wie sonntags bei Euch in Mecklenburg", fährt Jürnjakob Swehn fort. „Aber in unserem Dorf zu Haus wäre ich, bei aller Arbeit, nur immer Tagelöhner geblieben. Hier aber stehe ich mit beiden Füßen auf eigenem Boden und muss nicht für einen Hungerlohn beim Bauern tagelöhnern. Das Freisein ist eben schon ein paar Eimer Schweiß wert!"

Frauen aus „plattdeutscher" Umgebung

Jürnjakob Swehn, Heinrich Vogel und die meisten Amerikafahrer aus der Landwirtschaft suchten sich ihre Ehefrauen entweder in bereits ansässigen „plattdeutschen" Einwandererfamilien gleicher Konfession, oder sie ließen Cousinen, Nachbartöchter oder bisherige Mägde von zu Haus aus als ihre Bräute nachkommen.

Jürnjakob hat seine spätere Frau, die schon früher von seinem Heimatkreis ausgewanderte Wieschen Schröder, erst in Iowa kennen- und lieben gelernt. Als er 1870, nach einem Jahr Schuften auf einer fremden Farm, 350 Dollar erspart hatte, tat er sich mit Wieschen zusammen, heiratete sie und pachtete seinen ersten Farmplatz.

10 Jahre später hatten es die beiden und ihre inzwischen geborenen Kinder geschafft. Stolz berichtete Jürnjakob von glücklichem Leben, Lieben und Arbeiten auf der eigenen, großen Farm:

„*Heute kriegt der Großknecht bei Euch das Jahr ja wohl auch seine 400 Mark. Aber hier bei uns hat ein Knecht gleich 100 Dollar den Monat, und das kostenlose Durchfüttern für sein Pferd obendrein!*"

Dabei seien kaum Knechte zu haben, „*und gute Deerns schon lange nicht!*"

H. Vogel heiratet Nachbars Tochter

Heinrich Vogel und seine Brüder hatten es mit der Frauenwahl etwas einfacher. Sie heirateten allesamt Nachbarmädchen oder Cousinen dritten und vierten Grades.

Fritz Vogel nahm 1890 Caroline Reinkensmeyer aus der Heimatregion seiner Mutter am Südhang des Wiehengebirges zur Frau. Heinrich Vogels Auserwählte war eine Nichte seiner Mutter namens Lina Schierbecker aus dem benachbarten Wulferdingsen.

Selbst noch in den 30er-Jahren des 20. Jahrhunderts lebten und heirateten die deutschstämmigen, westfälischen Farmer am Kaskaskia River immer noch weitgehend innerhalb ihrer plattdeutschen Nachbarschaft. „*Weil man dann wusste, was man hatte*", so Heinrich Vogel im Sommer 1967 zu diesem Thema, „*und Du konntest sicher sein, dass so ein Mädchen gottesfürchtig war, richtig zupacken und vor allem: unser westfälisches Platt sprechen und verstehen konnte!*"

***

Der Autor möchte hier, zum besseren Verständnis des Lesers, eine ganz persönliche Erklärung

Ersehntes Land der Freiheit: USA

seiner lebenslangen Neugier und vielen Reportagen über „Westfalen in Amerika" (und letztlich für das Entstehen dieses Buches) geben:

Mädchen vom Hof heirateten nach USA

„Von unserem Hof Schütte in Mennighüffen Nr. 71 sind mehrfach und zu verschiedenen Zeiten zwischen 1850 und 1900 Töchter nach Amerika gezogen. Entweder mit Onkel, Vettern und Nachbarn. Oder bereits ausgewanderte junge Männer aus den umliegenden Dörfern holten sich als Frauen in die „plattdeutsche Prärie" zwischen Mississippi und Ohio.

Die letzte Tochter, die 1892 unseren Hof Richtung New Minden (Illinois) verließ, war die damals 20-jährige Friederike Schütte (1872-1952). Sie wurde die Frau des dortigen Farmers Christian Krüger (1865–1951) aus Schnathorst. Deren Tochter Frieda schließlich heiratete in die Familie Heinrich Vogel ein.

Kurzum: Bereits zwischen meinen Urgroß-eltern, aber erst recht zwischen Großeltern und Tochter, Vettern und Cousinen in Amerika gab es viele Jahrzehnte einen regelmäßigen Briefverkehr von hüben nach drüben und über alles, was in der jeweiligen Verwandtschaft und Umgebung Neues geschah. Bis hin zur Vermittlung von Bräuten aus der Heimat für heiratsfähige, „plattdeutsche" junge Männer auf ihren einsamen Farmen.

Mit dortigen „englischen" Mädchen hatten unsere Siedler aus Westfalen und Norddeutsch-land nicht viel im Sinn. Originalton Heinrich Vogel: „Sie sprachen nicht mal unsere Sprache, waren überkandidelt und hatten meist überhaupt keine Lust zum Arbeiten!"

Farm-Erbe in New Minden gesucht

Kurz vor dem Ersten Weltkrieg traf bei meinen Großeltern Friedrich Schütte und seiner Frau Marie Karoline, geborene Horstkotte, ein ganz und gar ungewöhnliches „Stellenangebot" ein.

Tante Rieke (jene zuletzt ausgewanderte Friederike Krüger, geborene Schütte) berichtete, auf der Farm von August Schnitzmeyer und dessen Frau Annemarie, geborene Schütte, gebe es keinen Hofnachfolger. Deswegen habe die Familie beschlossen, den jüngsten, 1902 geborenen Sohn Hermann auf Schütten Hof (ab 1933 mein Vater!), dann, wenn er erwachsen sei, als Erben der über 300 Acre großen Farm nach Illinois zu holen.

Mein Vater ging damals noch zur Schule. Dann kam der Erste Weltkrieg. „Ich wäre nach Ende des Krieges immer noch nach Amerika gegangen, wenn nicht so viel Familienleid dazwischen gekommen wäre", sagte mir mein Vater während des Zweiten Weltkrieges. „Was mir damals von unseren Verwandten in Illionois geboten wurde, war für mich als Kuhjungen auf unserem kleinen Hof in Mennighüffen einfach verlockend!"

Aus dem Erbe in Amerika wurde nichts

Doch das Schicksal spielte anders: Zwei Brüder meines Vaters fielen vor Verdun, ein dritter blieb jahrelang in Russland vermisst und tauchte nach abenteuerlicher Flucht über China erst in den 20er-Jahren wieder auf.

Inzwischen waren meine Großeltern vor Kummer gestorben. Bei Kriegsende war mein Vater der einzige Sohn auf dem Hof und mit 17 Jahren bereits Bauer. Erben und Farmen in Amerika blieben nur mehr ein Traum. Doch:

Die Begeisterung und Anhänglichkeit meines Vaters für und zu Amerika ist zeitlebens geblieben und wurde auf mich, seinen Jüngsten, durch Briefe unserer Auswanderer, Bücher wie „Huckleberry Finn", „Tom Sawyer", „Der Lederstrumpf", Karl Mays Indianergeschichten und … „Jürnjakob Swehn, der Amerikafahrer", nahtlos übertragen.

So war es für mich als Journalist Mitte der 60er-Jahre völlig normal, unverzüglich Koffer und Kameratasche zu packen, als mich unverhofft eine Einladung der Vettern und Cousinen meines Vaters aus der „plattdeutschen Prärie" erreichte.

Der dann folgenden Entdeckungsreise auf den Spuren unserer westfälischen Auswanderer sind binnen 40 Jahren mehr als 30 Reportagetouren in die Wahlheimat unserer Auswanderer gefolgt – bis in die 90er-Jahre. Ziel meist die „plattdeutschen" Dörfer der Ostwestfalen und Lipper in der alten Prärie rund um St. Louis!

An der Wende in das 21. Jahrhundert lebten meine plattdeutschen Verwandten, Freunde und Bekannten im Mittleren Westen der USA großenteils nicht mehr. Was von ihrer Heimatsprache damals noch bei wenigen betagten Senioren zu hören war, ist in Tonband-Aufnahmen bei der Universität Bielefeld archiviert worden. Deren Sprachexperten haben inzwischen wissenschaftlich festgeklopft , was ich als Journalist vorher immer wieder steif und fest behauptet und geschrieben hatte, was aber kaum einer glauben mochte, nämlich: Dass es noch etliche Jahrzehnte nach dem Zweiten Weltkrieg in abgelegenen westfälischen Einwanderungsgebieten des 19. Jahrhunderts plattdeutsche Sprachinseln gebe bzw. gegeben habe. Wo sich das Niederdeutsche selbst dann noch halten konnte, als die antideutsche Kriegspropaganda Deutsch (schriftlich oder gesprochen) in der Öffentlichkeit, in Schulen und auf den Kanzeln deutschstämmiger Kirchengemeinden bei Androhung von Gefängnisstrafe verbot.

Plattdeutsch fiel nicht darunter und wurde auch nicht verfemt. Es klang für die staatlichen Aufpasser nämlich eher „Dutch" und wurde deswegen allgemein für Holländisch gehalten!

300 000 Westfalen in der Neuen Welt. Berühmte amerikanische Pioniere stammen aus Westfalen und Lippe

Eine US-Volksbefragung in den 80er-Jahren des vorigen Jahrhunderts brachte es an den Tag: Jeder dritte Bürger der Vereinigten Staaten von Nordamerika hat entweder von der Seite seines Vaters oder der Mutter her deutsche „Roots".

D urch zwei schreckliche Weltkriege, in denen die USA und Deutschland einander als Gegner gegenüberstanden, waren die Verbindungen jahrzehntelang abgerissen. Ja, in Nordamerika schämte man sich nach Weltkrieg I. und Weltkrieg II. verständlicherweise, mit Deutschland und den Deutschen überhaupt etwas zu tun zu haben. In der Öffentlichkeit Deutsch zu sprechen, Deutsch zu unterrichten oder zu predigen, war damals viele Jahre verpönt und, je nach Staat und Stadt verschieden, unter Androhung einer Gefängnisstrafe verboten.

Erst jetzt, nach Jahrzehnten funktionierender Demokratie in der Bundesrepublik Deutsch-

Renommierte westfälische Auswandererforscher: die amerikanischen Professoren Dr. Walter Kamphoefner (rechts) und Dr. Timothy Anderson

land, besinnen sich viele Amerikaner auf ihre deutschen Wurzeln, auch wenn diese schon Generationen zurückliegen.

Nach einer Volksbefragung über deutsche Ahnen aller US-Bürger in den 80er-Jahren des 20. Jahrhunderts entstand diese Karte: Im oberen Mittleren Westen haben demnach mehr als 50 v. H. aller Einwohner deutsche Wurzeln!

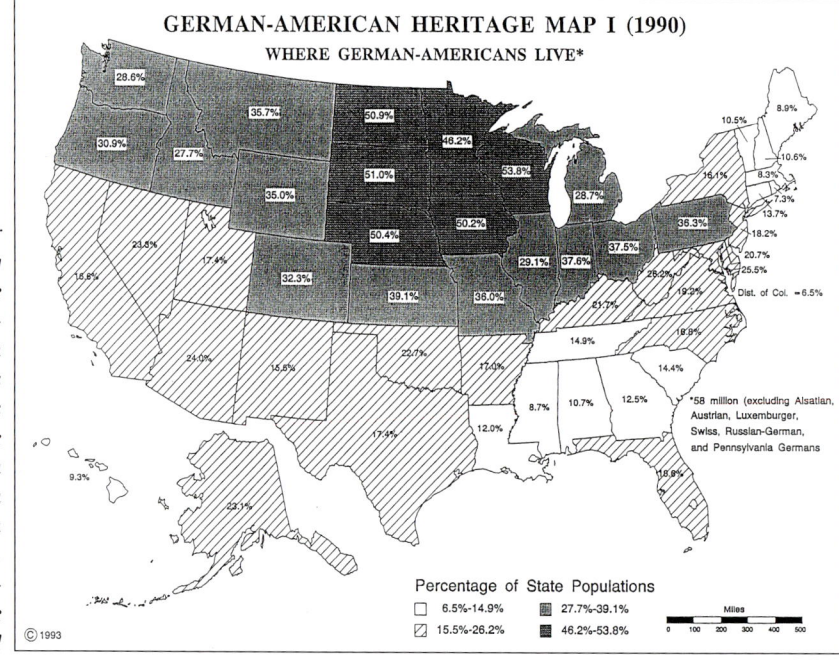

GERMAN-AMERICAN HERITAGE MAP I (1990)
WHERE GERMAN-AMERICANS LIVE*

Percentage of State Populations

- 6.5%-14.9%
- 15.5%-26.2%
- 27.7%-39.1%
- 46.2%-53.8%

*58 million (excluding Alsatian, Austrian, Luxemburger, Swiss, Russian-German, and Pennsylvania Germans

Dist. of Col. = 6.5%

Miles
0 100 200 300 400 500

© 1993

Der verfilmte Bestseller „Roots" von Alex Haley brachte seinerzeit Millionen US-Bürger/Bürgerinnen auf die Idee, nun endlich die Familiengeschichte aufzuarbeiten und nach ihren eigenen „Roots" in Europa zu forschen. Vor allem in Deutschland!

„Roots"-Suche geht immer weiter

Diese millionenfache transatlantische „Suche nach den Wurzeln" hält bis in das 21. Jahrhundert hinein unvermindert an. Und: Sie wird durch die inzwischen großenteils elektronisch verarbeiteten Auswanderer- bzw. Einwanderungsdaten hierzulande und in Übersee, ungemein erleichtert – soweit im Laufe der Zeit und Kriege Akten, Schiffslisten und Volkszählungs-Protokolle nicht abhanden kamen.

Aus keinem Land Europas sind in der verhältnismäßig kurzen Zeit zwischen 1830 und 1900 derart viele, nämlich fast 7 Millionen Menschen nach den USA ausgewandert, wie aus Deutschland. Schwerpunkte, durch jüngste Forschungen bestätigt: Westfalen-Lippe, Hessen, Baden-Württemberg, Oldenburg/Südniedersachsen.

„Hätte der deutsche Dramatiker Gerhart Hauptmann geahnt, wie unendlich groß die Not der Spinner und Weber in Westfalen und Südniedersachsen damals war, wer weiß, vielleicht würde sein Stück „Die Weber" nicht in Schlesien, sondern in Westfalen spielen!", stellt der international bekann-

Nestor der westfälischen Auswanderungsforschung im Mittleren Westen: Professor Dr. Adolf Schröder

te und geachtete Auswanderungsexperte Professor Dr. Walter Kamphoefner von der Texas A&M-University in den USA (unter anderem Autor des Buches „Westfalen in der Neuen Welt"), fest.

Musterkreise für „Roots"-Suche NRW: HF, MI-LK, LIP, BI, PB, Münsterland

Soziologen, Historiker und Hobbyforscher in den westfälischen Kreisen Herford, Minden-Lübbecke, Lippe, Paderborn, in der Großstadt Bielefeld und im Münsterland haben während der zurückliegenden 30 Jahre das Thema „Amerika-Auswanderung", beispielhaft für ganz Nordrhein-Westfalen, großenteils flächendeckend und mit Unterstützung amerikanischer Quellen aufzuarbeiten versucht. Sie sind dabei zu überraschend neuen Ergebnissen gekommen:

Hochgerechnet dürften innerhalb der genannten 70 Jahre mehr als 300 000 Westfalen und Lipper aus blanker Not in die „Neue Welt" gezogen sein!

Die allgemeine Losung zum Aufbruch: „Auf nach Amerika!" drang in den 30er- und 40er-Jahren des 19. Jahrhunderts bis in das letzte westfälische Dorf.

Doktorarbeiten über USA-Emigration

Im alten Regierungsbezirk Minden weiß man es aufgrund von Doktorarbeiten bzw. Publikationen von Dr. Wolfgang Riechmann (Minden), Dr. Heinz-Ulrich Kammeier (Lübbecke), Dr. Lore Blanke (Herford), Fritz Verdenhalven (Detmold), Dr. Otmar Allendorf/Wolfram Czeschick (Paderborn), Dr. Heinz Marxkors (Bielefeld), Dr. Alfred Wesselmann (Lengerich) so-

Professor Dr. Adolf Schröder (rechts), zusammen mit Wilhelm Presuhn (WDR-Landesstudio Bielefeld) und der Altbürgermeisterin von Westphalia (Missouri), Patricia Hilkemeier

Die älteste, von Tecklenburger Einwanderern gegründete Kirche und Schule in Femme Osage unweit New Melle MO

vier sowie dem frühindustrialisierten Bergischen Land, deutlich weniger von der großen „Völkerwanderung in die Neue Welt" betroffen. Wobei auch hier etliche Ausnahmen die Regel bestätigen.

Für die Gemeinde Ostbevern weist Werner Schubert allein für die Zeit von 1833 bis 1890 425 Amerikafahrer namentlich nach, – viele von ihnen waren damalige Wehrdienstverweigerer, die mit heimlicher Hilfe des Pfarrers im nahen hannöverschen Glandorf den Weg nach Bremen und weiter in die USA fanden.

Ostbevern und Glandorf galten im damaligen Münsterland jungen Männern als Geheimtipp für rasches Entkommen vor den strengen preußischen Polizei- und Militärorganen.

Und aus Dülmen und Umgebung zogen Mitte des 19. Jahrhunderts dorfweise Hunderte von Katholiken entweder mit dem Münsterschen Priester und Missionar Wilhelm Roer nach Brasilien oder auf den Spuren von Hermann Winkelmann, Wilhelm Schulze Emting und Clemens August Hünck, genannt Diekemper, aus Dülmen-Merfeld nach Duelm (Neu Dülmen) in Minnesota, USA und von

wie einer ganzen Heerschar zuarbeitender, regionaler Heimatforscher wie Realschuldirektor i. R. Karl Sieveking (Löhne), Dr. Otto Steffen (Herford) und Rektor Bert Bertling (Mastholte/Lippstadt) ziemlich genau: Allein im alten Regierungsbezirk Minden (heute Regierungsbezirk Detmold) sind von 1830 bis 1900 großenteils „amtlich nachgewiesen" 170 000 Menschen nach Nordamerika ausgewandert. Das ist fast die Hälfte aller vorsichtig geschätzten Deutschamerikaner aus ganz Westfalen!

Dadurch, dass in Kreisen wie Gütersloh, Höxter, in Sauer- und Münsterland sowie im Kreis Steinfurt bislang nur punktuell orts- und stadtweise systematisch nach Auswanderern gesucht und dokumentiert wurde, gibt es hier noch bedauerliche Lücken, an deren Schließung freilich die Westfälische Gesellschaft für Genealogie und Familienforschung in Münster derzeit mit Hochdruck arbeitet.

Gleichwohl ist den Forschern klar: Bis auf den alten Kreis Tecklenburg, dessen prozentuale Auswandererzahlen im Vergleich zur damaligen gesamten Bevölkerung mindestens genauso hoch sind wie in Ostwestfalen-Lippe, waren Städte und Dörfer des westlichen und südlichen Münsterlandes aus wirtschaftlichen Gründen, aber auch durch die Nähe zu Holland und zum Kohlenre-

Willkommen in New Melle MO!

In jeder Region Westfalens gab es konzessionierte Auswandereragenturen, wie hier zwischen Spenge und Versmold

dort weiter auf die großen Plains. Oder wanderten von Olfen im südlichen Münsterland in das sonnige Texas aus, wo sie ein neues Dorf namens Olfen gründeten.

Hauptursache der Not in Westfalen: katastrophaler Preisverfall bei Leinen

Hauptgrund der Massenauswanderung, in deren Folge manche Dörfer wie Moese (Kreis Gütersloh) 50–70 v. H. ihrer Einwohner verloren, war vor allem der Niedergang des Leinengewerbes durch maschinell hergestellte Webwaren, ferner die Einfuhr billiger Baumwollerzeugnisse.

Professor Dr. Timothy Anderson von der Ohio-Universität hat 1995 als Student an der Wilhelms-Universität Münster in seiner Doktorarbeit über den Niedergang der westfälischen Protoindustrie (Leinengewerbe) am Beispiel der Auswanderung aus dem katholischen Kirchspiel Mastholte bewiesen: Von 1830 bis 1840 sanken die Erlöse für handgewebtes Leinen in Westfalen und ganz Westeuropa um bis zu 90 v. H.!

Hinzu kam ein rasches Bevölkerungswachstum nach den Preußischen Befreiungskriegen ab 1812 sowie die Aufteilung der früheren „Gemeinplätze" auf den Dörfern.

Heiden, Moore und Ödland, bis dahin für die kleinen Leute wie Spinner, Weber, Heuerleute und Kötter als Weide für ihre Schweine, Ziegen und Kühe kostenlos genutzt, wurden nun von der

preußischen Regierung an zahlungsfähige Bauern und Gutsbesitzer verkauft.

Markenteilung: Anlass zum Auswandern

In Westerkappeln hat Heimatforscher Friedrich Ernst Hunsche ab 1832 bis 1890 nicht weniger als 2 422 Auswanderer nach Amerika namentlich ermittelt und er hat festgestellt, dass das Elend der kleinen Leute mit der dortigen Markenteilung in den Bauerschaften Westerbeck, Mettener, Westerbecker und Sennlicher Mark angefangen habe, gefolgt von der Mark in Hambüren-Handarpe und Düte.

Aus diesem speziellen Anlass hatten bis 1847 bereits mehr als 800 Männer und Frauen, dazu viele Kinder, ihr Kirchspiel Westerkappeln im nördlichen Münsterland Richtung Nordamerika verlassen. Hinzu kam auch hier die blanke Not in der stark verbreiteten, daniederliegenden Leinenindustrie.

Überdies gab es ausgerechnet in den 30er- und 40er-Jahren in Westfalen und Lippe katastrophale Missernten, die zusätzlich Tausende an den Bettelstab brachten.

Nicht zu unterschätzen bleibt die Furcht junger Männer vor dem preußischen Militärdienst. So ist zum Beispiel im Kreis Herford mindestens jeder fünfte „Kantonist" vor Antritt seines Wehrdienstes heimlich ausgewandert. Auswandererforscher Dr. Heinz Marxkors (Bielefeld), der sich jahrzehntelang systematisch in die Auswanderungsakten im Kreis Paderborn sowie in Belleville „New Paderborn"(Illinois) hineinkniete, hat für zahlreiche Gemeinden rund um Delbrück festgestellt: *„Die Zahl der wegen des drohenden Militärdienstes und aus anderen Gründen h e i m l i c h nach Amerika gezogenen Personen lag in den von mir erforschten Dörfern viel höher als bisher angenommen, manchmal sogar weit über 50 v. H."*

Strafe für heimlich Ausgewanderte: Zwangshypotheken auf Haus und Hof

Heimliches Entschwinden nach Amerika wurde bei den Behörden nicht nur in den Akten vermerkt, sondern für die daheim gebliebenen Angehörigen, falls sie Häuser oder gar Bauernhöfe

Kirche St. Bonifatius bei St. Louis: Neue Heimat vieler Auswanderer aus dem Paderborner Land

besaßen, oft mit der Eintragung hoher Zwangshypotheken „bestraft".

Allerdings: Die Zahl derjenigen, die wegen des starren preußischen Stände-Staates (Adel, Bürger/Bauern, besitzlose Arbeiter) und fehlender demokratischer Freiheiten auswanderten, ist speziell in den USA lange Zeit maßlos überschätzt worden.

Vielleicht jeder tausendste Westfale ging nachweislich „wegen demokratischer Umtriebe", wie das damals in Preußen hieß, oder aus anderen zwingenden politischen Gründen (meist heimlich) nach Amerika.

Professor Dr. Walter Kamphoefner, sein Kollege Prof. Frank Thistlethwaite sowie Professor em. Dr. Wolfgang Helbich (früher Ruhr-Universität in Essen) haben nach dem Studium Zehntausender Auswandererbriefe von Amerika nach Deutschland sowie entsprechender Antwortschreiben der Angehörigen nach Amerika festgestellt:

„Während Auswanderer auf preußischer Seite fälschlicherweise vielfach als Vaterlandsverräter und Taugenichtse bezeichnet wurden,

stilisierten viele Deutschamerikaner in den USA ihre immigrierten deutschen Vorfahren größtenteils zu Freiheitshelden hoch (was diese gar nicht gewesen sind), um sich durch solche „Heroes-Stories" in den USA gesellschaftlich vorteilhaft in Szene zu setzen." Und weiter: „Diesen Salzwasser-Vorhang zwischen den Kontinenten hat die neuzeitliche Forschung endlich weggerissen und einem realistischen Bild über die Auswanderung von Deutschland nach USA Platz gemacht."

Wunsch nach der eigenen Scholle

Demnach suchten die meisten der westfälischen Auswanderer in Amerika das, was sie damals zu Hause nicht haben bzw. scheinbar niemals erreichen konnten:
- Endlich satt zu Essen für sich und ihre Kinder zu haben, ferner eine auskömmliche Existenz als Handwerker oder Landwirt zu bekommen. Dazu
- persönliche Freiheit ohne König, Fürsten und Fronherren,
- demokratische Mitwirkung in ihren neuen Siedlungen, bei Staat und Gesellschaft
- sowie Fortfall des harten Militärdienstes.

Heute wissen wir, dass es meist die Ärmsten der Armen waren, die ihre westfälische Heimat verließen, um sich vor allem im Mittleren Westen der USA einschließlich der Großen Seen, eine neue und möglichst landwirtschaftliche Existenz aufzubauen. War es einem Heuerling oder Tagelöhner daheim in Westfalen doch fast nie im Leben möglich gewesen, in den Bauernstand aufzusteigen oder auf einen Hof zu heiraten. Ganz zu schweigen von der Wahlfähigkeit, die nur „denen da oben" zustand. Vom Eintritt „kleiner Leute" in handwerkliche Zünfte oder Parlamente keine Rede!

Lediglich in der „Protoindustrie", der von Kaufleuten und Leggen in Westfalen seit dem 17. Jahrhundert gesteuerten Gemeinschaft von Spinnern und Webern, fanden Tagelöhner und Heuerleute wintertags so viel Einkommen, dass sie mit ihren Familien einigermaßen leben konnten, während sie in den Sommermonaten (früher vielfach als Leibeigene) auf Bauernhöfen und Gütern des Adels für niedrigen Lohn, das tägliche

Essen und ggf. ein geringes Deputat arbeiteten. Männer genauso wie Frauen und Kinder.

Als sich der große Auswanderer-Strom Richtung Amerika ab 1832/35 mit Macht in Bewegung setzte, zog man meist dorf- und konfessionsweise in die Fremde: Lutheraner mit Lutheranern, Reformierte (Lipper) mit Reformierten, Katholiken mit Katholiken. So blieben auch in der „Neuen Welt" viele Münsterländer bei Münsterländern, Paderborner bei Paderbornern, Osnabrücker bei Osnabrückern und Lipper bei Lippern.

Das bezog sich freilich nur auf die dort gemeinsam gegründeten, streng konfessionsweise ausgerichteten Kirchengemeinden als neue, geistlich-kulturelle Zentren.

In ihren Siedlungen hingegen lebten die plattdeutschen Westfalen und Lipper, Hannoveraner und Münsterländer oft auch Farm an Farm mit Hessen, Württembergern, Bayern oder Immigranten aus anderen europäischen Herkunftsländern, gleich welcher Religion, friedlich und gutnachbarlich zusammen, trotz unterschiedlicher Glaubensrichtung. Folge: Auch in kleinsten „Little Germanies" von vielleicht nur 100 bis 200 Familien gab und gibt es bis heute leicht ein halbes Dutzend verschiedene kleine Gotteshäuser!

Friedhöfe und Grabsteine in der „plattdeutschen Prärie" als aufgeschlagene Geschichtsbücher: Hier wurde der heimliche Auswanderer Franz Ottensmeier aus Westenholz wiedergefunden

Auswanderer-Agenten besorgten Tickets und Dollars für Nordamerika

Den Auswanderungswilligen zeigten staatlich lizenzierte Agenten (oft Händler) in den Städten sowie beauftragte Bremer und Hamburger Schiffahrtslinien (so genannte „Halsabschneider") mehr oder weniger wahrheitsgetreu den Weg in das „gelobte Land". Diese vermittelten Schiffsplätze, ließen Post hin und her transportieren und besorgten in Einzelfällen völlig mittellosen Emigranten sogar transatlantische Arbeitsstellen nebst Reisebürgschaften bei bzw. von bereits etablierten Deutschamerikanern in den USA.

In Westerkappeln gab es zeitweilig sechs, in Glandorf fünf, in Osnabrück über zehn, in Münster ein Dutzend, in Melle vier, in Spenge drei, in Herford sechs solcher Agenturen.

In Münster, Bielefeld und Paderborn kamen zu den üblichen Agenten Bremer Reedereien gelegentlich noch Geldverleiher und vornehme Privatbankiers (wie die Familie von Hartmann) hinzu, die mehr oder weniger diskret Reisepapiere und Devisen besorgten.

Westfälische „Pfadfinder" reisten voraus

Einige wenige „Pfadfinder" waren ab 1830 vorausgesegelt, um die Fremde zu erkunden. In jahrelang wachsender Kettenwanderung folgten diesen „Scouts" dann ab 1832/33 und mit Schwerpunkt in den 40er- bis 50er-Jahren des 19. Jahrhunderts ganze Heerscharen von Verwandten, Freunden und Nachbarn nach. Unterbrochen nur durch die großen Epidemien der 50er-Jahre an Mississippi und Missouri sowie den verheerenden Amerikanischen Bürgerkrieg (1861–1865).

Danach hingegen zogen von der Zahl her sogar noch mehr Westfalen in das gelobte Land Amerika als während der gesamten Jahrzehnte zuvor – bis etwa 1885/90 der große Strom der Auswanderer endlich zu einem Rinnsal wurde und allmählich verebbte.

Weil die Muttersprache fast aller westfälischen Amerikafahrer Niederdeutsch (Plattdeutsch) war, sprachen die Auswanderer auch in Amerika selbstverständlich weiter ihr heimatliches „Platt", und zwar über mehrere folgende Generationen. Eine Sprache, die dort dann während beider Weltkriege, als Deutsch zu reden verpönt war, von den amtlichen Aufpasssern für „Dutch" (Holländisch) gehalten wurde und deswegen im öffentlichen Leben auf dem platten Lande meist problemlos weiter gesprochen werden konnte.

Friedhof der St. Josephs-Gemeinde in Westphalia mit den Namen Oelder und Stromberger Auswanderer

Ergebnis: Bis weit nach dem Zweiten Weltkrieg war in den „Little Westphalians" des Mittleren Westens Plattdeutsch die Umgangssprache der Älteren und Alten.

Die Sprachforscherin Alexandra Jacob hat darüber im Jahre 2001 an der Universität Bie-

Gotteshäuser nach Vorbild der westfälischen Heimat: St. Joseph in Westphalia, MO

lefeld (Professor Dr. Jan Wirrer) für ihr Staatsexamen eine aufschlussreiche Arbeit vorgelegt, die ein Jahr später veröffentlicht wurde und in der sie anhand von Feldstudien und vieler, per Tonband aufgezeichneter Unterhaltungen mit plattdeutschen Sprechern im Mittleren Westen diese stellenweise immer noch vorhandene, wenngleich oft schon recht begriffsarm gewordene (und von Amerikanismen durchsetzte) westfälische Mundart bis in das 21. Jahrhundert nachweist.

Auf den Dörfern Münsterländer Auswanderer in den Urwäldern Brasiliens ist das allerdings anders: Dort hat sich das Plattdeutsche bis heute erstaunlicherweise unverfälscht erhalten. Münsterländer Platt gilt bei den Älteren bis heute als vertraute Umgangssprache, wie Heimatforscher Martin Holz und dessen Frau Hildegard aus Rosendahl auf einer Reise im Jahre 1999 persönlich feststellen konnten.

Stirbt dagegen Niederdeutsch in den „Little Germanies" der Vereinigten Staaten mit der fünften und sechsten Nachgeneration unserer „Westfalen in der Neuen Welt" aus?

Alexandra Jacob stellt nach ihren jahrelangen Forschungen in den USA dazu heute fest: „So generell kann man das nicht sagen. Unter den Nachfahren westfälischer und lippischer Auswanderer nimmt die Zahl der plattdeutschen Sprecher tatsächlich rasch ab. Bei den Pommern im Mittleren Westen der USA hingegen habe ich weithin intak-

Friedhof der ev. luth. Kirche in Hoyleton, IL: Letzte gemeinsame Ruhestätte der Auswanderer von Wulferdingsen und Volmerdingsen am Wiehengebirge

te niederdeutsche Sprachgruppen angetroffen!"

Folge: Ihre Doktorarbeit schreibt die Bielefelder Sprachwissenschaftlerin deswegen bis Ende 2005 nicht über westfälische oder niedersächsische, sondern pommersche Plattdeutsche in der Neuen Welt!

Gründung neuwestfälischer Dörfer

Noch vor der Mitte des 19. Jahrhunderts per Segel- oder Dampfschiff in der Neuen Welt angekommen, war das Ziel der Westfalen meist die damals bereits stark von Deutschen bewohnten Städte St. Louis (Missouri) und Cincinnati (Ohio).

Wie die „Metropole des Westens", St. Louis, in seinem Einwanderungsjahr 1846 aussah, hat im Jahre 1923 der Spezereienhändler Christian Brockmeier, als nachgeborener Sohn seinerzeit vom Hof Brockmeier Nr. 22 zu Todtenhausen bei Minden nach Amerika abgesegelt, dem Reporter einer deutschsprachigen Zeitung anlässlich seines 100. Geburtstages erzählt: „*Als ich damals mein Geschäft eröffnete, bestand St. Louis nur aus ein paar Reihen Häuser, die sich von der Chouteau Avenue bis zur Market Straße hinzogen. Um die Stadt herum befanden sich dichte Wälder, und die Zahl der Ansiedler war noch klein. Oft kamen Indianer zum Einkaufen in die Stadt. Sie waren friedlichen Charakters...*"

Brockmeier wird von seinem Interviewer als „kreuzfidel" beschrieben, der sein Geschäft erst mit 90 Jahren in jüngere Hände gegeben habe. Befragt, was denn sein Rezept für hohes Alter in Gesundheit sei, gab der Mann aus dem Minde-

ner Land in klarer deutscher Sprache zur Antwort: „*Morgens und abends ein Schnäpschen in Ehren, und immer solide leben!*"

Deutsche Schulen und Vereine

Ringsum schufen die Immigranten an Mississippi, Ohio und Missouri mit fortschreitenden Jahren nicht nur ihre „Little Germanies", sondern man gründete auch, nach dem Vorbild der Heimat, neben den eigenen Kirchengemeinden, Schulen und Vereine.

Viele Lipper reformierten Bekenntnisses zogen nach Missouri, schufen hier die Stadt „Hermann", gründeten den Kirchort Detmold oder ließen sich in der pulsierenden Hafenstadt Quincy (Adams County) nieder, das nach St. Louis als „Frontier" und wichtiges „Tor zum Westen" galt und ab 1845 für Jahrzehnte erklärtes Ziel Tausender Westfalen wurde.

Große Gruppen lippischer Auswanderer ließen sich auch im Osten Wisconsins nieder und nannten die Gegend zwischen ihrer dortigen Siedlung „Hermann" und der Hafenstadt Sheboygan am Lake Michigan ihr „Neu Lippe". Mit zahlreichen weiteren lippischen Ablegern bis nach Freeport im Nachbarstaate Illinois oder Davis, wo sich vor und nach einem verheerenden Dorfbrand in der zweiten Hälfte der 40er-Jahre viele ausgewanderte Brakelsieker Familien niederließen.

Als es später den Söhnen der Langenholzhausener Lipper auf ihren elterlichen Farmplätzen im Kreise Sheboygan zu eng wurde, zogen diese weiter nach Westen, Motto: „Let's go West!" Ihre

Spuren bzw. Nachfahren finden sich bis in die Gegenwart in Marshfield, Neilsville und Greenwood (Wisconsin) wieder. Und von dort bis nach Minnesota und weiter westwärts auf den legendären „Oregon Trail" zu kommen, wo sich in Hooper und Herman (NE) ebenfalls lippische Auswanderer niedergelassen haben, war es nur eine Frage der Zeit.

Von „Neu Paderborn" bis „Minster"

Die Paderborner zog es besonders stark nach St. Louis und Umgebung, wo die westfälischen Wanderpriester Busch aus Fürstenberg bei Büren und Heinrich Ostlangenberg aus Langenberg bei Wiedenbrück u. a. die Pfarrgemeinden Paderborn (bei Belleville) und St. Libory gründeten.

Münsterländer, vor allem Ostbeverner Auswanderer, gutkatholische Emigranten aus dem südlichen Oldenburgischen, aber auch Westerkappelner Tecklenburger, Lengericher und Lienener Protestanten zogen (außer nach Missouri) in Familien- und Nachbarschaftsverbänden vorzugsweise in die zu Beginn der Kettenwanderung leichter erreichbare Gegend von Cincinnati (Ohio) und gründeten hier beispielsweise ihr „Minster" (Münster).

„Klein Westfalen" in Amerika, hier: Neu Paderborn (Stadt Belleville IL)

Der katholische Pfarrer von Glandorf nahe der niedersächsischen Grenze zu Westfalen (in Osnabrück war er Professor der Theologie) Johann Horstmann, reiste mit Glandorfer Amerikafahrern schon 1833 an die Oberen Seen, wo unter seiner Leitung in einer besonders abgelegenen Ecke Ohios ein neues Dorf namens „Glandorf" entstand.

Die ersten evangelischen Siedler überhaupt waren die Tecklenburger mit ihren Landsleuten aus Westerkappeln, Lengerich, Lienen und Umgebung. Sie bildeten ab 1832/33 die erste ev. Gemeinde westlich des Mississippi in Femme Osage (Missouri).

Fast gleichzeitig entstand auf Initiative ebenfalls Westerkappelner Leute nahebei der Handelsplatz „Cappel".

In „New Haven" ließen sich besonders viele Einwanderer aus Dissen und Borgholzhausen nieder. Etwa ab 1840 folgten ihnen Lutheraner aus Melle, Buer und Umgebung, die nicht weit entfernt von Femme Osage ihr eigenes Kirchdorf „Neu Melle" gründeten.

Ladberger Auswanderer fanden in Knoxville (Ohio) ihre neue Heimat

Indiana, Ohio und Illinois wurden besonders oft von Leuten aus dem Osnabrückischen angesteuert, die hier beispielsweise ihr „Neu Osnabrück" oder „Venedy" (nach dem Dorf Venne) erbauten. Hier hatten auch die Oldenburger ihr bevorzugtes Siedlungsgebiet, mit ihrer Gründung „Oldenburg" (Indiana). Professor em. Dr. Antonius Holtmann und Dr. Wolfgang Grams, früher Carl v. Ossietzky-Universität, haben die Auswanderung der Niedersachsen, Hannoveraner und Oldenburger nach den USA in jahrzehntelanger Arbeit auf das Gründlichste erforscht und weitgehend dokumentiert.

Venne bei Osnabrück, wo es dem Heimatforscher Udo Thörner gelungen ist, sämtliche 1500 evangelischen Auswanderer des Dorfes nach einer überlieferten Pastoratsliste und in Verbindung mit Daten aus den USA lückenlos zu ermitteln und auf Anfrage per PC bzw. Internet zur Verfügung zu stellen, hat neben Venedy (Illinois) einen zweiten Ansiedlungs-Schwerpunkt aus der Zeit dieser geradezu exemplarischen dörflichen Kettenwanderung seines Dorfes von

Pfarrkirche St. Michael zu Paderborn, Illionois (heute Belleville), gegründet von Pastor Wilhelm Busch aus Fürstenberg b. Büren und Urzelle zur Städte-Partnerschaft Paderborn-Belleville

1830 bis 1860 gefunden: Seymour im Bundesstaat Indiana.

Manchmal gaben ausgewanderte Geistliche ihren neuen Gemeinden Namen aus der deutschen Geschichte oder griechischen Antike, wie „Bismarck" in North Dakota oder Delphos (Ohio). Der Gründer von Delphos war übrigens ein Priester und stammte aus Verl, Kreis Gütersloh – was den Verler Bürger Frithjof Meißner dazu brachte, für seinen Heimatverein eine transatlantische Gemeindepartnerschaft Verl – Delphos ins Leben zu rufen, die vor allem von einem ständigen Jugendaustausch lebt.

Einen großen Trupp Auswanderer aus Wehdem am Stemweder Berg zog es nach Texas, um hier ein neues „Wehdem" zu gründen.

Die Arztfrau Henriette Bruns aus Oelde gab aus Heimweh selbst ihrem Garten in der Wildnis Missouris einen heimatlichen Namen, und zwar den ihrer jugendlichen Herkunft: „Stromberg".

Achtmal Minden in USA

Minden gibt es in den USA gleich achtmal, benannt sowohl von Mindener als auch Bergkirchener oder Vlothoer Einwanderern: Schließlich war Minden daheim preußische Regierungs-Hauptstadt für die ganze Region!

Wie die Auswanderer ihre Seereise überstanden, was sie bei der Ankunft erlebten und anschließend durchlitten, das haben Wissenschaftler wie Professor Kamphoefner und seine Kollegen von der Ruhr-Universität Bochum als sicheren Extrakt aus zahllosen Briefen gezogen, die Ausgewanderte nach Haus zu ihren Eltern und Geschwistern schrieben, Titel: „Briefe aus Amerika".

Besonders wertvoll sind die Studien des inzwischen 86-jährigen Nestors der Auswandererforschung hüben und drüben, Professor em. Dr. Adolf Schroeder von der Missouri States University.

Schroeder fasste in seinem Buch „Hold dear, As always, Jette" den Inhalt von fast 600 Briefen zusammen, welche die Arztfrau Henriette Bruns, geborene Geisberg, aus dem westfälischen Oelde ab 1835 bis 1890 von Westphalia MO aus ihrem Bruder Heinrich Geisberg nach Münster schrieb.

Dr. Bruns und seine Frau gelten als besonders frühe Wegbereiter katholischer Auswanderer von Westfalen und Lohne (Oldenburg) nach Missouri, wohl angeregt durch Veröffentlichungen des deutschen Amerikareisenden Gottfried Duden in den 20er-Jahren des 19. Jahrhunderts.

Der gebildete, in Münster promovierte Bernhards Bruns könnte aber auch andere damals populäre Reiseberichte und Reportagen über Missouri, Texas und weitere verheißungsvolle Siedlungsregionen der „Neuen Welt" gelesen haben.

Zum Beispiel von dem fürstlichen Naturwissenschaftler Paul Wilhelm von Württemberg, der gleich mehrfach und zuerst schon 1822 Nordamerika bereiste, als erster europäischer Forscher bis zu den Quellen des Missouri vordrang und besonders viel Rühmliches über Texas veröffentlicht hat.

F. A. Brockhaus (Leipzig) stellte die Vereinigten Staaten von Amerika in der achten Originaufla-

Lutherische Kirche in New Minden, IL: Von Berg-
kirchener Auswanderern nach Vorbild ihres Heimat-
Gotteshauses in die Prärie gestellt

ge seiner deutschen Real-Encyklopädie von 1836 nicht nur in ihrer geographischen, politischen und kulturellen Struktur erstaunlich umfangreich und aktuell dar, sondern hielt auch weitreichende Sachinformationen und Buchtipps für Auswanderungswillige in Deutschland bereit.

So heißt es auf Seite 683 des elften Bandes: „Für Auswanderer sind besonders zu empfehlen ‚Brauns‘ Mitteilungen aus Nordamerika (Braunschweig 1829) und dessen ‚Skizzen von Amerika‘ (Halberst. 1830), Dudens ‚Bericht über eine Reise nach den westlichen Staaten von Nordamerika‘ (Elberfeld 1829), Brommes ‚Reisen durch die Vereinigten Staaten und Obercanada‘ (3 Bde., Baltimore 1833–35) und ‚Das Westland´, nordamerikanische Zeitschrift für Deutschland (1. Heft, Heidelb. 1836).

Leute wie Dr. Bruns zählten nicht nur zu den ganz frühen „Pionieren" in Missouri, sondern gaben als gebildete, so ge-

nannte „lateinische Auswanderer" unter den deutschen Einwanderern im Lande den Ton an.

Schließlich gehörte Dr. Bruns zu den relativ wenigen Leuten aus Westfalen, die schon als Studenten in ihrer Heimat eine „verbotene demokratische Gesinnung" gezeigt haben sollen und deswegen von der konservativen Gesellschaft in Münster, Oelde und Umgebung eher misstrauisch aufgenommen worden waren.

Westfalen im Bürgerkrieg auf Seiten des Republikaners Abraham Lincoln

„Jette" Bruns hat wie bisher kein anderer Auswanderer schonungslos das harte Los der Einwanderer in der unwegsamen Wildnis an Missouri und Mississippi beschrieben. Wie sie es trotzdem mit Fleiß und Entbehrungen zu gewissem Wohlstand und einer blühenden Gemeinde gebracht haben und wie sie, mit den Jahrzehnten, trotz aller Bindung an die alte Heimat doch „richtige" Amerikaner wurden, die auf der Seite der Nordstaaten bzw. Abraham Lincolns (dabei gehörte Missouri den Südstaaten an!) 1861–65 in den Bürgerkrieg zogen, eines der Ziele: Den Sklaven Freiheit zu geben!

Wenn möglich, suchten sich unsere Westfalen in den USA Siedlungsplätze, die landschaftlich der Heimat ähnlich sahen.

So fanden die ab 1833/34 von Tecklenburg, Lengerich, Lienen, Mettingen, Lotte, Wersen, Westerkappeln und später aus Buer bei Melle ausgewanderten Leute in ihrem „Neu Melle" und „Cappeln" ein optisch nahezu identisches Hügelland mit Bächen und Bergen wie daheim vor.

Vorbildliche Auswandererforschung im Kreis Herford: Ergeb-
nisse für jede Stadt und Gemeinde in Büchern dokumentiert

Nicht wenige westfälische Einwanderer zogen über den Oregon-Trail weiter nach Westen, um in Nebraska, Dakota, Wyoming oder Kalifornien zu siedeln. Hier ein zeitgenössiges Gemälde, das eine Trail-Pause etwa 1850/60 in Scott's Bluff (Nebraska) zeigt

Das Heimweh führte in Minden Illinois dazu, dass der dortige lutherische Pastor an St. Johannis um die Jahrhundertwende zur Heimatgemeinde Bergkirchen geschickt wurde, um erstens für den Wiederaufbau der vom Blitz getroffenen hölzernen Präriekirche zu sammeln und zweitens genaue Pläne der 1 000-jährigen Bergkirche mitzubringen.

Aus Heimweh in der Prärie das Heimat-Gotteshaus nachgebaut

Nach der Heimkehr des Seelsorgers wurde St. Johannis „neu", nämlich in Bruchsteinen wie daheim und auch sonst weitgehend nach dem Vorbild des Heimatgotteshauses im Wiehengebirgs-Pass errichtet, dort, wo vor mehr als 1200 Jahren Sachsenherzog Widukind im Beisein Karls des Großen den Christlichen Glauben angenommen haben soll.

Kommt man nach Waterloo IL, wo sich besonders viele Auswanderer aus dem Gebiet der heutigen Stadt Porta Westfalica und von Bad Oeynhausen niedergelassen haben, dann wird dem Besucher sofort die täuschende Ähnlichkeit dieser Gegend mit der Berglandschaft zwischen Rehme, Porta Westfalica und Hausberge deutlich.

Selbst im ferner Kalifornien, wohin es den Löhner Auswanderer und Goldsucher Peter Friedrich Tarke verschlagen hatte, bildete die Bergkette der Buttes bei Sutter am Feather River für die aus Rehmerloh (mit Blick auf das nahe Wiehengebirge) stammende Anna Tarke geborene Stohlmann, den „täglichen Trost", wie sie nach Haus schrieb: *„Wenn das Heimweh zu groß wird, blicke ich auf*

unseren Berg und stelle mir vor, es wäre das wunderbare Wiehengebirge im Bünder Land!"

Von den vielen tausend Westfalen, die in der Neuen Welt k e i n Glück hatten, in den Großstädten an der Ostküste unerkannt bei härtester Arbeit ihr Leben fristeten oder an einer der vielen Epidemien zugrunde gingen, denen in den 40er- und 50er-Jahren in Nordamerika manchmal die Hälfte der Bevölkerung von Städten und Dörfern zum Opfer fiel, ist hier leider nicht in einer angemessenen, ausführlichen Weise zu berichten. Denn kaum jemand hat die Schicksale jener ungezählten, bedauernswerten „anonymen" Opfer aufgezeichnet. Wir wissen nur so viel, und dies mit ziemlicher Sicherheit: Solcher Unglücklichen und im Leben Gescheiterten gab es zwischen 1830 und 1900 in den USA Hunderttausende!

Verhältnismäßig wenige unserer Westfalen in der „Neuen Welt" strebten jenseits des Atlantiks politische Ämter und Ehren an. Die allermeisten wollten nur freie Bauern, also Farmer werden und wurden es auch. Ihre Nachfahren in der vierten bis sechsten Generation arbeiten zum Teil noch heute auf den damals erworbenen Plätzen, wie man im Mittleren Westen sagt.

Gleichwohl haben nicht wenige Westfalen in der Neuen Welt eine große Karriere gemacht, ja, zählen teilweise bis heute zu den bedeutendsten amerikanischen „Heroes" der US-Gründerzeit im 19. Jahrhundert-Parole des Jahrhunderts:

„ L e t´s g o W e s t ! „ – *„Lasst uns nach Westen ziehen!"*

Ein eigener Bahnhof in Minden/Nevada für „Rinderkönig" H. F. Dangberg aus Halle/Westf.

Er war nach Kalifornien gezogen, um auf den Goldfeldern sein Glück zu suchen. Als einer, der (im übertragenen Sinne) Wasser in Gold zu verwandeln vermag, ist „Rinderkönig" Heinrich-Friedrich Dangberg (1829–1904) aus Halle, Westfalen, in die Siedlungsgeschichte des „Wilden Westens" eingegangen.

Heinrich Friedrich
Dangberg (HFD)

Amerikanische Zeitgenossen kannten diesen frühesten deutschen Siedler im Carson Valley besser unter seinem fachmännischen Kürzel „HFD", ein damals von Kalifornien bis zum Mississippi verbreitetes Brand- bzw. Markenzeichen der weitaus größten Cattle Ranch des Westen, mit Tausenden von Rindern auf riesigen, künstlich bewässerten Weiden am Carson River. Im Hintergrund als traumhaft schöne Naturkulisse die bis zu 3 200 Meter hohe, wintertags schneebedeckte Sierra Nevada.

HFD ließ für seine Ranch eigens einen Bahnhof namens „Minden" bauen und hatte sich in den Kopf gesetzt, mit dem gestauten Schmelzwasser von den Gipfeln der Sierra Nevada (die das abgelegene Carson Valley von Kalifornien trennt), aus der vegetationsarmen Wüste ein immergrünes Paradies für Milchwirtschaft und Rindermast zu machen, – was ihm weitgehend auch gelang!

Als der große Western-Pionier aus Westfalen am 16. Juli 1904 im Alter von 75 Jahren starb, schrieb ein Journalist aus Carson City bewundernd: *„Wäre Dangberg 100 Jahre alt geworden, wer weiß, vielleicht würde es ihm noch gelungen sein, selbst einen der höchsten Gipfel unserer Sierra, Job's Peak, zu kanalisieren …"*

Über die Gründe, warum der älteste Sohn der Eheleute Friedrich-Wilhelm Dangberg und Katharine Marie geb. Dockweiler aus Halle, Oldendorf

Nr. 6 im Jahre 1848 den großen, schon im westfälischen Urbar von 1556 genannten elterlichen Bauernhof nach seiner Lehre als Müller verließ und über Bremerhaven nach New Orleans und St. Louis auswanderte, ist viel gerätselt worden. Seine Enkelin und Biografin Professor Grace Dangberg (1896–1985) verbindet das deutsche Revolutionsjahr 1848 mit einem ungestümen Freiheitsdrang ihres Großvaters und rückt ihn deswegen voller Stolz in die Nähe des 1848er Freiheitshelden Carl

Heinrich Friedrich Dangberg (HFD) auf seinem Rinder-Trail nach Westen

Hope Valley, Nevada: Hier endete Dangbergs Zug nach Kalifornien in Eis und Schnee

weit anschwellende Strom von Amerika-auswanderern dürften den jungen Mann zusätzlich motiviert haben, in die „Neue Welt" zu ziehen. Und zwar zunächst dort-hin, wo zu dieser Zeit bereits Tausende plattdeutsch sprechender Ostwestfalen und Lipper ansässig waren: nach St. Louis.

Dort hatten sich z. B. Auswanderer aus Jöllenbeck, Schildesche und Hee-pen-Altenhagen im Stadtteil Black Jack angesiedelt. Im Hafenbezirk er-öffnete der Bielefelder Hoteliersohn H. Wefing in den 50er-Jahren innerhalb eines kompletten Straßenblocks das ers-te Kaufhaus der Stadt. Wefing war spä-ter einer der Gründer des St. Louis Phil-harmonical Orchestre und des heute weltberühmten Botanischen Gartens dieser Stadt.

Schurz und anderer deutscher Revolutionäre.

Eher jedoch dürfte der junge Mann ganz prak-tische persönliche Gründe für seine (heimliche) Auswanderung gehabt haben.

Heinrich Friedrich Dangberg hatte 1848 als 19-jähriger kurz vor der Einberufung zum Mili-tärdienst gestanden. Ferner war 1845 sein Vater gestorben. Die Mutter heiratete zwei Jahre da-rauf den angesehenen Steuer-Einnehmer Heinrich Christoph Meinders aus Halle, Westfalen. Dieser Stiefvater nahm, wie das damals üblich war, den Namen des Hofes an und führte fortan als Chris-toph Dangberg den Hof Oldendorf Nr. 6 nebst Kutschwagenbetrieb.

Für die Kinder aus erster Ehe wurde wahrscheinlich „geschichtet", d.h. deren Erbteil ermittelt und zur späteren Auszah-lung bestimmt.

Ein Reiseservice per Kutschwagen, wie ihn die Dangbergs damals neben der Land-wirtschaft her betrieben, brachte dem Inha-ber und seiner Familie viele Kontakte mit Fremden und von den alten Handelswe-gen und großen Städten zwischen Rhein, Münster, Bielefeld und Minden ständig Neuigkeiten aus aller Welt.

1848 war nicht nur das Jahr jener ver-unglückten demokratischen Revolution in Deutschland, sondern auch der Entdeckung riesiger Goldfunde in Kalifornien. Nach-richten darüber und der notbedingt landes-

Vier Jahre in Amerika verschollen

Vier Jahre ließ Heinrich Friedrich Dangberg nichts von sich hören. Seinen Angehörigen hat er später erzählt, er habe auf einem Mississippi-Dampfer angeheuert und dort bis 1852 als Matrose sein erstes Geld verdient. Ein weiteres Jahr arbei-tete er, wie seine Enkelin und Biografin Professor Grace Dangberg herausfand, auf einer Flussmühle von St. Louis.

Erst nachdem seine Mutter die Adresse des Sohnes durch andere Emigranten aus der Gegend von Halle oder Brockhagen erfahren und von zu

Der Autor Friedrich Schütte (rechts) beim Interview mit Prof. Grace Dangberg im Juni 1982 in Minden, Nevada

Ehemalige HFD-Ranch am Fuße der Sierra Nevada

Scout Kit Carson benannte Tal mit dem Staate Kalifornien auf der anderen Seite der Sierra Nevada.

Genau da, wo die beiden Freunde ihr erstes Land erworben hatten, sozusagen vor ihrer Haustür, begann von einem riesigen Umschlagplatz aus der äußerst mühsame Aufstieg zum nächsten Pass über die alpine Sierra nach Placerville und Fort Sutter (dem späteren Sacramento) und weiter bis San Francisco.

Wer es bis hierher geschafft hatte, ruhte sich von den unvorstellbaren Strapazen der zurückliegenden Wüstentour aus, versorgte sich mit Lebensmitteln in einem der primitiven Mormonen-Stores und mobilisierte für die bevorstehende, geradezu halsbrecherische Kletterpartie über die Berge, bei der viele bisher benutzte Wagen in Einzelteile zerlegt und über die Felsen getragen werden mussten, seine letzten Kraftreserven.

Hause aus mehrere besorgte Briefe geschrieben hatte, traf 1853 in Oldendorf Nr. 6 die erste Post des bis dahin Verschollenen ein.

Danach war erneut für zwei Jahre „Sendepause". Bis sich der „verlorene Sohn" im Oktober 1856 aus dem kalifornischen Gold-Canyon meldete und stolz berichtete, er habe auf einem kürzlich entdeckten Goldfeld am östlichen Arm des mächtigen, in der Sierra Nevada entspringenden Carson River so viele Nuggets gefunden, dass er sich endlich nach eigenem Land umsehen könne.

Noch während des Goldwaschens freundete sich der inzwischen einigermaßen Englisch sprechende H. F. Dangberg mit dem gebürtigen Amerikaner Benjamin Mast (ein Mormone aus Pennsylvania) an.

Die beiden hatten ihre Claims unmittelbar an der berühmt-berüchtigten Desert-Road, die damals über mehr als 3 000 km, weitgehend durch Wildnis und Wüste, von St. Louis nach Kalifornien führte und zwischen den Jahren 1848–1869 die meistbenutzte Strecke auf dem Weg nach Kalifornien war. Auf ihr zog in Dangbergs frühen amerikanischen Pionierjahren eine ständig wachsende Schar erwartungsvoller Goldsucher, Siedler und Abenteurer unter oft unvorstellbaren Strapazen in den angeblich „goldenen" Westen.

Eine von 200 Mormonen gebaute, primitive und äußerst steile Bergstraße, die alte Kingsbury Grade, verband ab 1848 das nach dem berühmten

Buttern nach Mutters Rezept

Dangberg beobachtete wochenlang das ständige Kommen und Gehen in diesem riesigen Heerlager, das unweit der Mormonensiedlung Genoa lag und auf dem bereits die ersten Kneipen entstanden waren und er stellte fest, dass die Treck für Treck vorbeiziehenden oder rastenden Kalifornienreisenden vor allem Lebensmittel brauchten: Fleisch, Milch, Brot und Butter. Und dass hier für einfachste Verpflegung schwindelerregend hohe Preise gezahlt wurden!

Jeder von ihnen, Dangberg und Mast, begann deswegen im Frühling 1857 am Ostarm des Carson River so viel Land abzustecken und für sich zu reklamieren, wie ihm als Rinderweide geeignet erschien. Behörden existierten in dieser wilden Gegend damals noch nicht. Es galt das Claim-Recht: Wer ein Stück Land als erster mit Steinen oder Pfählen markiert oder abgesteckt hatte, galt als Eigentümer.

Nach Übernahme ihrer ersten Ländereien erwarben die Freunde nun von Hiram und Israel Mott, den ersten Rinderhaltern und Ranchern in Genoa, 65 Milchkühe.

Gleichzeitig beteiligte sich Dangberg an einem kleinen Laden. Dessen Warenausstattung: Salz, Zucker, Whisky, Mehl, Holz, Eisenwaren, Spaten und Töpfe.

Dank der saftigen Uferweiden des Carson River gediehen die zunächst mageren Kühe prächtig. Bald gaben sie reichlich Milch. H. F. Dangberg machte sich nun daran, wie er es zu Hause in Halle von seiner Mutter gelernt hatte, aus frischem Rahm Butter zu kneten. Diese fand am California Trail einen derart reißenden Absatz, dass die Freunde zeitweilig Milch zukaufen mussten, um den Bedarf zu decken.

In den ersten Monaten verkaufte HFD, wie aus seiner damaligen handschriftlichen Buchführung zu ersehen ist, 453 Pfund Butter. Dies und der übrige Handel brachten ihm soviel ein, dass er den bald darauf wegen eines Trauerfalls von seiner Familie nach Pennsylvania zurückgerufenen Partner Mast auszahlen und den eigenen Rinderbestand um 200 Kopf Milch- und Mastvieh aufstocken konnte. Nur: Wer sollte jetzt, da der Freund abgereist war, in dieser gesetzlosen Gegend sein Besitztum bewachen, wenn er, Dangberg, wegen seines Butterhandels außer Hauses war?

Da erinnerte sich H. F. Dangberg seines drei Jahre jüngeren Bruders August und schrieb ihm einen Brief: August solle daheim alles liegen und stehen lassen und zu ihm kommen, „statt sich in Europa als Soldat totschießen zu lassen". Schon nach wenigen Jahren werde er in Amerika ein gemachter Mann sein. Mit Buttern könne man am California Trail im Handumdrehen „ein schönes Vermögen machen". Da Männer im Buttern jedoch nicht so geschickt seien wie „Frauenzimmer", solle er sich vor der Überfahrt eine passende, arbeitsame Frau suchen (was August auch tat!).

Zum Schluss des Briefes der dringende Rat: „Vergiss mir aber auf keinen Fall, für unterwegs ein paar Kruken (Flaschen) Steinhäger und guten, trocknen Schinken mitzunehmen. Das ist nämlich während der Schiffsreise und auf den Plains die beste Medizin gegen Krankheiten."

Weihnachten 1859 traf August Dangberg mit seiner damals 25-jährigen, aus Schildesche stammenden Frau Hanna Friederika Oberschelp im Blockhause seines Bruders am Carson River ein. Die resolute, junge Frau (sie gilt als erste deutsche Siedlerin in Nevada) machte der bisherigen HFD-Männerwirtschaft in einer äußerst primitiv eingerichteten Milchkammer radikal ein Ende: Aus der Stadt ließ sie Milchkannen und Butterfässer kommen und ging zielbewusst daran, nach eigenem Rezept und unter geradezu vorbildlichen hygienischen Verhältnissen Landbutter zu kneten.

Musste frische Ware nach auswärts geliefert werden, zum Beispiel mit der bald täglich auf besser ausgebauten Straßen verkehrenden „Overland-Stage-Coach" nach Placerville oder Virginia City, so pflegte „Rieke" die leichtverderbliche Ware zunächst in frische Kohlblätter einzuwickeln und das ganze dann in ausgehöhlte Eisblöcke, die man wintertags auf den Seen geschlagen hatte, zu pressen.

Ergebnis: Dangberg-Butter wurde wegen ihrer Frische binnen kurzem zu einem weithin begehrten Markenprodukt und war bald derart gefragt, dass HFDs neue Großfamilie, trotz deutlich erhöhter Warenpreise, mit der Produktion nicht mehr nachkam.

Selbst die feinen Hotels in Genoa, Placerville und in der Boomtown Virginia City rissen sich für ihre noblen Gäste, darunter berühmte Künstler und Chronisten wie Mark Twain, damals Chefre-

Boomtown Virginia City heute: Hier verkaufte Dangberg seine „Ravensberger Butter" an reiche Goldsucher

porter des legendären Regionalblattes „Territorial Enterprise", um die heiß begehrte „Ravensberger Eis-Butter" von der Dangberg-Ranch.

Pony-Express und Snowshoe-Thomson als Eilboten vor der eigenen Haustür

Ohne es geplant zu haben, befand sich H. F. Dangberg mit seinem Standort in der Nähe der frühen Mormonensiedlung Genoa für zwei Jahrzehnte an einem historischen Ort, ja – am Haupt-Einfalltor zum „Goldenen Westen" Amerikas, und nebenbei auch noch an einem der ruhmreichsten Plätze früher Geschichte des transkontinentalen amerikanischen Post- und Kommunikationswesens.

Als Heinrich Friedrich Dangberg 1856 in Nevada siedelte, gab es das US-Bundesland Nevada noch gar nicht (es besteht erst seit 1861). Vielmehr war Carson Valley Bestandteil des fast menschenleeren Territoriums Utah.

Erst nach dem Befehl des Mormonenführers Brigham Young 1855 an alle Gläubigen, Genoa zu verlassen, um Salt Lake City gegen US-Bundestruppen zu verteidigen, wurde das Land zu Füßen der Sierra Nevada frei für neue europäische Einwanderer. Diese Situation nutzten Siedler wie Dangberg, Springmeyer, Cordes und die aus der Lüneburger Heide stammenden Familien Dressler, Settelmeyer und Neddenriep beherzt aus.

Dabei waren Jahrzehnte boomende Goldminen wie die Comstock Lode, Silbergruben in Virginia City und die sagenhafte Goldtown Boodie ideale und unersättliche lokale Absatzmärkte mit Tausenden zahlungskräftiger Kunden. Zu den besten Zeiten zählte man in der Schule am Verlags- und Opernstandort Virginia City, wo sich weltberühmte europäische Bühnen- bzw. Opernstars der damaligen Zeit ein Stelldichein gaben, mehr als 800 Millionärskinder.

Nur die Nachrichtenverbindungen zwischen dem zivilisierten Osten der USA und dem Wilden Westen, mit San Francisco als Endpunkt, waren lange Zeit denkbar zeitraubend und schlecht. Bis dann Ende der 50er-Jahre drei wagemutige Unternehmer – Russell, Majors und Waddel – mit ihrem Hauptquartier in Westport Missouri (später Kansas City) daran gingen, jenen damals noch nicht durch Eisenbahnen erschlossenen, so genannten „Wild West", querfeldein über 3 600 Kilometer Wildnis, durch eine „fliegende" Reiterstafette postalisch miteinander zu verbinden:

Der sagenumwobene Pony-Express war erfunden. Das vielleicht großartigste Unternehmen in den USA, bevor die Eisenbahn kam!

Dieser Trail führte mit einer seiner 190 einzelnen Stationen zum Pferdewechseln unter anderem auch durch Genoa, der ersten Landeshauptstadt von Nevada, direkt an Dangbergs Blockhaus und Ländereien vorüber.

Zwar holten die Eisenbahnpioniere mit ihrem Schienenstrang den Pony-Express schon zwei Jahre nach seinem Start im Jahre 1860 ein und machten ihn damit überflüssig. Russell, Majors und Waddel mussten Konkurs anmelden.

Doch die 80 tollkühnen Reiter auf ihren 500, von Station zu Station mehrfach gewechselten Ponys, hatten zwischenzeitlich Geschichte geschrieben und sind bis heute für alle Amerikaner ein fester Begriff für Mut, Ausdauer und grenzenlosen Optimismus laut dem – jedem Amerikaner zur Überwindung von Schwierigkeiten sozusagen in die Wiege gelegten Überlebens-Spruch „Let's go West!" und: „The mail must go through!".

Johnny Frey alias Hans Frei aus Minden, einer der wilden Pony-Express-Reiter zwischen Mississippi und Kalifornien

Buffalo Bill alias Colonel Cody, Western-Freund Dangbergs auf dem westlichen Teil des legendären Pony-Express

Auch die Indianer in der damals noch von Büffeln überquellenden Prärie pflegten die „fliegenden Boys" auf ihren rasend schnellen Ponys mit dem ledernen Postsack über dem Pferdehals zu bewundern und ihnen den Weg freizugeben, wenn diese über die Plains stoben.

Es wird berichtet, selbst bei Gefechten zwischen Regierungstruppen und Indianern hätten die Waffen geruht, bis der planmäßige Postreiter auf seinem Pony das Schlachtfeld passiert gehabt hätte ...

Um keinerlei Zeit zu verlieren, geschahen Pferde- und Postsackwechsel an den einzelnen Stationen im fliegenden Galopp: Während der vorherige Reiter heranpreschte, war der nächste schon angeritten und übernahm den Postsack im vollen Jagdgalopp!

Auf diese Weise kamen Briefe, die in St. Josef am Mississippi von der Eisenbahn dem Pony-Express übergeben worden waren, in der Regel schon nach 10 bis 11 Tagen in San Francisco an.

Einer der Reiter: Hans Frei aus Minden!

Die Nachricht vom glänzenden zweiten Wahlsieg Präsident Abraham Lincolns erreichte im März des Jahres 1861 die Metropole des Westens bereits binnen 7 Tagen und 17 Stunden. Das war absolute Bestzeit der „fliegenden Reiter", zu deren Mannschaft anfangs übrigens zwei besonders ausgezeichnete Western-Pioniere gehörten: Buffalo Bill alias Captain Cody, Erfinder des amerikanischen Rodeos sowie dessen Sattelkamerad Hans Frei aus Minden, Westf. (dessen genaue Geschichte ist noch zu erforschen!).

Johnny Frei oder Frey, wie er drüben hieß, ging weniger als verwegener Reiter denn als Organisationstalent in die stolze Story vom Pony-Express ein. Sein englischstämmiger Schwiegervater besaß nämlich im Osten der Staaten eine Pferdezucht. Hier nun wurden die ersten Ponys für die „fliegende" Post-Stafette rekrutiert.

Hans Frey hatte den Tipp gegeben, statt leicht ermüdender, normaler Großpferde lieber drahtige, ausdauernde Ponys einzusetzen – was dann auch mit größtem Erfolg geschah. Zwar nicht zum Team der wilden Overland-Reiter, aber doch zu seinen alpinen Wegbereitern gehörte im Bereich der Sierra Nevada der blondhaarige, gebürtige Norweger John A. Thompson (1827–1876). Thompson besorgte bereits ab 1850 und weiter für 20 Jahre den speziellen Posttransport der Gold- und Silbersucher zwischen Genoa auf der Ostseite der Sierra Nevada, quer über die Berge nach Sacramento. Und zwar im Sommer zu Fuß und per Maulesel. Im Winter per Ski!

Um die tief verschneiten Wege und Pässe zu überwinden, konstruierte der findige „Snowshoe"-Thomson (unter welchem Namen dieser Größte aller Mountain-Men in die Liste der Heroes des Wilden Westens eingegangen ist) für sein Maultier spezielle Kurzski. Sie band er dem Muli fest unter die Hufe.

Auf diese Weise meisterte Snowshoe-Thompson die verschneitesten Pässe und schlimmsten Schneestürme. Thompson habe die Post der abseits aller Wege lebenden Goldsucher und Rancher, allen Unbilden des Wetters zum Trotz, stets sicher ans Ziel gebracht, heißt es in einer Würdigung durch Grace Dangberg.

Die amerikanischen Dangbergs 1957 bei den Dangbergs in Halle, Westf., 1. Reihe (v.r.n.l.): John Dangberg mit Frau, Helga Habermann, geb. Dangberg, nebst Ehemann Günter Habermann; hinten (v.r.n.l.): Hermann Dangberg, Anna Dangberg und Professor Grace Dangberg

Der Bruder Christoph (geboren 1837) war bereits 1857 ausgewandert, aber in Chicago hängen geblieben. Wegen der 60er Rezession arbeitslos und enttäuscht, folgte auch er 1863 seinen Brüdern nach Nevada, wo er sich von nun an „Carl" Dangberg nannte.

HFDs 1851 geborener Halbbruder Wilhelm taucht 1876 auf der Dangberg-Ranch auf. Als August Dangberg 1884 stirbt, heiratet er dessen Witwe.

Als letzter Auswanderer der Familie beantragt der Neffe aller vier, bereits in Nevada amerikanisierten Gebrüder Dangberg, Christ F. W. Dangberg, im Jahre 1891 die Entlassungsurkunde des Deutschen Reiches, um 1894 ebenfalls sein Glück in Carson Valley zu suchen.

Bis zur Jahrhundertwende reisen auch zahlreiche Nachbarn der Familie Dangberg in Halle-Oldendorf nach Carson Valley, wie Heinrich Springmeyer, Friedrich Frevert, Friedrich Dreyer, Ludwig Holtmann, Hermann und Heinrich Cordes, Friedrich Stork. Nicht wenige von ihnen kommen Jahre nach ihrer Abreise noch einmal zurück, um sich die Frau fürs Leben aus der alten Heimat zu holen.

Denn in Carson Valley kamen zwischen 1870 und 1980 auf 100 Männer gerade mal 10 Frauen. Die sprachen zumeist nicht einmal Deutsch. Und da die jungen Männer allesamt mit prall gefüllten Geldbörsen heimkehrten, fiel es ihnen auch nicht schwer, junge Mädchen für ein gemeinsames Leben im fernen Nevada zu begeistern.

Die meisten Auswanderer aus Halle und Umgebung bringen es nach oft harten Lern- und Lehrzeiten auf der immer größer werdenden Milchvieh- und Mast-Ranch Heinrich Friedrich Dangbergs bald selbst zu stattlichen Cattle-Ranches. Aber keiner kann HFD einholen, der inzwischen ein riesiges Konglomerat aus Molkereien, Zucht- und Mastbetrieben auf vielen tausend Hektar Land sowie Bank- und Eisenbahn-Anteile zunächst unter der Dachgesellschaft *„Dangberg H.F. Land & Livestock Co"* geschickt und mit eiserner Hand kontrolliert.

Von Thompsons Erfahrungen habe nicht nur der Pony Express beim winterlichen Überqueren der Berge das Know How übernommen, sondern „Snowshoe", ein guter Freund und Butter-Transporteur ihres Großvaters H. F. Dangberg, sei zugleich der erste bekannte Skiläufer und wirkliche Erfinder des allgemeinen alpinen Skisports in den USA gewesen: *„He was Godfather of American Alpine Skiing!"*

Mitarbeiter und Frauen aus Halle, Westf.

Zum weiteren Ausbau des „goldenen" Buttergeschäfts suchte Heinrich Friedrich Dangberg Anfang der 60-er Jahre händeringend zusätzliche Helfer aus der Heimat. Deshalb schickte er im Winter 1863 seinen Bruder August nach Halle, um weitere Brüder und Nachbarjungen für die Rancharbeit im boomenden Carson Valley zu rekrutieren. Während Augusts Heimatbesuchs in Halle-Oldendorf stirbt am 13. Dezember 1863 die Mutter Katharina Marie Dangberg geb. Dockweiler.

August Dangberg ist mit seiner Werbung für Mitarbeiter in Carson Valley erfolgreich. Noch im Laufe des Jahres 1864 kommen HFDs alter Schulfreund F. W. Stodiek, sein Vetter August Dockweiler und mehrere Nachbarjungen – insgesamt 12 weitere Hallenser Auswanderer – nach Carson Valley.

HFD: reicher als die Eisenbahngesellschaft

Zur Jahrhundertwende war HFD mit 30 000 Acre Weiden und Äckern (rund 12 300 ha) im Carson Valley nicht nur der größte und erfolgreichste, sondern auch der weitaus reichste Rancher. Bereits 1874 führt HFD im neu gegründeten Kreis Douglas mit einem zu versteuernden Einkommen von 51 000 $ die „Taxliste" an.

Eine nächste, aus 1909 überlieferte offizielle Steuerliste des Kreises mit Sitz in Minden, Nevada, datiert zwar aus den ersten fünf Jahren nach seinem Tod, legt aber noch Zeugnis von seinem eindrucksvollen Lebenswerk ab.

Hierin wird das steuerpflichtige Einkommen auf 221 555 $ beziffert. Erst auf Platz zwei folgt mit weitem Abstand von 68 969 $ die florierende Virginia & Truckee Eisenbahngesellschaft. Der nächstfolgende Großrancher: die Familie Springmeyer. Sie steht mit 23 192 $, Familie Ruhenstroth mit 13 320 $ und Familie Stodieck mit 5 850 $ zu Buche.

Dabei hatte HFD auch an der Virginia & Truckee-Eisenbahn sowie mehreren anderen, eigenständig aufgeführten Firmen des Valley (z. B. einer Mühlen- als auch Elektrizitätsgesellschaft, mehreren Holzfirmen, Lager- und Gefrierhäusern, hohe Anteile.

Selbst in der Politik auf Kreis- und Landesebene lief nichts ohne Heinrich Friedrich Dangberg oder gegen seine Interessen. Seinen Einfluss machte er unter anderem als Mitglied der States Assembly von Nevada (1869–1873) sowie als Senator im Capitol von Carson City (1879–1883) geltend.

Braut in Halle heiratete einen anderen

In einem Punkt seiner Lebensplanung, nämlich beim Heiraten, gingen HFDs Jugendträume nicht in Erfüllung.

Schon als Müllerlehrling bei seinem Onkel in Brockhagen, Westfalen, hatte sich H. F. Dangberg in ein hübsches Mädchen aus dem Dorf verliebt und mit ihm angebändelt: HFD war sicher, Katharina Strothmann hätte sich ihm „versprochen". So reiste er 1848 ab in der Gewissheit, sie als seine Frau nachzuholen, sobald er ihr ein großzügiges eigenes Zuhause bieten könne.

Doch als Katharina ihm auf seine Briefe selbst nach Jahren nicht antwortete, fragte Heinrich Friedrich 1859 beunruhigt bei seinem alten Jugendfreund Ludwig Biermann an. Dessen Antwort vernichtete alle seine Hoffnung auf ein Mädchen aus Halle: „Sie hat den Glaser Baumann geheiratet, einen groben Gesellen. Von diesem ist sie sehr schlecht behandelt und sogar geschlagen worden und bald vor Kummer gestorben!"

HFD verschloss daraufhin alle Briefe aus der Heimat in seinem Safe (wo sie Grace Dangberg um 1930 entdeckte), und schrieb fortan nach Deutschland nicht mehr auf Deutsch, sondern nur noch in (holprigem) Pidgin-Englisch.

Jahre später (1865) nahm Heinrich Friedrich Dangberg dann eine „Englische" zur Frau – die gerade mit ihrer Familie von Illinois nach Nevada gezogene, hübsche Farmerstochter Margaret Gale Ferris.

HFD hatte die damals gerade 16-jährige Margaret bei einem Dinner im Hause des Staatssekretärs C. N. Noteware, einem Verwandten der Familie Ferris, zufällig kennen gelernt. Mit ihr führte er offenbar eine sehr harmonische Ehe, aus der vier Söhne und eine Tochter hervorgingen: Henry Fred Dangberg jun. (1866), John Bismark Dangberg (1871), Eva Kathrina Dangberg (1873), George Ferris Dangberg (1875) und Clarence Oliver Dangberg (1891).

Schwager baute stählernes Riesenrad

Margarets Bruder George W. Ferris (1859–1896) war übrigens ein technisch außergewöhnlich begabter Junge. Heinrich Friedrich Dangberg erkannte seine Fähigkeiten und finanzierte ihm

Dangbergs Schwager G. Ferris, Erfinder des Riesenrades

Ferris' Riesenrad auf der Weltausstellung in Chicago

großzügig ein Ingenieurstudium in New York. Als Konstrukteur zahlreicher, kilometerlanger Stahlbrücken über die mächtigen Ströme des Mittleren Westens und von Eisenbahnstrecken zwischen den Großen Seen und dem Süden ist HFDs Schwager und Protegé George W. Ferris auf dem ganzen Kontinent bekannt geworden.

Sein absolutes Glanzstück war jedoch das erste stählerne Riesenrad der Welt, 70 Meter hoch und die Hauptattraktion der Weltausstellung 1893 in Chicago. Hunderttausende bewunderten aus den Gondeln des rotierenden Stahlgiganten heraus Chicago von oben. Mit einem Schlag war Ferris weltberühmt. 1900 drehte sich das damals größte Rad der Erde in einer Zweitausfertigung auf der Weltausstellung in Paris, 1904 in St. Louis.

Diesen weiteren Siegeszug seines Lebenswerkes hat der Konstrukteur, der die Anregung zum Bau seines Riesenrades damals als Kind bei der Betrachtung Dangbergscher Wasserräder am Car-

son River bekommen haben will, durch seinen frühen Tod nicht mehr erleben können.

Apropos Weltausstellung 1904 in St. Louis: Neben der Weltsensation „Ferris Wheel" machten auch die geradezu preußisch, im Schinkel-Stil errichteten Repräsentationsgebäude der „World Fair" weltweit positiv Schlagzeilen: Ihr Architekt war der aus dem ostwestfälischen Unterlübbe, Kreis Minden-Lübbecke, stammende Baumeister Heinrich Schlüter.

Schlüter darf auch als Erfinder des arbeitsteiligen amerikanischen Hochhausbaus bezeichnet werden: Als Bauleiter bei der Errichtung 20-stöckiger Geschäftshäuser in Chicago kam Schlüter in den 90er-Jahren des 19. Jahrhunderts auf die praktische Idee, Stein- und Betonbauteile am Boden vorzufertigen und zur Montage mit Kränen nach oben zu ziehen – anstatt alles Material auf den Rücken der Arbeiter die Leitern hochschleppen zu lassen!

Bundesrichter bestätigen ältere HFD-Wasserrechte in Carson Valley

Entscheidend für Leben und Gedeihen im Carson Valley war von Anfang an der Carson River, der das Schmelz- und Quellwasser von der Sierra Nevada zu Tal führt.

Heinrich Friedrich Dangberg begriff: Wer das Wasser besitzt, hat Gedeih und Verderb sämtlicher Anrainer in seiner Hand. Und er wusste diese Macht zu nutzen!

Viel früher als andere Siedler erkannte Dangberg die Bedeutung von Bewässerungsgräben und Stauteichen für eine gedeihliche Gras- bzw. Weidewirtschaft bis weit in den Sommer hinein. Zusammen mit seinen Nachbarn entwickelte er ein ausgeklügeltes Drainagesystem.

Führte der Carson River im April und Mai ausreichend Wasser, bekam nach genau abgesprochenen Regeln jeder Anlieger per Kanal seine nötige Wassermenge. Drohte der Fluss trocken zu fallen, etwa Juni/Juli, wurden die gemeinsam angelegten Stauteiche, später auch hochgelegene Seen, angezapft. Wiese für Wiese, Acker für Acker – vom Oberlauf des East Fork (des östlichen Flussarmes) bis hinunter Richtung Carson City – bekam ein jeder das ihm zugemessene Wasser.

Dangbergs westfälisches System der „Stau-Bäche", in Carson Valley angewandt

Wasserdieben drohte der Galgen

Als größtes kriminelles Delikt galt im Carson Valley noch bis ins 20. Jahrhundert hinein, neben Mord, der Diebstahl von Wasser bzw. verbotenes Umleiten von Bewässerungsgräben. Wer dabei überführt wurde, landete am Galgen – eine in den USA damals einmalige Rechtslage!

Nun brachte die stürmisch wachsende Entwicklung der an dem Fluss liegenden Städte und Minen ständig wachsenden Wasserbedarf. Aktiengesellschaften wurden gegründet, die Wassermühlen und Sägewerke sowie Wasserversorgungswerke betrieben – mit überaus mächtigen Aktionären aus dem neuen Geldadel der reichen Gold- und Silberminen.

Diesen Herren war das ungeschriebene Wasser-Gewohnheitsrecht der Rancher ein großes Ärgernis. Nach einem besonders regen- und schneearmen Winter, als die Rancher wie immer ihre Drainagegräben fluteten, so dass für die Mühlen,

Rinderweiden bei Genoa, unterhalb der Sierra Nevada

Holzflösser und Unteranlieger kaum Wasser übrig blieb, ließen sie den Carson River nächtens buchstäblich auf ihre eigenen Mühlen laufen.

HFD und seine Nachbarn protestierten und legten die Hebel wieder herum. Jetzt floss wieder alles Wasser auf ihre Äcker. Die Gegenseite, vertreten durch die mächtige Union Mill & Mining Company, rief 1872 daraufhin staatliche General Land Office in der Bundeshauptstadt zur Hilfe. Ein für den ganzen Westen der USA historischer „Wasserkrieg" begann, der sich bis 1889 hinzog

Die Söhne des Agrar-Pioniers Heinrich Friedrich Dangberg gründeten in Carson Valley zusätzlich riesige Obstplantagen, auf denen im großen Stil Kirschen, Äpfel und Zitrusfrüchte gezogen wurden, wie diese Werbebroschüre aus jenen Tagen zeigt

und im fernen Washington D. C. die höchsten richterlichen Instanzen beschäftigte.

Letztendlich erging es Heinrich Friedrich Dangberg und seinen Freunden im Valley wie dem Müller von Sancoussi in seinem Rechtsstreit gegen Friedrich dem Großen.

Das High Court entschied, HFD & Co. (beklagt waren damals 130 Rancher unter Führung von Dangberg) besäßen nun mal die ältesten Rechte am Wasser des Carson. Deshalb gehörten diese zu einem ihnen angemessenen Teil jetzt und in Zukunft den Beklagten. Pioniere wie Heinrich Friedrich Dangberg hätten das Erstrecht auf ihrer Seite, ganz gleich, ob dieses geschrieben oder nur durch Gewohnheit erworben worden sei.

Auferlegt wurde den Ranchern freilich die Pflicht, gemäß einem gerichtlich vereinbarten Aufteilungsplan den Mühlen und Wasserwerken jeweils zwei Drittel des Wassers im Carson River zu überlassen. Überdies sollten künftig alle Anstrengungen unternommen werden, am Oberlauf des Flusses sowie in den darüber liegenden Tälern der Sierra neue, ausreichende Stauseen anzulegen, unter finanzieller Beteiligung aller Rancher.

Um die enormen Gelder für neue Stauwerk- und Rückhaltebecken aufzubringen, gründeten die Rancher unter Führung von HFD und dessen Sohn und Nachfolger John Bismark Dangberg

1898 die „Carson Valley Water Storage-, Irrigation- and Canal Company", später „Alpine Company". Diese Gesellschaft regelt seitdem durch einen „Water-Manager" die komplizierte Wasserverteilung am Carson River.

Die Einweihung seines Bahnhofs hat Heinrich Friedrich Dangberg nicht mehr erlebt. Zur Zeit seines Todes wurden unter der Holding „H.F. Dangberg Land and Livestock Company" mehrere Großfarmen auf beiden Seiten des Carson River bewirtschaftet. Grace Dangberg: *„Der Familie gehörte das halbe Valley!"*

Schwerpunkt war inzwischen die Rindermast. Mussten die Schlachttiere bis dahin in riesigen Herden oder mit Gespannen zu den Schlachthöfen gebracht werden, besorgte das ab 1906 einfach und rasch die Eisenbahn ab Station Minden. Vieh mit dem HFD-Brandzeichen rollte nun massenweise bis Chicago.

Bei seinem ersten Antrag, für die Dangberg-Ranch und Nebenbetriebe einen Bahnhof anzulegen, hatte Dangberg als Namen „New Halle" vorgeschlagen. Diese Bezeichnung schien dem Gouverneur jedoch ungeeignet. Im Gespräch mit HFD soll er geäußert haben: *„Halle – das klingt ja wie Hölle. So etwas mögen die in Deutschland haben – hier nicht! Machen Sie einen besseren Vorschlag."*

So sei ihr Großvater, erzählte Prof. Grace Dangberg dem Verfasser bei einem Besuch im Jahre 1982 in Carson Valley, auf den Namen der alten Regierungshauptstadt seiner Heimat gekommen: Minden.

Vermögen unter Erben aufgeteilt

HFD hatte noch vor seinem Tode festgesetzt, wer von seinen vier Söhnen innerhalb der gemeinsamen H. F. Dangberg Land and Livestock Company welche Aufgaben übernehmen sollte. Doch sein Plan, das gesamte Vermögen mit allen landwirtschaftlichen, industriellen und Dienstleistungsunternehmen in Carson Valley im Clan zusammenzuhalten, ging, langfristig betrachtet, nicht auf: Mit Gründung eigener Familien liefen die Interessen der Dangbergkinder und deren Nachfolger auseinander!

Zwar baute sein zweitältester Sohn John B. Dangberg die Ranchbetriebe weiter aus, legte

Das blieb von dem HFD-Imperium sichtbar übrig: Reste des Pferdewagen-Parks auf einem Schrottplatz bei Minden-Gardnerville, Nevada

Obstplantagen an und erreichte, zusammen mit seinen Brüdern, bei einer bewässerten Bodenfläche von 25 000 Hektar die höchste Betriebsgröße und unter Einsatz modernster landwirtschaftlicher Maschinen Roherträge, von denen HFD nicht einmal geträumt hatte – bei allerdings bedrohlich steigenden Personal- und Betriebskosten.

Der älteste HFD-Sohn, Henry Fred Dangberg jr., Gründer und Erbauer der Town of Minden, Senator in Douglas County, war zunächst selbst Großrancher in den Fußstapfen seines Vaters. Seine Töchter jedoch tauschten später den größten Teil dieser Ländereien im Valley gegen fruchtbarere, niederschlagsreiche Getreidefelder in Kalifornien ein oder investierten mit dem Erlös aus ihren Erbschaften in Banken und Industrie.

HFDs jüngster Sohn Clarence Oliver verkaufte seine ererbten Ländereien gleich nach Antritt seines Erbes an seine beiden ältesten Brüder und steckte sein Kapital in die boomende Maschinen- und Kraftfahrzeugbranche.

Der drittälteste Sohn, George Ferris Dangberg, übernahm aus dem Gesamtbesitz zwei Güter: Home- und Klauber-Ranch. Diese Ländereien gingen jedoch schon eine Generation später in Fremdbesitz über, ebenso wie (nach dem Zweiten Weltkrieg) die Betriebsflächen von John B. Dang-

berg, dessen einziger Sohn Gale H. 1910 mit zwölf Jahren gestorben war, während sich seine 1896 geborene Tochter Grace der Wissenschaft zuwandte.

Grace vermachte ihr beträchtliches Barvermögen später (man sprach seinerzeit von mehr als 50 Millionen US-Dollar) akademischen Einrichtungen und Stiftungen in Warren County sowie des Staates Nevada und der University of California-Berkeley.

Massive Konkurrenz durch riesige „Feed-Lots" auf den unendlichen Plains

Zunächst jedoch erlebte die Dangberg Land and Livestock Company zwischen den beiden Weltkriegen speziell unter „Colonel" John B. Dangberg noch eine kurze Blütezeit.

Längst waren die Molkereibetriebe ausgelagert worden. John hielt an der traditionellen Weidewirtschaft und Rindermast umso stärker fest, – zu fest! Auch als die Erträge für Steak-Rinder, bei steigenden Kosten im Valley, aufgrund eines allgemeinen Strukturwandels in der amerikanischen Beefproduktion der 30er-Jahre unaufhaltsam zurückgingen.

Auf riesigen Futterfarmen, den „Feed-Lots" in den unendlich weiten Plains von Kansas, Nebra-

Met Bensson, der heutige Inhaber der Dangberg-Ranch, führt mit Pferd und Wagen Touristen durch Carson Valley

ska, Dakota und Wyoming konnten Rinder jetzt, in der Nähe der großen Schlachthöfe von Chicago und Omaha, zu Hunderttausenden an einem Platz unter freiem Himmel aufgestallt und mit Mais aus dem Getreidegürtel des Mittleren Westens konkurrenzlos kostengünstig gefüttert und zu den begehrten Steaks verarbeitet werden.

Und während die benachbarten Rancher im Carson Valley ihre Betriebe in ihrer dafür idealen Bergregion rasch auf Kälberzucht umstellten und dadurch zu willkommenen Zulieferern der Feed-Lot-Gesellschaften wurden (was bis heute ihr Haupterwerbszweig ist), verlor die H. F. Dangberg Land and Livestock Co. spätestens 1954 endgültig den Anschluss an die neue Zeit.

Das war in dem Jahr, als der Familie Dangberg ihre angestammten alten Wasserrechte am Carson River infolge eines trickreichen, gleichwohl legalen Bankenschachzugs verloren gingen.

1954 übernahm nämlich die äußerst agressiv expandierende „Berkeley Bank & Cooperatives", die in der Vergangenheit fast alle großen Bewässerungspläne, Stausee- und Kanalbauten der Region finanziell begleitet hatte und in deren Vorstand John Bismark Dangberg die Wasserrechte seiner Familie wahrnahm, heimlich alle Anteile neu angesiedelter Rancher im Valley.

Als die Bankmanager aus Berkeley mit ihrer Kapitalmehrheit nun vorschlugen, die alten Wasserrechte für Carson Valley denjenigen Kaliforniens anzugleichen, stimmte John Dangberg natürlich dagegen, ging es doch um nicht weniger als die Aufgabe der seinerzeit im großen „Wasser-Krieg" von 1889 erkämpften, uralten HFD-Privilegien.

John Dangberg wurde jedoch überstimmt, verlor seinen Direktorenposten und zog sich enttäuscht zurück.

Da, wo sich vor 100 Jahren die Hauptverwaltung der H. F. Dangberg Land and Livestock Company befand, stehen heute ein paar Holzbauten und Dutzende zusammengebrochener Acker- und Viehwagen herum. Eigentümer und Chef auf den Restflächen des ehemaligen HFD-„Königreichs" ist Rancher Met Bennson, ein „englischstämmiger" Rinder- und Pferdezüchter, der auf High Tec und Tourismus in Carson Valley setzt und den legendären Pony-Express mit zünftigen Trails nach Genoa, Hope Valley über die Sierra Nevada zum Lake Tahoe und zur Ponderosa Ranch an dessen Westufer, in lebhafter Erinnerung hält.

Grace Dangberg, am Thanksgiving Day 1985 im Alter von 89 Jahren gestorben, war das letzte Glied der Familie, das bis zum Ende seines Lebens in der von den Dangbergs gegründeten Stadt Minden, mit Blick auf die nahe, stolze HFD-Ranch lebte. Direkt am „Schützenplatz" der ersten westfälischen Siedler, den diese in Erinnerung an ihre ferne Heimat eigens mit Weiden und Linden aus Halle in Westfalen bepflanzt hatten.

Nachtrag

Johann Heinrich <u>Wilhelm</u> Dangberg (1851–1936), HFDs gleichfalls ausgewanderter Halbbruder, machte 1911 von Nevada aus eine Europareise, besuchte seine Geburtsstadt Halle und frischte alte Verbindungen auf. Er war es auch, der nach dem Ersten Weltkrieg unter den ausgewanderten Hallensern in Carson Valley so viel Geld sammelte, dass 1922 für das Krankenhaus in Halle, Westf. zum Preis von 63 000 Mark ein dringend benötigtes Röntgengerät angeschafft werden konnte.

Die am 26. Februar 1896 geborene HFD-Enkelin Grace B. Dangberg besuchte die Heimatstadt ihres Großvaters erstmals 1910. Im Jahre 1927 traf sie zum zweiten Mal in Halle ein, um Daten für eine Biographie des „Cattle King HFD" zu recherchieren.

Nachdem sie ihr Studium der Anthropologie an der Columbia University in New York abgeschlossen hatte, erforschte und dokumentierte sie als erster Wissenschaftler die Geschichte und Sprache der Washoe Indianer im Carson Valley. Außerdem verfasste sie mehrere Bücher über die Besiedlung Nevadas und die Carson-Valley-„Wasserkriege".

Die spezielle Lebensgeschichte ihres Großvaters Heinrich Friedrich Dangberg liegt leider nur als fragmentarisches Manuskript vor. Über den endgültigen Abschluss des Textes und seines Drucks ist die prominente Carson-Valley-Forscherin buchstäblich hinweggestorben.

Umso enger schloss sie eine bis zu ihrem Tode nicht abreißende Freundschaft mit der, in einem uralten Dangbergschen Fachwerkkotten in Halle lebenden, Helga Habermann, geborene Dangberg (am 27. Dezember 2003 verstorben). Deren Vater Hermann Dangberg, geboren 1892, war ein Neffe zweiten Grades von Carson-Valley-Pionier Heinrich Friedrich Dangberg (HFD).

Die Verwandtschaft zwischen den beiden Frauen geht ursprünglich auf den gemeinsamen Ururgroßvater Johann Matthias Dangberg, geborener Spreckelmeier (1730–1793) auf dem Hofe Halle, Oldendorf Nr. 6 zurück.

Helga Habermann verhalf der inzwischen habilitierten Wissenschaftlerin Grace Dangberg nicht nur jahrzehntelang zu allen Akten, um ihre deutschen „Roots" bis ins Mittelalter zurückzuverfolgen. Durch Grace lernte Helga Habermann 1957 auch zufällig ihren Mann Günter kennen.

Als Grace damals, zusammen mit ihren Eltern, in Hamburg einen Mietwagen nebst Fahrer bestellte, bekam Günter Habermann den Auftrag, die Amerikaner nach Halle zu bringen. Dort besuchten die Dangbergs ihre Verwandten an der Gartenstraße 21, während sich der Chauffeur Hals über Kopf in die hübsche Tochter Helga der gastgebenden Familie Hermann und Anne Dangberg, geborene Sander, unsterblich verliebte – und diese bald darauf heiratete.

Der alte Dangbergsche Bauernhof in Halle-Oldendorf und damit das Elternhaus des legendären Western-Pioniers HFD steht längst nicht mehr. An seinem Platz befindet sich heute das Hotel des international bekannten Gerry-Weber-Stadions mit seinen renommierten „Gerry-Weber-Open" als globale Wettkampfstätte der besten Tennisspieler des 21. Jahrhunderts.

Arzt Dr. Bernhard Bruns: „Pfadfinder" der Kettenwanderung katholischer Westfalen nach Missouri

Dr. Bernhard Bruns aus Oelde (Westfalen) hatte sich, nach Zeugnis eines Kommilitonen, bereits während seines Medizinstudiums Mitte der 20er-Jahre des 19. Jahrhunderts in Münster „als Demagog" für Bürgerfreiheit und „Fürsprecher kleiner Leute" hervorgetan. In seiner ersten Praxis als niedergelassener Arzt im westfälischen Oelde wurde ihm um 1830 die katastrophale Lage der besitzlosen, untersten Volksschichten erst recht bewusst, die, wenn sie den Doktor in höchster Not überhaupt riefen, diesen meist gar nicht bezahlen konnten – weil sie so arm waren.

A ls dann Anfang der 30er-Jahre, offenbar von interessierter Seite im benachbarten Enniger aus, das böse Gerücht in Umlauf gesetzt wurde, dieser inzwischen mit der Tochter des Oelder Bürgermeisters verheiratete Dr. Bruns habe im Dorf ein Bauernmädchen geschwängert (als wahrer Vater des Kindes soll sich später der entlassene Knecht des Hofes bekannt haben), da war für den aufgeklärten, von seinem beruflichen Auftrag beseelten jungen Arzt in der Kleinstadt Oelde kein Halten mehr.

Der Mediziner zog mit Frau, Kind, Brüdern und Schwägern 1836 nach Missouri. Dort schrieb Dr. Bruns als Gründer von „Neu Westfalen" (Westphalia), „Frontier-Doc", Missouri-Wahlmann Abraham Lincolns und Stabsarzt auf der Seite der Nordstaaten im Amerikanischen Bürgerkrieg (1861-65) ein stolzes Stück Landesgeschichte.

Bernhard Bruns stammte von einem Bauernhof in Lohne, Oldenburg. Hier war er am 12. Dezember 1798 geboren worden. Nach dem Medizinstudium in Münster promoviert und als junger Arzt in Oelde gerade angefangen, lernte Bruns auf einem Ball die anmutige und tanzfreudige Tochter Henriette („Jette") des Oelder Bürgermeisters Dr. jur. Max Friedrich Geisberg kennen.

Geisbergs Frau Johanne, geborene Hüffer, aus einer vermögenden Stromberger Leinenhändlerfamilie stammend, war Anfang Juni 1827 bei der Geburt ihres siebten Kindes, unter denen Henriette mit 14 Jahren das älteste war, gestorben. So kamen die Halbwaisen zunächst

Etwa 1835: das jung vermählte Ehepaar Dr. Bernhard Bruns und Henriette Bruns, geborene Geisberg

zu Verwandten in Pflege und Henriette zur weiteren, „höheren Erziehung" in die Familie ihres Onkels Adolf Geisberg an der Neubrückenstraße in Münster. Hier lernte Henriette Nähen, Kochen, Klavierspielen, Französisch und erwarb Kenntnisse in Literatur und Kunst.

Eines Tages nahm der Onkel die inzwischen 15-Jährige mit sich auf Reisen und so unter anderem auch zur großen Messe in Frankfurt. Henriette war von der weltläufigen Handelsmetropole am Main begeistert, am meisten, wie sie ihrem Tagebuch anvertraute, *„von Paganini. Der gab dort weltberühmte Konzerte!"*

Henriette („Jette") Bruns geb. Geisberg (etwa 1865) berichtete in vielen hundert Briefen an ihren Bruder Heinrich über das harte Leben in der „Neuen Welt"

1832 heiratete Dr. Bernhard Bruns seine damals gerade 19 Jahre alte Braut Henriette. Ein Jahr zuvor war auch ihr Vater gestorben und sie damit *„Vollwaise mit der schweren Verantwortung für sechs elternlose Geschwister"*, schrieb die so früh in die Pflicht genommene, junge Frau später in ihren Lebenserinnerungen.

Schon zu diesem Zeitpunkt muss Bernhard Bruns eine Auswanderung nach Amerika erwogen haben, zumal aus seinem Heimatort Lohne bereits mehrere Nachbarjungen nach Amerika gezogen waren, um dort ihr Glück zu machen.

Ende der 20er-Jahre des 19. Jahrhunderts, inspiriert durch Gottfried Dudens begeisterte Reiseberichte speziell über Missouri – Duden hatte dieses Land zwischen 1824 und 1829 mehrfach monatelang bereist – und ermuntert von seinen Jugendfreunden aus Lohne, die von den demokratischen Freiheiten für jedermann in der Neuen Welt schwärmten, entschloss sich der junge Arzt, schon bald nach seiner Heirat auszuwandern.

Dabei litten er und seine Frau, die 1833 ihren ersten Sohn Hermann zur Welt brachte, in Oelde persönlich durchaus keine Not. Die eigene Arztpraxis mit einem großen Einzugsgebiet konnte Dr. Bruns nach eigenen Angaben im Jahr gut 1 000 Taler Einnahmen bringen – wenn er nicht bei so vielen armen, mittellosen Patienten *„hinter dem Gelde herlaufen und manchmal ganz darauf verzichten müsste"*, notierte seine junge Frau.

Dr. Bruns, der sich nie gescheut hatte, Missstände in Gesellschaft, sogar Kirche und preußischer Politik offen anzusprechen, geriet bei den Konservativen in seinem Umfeld zunehmend in die Kritik. Jene Rufmordgeschichte aus Enniger tat ein Übriges, ihm und seiner jungen Frau das Dasein in dieser für ihn engen, kleinbürgerlichen Umgebung zu verleiden.

So machte Bernhard Bruns, in Verbindung mit seinem jüngeren, 1814 geborenen Bruder Hermann aus Lohne und dem Bielefelder Kaufmann Charles Bertelsmann ab 1834 konkret Pläne für eine Ansiedlung in den USA, voraussichtlich westlich St. Louis. Bertelsmann hatte in dieser damals überwiegend von Deutschen geprägten Stadt mehrere, aus dem Ostwestfälischen stammende Freunde und schien daher über glaubwürdige Informationen von den Verhältnissen im damals weitestgehend unbekannten US-Westen zu verfügen.

70 Ostbeverner zogen schon 1835 los

Gewiss dürfte Bruns überdies von einer der frühesten, gerade heimlich in Vorbereitung befindlichen Massenauswanderung katholischer Bürger aus dem Münsterland, nämlich von Ostbevern, gehört und dort Erkundigungen eingezogen haben.

In Ostbevern hatte vor allem die Aufteilung der Marken, bei der die armen „kleinen Leute" völlig leer ausgingen, viele Heuerlinge, Landarbeiter und die kleinen Handwerker in äußerste Not getrieben.

In den Jahren 1835/36 wanderten allein von Ostbevern über 70 meist junge Menschen nach Amerika aus. Doppelt so viele zogen in den folgenden Jahren hinterher. Ihr Hauptziel: Cincinnati, Ohio, wo die Beverner unter anderem ihr neues Münster (Minster Ohio) gründeten.

Um ganz sicher zu gehen, entschloss sich Dr. Bruns Anfang 1835, vorsichtshalber mit seinem Bruder Gerhard Hermann, dem Zimmermann Bernhard Kayser aus Boesfeld und Theodor Kolk aus Lohne, zunächst ohne Frau und Kind nach Amerika zu segeln und für diese sowie andere auswanderungswillige Verwandte aus Lohne und Oelde „Quartier zu machen".

Die wohl situierten und zu den führenden Kreisen des Münsterlandes zählenden Stamm-

Blick vom Berge hinunter auf das idyllisch im Wald liegende Städtchen Westphalia

Familie Anfang Juli 1835 auf dem Segler „Jefferson" eingetroffenen, ehemaligen Amtmann Nicolaus Hesse. Hesse begeistert Bruns für das noch „jungfräuliche", angeblich ideale bäuerliche Siedlungsgebiet in Gasconade County, nur wenige Tagesmärsche westlich St. Louis. Von dieser riesigen Region wurde bald darauf übrigens Osage County mit der Siedlung „Neu Westfalen" (Westphalia) abgeteilt.

Dr. Bruns und sein Bruder machen sich zusammen mit Hesse und ihren anderen Begleitern aus der Heimat vom Mississippi her sofort auf den Weg nach Westen und sind von der fruchtbaren, wasser- und baumreichen Gegend im Dreieck Missouri und Osage River überaus angetan. Bernhard und Hermann Bruns kaufen an einem günstig gelegenen Schräghang mit Blick auf den lieblich dahinfließenden „Mariafluss" sofort einige passende Parzellen Staatsland, beginnen, darauf ein einfaches Blockhaus zu errichten und schicken enthusiastisch Briefe mit der Beschreibung ihrer künftig neuen Heimat nach Haus.

Am 13. Januar 1836 kehrt Dr. Bruns nach winterlich stürmischer Atlantik-Überquerung über Bremen und Lohne nach Oelde zurück, fester denn je entschlossen, nunmehr ohne Zeitaufschub mit der ganzen Familie eine Auswanderung nach Amerika zu wagen.

familien Geisberg und Hüffer in Stromberg, Oelde und Münster, bei denen die verwaisten Geschwister von Henriette Bruns untergebracht waren, vor allem der als Vormund bestellte Münstersche Archivrat Caspar Geisberg, stellten sich zunächst gegen jegliche Auswanderung. Henriette selbst hatte wegen ihrer daheimbleibenden, unmündigen Geschwister einige Zeit ebenfalls schwere Bedenken. Andererseits plante sie im Stillen, die daheim gebliebenen Waisen nach ersten Jahren des Aufbaus in Amerika herüberzuholen.

Bei Jette siegt letztlich die Liebe zu ihrem Mann: *„Ich bin ja wohl doch eine Pionier-Natur,"* stellt sie in einem ihrer Briefe fest und entscheidet im Frühling 1835: „Wir werden endgültig gehen, wenn Bruns zu Weihnachten mit guten Nachrichten zurückkommt!"

Mit der „Elise" vorab auf Testreise

Am 12. Juni 1835 segeln Bernhard Bruns und dessen Begleiter mit der Brigg „Elise" von Bremerhaven aus los. Am 6. August treffen sie in Baltimore ein. Einen Monat später sind die Männer bereits in St. Louis. Ihr erster Besuch gilt Bruns' Münsterschem Studienfreund Dr. med. Pultes, der sich hier bereits als „medical doctor" niedergelassen hat.

In St. Louis trifft Dr. Bruns auch den von Rösebeck bei Warburg stammenden und mit seiner

Bruns' Bericht geht von Dorf zu Dorf

Daheim im Oldenburger, Oelder und Beckumer, Rietberger und Delbrücker Land gehen unterdessen die Mitteilungen der Gebrüder Bruns, aber auch ihrer damals noch ebenso optimistisch gestimmten Weggefährten wie Nicolaus Hesse und der von Wewelsburg stammenden Familie Büker-Nacke schriftlich und mündlich von Haus zu Haus. Bruns kann sich vor Besuchen und Anfragen auswanderungswilliger Menschen aus Oelde und Umgebung kaum retten. Die Folge: Eine der frühesten Kettenwanderungen armer Leute nach Amerika,

Vormund und Vermögensverwalter der Geisberg-Waisen: Onkel Caspar Geisberg im damals gebräuchlichen „Schattenbild"

vor allem von brotlosen Tagelöhnern, Spinnern und Webern, aber auch politisch unzufriedener Bürger und Wehrdienst-Flüchtiger aus dem östlichen Münsterland sowie dem westlichen Hochstift Paderborn kommt in Gang.

Hunderte vor allem katholische Westfalen und Niedersachsen wollen sich Bruns anschließen, obwohl er seiner Frau versprochen hatte, mit der Familie allein zu reisen. Später müssen die Bruns sogar ihre Kajüte, für die pro Person 35 Dollar zu zahlen waren, mit vielen Auswanderer aus ihrer nahen Heimat teilen.

Im Frühling 1836 besorgt Dr. Bruns den erforderlichen Auswanderungs-„Consens" für sich und seine Angehörigen. Für die Übersiedlung nach Amerika wählt er die Baltische Brigg „Ulysses" und bucht darauf seine Kabine.

Am 12. Juli setzt die „Ulysses" in Bremerhaven Segel Richtung Nordwesten. An Bord Dr. Bruns mit seiner Frau Henriette, Kleinkind Hermann und Henriettes Brüder Franz (20) und Bernhard (17), denen damit der preußische Militärdienst erspart bleiben soll. Auch Bruns' jüngerer Bruder Johann Bernard ist mit von der Partie. Magd Jenny Jürgens schließt sich ihren Herrschaften Dr. Bruns ebenfalls an.

Jettes unmündige Geschwister hingegen bleiben in Obhut ihres Onkels Heinrich Hüffer in Stromberg und stehen unter der Vormundschaft von Caspar Geisberg in Münster.

Von Baltimore gruppenweise gen St. Louis

Zusammen mit Bernhard Bruns und seiner Familie sind im Sommer 1836 auf der „Ulysses" mit dem erfahrenen Bremer Kapitän Spilker mehr als 100 Auswanderer von Westfalen und aus dem Oldenburgischen Lohne nach den USA gesegelt und hier überwiegend nach Missouri gezogen. 66 Reisende (deren wahrscheinlich zahlreichen Kinder wären noch hinzuzuzählen; denn Kinder wurden auf Auswandererschiffen namentlich oft nicht registriert) stammten aus dem zentralen Umland von Oelde, also von dort, wo Bruns' Informationen von Gemeinde zu Gemeinde und Mund zu Mund weitergegeben worden waren.

In Baltimore angekommen, teilen sich die Passagiere in verschiedene Gruppen Richtung St. Louis auf. Dr. Bernhard Bruns mit Frau und Kind reisen zunächst nach New York und dann über Ohio zum Ziel. Die anderen Familienangehörigen suchen sich einen direkteren Weg über die Appalachen, Alleghennies und dann weiter teils über Land, teils per Boot auf dem Ohio und seinen Nebenflüssen nach St. Louis.

Von Jettes Brüdern wird berichtet, diese seien auf dem Trail über Land munter neben der Wagenkolonne hergeritten und hätten unterwegs in

Das erste Wohn- und Praxisgebäude der Familie Bruns

Henriette Bruns zeichnete 1840 ihr Dorf Westphalia und schickte ihrem Bruder Heinrich dieses Bild

den Wäldern mit ihren Flinten frisches Wildbret besorgt.

Die auf der Passagierliste der „Ulysses" während der 66-tägigen Überfahrt nach Nordamerika am häufigsten vorkommenden westfälischen Herkunftsorte waren Oelde, Wiedenbrück, Wadersloh, Everswinkel, Harsewinkel, Ennigerloh, Stromberg. Etliche Mitreisende kamen auch aus Gütersloh, Rheda, Beelen, Datteln oder, wie Conrad Mallinckrodt, Vetter des Gründers der später weltbekannt gewordenen „Mallinckrodt Chemicals" (St. Louis), aus Dortmund.

Namen wie Meierpeter, Druffel, Zellerhoff, Schwarze, Probst, Netemeyer, Jürgens, Vennewald, Holtermann, Lücke und Westermann verraten leicht die Herkunft aus dem Land an Ems, Lippe und Pader.

Moeser „Scout" Johann Josef Meierpeter

Vom Kirchspiel Mastholte, Schwerpunkt Moese, von wo in den Jahren ab 1846 allein mehr als 300 Familien nach Missouri zogen, war bei dieser gemeinsamen Segelfahrt mit dem Oelder Arzt Dr. Bruns nach Amerika noch nicht die Rede. Allerdings hatte Bruns bereits einen Moeser „Scout" an Bord: Den 27-jährigen Tagelöhner Johann Josef Meierpeter mit seiner Braut Anna Maria Heckemeyer. Beide zogen mit nach Westphalia und trugen sich dort gleich in die Gründerliste der bald

nach Ankunft entstandenen katholischen St. Josefs-Pfarrgemeinde ein.

Und das war hierzulande erst der Anfang einer sich über länger als 30 Jahre hinziehenden Massenabwanderung aus dem ärmlichen Grenzland der Bistümer Münster und Paderborn – bis ab 1870/80 das nahe Ruhrgebiet in Fabriken und Kohlegruben endlich günstigere Verdienstmöglichkeiten in der Heimat bot.

Ab Bremen 90 Schiffe mit Ostwestfalen

Jeweils ab Bremen/Bremerhaven segelten und dampften zwischen 1836 bis 1858, wie der regionale Auswandererforscher Dr. Heinz Marxkors (Bielefeld/Paderborn) bei seinem Studium von Schiffslisten hüben und drüben herausgefunden hat, auf mindestens 90 verschiedenen Schiffen etliche tausend überwiegend katholische (Ost-)Westfalen gezielt in Richtung St. Louis und Missouri, sozusagen auf den Spuren heimischer „US-Pfadfinder" wie Dr. Bernhard Bruns aus Oelde.

1839 beispielsweise war das die „George Washington", 1840 der Segler „Alexander", 1841 das Schiff „Friedrich Jacob", 1846 die „Elizabeth Denison", 1847 der Motor-Segler „Theodor Körner".

Auf der „George Washington" setzte sich im Winter 1838/39 unter anderem der 16-jährige Johann Heinrich Löhner aus Moese nach Westphalia in Missouri ab, um so früh wie möglich den bevorstehenden Militärdienst zu umgehen.

Löhner war denn auch derjenige, der bei einem Heimatbesuch im Jahre 1846 von seiner eigenen Farm und den günstigen Verdienstmöglichkeiten in Missouri so überzeugend berichtete, dass ihm noch im selben Jahr zumeist auf der „Elizabeth Denison" 191 überwiegend bitter Not leidende Moeser und Mastholter Einwohner nach Gasconade und Osage County folgten.

Noch stärker war der Schiffsverkehr für westfälische Emigranten in den 50er-Jahren, wobei sich der Auswandererstrom von seiner Herkunft aus immer mehr Richtung Delbrück/ Paderborn/ Büren verlagerte, bis er mit dem Bürgerkrieg in den USA schlagartig für Jahre endete. Um dann 1866 (wenn auch aus diesem Gebiet fortan in geringerem Umfang) mit Ziel Missouri wieder aufzuleben.

Zu den Protagonisten für eine Ansiedlung in Gasconade County und rund um die von der Familie Bruns mitgegründete Pfarrei „St. Josef" Westphalia herum zählten z. B. die bereits 1835 mit Dr. Bruns zur Testreise auf der „Ulysses" abgesegelten Joseph Nacke und Anna Maria Büker mit ihrem siebenjährigen Sohn Johann Hermann Nacke aus Wewelsburg.

Die aus einer vermögenden Paderborner Kaufmannsfamilie stammenden Franz und Ludwig Grammatica segelten mit ihrer Mutter Anna Maria Grammatica im selben Jahr (1835) ebenfalls nach Missouri, allerdings zwei Monate vor der „Ulysses", und zwar mit dem Baltischen Schiff

„Jefferson". Sie zogen, wie die Familie Bruns, nach Gasconade County (Missouri) und waren hier als Mitgründer von Westphalia in den ersten Jahren unmittelbare und treue Nachbarn der Familie Bruns auf ihrer ersten Farm am „Mariafluss".

Nach dem Tod ihrer Mutter gaben die Gebrüder Grammatika die Farm in Westphalia allerdings auf und zogen auf dem Oregon-Trail nach Kansas. Hier verliert sich ihre Spur. Einer der Brüder soll unterwegs umgekommen sein.

Enttäuschter Warburger kehrte heim und schrieb ein Buch gegen die Auswanderung

Hingegen verließ Nicolaus Hesse, nach eigener Angabe „ehemaliger Cantonsbeamter" aus Rösebeck, die Siedlung Westphalia, wo er sich als „lateinischer" (gebildeter) deutscher Einwanderer zusammen mit seiner Frau Anna und sechs Töchtern zwei Jahre als Farmer versucht hatte, bereits 1837 wieder heimwärts Richtung Warburg.

Hier erneut bei einer Behörde untergekommen, schrieb sich Hesse in einem umfangreichen, unter dem Titel „Das westliche Nordamerika, in besonderer Beziehung auf die deutschen Einwanderer in ihren landwirtschaftlichen, Handels- und Gewerbeverhältnissen", 1838 bei Joseph Wesener in Paderborn erschienenen, sehr kritischen Buch seine Enttäuschung von der Seele – wohl in der Meinung, damit weitere Landsleute von einer Auswanderung nach den USA abschrecken zu können.

Dabei ist nicht auszuschließen, dass diese Veröffentlichung durchaus im Sinne und sogar mit heimlicher Förderung durch die Regierung in Minden geschah, der nämlich trotz aller polizeilichen Maßnahmen und angedrohter, hoher Strafen die „unsicheren Kantonisten" in Scharen (und wohl mindestens zur Hälfte heimlich!) nach Amerika davonliefen.

Henriette Bruns, die Hesses Buch zwei Jahre später von Freunden aus der Heimat zugeschickt bekam, sprach von einem eher bedauerlich tragischen, persönlichen Einzelfall: Hesse selbst sei „zu träge" gewesen,

„Jette" malte auch das neue, fachwerkene Wohn- und Praxisgebäude von 1838

selbst einen Pflug oder Spaten in die Hand zu nehmen und habe „öfter herumkommandiert". Da so etwas in Amerika besonders schlecht ankomme, hätten seine Mitarbeiter bald den Dienst verweigert, und alles sei verdorben.

Frau Hesse habe auch in der Wildnis immer noch „die feine Dame" gespielt und nur geklagt. Ihr mitgebrachtes Klavier spreche zwar für ihre kulturvolle Herkunft, sei hier im vordersten „Pioneer" bei Gründung einer Farm jedoch kaum hilfreich. Schließlich habe sie, Henriette Geisberg, ihren geliebten Flügel auch zu Haus lassen müssen.

Diese Dame und ihre noblen Töchter seien es letztlich gewesen, die den als Farmer zwar erfolglosen, im Amt eines Landmessers jedoch durchaus tüchtigen und angesehenen Nachbarn „Nicholas" Hesse zur Heimkehr bekehrt hätten. Und ihr Ehemann Dr. Bruns ergänzte trocken: *„Solche Frauen wie die Dame Hesse passen hier in unsere schöne Wildnis einfach nicht hinein!"*

Von Dr. Bruns wissen wir, dass Hesse (inspiriert von der Giessener Auswanderungs-Gesellschaft) in seiner anfänglichen USA-Begeisterung mehreren, mit ihm nach Amerika ziehenden Familien aus dem Warburger Land das Reisegeld vorgestreckt hatte. Als dann nicht nur er, sondern auch die anderen Mitglieder seiner Gruppe ihre viel zu hohen Erwartungen nicht erfüllt sahen, wandten sie sich von Hesse ab, ohne ihre Darlehn zurückzuzahlen. So kam Nikolaus Hesse als armer Mann mit seiner Familie heim, wobei er das große Glück hatte, erneut eine Stelle als Kommunal-Beamter zu bekommen, da er (laut seiner Einlassung) offiziell keinesfalls ausgewandert, sondern „aus Forschungsgründen" nach Übersee gereist war.

Ehepaar Bruns hielt trotz schwerster Schicksalsschläge in der Wildnis durch

Bernhard und Henriette Bruns, die nach eigener Aussage vom Leben in der neuen Heimat für die ersten Jahre „sehr wenig erhofft und nur Mühe und Arbeit bei leidlichem Wohlsein erwartet" hatten, wurden durch unvorhersehbare und in dieser Weise nie erwartete Ereignisse in ihrer neuen Welt auf schwerste Proben gestellt und von zahlreichen gesundheitlichen und wirtschaftlichen Katastrophen betroffen, wie sie vom dritten bis fünften Jahrzehnt des 19. Jahrhunderts Missouri und gro-

Bernhard Bruns während des amerikanischen Bürgerkrieges in der Uniform eines Offiziers

ße Teile des Mittleren Westens der USA mit unvorstellbarer Härte heimsuchten:

- Ein Jahr nach Ankunft der Oelder Siedler herrschte Rezession mit massenweise Bankpleiten und sprunghafter Entwertung des von Bundesland zu Bundesland unterschiedlich bewerteten Papierdollars.
- Katastrophale Cholera- und Typhus-Epidemien wüteten, dazu die um 1840 grassierende Ruhr.
- Im Herbst 1849 starb bei einer erneuten Cholera-Welle jeder dritte westfälische Einwohner von Westphalia.
- In den 50er- und 60er-Jahren herrschte eine totale Absatzflaute für Agrarerzeugnisse.
- In den 50er-Jahren waren brutale politische Kämpfe zwischen den „Nonothings" (Altansässige, gegen Einräumung jegliche Rechte für Einwanderer eingestellte „Alt-Amerikaner") und neu Zugewanderten an der Tagesordnung.
- Der Amerikanische Bürgerkrieg schließlich warf Bruns und seine Landsleute aus Oldenburg und Westfalen in ihrem zähen, wirtschaftlichen Aufbau immer wieder (oft bis zu den Anfängen) zurück.

Fünf der elf Bruns-Kinder Epidemieopfer

Henriette Bruns gebar in der Wildnis Missouris, nach dem noch in Oelde zur Welt gekommenen Sohn Hermann, weitere zehn Kinder. Eines von ihnen hatte sie bereits auf der Reise von Oelde nach Nordamerika unter dem Herzen getragen. Von ihren elf Kindern starben allein fünf im frühen Kindesalter, teils binnen weniger Wochen an Epidemien, die aus den überfüllten Immigranten-Lägern von St. Louis eingeschleppt worden waren.

Der schwerste Schlag: Im September und Oktober 1841 müssen die Eheleute Dr. Bruns hintereinander drei an der Ruhr erkrankte und gestorbene Kinder begraben. 1845 stirbt ihnen ein Baby gleich nach der Geburt.

Zwei weitere Kinder (der leibliche Sohn Heinrich, ferner der an Kindes statt angenommene Sohn des 1858 verstorbenen Bruders Franz Geisberg namens Caspar) verloren in den ersten Schlachten des grausamen Bürgerkrieges als blutjunge Offiziere auf Seiten der Unionstruppen des als „Sklavenbefreier" in die Geschichte eingegangenen Präsidenten Abraham Lincoln ihr Leben.

Grab und Grabstein für Dr. Bernhard Bruns auf dem Nationalfriedhof in Jefferson City, wo Bruns kurzzeitig Bürgermeister war

Letztendlich wurde auch Dr. Bruns ein Opfer des Krieges, an dem er auf Bitten des mit ihm befreundeten, später berühmt gewordenen Nordstaatengenerals Price als Regimentsarzt im Range eines Colonels an der Heimatfront beteiligt war.

Trotz einer schweren Erkältung will Bruns in der Behandlung von Verwundeten und seuchenkranken Soldaten keine Pause einlegen. Im Januar 1864 bricht er im Dienst zusammen, am 1. April desselben Jahres stirbt er und findet sein Grab auf dem Ehrenfriedhof der Landeshauptstadt Jefferson City, die er in in den 50er-Jahren entscheidend mitgeprägt hatte. Hier war er unter anderem als Stadtrat und kurzzeitiger Bürgermeister, Gründer der Jefferson City-Land-Company, Kämpfer für den Eisenbahnanschluss, Gründungsmitglied mehrerer Höherer Schulen und einer eigenen Universität tätig gewesen.

Dr. Bernhard Bruns, der 1860 als republikanischer Wahlmann für den Süd-Staat Missouri zum Bundeskongress nach Chicago gereist war und dort für Abraham Lincoln als Präsident gestimmt hatte, erlebte als formaler Südstaatler den Triumph „seiner" Nordallianz zum Ende des Krieges sowie Lincolns Wiederwahl 1864 leider nicht mehr:

Missouri war das erste der südlichen Bundesländer, das bereits 1864 die Sklaverei offiziell abschaffte!

Jettes sensibler Bruder Bernhard Geisberg zeigte sich den Strapazen des entbehrungsreichen, rauen Pionierlebens in Westphalia schon bald nicht mehr gewachsen. Am Nervenfieber erkrankt, reiste er 1843 zurück in die Heimat. Zu der Krankheit des Körpers kam geistige Verwirrung, so dass Bernhard für die Familienangehörigen zu Haus bis zum Ende seines Lebens im Jahre 1880 ein Versorgungsfall mit langjähriger Einweisung in eine geschlossene Anstalt blieb.

Bruns baut ein Fachwerkhaus

Im „amerikanischen Leben" der Eheleute Bruns, die trotz aller größten Probleme und Heimsuchungen in der „Neuen Welt" nie daran gedacht haben, aufzugeben und nach Deutschland heimzukehren, gab es – zwischen den unverschuldeten Katastrophen – gottlob auch „gute Zeiten".

Das war, als Dr. Bruns 1838 mitten in Westphalia, sozusagen im Schatten der ersten hölzer-

Landeshauptstadt Jefferson City, das Capitol. Zu seiner Errichtung und Finanzierung trug Dr. Bruns ebenfalls kräftig bei

nen, heute aus Bruchsteinen errichteten Pfarrkirche ein großes Fachwerkhaus mit weißer, äußerer Verbretterung errichten ließ. Vorn war die Praxis, dahinter die Wohnung. Dieses Gebäude, das heute noch steht und für dessen Erhaltung als Museum sich Westphalias Altbürgermeisterin Patricia Hilkemeyer bisher erfolglos einsetzt, war damals, nach dem Einzug, bald Treffpunkt bedeutender Politiker aus der Heimat wie auch von Missouri.

Erster „reisender" Pfarrer für die Katholiken in Bruns' Siedlung „Neu Westfalen" war Pater Cornelius Walter. Ihn hatte die Diözese Münster 1835 zur Betreuung der ersten westfälischen Katholiken nach Missouri entsandt. Als dessen Nachfolger, der belgische Pater Elias, 1848 ein neues, steinernes Gotteshaus plante, berief dieser Dr. Bruns zum Bauleiter. Damals entstand die bis heute genutzte, für einen so kleinen Ort geradezu herausragende, massive „westfälische" Dorfkirche nebst Pfarrschule und Pastorat.

Und Jette, die von den enttäuscht nach Deutschland zurückgesegelten Hesses 1838 deren Klavier übernommen hatte, spielte einige Jahre für sich, die Familie und gelegentlich einkehrende prominente, „lateinischen" Gäste in ihrem geräumigen Fachwerkhaus Musik aus dem alten Europa. Bis in einer folgenden, wirtschaftlichen

Phase der Depression das Geld in der Familie so knapp wurde, dass Jette sich schweren Herzens entschließen musste, das Instrument wieder zu verkaufen.

Schon wenige Jahre nach Einzug in sein Fachwerkhaus wurde es Dr. Bruns für seine Landwirtschaft in Westphalia, das er unter Einsatz gesammelten Geldes und mit Hilfe einflussreichen Freunde sogar zur Kreisstadt küren lassen wollte, schon wieder zu eng.

Kurzentschlossen kaufte er sich einige Meilen entfernt, bei Shippley's Ferry, eine zweite, noch größere Farm, um die Landwirtschaft dort auszuweiten. 1850 wohnte die Familie vorübergehend auf dem neuen Platz, behielt ihren „Stammsitz" jedoch auf Jettes Wunsch in Westphalia. Denn Frau Bruns war es an Shippley's Ferry einfach zu einsam, so dass sie die kirchnahe Wohnung in Westphalia mit ihrem großen Kräuter- und Gemüsegarten, in dem auch Pflanzen aus der Heimat wuchsen, vorzog.

Bruns war aufgrund seiner Erfahrungen auf dem elterlichen Hof in Lohne und dem Studium aktueller Agrarliteratur mit seiner Landwirtschaft insgesamt durchaus erfolgreich. Zeitweilig besaß er (trotz ständiger Geldknappheit) drei und vier Farmen und versuchte sich in Getreideanbau und Milchwirtschaft.

Der zeitweilige Anbau von Tabak rentierte weniger. Stattdessen lief eine Getreidemühle auf dem Grundstück Bruns recht gut. Auch half der vielseitig engagierte Arzt beim Aufbau von Kornbrennereien, wie man sie aus Oelde und Beckum kannte. Nachbarn hatten dafür vom Münsterland her schließlich das nötige Know-how zum Schnapsbrennen mitgebracht. Doch sein fast zu allen Zeiten stark gefragter Einsatz als Arzt, mit oft anstrengenden Tagesritten über große Entfernungen und auf grundlosen oder verschneiten Wegen zu entlegenen Patienten, ließ Dr. Bruns wenig Zeit für Nebenbeschäftigungen, und er war zunehmend überlastet.

Als dann, kurz nach 1850, die deutsche Einwandererfamilie Brenneke Interesse an Bruns' Farmland in Westphalia zeigte und dafür 4 000 Dollar bot, schlug Dr. Bruns ein, zumal er damals gerade nicht wusste, wie er die nächste Ernte einbringen sollte. Denn mehrere seiner Knechte hatten sich Hals über Kopf einer begeisterten Schar von Goldsuchern auf dem Weg nach Kalifornien angeschlossen.

Das grassierende „Goldfieber" packte zeitweilig sogar den Sohn Franz und die Neffen des Ehepaares Bruns. Franz Geisberg schrieb nach Münster, im Frühjahr 1849 seien von Missouri aus „an die 10 000 Wagen auf dem Weg nach Kalifornien, wobei auf jeden Wagen mindestens vier Männer kommen!" Und Jette bekannte in einem ihrer Briefe an den Bruder Heinrich, wenn Bruns durch seine Patienten nicht so angebunden wäre, hätten sie und er „nicht übel Lust, nach Kalifornien mitzugehen!"

Von den ostwestfälischen und ostmünsterländer Siedlern in Westphalia wissen wir, dass unter Führung von Carl Zumnorde und in Gesellschaft von Hermann Bruns, Franz Geisberg, den Gebrüdern Lückenhoff, Hermann Höcker, Martin Borgmeyer, Heinrich Marconi und H. Hofius insgesamt 27 Männer für zwei bis drei Jahre auf die Goldfelder beidseits der 3 000 Kilometer entfernten Sierra Nevada treckten und an den Quellen des Yuba River fündig wurden.

Die Gefahren waren riesengroß: „Auf dem Zuge nach Westen war vor und hinter uns die Cholera", schrieb Franz Geisberg seiner Schwester Jette, die nach dem frühen Tod der Frau ihres Bruders Franz dessen beiden Kinder (neben ihren eigenen) aufzog. „In unserem Lager können wir nur sicher sein, weil wir dicht zusammen sind und immer Waffen bei uns tragen!"

Franz Geisberg wurde beim Goldschürfen zwar nicht reich, konnte sich bei der Heimreise jedoch ein Schiff ab San Francisco und den bequemen Heimweg über Panama und New Orleans sowie zu Haus den Einkauf in ein gut gehendes Handelsgeschäft leisten.

Familie Bruns zieht in die Hauptstadt

Aus dem Erlös seines Farmverkaufs erwarb Bernhard Bruns im Zentrum der nahen Hauptstadt Jefferson City, damals wie heute ein eher beschaulich kleines Landstädtchen, ein großes Grundstück und baute darauf für Praxis und Familie ein mehrgeschossiges Haus aus Backsteinen, was sich seinerzeit nur vermögende Bürger leisten konnten.

„Bruns ist doch in allem immer so sorglos und großzügig", kommentierte seine Frau, die damals glaubte, Bruns würde die Investition weitgehend aus seinen laufenden Erträgen als Arzt und Farmer bezahlen. In Wahrheit hatte der selbstbewusste, stets optimistisch in die Zukunft planende Arzt in Erwartung weiter wachsender Einkünfte einige hohe Bankkredite aufgenommen.

1851 zog die Großfamilie Dr. Bruns, nach 15 Jahren harter Pionierzeit in Westphalia, endlich in ihr neues Stadthaus an der High Street im Zentrum von Jefferson City ein. In das Erdgeschoss kamen die Praxis und zwei Läden. Oben waren 9 Zimmer für die Familie und im dritten Stockwerk gab es einige Logierräume für Landespolitiker. Denn während der Sitzungsperioden fehlten in Jefferson stets mehrere Wochen lang angemessene Unterkünfte für die Senatoren. Diesen Umstand wollte Henriette Bruns bei dieser Gelegenheit für einen eigenen Vermietungsbetrieb nutzen, um nicht ständig von den Einkünften ihres Mannes abhängig zu sein.

Praxis und Geschäfte liefen in der ersten Hälfte der 50er-Jahre durchaus gut, und Dr. Bruns sah nun (man schrieb das Jahr 1856) endlich die Zeit für einen Besuch in der alten Heimat gekommen. Die Überfahrt mit einem Dampfschiff im Frühling desselben Jahres nach Bremen verlief problemlos, ebenso die Reise über Bruns' Heimat Lohne nach Westfalen.

Spätes Wiedersehen der Geschwister Geisberg bei Jettes zweitem Heimatbesuch 1885 in Münster, stehend Heinrich Geisberg, links daneben Henriette Bruns, rechts ihre Schwester Johanna, links die Schwester Therese

Jette genießt Besuch in der alten Heimat

Jette kam über das, was sich hier in den 20 Jahren seit ihrer Auswanderung nach Amerika alles verändert hatte, als sie bei ihrem Lieblingsbruder Heinrich an der Hörsterstraße 25 und bei den anderen Verwandten an Aagraben und Domplatz in Münster eintraf, aus dem Staunen nicht mehr heraus.

Im herrschaftlichen großelterlichen Haus wohnte nicht nur der von Rheuma geplagte Bruder, sondern auch Münsters künftiger Oberbürgermeister Caspar Offenberg, der zwischenzeitlich Jettes jüngere Schwester Johanna geheiratet hatte. (Offenberg wurde kurz nach der Abreise des Ehepaares Dr. Bruns offiziell als Stadtoberhaupt für 12 Jahre bestätigt).

Jettes Schwester Therese war mit Franz von Hatzfeld in Lüdinghausen verheiratet, Bruder Wilhelm lebte als Kaufmann in Hamburg.

In Oelde, Stromberg, Wadersloh, wo Bernhard Bruns' älterer Bruder Pfarrer war, wurden Besuche gemacht. Hart war die Visite in Obermarsberg: Hier fristete Jettes seelenkranker Bruder Bernhard nach langer, erfolgloser Therapie, in fortschreitender geistiger Verwirrung, den Rest seines unglücklichen Lebens. Er erkannte seine Angehörigen aus Amerika nicht wieder. Während Dr. Bruns im Oldenburgischen weitere Heimatbesuche machte, hielt sich seine Frau Henriette die meiste Zeit in Münster, Stromberg und Lüdinghausen auf und genoss hier, nach den großenteils bitteren und einsamen Jahren in der nordamerikanischen Frontier, nun in vollen Zügen das ihr fast unwirklich und so erstrebenswert scheinende, an ihre Kindheit erinnernde, großbürgerliche Leben der westfälischen Metropole.

Konzerte, Theater: Alles das hatte es in Westphalia nicht gegeben. Ein Abglanz davon war zwar in dem von Deutschen damals kulturell stark geprägten St. Louis zu finden. Aber Saint Louis war von Osage County aus mehr als eine Tagesreise entfernt – ganz davon zu schweigen, dass dem Ehepaar Bruns für eine ständige Teilnahme am Kulturleben in der Metropole am Mississippi Zeit und Mittel fehlten.

Andererseits muss das Ehepaar Bruns von den Bürgern Münsters gebührend bestaunt, vielleicht sogar bewundert worden sein: freie Menschen aus einem fernen, riesengroßen Land.

Bernhard und Henriette Bruns hatten sich vor ihrer Reise in die Heimat in den besseren Geschäften von St. Louis nach dem damals neuesten amerikanischen Schnitt eingekleidet, wie Bilder ihres Besuchs in Münster zeigen. Und diese Mode war (anders als in Westfalen) leicht, bunt, ja flott.

In Windeseile verstrichen die Wochen in der Heimat. Vor allem Henriette Bruns muss es schwer gefallen sein, Westfalen und die Geschwister wieder zu verlassen. Nur die Sehnsucht nach ihren in Jefferson zurückgebliebenen Kindern habe ihr die Rückreise nach Amerika überhaupt erträglich gemacht, hat Jette rückblickend eingestanden. *„Münster hängt mir doch sehr am Herzen!"*

Zur Silberhochzeit ein neues Wohnhaus

Im August 1856 gerade wieder „daheim" in Jefferson City, ließ Dr. Bruns erneut Bauarbeiter anrücken: Bis zur Silberhochzeit am 24. Mai 1857 sollte ein neues, separates Wohnhaus für die Familie bezugsfertig sein und wurde es auch – eine stolze viktorianische Villa im Stil der 50er-Jahre Nordamerikas. Standort: Direkt gegenüber dem Capitol und einem soeben fertig gewordenen, riesengroßen Stadtpark.

Mit Beginn des Bürgerkrieges gingen 1861 in Missouri wirtschaftlich erneut die Lichter aus. Schon das letzte Vorkriegsjahr hatte mit einem durchschlagenden wirtschaftlichen Niedergang begonnen. Dazu kam die Furcht vor politischen Übergriffen brutal vorgehender Geheimbünde wie Ku-Klux-Clan, denen heimliche oder bekennende Nordstaatler wie die meisten deutschen Einwanderer um den Arzt Dr. Bruns herum, ein Dorn im Auge waren und die zum Teil mit heimtückischen Überfällen unter Waffeneinsatz drangsaliert wurden. Gegner schmähten: *„Bruns will eine Neger-Demokratie!"*

Als der in Landes- und Stadtpolitik stets engagierte Dr. Bruns (der als Wahlrichter, Ratsherr und zeitweiliger „Mayor" von Jefferson City hohes Ansehen erworben hatte), im vorletzten Kriegsjahr starb, stand seine Witwe in ihrem großen Stadthaus plötzlich mit einem Berg von 20 000 Dollar Schulden da.

Doch Jette gab nicht auf. Sie zog nüchtern Bilanz und stellte fest, dass ihr Mann für seine Stadtpraxis und die nebenher betriebenen Handelsgeschäfte seiner Söhne in Jefferson City zwar beträchtliche Kredite aufgenommen hatte, jedoch kein Geld verschleudert worden war.

Im Gegenteil: Die Praxis hatte hohe offene Forderungen an frühere Patienten und aus Dienstleistungen des Verstorbenen, die in die Tausende gingen. Nur war von dem ständig überlasteten und von immer neuen politischen Ideen getriebenen Dr. Bruns versäumt worden, beizeiten Rechnungen und Mahnungen zu schreiben, so dass Jette die meisten Außenstände als verloren betrachten musste.

Länger als 20 Jahre hatte sich die Witwe der gerichtlich vorgehenden Gläubiger und auch

Die aus Bruchsteinen, nach den Plänen von Dr. Bernhard Bruns gebaute St. Josefs-Pfarrkirche in Westphalia

mancher Betrüger zu erwehren, ohne dass ihr allerdings die verbliebene Wohnung in ihrem Haus gegenüber dem Capitol streitig gemacht werden konnte: Richter Arnold Krekel, Freund ihres verstorbenen Mannes, stand treu an ihrer Seite und kämpfte um Jettes Recht, wenigstens notdürftig wirtschaftlich zu überleben.

Um Geld für ihren Unterhalt zu bekommen, ließ Jette ihre hochverschuldete Villa kurzerhand zu einem Logier-Gebäude für Politiker umbauen, vermietete zwei Etagen und machte mit Richter Krekel einen Plan zur langfristigen Tilgung aller hinterlassenen Schulden. Und Jette kaufte trotz ihrer Schulden erneut ein Klavier, um Musikunterricht zu geben und damit zusätzlich Geld zu verdienen.

Im Hause Bruns verkehren berühmte Leute

Noch mehr als früher bei Bruns in Westphalia, wurde Jettes Stadthaus nun häufiger Treffpunkt politischer Berühmtheiten aus Europa und den

*Aus rotem Backstein errichtete, massive Dorf-
schule in Westphalia*

USA. Protagonisten früher deutscher Demokra-
tiebewegungen wie Arnold Krekel und Friedrich
Münch mieteten sich bei ihr ein. Viele Gäste waren schon zu Lebzeiten ihres politisch für die Skla-
ven-Befreiung und gegen die „Nonothings" engagierten Mannes bei der Familie Bruns ein- und
ausgegangen, wie etwa Johann Sutter und Friedrich Hecker. Oder der aus dem Kreise Minden in
Westfalen stammende, als Philosoph Hegelscher
Schule berühmt gewordene spätere Vize-Gouver-
nor von Missouri, Heinrich C. Brockmeyer.

Henriette Bruns führte ihr Haus bei stets en-
gem Budget sparsam und erfolgreich, bis die überlebenden Kinder ihre Ausbildung auf angesehenen
Jesuitenschulen in St. Louis abgeschlossen hatten
und als Lehrer, Anwälte und Kaufleute zumeist erfolgreich im Leben standen. Erst danach gab sie
den Pensionsbetrieb auf und lebte fortan im öfteren
Wechsel bei ihren Töchtern, in eigenen Stadtwoh-
nungen in Jefferson City oder St. Louis im Kreise
alter Freunde aus der westfälischen Heimat.

Festzuhalten bleibt freilich, dass die Familie
Bruns in den USA, ohne jahrzehntelange finanzielle Zuwendungen und Darlehn von Jettes ver-
mögendem Onkel Kaspar Geisberg, ihrem Bruder
Heinrich sowie laufenden Ausbildungszuschüssen
aus der reichen Familienstiftung Stevermann in
Münster schwerlich über die Runden gekommen
wäre.

Internationaler Postbote: Anton Bartmann

Die Übermittlung der Gelder von Westfalen
nach Missouri übernahmen meist Bankiers aus
Münster und St. Louis. Diese arbeiteten mit Wechseln und Obligationen. Eingezahlt wurde in Ta-
lern, später Mark, ausgezahlt in US-Dollar. Und
umgekehrt.

Nicht selten jedoch traf Bargeld ein. Überbrin-
ger waren anfangs vertrauenswürdige „Postbo-
ten" wie der 1838 von Steinfurt nach St. Louis
ausgewanderte Anton Bartmann. Dieser pendelte
zwischen 1840 und 1850 zwischen Westfalen und
Missouri hin und her und besorgte vertrauenswür-
dig den Transport von Briefen und Dokumenten
von hüben nach drüben.

Bartmann, der dies- und jenseits des Atlantiks auch als wichtiger Nachrichtenübermittler
galt, hatte ein postalisches Einzugsgebiet bis zu
den Herforder und Münsterländer Einwanderern
in Quincy Illinois und Paderborn bei Belleville,
der heutigen Partnerstadt von Paderborn in
Westfalen.

Von Henriette Bruns erhielt Bartmann um
1840 den Auftrag, aus Oelde Blumensamen, Erd-
beer- und Himbeerpflanzen mitzubringen, was
laut Jettes Antwortbrief auch geschehen ist. Allerdings habe ein später Frühlingsfrost in Westphalia einen Teil des Pflanzguts aus der Heimat
bedauerlicherweise zugrunde gerichtet, so dass sie
gelegentlich Nachschub benötige, teilte Jette ihren
Geschwistern mit.

Auf einer seiner Kurier-Reisen lernte Anton
Bartmann in Amsterdam eine reiche Kaufmanns-
tochter kennen und verlobte sich mir ihr. 1845
wollte er sie nach Missouri holen, fand aber nur
ihr Grab: Eine Seuche hatte zwischenzeitlich sie
und ihre gesamten Angehörigen dahingerafft.

Gerade ein Jahr zuvor wütete in Missouri das Gelbfieber. Dies wurde 70 Münsterländern
aus Borken und Ramsdorf zum Verhängnis: Nur
zwei Drittel der Gruppe erreichte, von New Orleans kommend, das Auswanderungsziel Westphalia. Aber auch von den Angekommenen starben, trotz Dr. Bruns' unermüdlichem Einsatz, noch
einmal die Hälfte: *„Ganze Familien sind dahingerafft"*, berichtete Jette, die bei der Versorgung der

Kranken, ohne Rücksicht auf sich selbst und ihre Kinder mitgeholfen hatte, nach Münster.

Nach 1845 scheint Anton Bartmann sein Brief-Transportgeschäft einem Bruder oder Neffen übergeben zu haben: Fortan ist im Schriftverkehr der Familie Bruns von dem Sendboten Matthias Bartmann, der sich für seine Atlantik-Überquerungen inzwischen auf Dampfschiffen einbuchte und für die Strecke bis Bremen nur mehr 16 Tage brauchte, die Rede.

Jettes Obstgarten in „Klein Stromberg"

Nun endlich fand Jette Zeit, ihre Lebenserinnerungen niederzuschreiben, ohne dabei jedoch im jahrzehntelang geübten, ständigen Schriftverkehr mit ihren in Deutschland gebliebenen Familienangehörigen nachzulassen.

Von ihrer Stammwohnung in Jefferson City aus legte sie auf halbem Wege nach Westphalia einen blühenden Garten an, in dem sie Obst und Gemüse, Salat und Kartoffeln für sich und ihre Kinder pflanzte und dem sie, in Erinnerung an ihre sorgenlose westfälische Kindheit, den Namen „Klein Stromberg" gab.

„Klein Stromberg" bleibt für Henriette Bruns, bis sie im hohen Alter erblindet, ein geliebter, sommerlicher und heimatlicher Zufluchtsort.

Im Jahre 1878 besucht die Witwe Bruns per Eisenbahn endlich ihren Vetter im fernen Milwaukee, Wisconsin. Hier trifft sie die wegen ihrer aktiven Beteiligung an der 1848er badischen Revolution nach USA geflohene, deutschamerikanische Frauenrechtlerin Mathilde Anneke (gebürtig aus Münster) und ist von deren Kampf als jetzige Vizepräsidentin der „Women Suffriage Association" begeistert. Jette erlebt allerdings den endlichen Durchbruch zum aktiven Wahlrecht der amerikanischen Frauen (und damit die Erfüllung der Forderung dieser Frauenrechts-Organisation erst im Jahre 1920) persönlich nicht mehr.

1882 noch einmal in der Heimat Westfalen

Eine neuerliche Heimreise nach Westfalen hätte sich die Witwe Dr. Bruns finanziell nicht leisten können, obgleich sie in den beiden letzten Lebensjahrzehnten aus der Dienstzeit ihres Mannes als Regimentsarzt eine kleine Pension bekam. Doch

Heinrich Geisberg als junger Anwalt in Münster

eine ihrer Töchter, Ottilie, heiratete den sehr vermögenden und in Harvard promovierten Mineralogen Carl Hess. Dr. Hess, der in St. Louis und Jefferson wohnte, aber sehr oft lange berufliche Reisen machte, schenkte seiner Frau und der Schwiegermutter eines Tages überraschend eine Schiffspassage nach Europa.

So kam Jette im März 1882 mit dem Dampfer „Maine" noch einmal zu ihrem inzwischen weitgehend gelähmten Bruder Heinrich und den anderen Geschwistern in Westfalen. Dieser Besuch wurde zum letzten, bewegenden Wiedersehen mit allen noch lebenden Angehörigen und Jettes geliebten drei Heimatstädten Münster, Oelde und Stromberg – und zugleich zu einem endgültigen Abschied von Westfalen.

Von dort im Spätsommer nach Missouri zurückgekehrt, findet Jette eine Einladung ihres Sohnes Louis nach Seattle im Staate Washington vor. Zunächst zahlt sie ihre letzten Schulden ab. Dann reist sie per Zug die 4 000 Kilometer an den Pazifik und bleibt gleich drei Monate dort, weil ihr das milde Klima so gut bekommt.

Die Villa in Jefferson City wird inzwischen von Schwiegersohn Dr. Carl Hess mit Tochter Ottilie bewohnt. Carl Hess hat die Leitung des ersten Kraftwerks der Hauptstadt übernommen und sorgt tatkräftig für die Elektrifizierung einschließlich Bau einer Straßenbahn.

Jette ist in diesen Jahren mal hier, mal in St. Louis und würde 1893, gerade 80-jährig, gern die Weltausstellung in Chicago besuchen, wird davon aber durch ihr Augenleiden abgehalten.

1895 stirbt der geliebte Bruder Heinrich Geisberg in Münster. Jette erblindet völlig. Tochter Ottilie schreibt jetzt an ihrer Stelle die nun selteneren Briefe an die westfälische Verwandtschaft.

Am 8. November 1899 geht das Leben der tapferen Frontier-Heldin Henriette Bruns im Hause ihrer Tochter Ottilie in Jefferson City zu Ende. Ihre letzte Ruhestätte findet Henriette Bruns, geborene Geisberg, auf dem Waldfriedhof der Landeshauptstadt an der Seite ihres Mannes. Den Grabstein ziert in großen Lettern nur ein Wort: „MOTHER".

Grab und Gedenkstein von Henriette Bruns auf dem Nationalfriedhof von Jefferson City mit der einzigen Aufschrift „Mother" (Mutter)

Carla Schulz-Geisberg findet in Münster packenweise Jettes Briefe und Tagebuch

Wie einfach, ja primitiv es in den ersten Jahrzehnten der Familie Bruns am Osage River und in Osage County, in der nahen Landeshauptstadt Jefferson und der Western Frontiermetropole St. Louis zugegangen ist, das wissen wir heute ziemlich genau; sozusagen Seite für Seite und Jahr für Jahr schwarz auf weiß. Und zwar durch die Tagebuchaufzeichnungen und regelmäßige Briefe, die Henriette Bruns Monat für Monat (vielhundertmal und über 63 Jahre ihres langen Lebens im Lande an Missouri und Mississippi) nach Haus zu ihren Verwandten und für den Bruder Heinrich Geisberg nach Münster, Oelde und Stromberg schrieb.

Über das unvorstellbar harte Alltagsleben, unmenschlich harte körperliche Farmarbeit für Männer, Frauen und selbst Kinder. Das Bitterste: die häufigen Todesfälle in der eigenen Familie! Dazu aber auch in aller Ausführlichkeit und mit der Präzision einer professionellen Chronistin geschriebene Berichte vom Wachsen und Werden Westphalias, seiner St. Josefs-Gemeinde und den öfteren Auseinandersetzungen zwischen dem stockkonservativen belgischen Pater Helias und dem reformfreudigen Dr. Bruns.

Henriette Bruns informiert in ihren Briefen und Aufzeichnungen aber auch erstaunlich sachkundig über die damalige Farmwirtschaft, ihre Erfolge und Niederlagen, Erträge sowie Marktchancen und ausführlich über das Verhältnis zu den weit entfernten, wenigen Nachbarn an Maria-fluss und Osage River sowie aus der kleinen und großen Politik im Staate.

Gründlich wird der Familie in Westfalen auch über den Aufbau der ersten, primitiven Arztpraxis Dr. Bruns' berichtet, in der Jette lange Zeit Sprechstundenhilfe, OP-Schwester, Apothekerin zur Medizinherstellung und Pflegepersonal, Mutter der zahlreichen Kinder und Hausfrau in einer Person war.

Wir erfahren überdies eine Menge über den zermürbenden ärztlichen Einsatz des Doktors während der in den 40er-Jahren furchtbar wütenden Cholera- und Typhus-Epidemien im Lande, Dr. Bruns hoch zu Pferde in der Wildnis von Farm zu Farm eilend und selbst unzählige Male schwer erkrankt und zu Tode erschöpft.

Wie 1836 mit ihm ausgewanderte Angehörige und Nachbarn aus Oelde, Stromberg und Rietberg in anderen Städten oder fernen Staaten der USA – Iowa, Wisconsin oder Michigan – ihr Glück versuchen. Und wie es mit den Frauenrechten in den USA steht : „*Alle Bürger haben auf dem Papier die gleichen Rechte. Wählen dürfen wir Frauen dennoch nicht!"*

Henriette Bruns berichtet ausführlich und alles, was ihr wichtig erscheint und beendet ihre Briefe an den Bruder stets wiederkehrend mit der liebevollen, vertrauten Formel:

„*Halte lieb wie immer, Deine Schwester Jette".*

Die gesammelten Briefe der „Jette" Bruns sowie ihr aufschlussreiches Tagebuch sind viele Jah-

Ein riesiger Naturschutz- und Erholungspark vor den Toren von Westphalia wurde nach dem westfälischen Gründungspionier Dr. Bernhard Bruns benannt

re nach ihrem Tode in das Haus ihrer Schwägerin Auguste Geisberg in Münster gelangt. Hier hat sie Carla Schulz-Geisberg, Enkelin von Heinrich und Auguste Geisberg, nach dem Zweiten Weltkrieg sorgsam aufgearbeitet, von der altdeutschen Schreibweise in heutige Normalschrift „übersetzt" und großherzig Wissenschaft und Öffentlichkeit zur Verfügung gestellt.

So konnten der Nestor für Auswandererforschung in Missouri, Professor em. Dr. Adolf Schroeder und Silke Schütter für den Kreisgeschichtsverein Beckum-Warendorf daraus dies- und jenseits des Atlantiks eines der wohl glaubwürdigsten schriftlichen Zeugnisse über das oft extrem harte, entbehrungsreiche Leben unserer Auswanderer in der „Neuen Welt" in Buchform herausbringen. Der deutsche Titel lautet:

„Halte lieb wie immer Deine Schwester Jette. Ein Auswandererschicksal in Briefen und Dokumenten", Warendorf 1989, Karl Darpe KG Warendorf/Archiv des Kreises Warendorf und *„Hold dear, as always /Jette, A German Immigrant Life in Letters"* Edited by Adolf A. Schroeder and Carla Schulz-Geisberg, University of Missouri Press, Columbia 1988.

Nachtrag:

Die in ihrer überwiegenden Mehrheit immer noch westfalenstämmigen Einwohner der Kleinstadt Westphalia, die heute selbst zwar nur 400 Einwohner zählt, jedoch Verwaltungs-, Kirch- und Schulzentrum für mehr als 4 000 Bewohner des anmutigen und waldreichen Berglandes am Osage River ist, wünschen sich seit den 80er-Jahren des 20. Jahrhunderts konkret eine Sister-City-Verbindung mit Oelde und/oder Stromberg.

Zu diesem Zweck besuchten Bürgermeisterin Patricia Hilkemeyer und Prof. Dr. Adolf Schroeder die Herkunftsorte der Familien Bruns, Geisberg und ihrer 1836 und später nach Gasconade und Osage County hinterhergezogenen Landsleute zu Ende der 80er-Jahre des 20. Jahrhunderts.

„Pat" Hilkemeyer, die vor 50 Jahren als Kind „selbstverständlich" die Sprache ihrer deutschen Vorfahren aus dem Oelder und Beckumer Land erlernt hat und heute noch pflegt, wurde in Westfalen überall freundlich aufgenommen. Doch ihr sehnlicher Wunsch zur Aufnahme von Partnerschaftskontakten blieb bisher unerfüllt.

Dabei müsse das ja nichts Hochoffizielles sein wie etwa die Partnerschaft zwischen dem ihrer Stadt Westphalia benachbarten New Melle (Missouri) mit Melle bei Osnabrück oder New Haven (Missouri) mit der Stadt Borgholzhausen (Teutoburger Wald), meint die im Ruhestand lebende Kauffrau in ihrem hübschen, hölzernen Siedlerhaus nahe Kirche und Schule von Westphalia.

Professor Dr. Adolf Schroeder hat immer noch Hoffnung auf ein positives Signal aus der Heimat der Jette Bruns: *„Mir ist kaum eine Sister-City-Verbindung bekannt, bei der die Roots (Wurzeln) der Menschen derart eng und schicksalhaft über den Atlantik hinweg verbunden sind und in anderthalb Jahrhunderten von Familie zu Familie beiderseits des Atlantiks derart liebevoll gepflegt wurden, wie hier!"*

Dr. Abraham Jacobi aus Hartum.
Gründer der ersten Kinderklinik und Nestor
der Kinderheilkunde in den USA

Vom kleinen jüdischen Händlersohn aus Hartum bei Minden zum brillanten Arzt und Wissenschaftler für die Erforschung von Kinderkrankheiten in Amerika und der ganzen Welt: Professor Dr. Abraham Jacobi (1830–1919) aus dem ostwestfälischen Dorf Hartum (Kreis Minden-Lübbecke) ist als einer der führenden demokratischen Köpfe und politisch verfolgten Intellektuellen in Preußen 1853 über England nach den Vereinigten Staaten von Amerika geflohen.

N ach sorgloser Kindheit auf dem Lande und Abitur am Mindener Gymnasium studiert Abraham Jacobi in Greifswald, Göttingen und Bonn Medizin. Im April 1851 wird er in Köln zum Doktor der Medizin promoviert, Thema seiner Dissertation: „Gedanken über das Leben der Naturerscheinungen".

Professor Dr. Abraham Jacobi aus Hartum bei Minden

Zunächst hatte sich Jacobi für das Fach Philologie eingeschrieben, wechselte dann aber bald zur Medizin. Warum, erklärte er in einem Brief an seinen Hartumer Schulfreund Gottlieb Lüttgert, der selbst Philologe werden wollte: *„Ich glaube, als Gymnasiallehrer Philolog zu sein, muss ein grässliches Leben werden ..."* Dann solle man schon eher Naturwissenschaften wählen.

Aber, und darauf schien es Jacobi angesichts der politischen Enge in Preußen entscheidend anzukommen, mit Bezug auf seine eigene Studienwahl: *„....weil ich in der Medizin stets ein Mittel habe, die Freiheit und Unabhängigkeit, wonach der Mensch in mir immer lauter ruft, mir jeden Augenblick zu verschaffen."* Und: *„Jeder andere ist an die Scholle gebunden. Höchstens der Literat kann sich einigermaßen freimachen.*

Der Mediziner aber ist willkommen überall, nirgends gefesselt, keinem Despoten zum Gehorsam verpflichtet, dessen Fassade er brechen, dessen Bereich er verlassen kann, sobald er will!"

Mindener Lehrer klärten politisch auf

Schon zu seiner Schulzeit war Abraham Jacobi durch Mindener Verwandte, Freunde und Lehrer, vor allem Dr. Ernst Kapp (der als Demokrat politisch verfolgt wurde und 1849 von Minden nach Texas fliehen musste) mit der Forderung nach mehr demokratischer Freiheit sowie dem Elend der darbenden Arbeiterschaft vertraut gemacht worden. Ein anderer Lehrer, Theodor Hertz-berg, ist wohl der einflussreichste demokratische Mentor des neugierigen, wissensdurstigen jungen Mannes gewesen.

Der revolutionäre Hertzberg klärte Jacobi und dessen Mitschüler während seines Unterrichts offen über die politischen und sozialen Gründe der 1848er Revolution in Deutschland auf und begab sich damit selbst in große Gefahr.

1849 wurde Theodor Hertzberg von der preußischen Regierung wegen „politischer Unzuverlässigkeit" entlassen. Als Redakteur der „Westfälischen Zeitung" in Bielefeld und Paderborn fand er vorübergehend eine neue Existenz – und mit ihr endlich seine lang gesuchte publizistische Plattform, um die kühnen, von der Französischen Revolution übernommenen Ideale von Freiheit, Gleichheit und Brüderlichkeit im Lande wirkungsvoll zu verbreiten. Bis die Regierung, deren Büttel bereits durch vorherige, andere „politische Missetaten" des jungen Mannes alarmiert worden waren, einschritt.

Zusammentreffen mit Carl Schurz

Kaum hatte sich Abraham Jacobi nämlich an der Universität Bonn eingeschrieben, schloss er sich 1848er Studentenzirkeln und untergetauchten Teilnehmern der Revolution von 1848 an. Unter denen lernte er 1850 u. a. auch den führenden 48er Revolutionär, überzeugten Demokraten und späteren amerikanischen Innenminister Carl Schurz kennen.

Einen Wendepunkt im politischen Bewusstsein bildete für Abraham Jacobi damals das Studium des „Kommunistischen Manifestes" von Karl Marx. Jacobi, bis dahin ein eher gemäßigter, sozialer Demokrat, war fortan einer der glühendsten Verfechter radikaler Ideen und letztlich sogar des bewaffneten Kampfes gegen die herrschende Klasse im Land.

Bald bildete er unter Gleichgesinnten Diskussionskreise und sogar „Turnvereine" als verdeckte Treffpunkte. Daheim in Minden hielt er befreundete Mädchen an, spezielle Zirkel zu gründen, um darin revolutionäres Gedankengut zu verbreiten. Und in Zeitungsartikeln forderte er vom Staat kühn soziale Reformen für das hungernde Proletariat sowie konkrete politische Rechte.

Dabei suchte er enge Anlehnung an Karl Marx und Friedrich Engels, wie eine lebhafte Korrespondenz mit den beiden führenden, radikalen Revolutionären belegt. Das damalige Vertrauen zu Marx und Engels ging so weit, dass er ihnen sogar den Entwurf seiner Dissertation zur Begutachtung vorlegte, in der er sich inhaltlich (in nüchtern-naturalistischer Sichtweise der Entwicklung allen Lebens) bewusst in einen Gegensatz zur überkommenen christlichen Lehre der Herkunft allen Lebens stellte. Ein Thema übrigens, über das er während seiner Bonner Studienjahre insbesondere mit dem aus Detmold stammenden Freiheitsdichter Ferdinand Freiligrath intensiv diskutiert hatte.

Nach der Promotion ins Gefängnis

Jacobis vielfältige politische Aktivitäten in Bonn, Köln und Minden blieben der Polizei nicht verborgen.

Kaum hatte Abraham Jacobi den Doktorgrad erworben, steckte man ihn in Köln für 15 Monate ins Gefängnis. Dann erst wurde ihm wegen Hochverrats im Zusammenhang mit dem berüchtigten „Kölner Kommunistenaufstand" der Prozess gemacht.

Jacobi verteidigte sich allerdings so geschickt, dass ihn das Gericht zunächst freisprechen musste. Doch kaum hatte er Köln als freier Mann verlassen und sich nach Minden begeben, als man ihn hier erneut vor Gericht stellte, diesmal in einem lokalen Verfahren, wo ihm aus einer drei Jahre zurückliegenden, privaten Äußerung über das reformbedürftige preußische Wahlrechts-System „Majestätsbeleidigung" vorgeworfen wurde. Mit anschließender neuerlicher Verhaftung und weiteren sechs Monaten hinter den Gittern des festungsartigen Mindener Kreisgefängnisses. Ohne Ausgang im Hof!, weil die Polizei befürchtete, Jacobi könne von Gesinnungsfreunden befreit werden.

War es Carl Schurz doch 1850 gelungen, seinen verhafteten Freund und Lehrer Professor Gottfried Kinkel (Herausgeber der demokratischen Zeitung Bonn) in einer spektakulären Aktion aus dem Spandauer Gefängnis zu befreien und nach den USA in Sicherheit zu bringen.

Flucht nach England zu Engels

Aus dem engen, finsteren Mindener Gefängnis Ende Juni 1853 endlich entlassen, war Dr. Abraham Jacobi von Preußen, dem Obrigkeitsstaat und dessen willfährigen Dienern derart enttäuscht und hoffnungslos, dass er heimlich die Flucht ergriff und außer Landes ging – Ziel zunächst: England!

Im Gegensatz zu einigen Autoren, wonach der spätere, berühmte Mediziner seine Heimat bewusst nie wieder besucht habe, weist Douglas Cole in seinem Beitrag „Kindheit und Jugend von Franz Boas" (Mindener Heimatblätter, 60. Jahrgang, 1988) für Jacobi mindestens drei spätere Deutschlandreisen und Besuchstermine in Minden und Porta Westfalica nach: 1885/86, 1898 und 1901.

Mit einer Empfehlung von Karl Marx in der Tasche, wollte Jacobi zunächst für einige Wochen bei seinem politischen Idol Friedrich Engels in Manchester unterschlüpfen. Engels sei über diesen Besuch allerdings, wie Jacobi viele Jahre später selbstironisch schrieb, alles andere als erfreut gewesen und habe ihn auch offensichtlich „nicht für voll genommen" (was ein entsprechender Briefwechsel zwischen Engels und Marx nachträglich belegt).

US-Innenminister Carl Schurz (Bild) und Dr. Abraham Jacobi: engste Freunde bis zum Tod

Vom Revoluzzer zum Demokraten

Die Hoffnung, in London als Arzt tätig werden zu können, erfüllte sich nicht. So reiste Dr. Jacobi im Herbst 1853 weiter nach New York. Dort hatte er in Carl Schurz und anderen 1848er Flüchtlingen zahlreiche Gesinnungsfreunde. Auch schickte ihm Karl Marx für eine gerade gebildete kommunistische Kadergruppe in New York City ein persönliches Empfehlungsschreiben.

Schließlich gab es in New York Geschäftsfreunde seines Schwagers Abraham Meyer (Bruder seiner ersten Frau Fanny Meier und deren Schwester Sophie Meier), der einige Zeit als Agent der Mindener Importfirma Meyer in New York City gelebt hatte.

In der „Neuen Welt" angekommen und dort mit der real existierenden politischen Freiheit konfrontiert, ferner nach Gründung seiner ersten Arztpraxis, wendet sich Jacobi mehr und mehr dem praktischen Berufsalltag zu. Zwar findet man ihn 1860 noch als Mitglied der New Yorker Kommunistischen Partei. Auch übernimmt Jacobi anfangs sogar noch das Amt eines Sekretärs. Aber dann holt ihn die politische Realität der „Neuen Welt" ein:

Persönliche Freiheit, freie Meinungsäußerung, allgemeine, unabhängige Wahlen und politische Gleichberechtigung, also Rechte, die zu seiner Zeit in Preußen nur in beschränktem Maße existierten und die er deswegen als Student und Doktorand kompromisslos gefordert hatte, fand er hier, im *„land of freedom"*, in der Praxis weitgehend erfüllt!

So wurde aus dem deutschen Revolutionär ein amerikanischer Reformer. Sozial, demokratisch, darauf bedacht, die Verhältnisse der Menschen ärmerer Schichten, die es auch in der Neu-

en Welt reichlich gab, durch persönlichen Einsatz als Arzt und in der Gesellschaft positiv zu ändern. Bezeichnungen aus Kreisen seiner Patienten wie „Freund der Arbeiter" und „Arzt der Armen" wurden zu Synonymen für Jacobis uneigennützige „medizinische Heldentaten" in der Bronx und in anderen Elendsvierteln New Yorks.

Anwalt der „Underdogs"

Abraham Jacobi blieb, auch als er ganz oben auf seiner Erfolgsleiter stand, zeitlebens ein verlässlicher Anwalt der industriellen „Underdogs" – auch in den USA. Aber dem Umsturz, der politischen Gewalt hatte er mit Betreten des amerikanischen Bodens abgeschworen.

Noch mehrere Jahre korrespondierte Dr. Jacobi mit seinen früheren politischen Ziehvätern Karl Marx und Friedrich Engels. Doch insbesondere Marx spürte, dass bei Jacobi das Feuer der Revolution einer pragmatischen Sicht durchaus nötiger gesellschaftlicher Veränderung gewichen war. Folgerichtig wandten sich Marx und dessen deutschstämmige Hardliner in den USA mit der Zeit enttäuscht von ihrem bisherigen politischen Kampfgenossen aus Ostwestfalen ab.

Dieser „verbürgerte" nach Meinung seiner Freunde aus Studienzeiten und heiratete schon bald nach der Ankunft in New York seine ihm nachgereiste Jugendliebe Fanny Meyer. Anschließend startete Abraham Jacobi von New York City aus kontinentweit eine einzigartige medizinische Karriere, die in hohen und höchsten Auszeichnungen ihren Niederschlag fand, darunter Ehrendoktor-Titel der Universitäten von Harvard, Yale, Columbia und Michigan.

Im ersten Jahr 973,25 $ Einkünfte

Dabei war sein Anfang als unbekannter Arzt in New York City alles andere als einfach. J. Hirsh und B. Doherty berichten in ihrem Buch „The First Hundred Years of The Mount Sinai Hospital of New York", Dr. Jacobi habe im ersten Jahr seiner privatärztlichen Tätigkeit in New York lediglich 973,25 $ Praxiseinnahmen gehabt.

Doch Tüchtigkeit und Hilfsbereitschaft von Abraham Jacobi M. D. (Medical Doctor) sprachen sich rasch herum, nicht nur bei den Armen der Stadt, sondern auch unter Kollegen.

1860–65 wurde am New York Medical Center ein Lehrstuhl für Kinderkrankheiten eingerichtet, verbunden mit einer Kinderklinik am Mount Sinai Hospital. Zum ersten Lehrstuhlinhaber für die Erforschung und Behandlung von Kinderkrankheiten und leitenden Gründungsarzt berief das Kuratorium Dr. Jacobi, der bald darauf das erste Kinderkrankenhaus von New York und wahrscheinlich auf dem ganzen amerikanischen Kontinent eröffnete.

1865 folgte eine Berufung als Professor und Leiter des neuen Säuglings- und Kinderklinikums der Universität von New York, mit gleichzeitigem Auftrag zur Erforschung der damals noch sehr hohen Kindersterblichkeit in den USA und in aller Welt.

Säuglingstod in der eigenen Familie

Professor Dr. Jacobi sammelte in seiner eigenen Familie bitterste Erfahrungen mit Kindbett- und Säuglingssterblichkeit. Nachdem seine erste Frau Fanny, geb. Meier (Boas), im Kindbett gestorben war, ereilte seiner zweiten Frau dasselbe Schicksal. 1875 heiratete Jacobi zum dritten Mal, und zwar die Kollegin Dr. Mary Putnam. Aus allen drei Ehen gingen zusammen acht Kinder hervor, von denen nur eines überlebte und ein hohes Alter erreichte: Marjorie Mc Aneny geb. Jacobi (1879 bis 1962). Sie stammte aus der dritten Ehe Jacobis mit Mary Putnam.

Energisch kämpfte Abraham Jacobi in New York und im ganzen Land gegen die auch dort weit verbreitete Kinderarbeit.

Fußend auf seinen persönlichen, guten Erfahrungen in Mindener Schulferien, regte er neben der Forderung nach besserer Hygiene und Erforschung fiebersenkender Medikamente sowie bahnbrechend neuer Ernährungsformen für Säuglinge und Kleinkinder an, für alle Schulkinder in den USA sofort sommerliche „Große Ferien" einzuführen, die es bis dahin noch nicht gab.

Neben einem weiteren Lehrstuhl an der berühmten Columbia University, wählte die New York Medical Society Jacobi, von seinen Biographen als „der zu seiner Zeit angesehendste und berühmteste Arzt in New York City" bezeichnet, zu ihrem Präsidenten. Daneben war er mehrere Jahre Präsident der Medizinischen Akademie von New York.

1874, als das bereits 1852 gegründete jüdische Mount-Sinai-Hospital wegen seiner starken Ex-

pansion in mehrere Fachkliniken aufgeteilt wurde, übernahm Jacobis Frau Dr. Putnam-Jacobi die Leitung der angeschlossenen Kinderklinik. Sie ist als erste Frau in Amerika, die nicht nur in USA und Übersee (Paris) Medizin studieren konnte, sondern auch als erste amerikanische Ärztin den Doktorgrad erwarb, in die Geschichte eingegangen.

Jacobis Frau als ärztliche Pionierin

1878 wurde in dem von Dr. Putnam/Jacobi geleiteten Haus am Central Park eine spezielle Abteilung für kranke Kleinkinder eröffnet. Auch dies war für New York und die übrigen Vereinigten Staaten wieder eine wegweisende, medizinische „Uraufführung". Finanziert wurde das medizinische Projekt von dem in Kalifornien reich gewordenen deutschen Einwanderer Michael Reese, typisch amerikanisch: Durch privates Sponsoring mit 25 000 US-Dollar!

Die Freundschaft zwischen Abraham Jacobi und dem in den USA etwa seit den 60er-Jahren des 19. Jahrhunderts führenden deutschamerikanischen Politiker Carl Schurz überdauerte alle Zeiten. Die Freunde aus alten, revolutionären Jahren Deutschlands pflegten in New York weiter enge persönliche Kontakte. Beide galten in den führenden Kreisen New Yorks, Washingtons und des Mittleren Westens als beispielhafte ethnische Integratoren für Deutschamerikaner.

Als der bis zum amerikanischen Innenminister aufgestiegene Politiker, General und Publizist Carl Schurz 1906 starb, hielt sein bester Freund Abraham Jacobi die offizielle Traueransprache.

Späten Ruf nach Berlin angelehnt

Mit Anfang des 20. Jahrhunderts drang Jacobis großer wissenschaftlicher Ruf bis nach Berlin. Endlich wurde ihm auch hier ein Lehrstuhl angeboten, den er jedoch nicht annahm.

Professor Dr. Abraham Jacobi starb am 10. Juni 1919 in Lake George hochgeehrt als einer der bedeutendsten New Yorker Bürger. Seine Tochter Marjorie Mc Aneny-Jacobi und sein gleichfalls nach USA ausgewanderter Neffe, Professor Dr. Franz Boas, errichteten im Jahre 1930 gemeinsam eine Stiftung für die gute alte Penne der berühmtesten Mindener Auswanderer in Amerika: Das 1530 gegründete, heutige Ratsgymnasium Minden – älteste „Lateinschule" Westfalens.

Briefe Gerdemann & Co: Beste Werbung für Kettenwanderung in die „Neue Welt"

Konrad Dudens begeisterte Reisereportagen über „Missouri, das Land, wo Milch und Honig fließen", das Reisetagebuch des Hessischen Prinzen Carl von Solms, die Texas-Empfehlungen des Mainzer Adels-Vereins und die Veröffentlichungen des Naturwissenschaftlers Wilhelm von Württemberg über dessen verschiedenen Exkursionen durch den Westen Amerikas sind Ende der 20er-Jahre des 19. Jahrhunderts vor allem von den Gebildeten jener Zeit oft sehr unkritisch aufgenommen worden. Gerade Demokraten der frühen 30er-Jahre haben sich bei ihrer Auswanderung nach den USA oft auf diese adligen Propagandisten pro Nordamerika bezogen und waren später, angesichts der ernüchternden, harten Realitäten vor Ort, umso bitterer enttäuscht.

D ie Mehrzahl der einfachen Leute unter den Auswanderungswilligen jedoch trauten letztendlich weder Duden noch den vielen, aus dem Boden schießenden Auswanderungsgesellschaften jeglicher Coleur. Vielmehr hatten sie von Region zu Region ein für ihre Bedürfnisse weitgehend sicheres Testverfahren.

Sie schickten ihre „Scouts". Männer wie etwa den wagemutigen Köttersohn Heinrich Wilhelm Gerdemann aus Westerkappeln, den späteren Gründer von Cappeln (Missouri) und ersten Wegbereiter für mehr als tausend Amerikafahrer aus dem Tecklenburger und Osnabrücker Land.

Gerdemann schrieb, ähnlich wie nach ihm jahrzehntelang seine Tecklenburger Landsleute Wilhelm Brüggemann aus Lotte und Philipp Brockmann, regelmäßig ellenlange Rundbriefe an Eltern, Geschwister, Freunde und Bekannte - betont aus dem Blickwinkel sowie nach den Bedürfnissen der notleidenden land- und rechtlosen, oft hungernden „kleinen Leute" der Heimat. Auf diese Weise wurden die Landsleute immer aktuell und geradezu umfassend über das Leben im Zielgebiet unterrichtet – von den Wetter- und Ackerbauverhältnissen bis zu dem, wie es in der Viehzucht, auf den Märkten, in der völlig andersartigen Wirtschaft und unter den Deutschen dort zuging. Auch auf Mark und Pfennig bzw. Dollar und Cent.

Denn Boden-, Getreide-, Vieh- und Baupreise (auch das, was dem ungelernten Einwanderer drüben jeweils als Lohn gezahlt wurde) waren für die zunächst noch daheimgebliebenen und abwartenden Kötter, Heuerlinge, Knechte und Mägde von allergrößtem Interesse!

„Gerdemann wirksamer als Duden"

Professor Dr. Walter Kamphoefner kommt bei Auswertung der gesammelten Briefe Gerdemanns zu dem Schluss: *„... dass für die später nachfolgenden Auswanderer der Wilhelm Gerdemann ein viel wirksamerer Werber war als Duden!"*

Die erste größere, 36 Reisende umfassende Gruppe Westerkappelner Auswanderer verließ ihre Heimat bereits im Frühling 1832. Vermittler dieser Schiffspassagen war, vermutete seinerzeit der Tecklenburger Heimatforscher Friedrich Ernst Hunsche, ein Westerkappelner Gastwirt namens Rudolf Mönster. Dieser führte in der Gemeinde nämlich bereits seit 1832 eine Auswandererungsagentur des Schiffsmaklers Traub (Bremen) speziell für Reisen nach Baltimore (USA). Mindestens zwei Familien: Johann Heinrich Schroer und Steffen Heinrich Freese, landeten bei jener Tour in Missouri.

Damals waren Ziele der ersten Emigranten aus Westfalen und Südniedersachsen meist noch die „Oberen Seen" und menschenleeren Prärien von Ohio und Indiana, von dort her schließlich über Ohio und Mississippi abwärts nach Illinois und Missouri. Der direktere Seeweg über den Golf von Mexico, New Orleans und St. Louis nach Missouri kam für das breite Auswandererpublikum erst etliche Jahre später in Schwung.

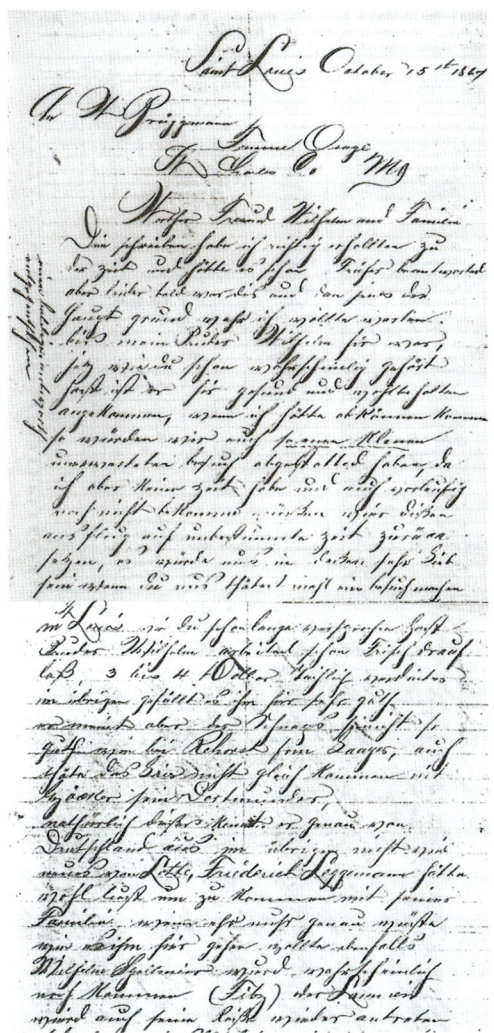

Anfang eines Briefes von Philip Brockmann 1867 von St. Louis aus an seinen Lotter Freund Brüggemann, der in Femme Osage gesiedelt hatte

Heinrich Wilhelm Gerdemann war im Jahr seiner heimlichen Auswanderung, 1833, gerade 22, der mitfahrende Bruder Johann <u>Heinrich</u> soeben 19 Jahre alt. Mit ihm überqueren nicht weniger als 124 Westerkappelner Landsleute binnen sechs Wochen und fünf Tagen per Segelschiff den Atlantik. Ein großer Teil von ihnen bleibt in Ohio. Die Gebrüder Gerdemann, das Ziel ihrer Freunde Schroer und Freese vor Augen, reisen weiter nach St. Louis, und zwar zunächst bewusst auf den Spuren Konrad Dudens, wie die Brüder ihren Eltern mitteilen.

„Da kam der Schroer mit vier Ochsen!"

Gerdemann beschreibt in seinem ersten Brief vom 22. Juli aus St. Charles (Missouri) nicht nur exakt den genauen Reiseverlauf und die jeweiligen Kosten, sondern auch die Lage der bereits ein Jahr zuvor eingetroffenen Tecklenburger: *„Den 22. Juni, ohne etwas zu wissen, kam der Schroer aus Westerbeck von St. Charles nach St. Louis mit vier Ochsen. Als wir ihn nun sahen, wurden wir alle sehr froh ..."*

Im Einzelnen berichtet Gerdemann nun, *„der Schroer hat bei St. Charles für 84 Acre Land 80 Reichsthaler bezahlt. Der Acker werde zu 3 1/2 Scheffelsaat gerechnet. Und: „Die Abgaben hier sind nicht angebenswert."*

So hätten seine Mitreisenden sogleich Wagen angeheuert und seien mit Schroer in die Gegend von St. Charles gezogen, *„wo sich der Schäfer sofort für 850 Reichsthaler eine schöne Plantage mit fünf Häusern darauf und viel Vieh kaufte".* Exakt wird beschrieben, wie man den Urwald rodet, welche Früchte angebaut werden und *„dass eine Kuh hier nicht mehr als 12 Dollar kostet. Ein schönes Pferd gibt es für 40-60 Rt., das Mastschwein für 3-4 Rt. Die kommen in keinen Stall; sie fressen sich im Wald fett."*

Und: *„Wer hier seine Viehzucht im Stande hat, kann sehr gut leben und mehr Geld erobern als ein Bauer in Deutschland."* Doch *„Amerikaner sind zu faul dazu!"*, will Wilhelm Gerdemann beobachtet haben. *„Sie lassen lieber andere für sich malochen!"*

Vor allem mit den amerikanischen Frauen sei nicht viel anzufangen. Am besten, man brächte sich gleich ein Mädchen von zu Haus mit: *„Dann weiß man, was man hat!"*

„Lohn viel höher als zu Hause"

Lebensmittel gebe es reichlich: *„Morgens, mittags und abends immer zweierlei Braten"*, – wenn man gesund sei und fleißig arbeiten könne. Der Monatslohn sei um ein Vielfaches höher als in Westfalen: *„Man kann in der Stadt bis 20 Dollars machen, was manch einer zu Hause nicht im halben Jahr kriegt."*

Besser sei jedoch, von Deutschland aus einiges Geld mitzubringen, um sich gleich eine Farm zu kaufen. „*Wer keine Lust zum Arbeiten hat, soll besser zu Haus bleiben.*" Andererseits könne der Tüchtige auch ohne einen Dollar in der Tasche mit harter Arbeit seine Familie gut ernähren: „*Da ist einer bei dem Schäfer mit Namen Brinkmann aus Lengerich, welcher eine Frau mit vier Kindern hat. Der hat uns erzählt, er könne in drei Tagen so viel verdienen, als seine Frau und Kinder die ganze Woche verzehreten. Sie essen auch dreimal des Tages Fleisch!*"

Andererseits rät Gerdemann jungen Leuten, die keine eigene Farm anstreben, „*sondern nur Geld machen wollen, um zu was zu kommen*", nicht so weit nach Missouri hineinzuziehen. Sondern da sei es besser, in den ‚alten Staaten‘, zwischen Baltimore und Cincinnati zu bleiben. „*Da verdient die Manns-person den Monat 14–16 Reichstaler mit Essen und Trinken, hier aber nur 4–6 Rt. mit Kost.*" Mädchen bekämen in Missouri im Monat 3–4 Rt. inkl. Essen, an den Oberen Seen dagegen 4–6 Rt.

Zur Ernährung stellt Heinrich Wilhelm Gerde-mann fest: „*Sie essen und trinken hier besser, wie ein großer Herr in Deutschland nicht thun kann.*"

„So hoffen wir, dass ihr aus dem Sklavenlande fortziehen möget!"

Dann appelliert der Briefschreiber leiden-schaftlich an alle Daheimgebliebenen, ebenfalls nach Amerika zu kommen, besonders an die jun-gen Männer: „*Ach währet ihr bei uns, hier ist al-les frey, es braucht keiner Soldat zu werden. So hoffen wir, dass ihr bald aus dem Sklavenlande fortziehen möget!*"

Schließlich gibt Gerdemann den verschiede-nen Freunden daheim, je nach Beruf, gute Tipps für ihre künftige Tätigkeit in Missouri. „*Der Ste-phan Heinrich Lüdinghaus in Westerkappeln*", offenbar ein Schmied, „*kann hier sehr gut von seinem Handwerke leben: Ein Wagenrad kostet nämlich 6 Rt., der Wagen 40 Rt.*"

Und: „*Grüsset doch auch den* (Schneider) *Friedrich Schemme, denn er kann hier gut fer-tig werden: In St. Charles ist ein Schneider, der verdient alle Monat 40 Rt. mit Essen und Trin-ken.*" Und was Schemmes „schwächliche Gesund-heit" betreffe, solle er sich die geringste Sorge ma-chen: „*Die Dünnen waren auf unserem Schiff oft die Besten und wurden nicht so leicht krank!*"

Zum Schluss bitten die Gebrüder Gerdemann, schon im kommenden Sommer nachzukommen, wobei „*Auswanderer auf schwere Kleidung von zu Haus verzichten sollen*". Denn Kleider seien in Amerika billig zu haben „*und viel praktischer als die Klamotten von zu Haus!*".

„Feste Stiebel und Börns mitbringen"

Stattdessen sollten sie lieber „feste Stiebel (Stiefel), ein paar Börns (Beile), deutsche Sensen sowie in möglichst stabilen Holzkoffern „*derbe Spaltäxte mitbringen, denn die hiesigen taugen nicht viel.*"

Am 17. November 1833 kommt der nächste Brief für die Eltern aus St. Louis. Die Gebrüder Gerdemann sind inzwischen zurück nach St. Louis gegangen, „*um erst einmal Geld zu machen*". Für 12 Dollar inkl. Zimmer und Kost schuftet Brief-schreiber Wilhelm Gerdemann täglich 10 Stunden in einem Hotel. Wilhelm sorgt während des Win-ters für die Heizung: „*Wir haben mannigmal 10 Feuers in unserem Hause in Gang!*" Es arbeiten auch drei Mädchens im Haus; 2 sind Brinkmann seine Töchter aus Lengerich, und die andere ist Schäfer seine Tochter aus Seeste.*" Ein Mädchen bekomme 6 Dollar im Monat, die anderen erhiel-ten „*nur 4 Dollars, weil sie kleiner sind*". Der Bru-der Heinrich arbeite in einer Mühle bei St. Louis und erhalte im Monat 12 Dollar mit Kost. „*Aber das geht hier anders zu in der Mühle als bei euch: Hier wird das Mehl nur in die Fässer getan und auf die Schiffe gebracht. Alles andere Malochen tun die Maschinen!*"

Am Sonntag werde in St. Louis nicht gearbei-tet, und man gehe dreimal in die Kirche. Doch: „*Wenn hier eine deutsche Kirche wäre, gefiele es uns noch besser!*"

Briefe Gerdemann & Co schoben die Auswanderung erst richtig an

Diese und zahlreiche andere Briefe der ersten Westerkappelner, Lengericher und Tecklenburger Gruppe haben ihre werbende Wirkung nicht ver-fehlt.

Im Jahre 1834 zogen allein aus Westerkappeln weitere 155 Einwohner nach Amerika, die meis-ten nun nach Missouri. Von 1835 bis 1 860 folgten über die Jahre noch mindestens 1 267 Erwachsene und Kinder allein aus der Gemeinde Westerkappeln in die „Neue Welt".

Wilhelm Gerdemann arbeitete sich hoch, wurde „Ladenschwengel" (Hilfskraft) in einer Gemischtwaren-Handlung, lernte Englisch „und dabei alles, was man fürs Geschäft hier wissen muss", heiratete 1837 die 19-jährige Regina Elisabeth Schröder und zog 1841 endlich seinen Landsleuten nach Femme Osage hinterher, wo er von seinem Ersparten einen Laden kaufte. Als dieser 1844/45 bei einem Jahrhunderthochwasser des Missouri überflutet wurde, verlegte das junge Paar Gerdemann sein Geschäft um acht Kilometer weiter auf eine Anhöhe, „die der Westerkappelner Landschaft gleicht wie ein Ei dem anderen". Deshalb gab Gerdemann seinem neuen Platz den Namen „Cappeln".

Hier entstand noch im selben Jahr die Evangelische Kirchengemeinde St. Johannes zu Cappeln, die mangels Seelen und Geld allerdings noch viele Jahre von Femme Osage aus seelsorgerlich betreut werden musste.

Gerdemanns Laden lief so gut, dass der Inhaber 1854 einen Gehilfe einstellen konnte: den soeben eingetroffenen, 21-jährigen Friedrich Schnarre, Heuerlingssohn aus Westerkappeln. Schnarre kombinierte später seinen erlernten Beruf eines Zimmermanns mit einer begonnenen Landwirtschaft und besaß um 1900, wie Walter Kamphoefner herausgefunden hat, eine weitgehend schuldenfreie Farm von stattlichen 300 Hektar.

1870: Gerdemann „Postmaster" in Cappeln

Bis freilich aus Gerdemanns Dorf eine amtlich anerkante „Village" mit „Gerdemann's Store", hölzernem Kirchlein und einigen weiteren Häusern wurde, dauerte es noch einmal 30 Jahre: Erst 1870 konnte Gerdemann das seit langem beantragte und ersehnte Amt eines US-Postmasters von Cappeln übernehmen. Hiermit lag die briefliche Kommunikation zwischen den weit verstreut auf ihren Farmen lebenden Landsleuten in der „Neuen Welt" und allen zurückgebliebenen Angehörigen im Tecklenburger Land endgültig fest in seiner Hand.

Fast eine Generation nach den Gebrüdern Gerdemann lief die Kettenwanderung vom Teutoburger Wald zum Missouri rund um Femme Osage und weit in den Westen hinein immer noch auf Hochtouren.

Hatten auch katastrophale Epidemien und der Bürgerkrieg zeitweilig einen einschneidenden Rückgang des Einwanderungstroms zur Folge – ab 1865 stieg die Zahl der Auswanderer aus dem Tecklenburger Land und speziell von Westerkappeln wieder an, bis zu einem absoluten Höhepunkt mit 156 Personen im Jahre 1881.

Briefe von hüben nach drüben blieben stets das seit Gerdemanns Berichten bewährte, verbindende und beide Seiten aktuell informierende Medium zwischen Verwandten und Freunden in alter und neuer Heimat!

„Politische" kamen nicht so gut zurecht wie die „kleinen Leute"

In den 50er- und 60er-Jahren, als sich die Mehrheit der frühen Tecklenburger Amerikafahrer an den Oberen Seen und in Missouri längst eingerichtet hatte, kam die Kettenauswanderung aus dem Minden-Lübbecker Raum und Lipperland erst richtig in Gang. Die Probleme waren durch einerseits rapid steigende Bodenpreise im Mittleren Westen sowie grassierende Seuchen in Einwanderungszentren wie St. Louis, Chicago und Detroit zeitweilig eher noch größer geworden als zu Zeiten der ersten niedersächsischen und westfälischen „Scouts" wie Franz-Josef Stallo (Damme), Heinrich zur Oeveste (Rieste), Heinrich Schroer (Westerbeck) und Wilhelm Brüggemann aus Westerkappeln.

Vor allem der Strom politisch verfolgter „Achtundvierziger" aus dem deutschen Bildungsbürgertum fand sich viel schwerer mit der harten Wirklichkeit des Broterwerbs in den USA zurecht als ausgewanderte Angehörige des darbenden deutschen Arbeiter-, Heuerlings- und Kleinbauernstandes.

Insbesondere den „lateinischen" Immigranten fehlte es oft an wirklichkeitsnahen Informationen über passende geistig-intellektuelle Beschäftigungsmöglichkeiten für sie. Das war bei den seit 1832 fortlaufend per Briefwechsel gut informierten, „fronterfahrenen" Tecklenburgern ganz anders.

Selbst noch in den 60er-Jahren, als man bereits weitgehend mit Dampfschiffen von Deutschland nach Missouri kam, war das seit Gerdemanns Ankunft bewährte „Tecklenburger Post-Infosystem" von hüben nach drüben immer noch intakt.

Informant Brüggemann aus Lotte

Einer der damaligen Briefinformanten für weiterhin nachreisewillige Verwandte und Freunde aus dem Tecklenburger Land hieß Wilhelm Brüggemann und stammte aus Lotte bei Osnabrück, er war 1860 seinem älteren Bruder nach St. Charles mit Frau und Kindern gefolgt.

Kaum hat Brüggemann in Femme Osage Fuß gefasst, als er am 13. August dem zu Haus gebliebenen jüngeren Bruder Heinrich, der Schwägerin und „allen anderen Leuten in Lotte und Umgebung" mitteilt, wo sie bei ihrer Ankunft per Schiff in der Stadt St. Louis Freunde finden, die ihnen weiterhelfen: *„Nun ihr euch entschlossen habt, so geht ruhig und getroßten Muths vorwärts und quält euch nicht mit unnützen Sorgen. Denn hier bei Kallmeier, wo wier sind, sind mehrere Wohnungen, wo ihr erst einkehren könt. Wir wissen nicht grade, wann ihr in St. Louis (sprich Sentluis) kommt. Sonst könnte einer von uns da sein. Aber ihr könnt nachfragen bei Rethwilm in Sentluis, das ist Kallmeier sein Vetter. Der wohnt an der Morgen Straße, zwischen der 5ten und 6ten, No 64. Der wird auch wohl Rath geben, ob ihr gleich auf der Eisenbahn geht oder ob ihr uns Nachricht schicken könnt, das wier euch mit den Wagen holen".*

Genau beschreibt Wilhelm Brüggemann den Anreisenden, wie und bei wem sie sich durchfragen sollen, falls sie von St. Louis aus mit der Bahn nach Washington (Missouri) kommen, wie lange man fährt und dass die Brüggemanns *„zwei Stunden oder fünf Meilen von Washington entfernt sind."*

Brüggemann fährt fort: *„Wir wollen jetzt über dieses Land nicht noch mal lang und breit schreiben, doch wollen wir noch was bemerken wegen mitzubringendes Geld: Ein hiesiger Dollar ist 100 Cent. Wan ihr 5 Franken mitbringt, die sind hier 95 Cent wert, Preußische Doppelte Louisdoor = 7 Dollar 80 C, Holländische 10 Gülden = 4 Dollar. Darnach könnt ihr selbst berechnen, welches das beste ist. Aber laßet euer Geld nicht unterwegs umsetzen, dass ihr pair (pari) dafür erhieltet!"*

„Als wäre der verlorene Sohn gekommen …"

Unter dem 13. Januar 1861 berichtet Wilhelm Brüggemann seinem daheimgebliebenen, besten Freund Rehorst in Lotte, wie seine Schiffsreise ab Bremen von September bis November 1859 verlaufen war: *„Auf die ersten zwei Tage hatten wir gleich Sturm, und da wurden sie alle seekrank, ich aber nicht. Die anderen lagen alle. Da ging das arme Leben los: ‚Ach, wären wir in Lotte geblieben … Dies dauerte aber nicht lange. Wir haben dann eine gute Reise gehabt, gerade neun Wochen auf der großen See …"*

Den 1. Dezember sei die Lotter Gruppe in St. Louis angekommen. *„Da hat uns ein Mann mit Namen Kallmeier mit dem Wagen nach seinem Hause geholt. Da ging das Leben wieder los. Da hieß es ‚Brüggemann ist gekommen!'. Da kam ich bei alle Lottesche Leute, da hat es denn die Nacht durchgegangen zum Besuch.*

Der erste war der alte Meier aus dem Osterberge, oder Kalthof und sein Schwiegersohn Teckemeier, und danach Wilhelm Lamping, und dann Dreier von Gofelde. Florens Prige, Heinrich Schemmer, Rudolf Brokmann und Lammeier aus Schulten Heuer sein Sohn, und noch viele andere und noch viele aus Kapeln, die habe ich alle in Sankt Louis angetroffen. Es war, als war der verlorene Sohn zu seinem Vater zurückgekommen, so haben wir gefeiert!"

„Andern Tages" habe er sich mit seiner Familie bei Karl Becker auf den Wagen gesetzt und sei mit diesem nach Femme Osage gefahren: *„Der war mit Schweine nach Sanktluis gewesen und der war mit seinem Wagen und Pferde bei einem Gerlemann aus Selke. Da war der Krumme Lamping als Stallknecht; der sagte uns, dass wir da mitkommen könnten. Und da sind wir zwei Tage unterwegs gewesen bis Femme Osage."*

Dann beschreibt Brüggemann genauestens den Weg und die Entfernungen, wen sie unterwegs getroffen haben und dass sie urplötzlich auf dem Platz Heinrich Gerlemann gelandet wären: *„Da fragten sie mich, ob ich der Brüggemann aus Lotte wäre, und da sagte ich ja. Da brachte mich ein Knecht mit Namen Pungmann aus Kappeln nach dem Hause, wo wir hinkommen sollten. Wie wir heraus kamen, da stand mein Bruder auf dem Wege und führte uns ins Haus hinein.*

„Seine Frau ist ihm weggelaufen!"

Nun waren wir da, wo wir jetzt wohnen, und das Haus gehört einen Mann mit Namen Friedrich Bierbaum von der Felpe. Der hat seinen Haushalt aufschließen müssen; seine Frau ist ihm wegge-laufen!"

Anschließend beschreibt Wilhelm Brügge-mann, wie er auf der verlassenen Farm erst einmal die Ernte eingebracht hat, welche Erträge dabei erzielt wurden und was er anschließend zu günstigen Preisen – von Hausrat bis zu Pferd und Wagen – auf der Auktion alles für seine Familie gekauft hat.

Auch Brüggemann rühmt Essen und Trinken in seiner „Neuen Welt": Es werde sogar von Weizenmehl Brot gebacken und *„es ist die Wahrheit, das ist hier besser, wie es die geringe Klasse nicht haben kann in Deutschland!"*

Ein jeder dort sage ihm, Wilhelm Brüggemann: *„Wenn ein Jahr vorbei ist, dann denke ich nich mehr an Lotte. Aber ich sage einen jeden, und wenn ich alt werde 900-99 Jahr wie metusalato (Methu-salem) ... ihr sollt nicht denken, er hat das Heim-weinen. Nein, lange nicht. Da werde ich wohl für sorgen, das es mir nicht geht wie meinem geliebten Sattler Friedrichs, der sagt: ‚Ach, das seliche Lotte!' und er kann nicht wieder hinkommen."*

Nach diesem dennoch spürbaren Anflug von Heimweh verabschiedet sich Wilhelm Brügge-mann mit einem Appell an junge Leute: *„Ledige Personen, die können sich immer helfen und auch gut Geld verdienen. Wir sind alle noch am Leben und gesund!"*

Lebhafter Briefverkehr auch zwischen Tecklenburgern in den USA untereinander

Der briefliche Verkehr und Austausch von Informationen zwischen den Tecklenburgern in Missouri selbst funktionierte ebenfalls über vie-le Jahrzehnte, wie ein Schreiben des in St. Lou-is ansässig gewordenen Philipp F. Brockmann an den Lotter Wilhelm Brüggemann in Femme Osage vom 28. Mai 1867 zeigt.

Brockmann erinnert darin den Freund Brügge-mann an sein Versprechen, das dieser ihm bei sei-nem Besuch in Femme Osage gegeben hatte: *„Du wolltest Saint Louis diesen Winter mit deiner Gegen-*wart beehren. Leider habe ich dich nicht gesehen und auch nicht gehört, dass du währest hier gewesen."*

Dann teilt Philipp Brockmann mit, die Fami-lien Kneemüller, H. Schemmer und Florenz seien alle noch munter und ließen ihn grüßen. Ein Brief von zu Haus unterrichte ihn darüber, dass seine Mutter *„gerade den Tag, wo Bruder Wilhelm zu-rückgekommen ist von den Soldaten, in dem Herrn entschlafen ist."*

„Mehrere Bekannte schon wieder unter-wegs ..."

Er sei beauftragt, der Familie Brüggemann *„das Kommen deines Freundes Wilhelm Spelmeyer oder Epke genannt, anzukündigen. Er wird wahrschein-lich hier nächsten Monat mit seiner jungen Frau und Familie eintreffen. Ebenfalls Laumeyer wird auch wieder zurückkehren nach diesen gelobten Lande. Wahrscheinlich wird er es in Lotte wohl müde sein; seine Schwester ist schon den 1. Mai abgefahren. Mein Bruder Wilhelm wird auch in paar Monathen hier eintreffen. Fritz will vorläufig noch da bleiben. Auch sind mehrere Bekannte schon wieder unter-wegs, die ich alle nicht namhaft machen kann."*

Brockmann, der als Viehhändler vermutlich während des Bürgerkrieges (1861 - 65) gute Ge-schäfte gemacht hatte und als Adresse die gutsi-tuierte South Main Street Nr. 206 in St. Louis an-gab, fügte seinem Brief an Wilhelm Brüggemann „nota bene" noch eine zusätzliche Information bei: *„Auch gedenke ich nächstes Frühjahr eine lütke vergnügens Reise nach Deutschland zu machen."*

Demnach war Philipp Brockmann einer von durchaus nicht wenigen Tecklenburger Auswan-derern, die es nicht zuletzt dank ihres guten, landsmännischen Zusammenhalts in der „Neuen Welt" binnen einer Generation zu etwas gebracht hatten, was ihnen unter den bedrückenden wirt-schaftlichen und politischen Verhältnissen in der starren preußischen Dreiklassengesellschaft und als Angehörige einer angeblich gottgewollten Un-terschicht niemals möglich gewesen wäre.

***

Die diesem Beitrag zugrundliegenden Briefe von Auswanderern aus dem Tecklenburger Land sind dem Verfasser freundlicherweise von Profes-sor Dr. Walter Kamphoefner, Texas A&M-Univer-sity, zur Verfügung gestellt worden.

Dr. Ernst Kapp, Minden:
Lehrmeister für Demokratie westfälischer „Achtundvierziger" in der „Neuen Welt"

Führende „Achtundvierziger" Demokraten Westfalens und der Neuen Welt haben einen gemeinsamen Lehrmeister gehabt, und zwar den Altphilologen Dr. Ernst Kapp (1808–1896) am Ratsgymnasium zu Minden. Kapp, der 1830 als Lehrer für Griechisch und Latein von Hamm nach Minden gekommen war, übertrug in seinem Unterricht antike Werte der Demokratie: Gleiches Recht und Redefreiheit für alle Bürger, auf die damalige politische Gegenwart und er verstand seine Schüler damit zu begeistern. Einige später in Übersee berühmt gewordene Deutschamerikaner wie Professor Abraham Jacobi und der große New Yorker und Chicagoer Zeitungsmann Hermann Kriege aus Lienen im Tecklenburger Land machten bei ihm bzw. am heute 475 Jahre alten, ehrwürdigen Mindener Ratsgymnasium ihr Abitur!

D ie Tragik: Nicht nur die genannten „Meisterschüler" Kapps wurden ob ihres Eintretens für Demokratie in den 40er-Jahren des 19. Jahrhunderts vom preußischen Staat verfolgt und schließlich zur Flucht ins Ausland gezwungen. Kapp selbst musste nach der misslungenen 1848er Revolution in Deutschland die Schule verlassen. Bespitzelt und verfemt, blieb auch ihm nur noch die Flucht in sein ideales „Land der Freiheit", Nordamerika.

Kapps Vater war Justizamtmann in Oberfranken gewesen. Als Ernst Kapp (am 15. Oktober 1808 geboren) gerade das sechste Lebensjahr erreicht hatte, raffte eine Typhus-Epidemie binnen weniger Tage beide Eltern und mehrere seiner zwölf Geschwister dahin.

Das verwaiste Kind kam zunächst in verschiedene Pflegefamilien und Jahre später über Würzburg nach Hamm, wo sein ältester Bruder Friedrich inzwischen eine Höhere Schule leitete. Hier besuchte Ernst Kapp das Gymnasium bis zum Abitur, um anschließend an der Universität Bonn klassische Philosophie zu studieren. Kapp schloss seine Studien mit der Promotion zum Dr. phil. ab.

Gymnasiallehrer Dr. Ernst Kapp aus Minden

Politisch freier Wind am Ratsgymnasium

Nach einer folgenden pädagogischen Ausbildung im westfälischen Hamm trat Dr. Ernst Kapp 1830 in das Lehrerkollegium des seinerzeit weit über Ostwestfalen hinaus bekannten Ratsgymnasiums Minden ein. Auf der damals noch einzigen Höheren Schule am preußischen Regierungssitz wehte trotz (oder gerade wegen) des strengen Militärregiments vor Ort, bildungspolitisch ein freier Wind. So sehr, dass hier selbst der wegen politischer Umtriebe sowohl in Rheine als auch Bielefeld des Gymnasiums verwiesene, hochbegabte und aufrührerische „Einjährige" Hermann Kriege aus Lienen (Kreis Tecklenburg) in die Prima aufgenommen wurde und seine Reifeprüfung ablegen durfte.

Ernst Kapp machte seine Schüler nicht nur mit demokratischem Ideengut vertraut, sondern veröffentlichte seine Gedanken zu Freiheit und Politik auch in der Presse. Einer seiner prägenden pädagogischen und journalistischen Zeitgenossen war der Ostwestfale Hermann Schauenburg. Beide hofften auf eine friedliche, allmähliche Wende vom herrschenden Feudalsystem zu politischer Selbstbestimmung nebst Pressefreiheit und freien Wahlen für jedermann.

1848 aus dem Schuldienst entlassen

Kapp, seit 1833 verheiratet und damals bereits Vater von fünf Kindern, hatte die preußische Obrigkeit falsch eingeschätzt. Zunächst verwarnt, dann verfolgt, wurde er 1848 als Einundvierzigjähriger entlassen und unter polizeiliche Beobachtung gestellt. Um der drohenden Verhaftung zu entgehen, schiffte sich Kapp am 9. Oktober 1849 mit seiner ganzen Familie in Bremerhaven auf dem Dreimaster „Franziska" nach Galveston am Golf von Mexiko ein.

Ernst Kapp hatte ein festes Ziel, nämlich die Mustersiedlungen „lateinischer", d. h. gebildeter deutscher Einwanderer (Frühmärz-Demokraten und Achtundvierziger) in New Braunfels und Sisterdale. Texas dürfte ihm und anderen Intellektuellen im damaligen Deutschland als damals hochgelobtes Einwanderungsland gewiss von Berichten, Empfehlungen sowie konkreten Siedlungsprojekten des damaligen „Adelsvereins" sowie Berichten des Prinzen Carl von Solms aus Braunfels, Hessen (Reise 1844–1845) hinreichend bekannt gewesen sein.

Ob Ernst Kapp zur Zeit seiner Abreise von Minden nach Übersee darüber hinaus bereits die Berichte des damals in Europa sehr bekannten Naturwissenschaftlers und Mexikofahrers sowie mehrfachen Nordamerikareisenden Paul Wilhelm von Württemberg gehabt haben könnte, ist eher zu bezweifeln. Kam doch der Württembergische Gelehrte und Schriftsteller während seiner damaligen Amerikareise erst im April

1849 in Texas an, das damals gerade vier Jahre selbstständig war und von Herzog Paul Wilhelm anschließend bis in den Oktober hinein gründlich bereist und erforscht wurde („Reisen und Streifzüge in Mexiko und Nordamerika 1849–1856"/Thienemann Edition Erdmann, Stuttgart).

Jedenfalls waren für Ernst Kapp und seine Familie New Braunfels nebst Sisterdale die erklärten Ansiedlungsziele, und diese steuerte man ohne große Umwege an. Bereits wenige Wochen später gelang es Dr. Kapp, am reizvoll gelegenen „Sister Creek" für 800 Taler 20 Hektar fruchtbares Ackerland zu kaufen.

Zwar konnte die Familie Kapp ihre deutschen Bücher in die Fremde mitnehmen und in den vielen hier bereits ansässigen „Lateinischen" hatte sie angemessene Nachbarn und Gesprächspartner, so dass für sie – anders als bei den meisten anderen, ausgewanderten deutschen Bildungsbürgern – ein europäisch-kulturelles Umfeld erhalten blieb.

Doch hier im „Frontier" war Dr. Kapp nicht mehr Lehrer, sondern er musste und wollte versuchen, aus dem Stand heraus als praktischer Landwirt den Lebensunterhalt für sich und seine Angehörigen zu bestreiten. Darauf hatte er sich bereits zu Haus in Minden, so gut es ging, theoretisch vorbereitet.

Dr. Ernst Kapp als amerikanischer Vorgänger des berühmten Pater Kneipp

Und er hatte, trotz mancher Rückschläge, auf das Ganze gesehen, durchaus Erfolg: *„Unsere Farmerei ist recht einträglich"*, schrieb Kapp ein Jahr später einem seiner Brüder in Deutschland geradezu enthusiastisch. *„Ich gebe mich meinem neuen Beruf mit Leib und Seele hin!"*

Wasser-Reservoir, Wäsche- und Badeplatz in einem war der über das eigene Grundstück führende, reichlich kristallklares Quellwasser führende „Sister Creek". Er brachte Dr. Kapp auf die Idee, am Ufer des Gewässers ein Badehaus zu errichten, verbunden mit allerhand gesundheitsfördernden Wasseranwendungen für sich und seine Familie. Der therapeutische Nutzen solcher Wasserkuren sprach sich rasch im Lande herum.

Erst kamen Nachbarn, dann Besucher umliegender Siedlungen, schließlich Interessenten bzw. Kurgäste aus ganz Texas, um in „Kapps Badenthal" heilsame Bäder gegen Rheuma, Allergien und Gelenkbeschwerden zu nehmen. So entwickelte sich nach und nach ein regulärer, einträglicher Badebetrieb ähnlich der Art, wie ihn der katholische Pfarrer Sebastian Kneipp aus Stefansried erst Jahrzehnte später mit durchschlagendem Erfolg für ganz Deutschland im süddeutschen Wörishofen eröffnen sollte.

„Dr. Ernst Kapps Waterkur" im „Spa Badenthal" mit seinen Wasseranwendungen und Gymnastikkursen haben, wie Professor Dr. Walter Kamphoefner von der Texas A&M-University mitteilt, die Zeiten überlebt und bestehen noch heute. Kamphoefner: *„Kapps Badenthal ist kürzlich gerade von der Familie Woolvin restauriert worden!"*

Nachbar in Sisterdale: von Donop aus Lippe

Zu Kapps „Lateinischer Kolonie" in Sisterdale gehörte nicht nur der Baron von Westphal, Bruder eines gleichnamigen preußischen Ministers, sondern auch ein Mitglied aus dem lippischen Adelsgeschlecht derer von Donop.

Zweige jener einflussreichen lippischen Familie, die jahrhundertelang von Lippe, Paris und London aus europäischen Königshöfen und Fürstenhäusern mit Feldmarschällen, Generälen und Wissenschaftlern dienten, waren bereits während des 18. Jahrhundert im Gefolge englischer Expeditionstruppen in die vormalige Kolonie Nordamerika gezogen und hatten in Texas ausgedehnten Landbesitz erworben. Mit deren inzwischen demokratisch gesinnten Mitgliedern schloss der ehemalige Mindener Gymnasiallehrer Ernst Kapp Freundschaft.

Unter Dr. Kapps Führung ist Sisterdale damals Treffpunkt vieler früher einmal maßgebenden deutschen „achtundvierziger" Demokraten in der Neuen Welt geworden. Darüber hinaus war „Badenthal" häufig Besuchsziel berühmter Wissenschaftler, so des bereits genannten Weltreisenden und späteren Bestsellerautors Prinz Paul W. von Württemberg sowie des amerikanischen Publizisten Frederick L. Olmsteadt, Schöpfer des bis heute einzigartigen Central Parks von New York City.

In Kapps „Lateinischer Kolonie Sisterdale" formulierten die aus Deutschland geflohenen Demokaten unter anderem auch ihre Resolution gegen die Sklaverei. Ungeachtet der Tatsache, dass gerade dieser südliche US-Bundesstaat durch Sklavenhaltung groß und reich geworden war. So sahen sich die „lateinischen" Siedler, ideell zumeist Anhänger der Nordstaaten-Allianz, schon bald Repressionen und brutaler Gewalt ausgesetzt.

Sklavenfrage zerbrach die Gemeinschaft

Mit Beginn des amerikanischen Bürgerkrieges 1861–1865) setzte in Texas eine regelrechte Hexenjagd auf alle Siedler ein, die mit ihrer Forderung auf Abschaffung der Sklaverei Präsident Abraham Lincoln und damit den Kriegsgegner des US-Südens unterstützten. Wer als Siedler nicht umgebracht wurde, musste fliehen.

Die Familie Kapp überlebte diese Schreckenszeit nur mit viel Glück. Doch ihre Gemeinschaft von Sisterdale war nach Ende der Kriegszeit zerbrochen, Dr. Kapp darüber hinaus ernstlich erkrankt.

Ärzte empfahlen Kapp eine Behandlung in Europa, und da der preußische Staat inzwischen für die meisten „Achtundvierziger" eine Amnestie erlassen hatte, entschied sich Kapp, zusammen mit seiner Frau und jüngsten Tochter Elsbeth zur Kur nach Deutschland zu reisen.

Hier stellte sich heraus, dass Kapps angeschlagene Gesundheit einen weiteren Aufenthalt unter der sengenden Sonne von Texas nicht erlaubte. Kurzentschlossen verkaufte der ehemalige politische Flüchtling von Deutschland aus seine amerikanischen Liegenschaften einschließlich des florierenden „Hydropatic Institute" in Sisterdale und ließ sich in Düsseldorf als Privatdozent nieder. Hier zählte er bald zum Kreis der führenden Intellektuellen.

„Villa Texas" in Wesel am Rhein

Außer Tochter Elsbeth sind alle anderen Kinder des Ehepaars Ernst und Ida Kapp, geborene Cappel, aus Arnsberg auf eigenen Wunsch in den Vereinigten Staaten geblieben und haben dort

Karriere gemacht bzw. eigene Familien gegründet. Elsbeth Kapp hingegen heiratete in Deutschland den begüterten Kaufmann Albert Kehl aus Wesel. Hier am Rhein entstand innerhalb einer ausgedehnten Parklandschaft „Haus Texas", wie Elsbeth Kehl, geb. Kapp, ihren neuen Wohnsitz (in Erinnerung an die Jugendzeit im fernen Amerika) taufte.

Ernst Kapp hatte schon als Griechisch- und Lateinlehrer in Minden kluge Bücher geschrieben (u. a. „Die Heimfahrt des Odysseus, für die Jugend erzählt" (1850 bei Hoffmann & Campe, Hamburg). 1877 dann legte der Lehrer, Farmer und demokratische Vordenker als wieder eingebürgerter Deutscher alle seine gesammelten Erfahrungen im frühindustriellen Deutschland und dessen bewundernswerter technischer Revolution in einem weiteren Buch nieder, Titel: „Grundlinien einer Philosophie der Technik". Jahrzehntelang gehörte dieses, heute fast vergessene Werk zur Standard-literatur europäischer Ingenieure.

„48er" Friedrich Kapp aus Hamm: erst Flucht nach New York, dann Mitglied des Reichstages

Die Familie Kapp aus Hamm hat einen weiteren politischen Amerikafahrer hervorgebracht, der zu seiner Zeit viel größere Popularität genoss als sein „Texas- Onkel" Dr. Ernst Kapp aus Minden: Den Juristen, Journalisten und deutschamerikanischen Politiker Friedrich Kapp (1824–1884), „Achtundvierziger" Revolutionär, New Yorker Chefredakteur, Anwalt, Wahlmann Lincolns und – nach seiner Rückkehr – prominentes Mitglied des deutschen Reichstages in Berlin.

F riedrich Kapp hatte nach dem Abitur in Hamm an den Universitäten Heidelberg und Berlin studiert und sich dort früh radikal-demokratischen Kreisen angeschlossen. 1845 kam er zurück nach Hamm, um am dortigen Oberappellationsgericht seine juristische Ausbildung zu vollenden. Nebenbei schrieb er glühende politische Kommentare für das „Westfälische Dampfboot", der Hauspostille frühdemokratischer Herolde wie Otto Lüning (Rheda), Rudolf Rempel, (Bielefeld) und Hermann Kriege (Lienen).

Darin geißelte er vor allem den preußischen Untertanengeist, wie er in einem Freundesbrief klagt und bereits seine Emigration andeutet: *„Ich bin für diese Bande von kriechenden Hunden, die sich Deutsche nennen, nun einmal verdorben … und mich als Beamter knechten zu lassen oder selbst knechten zu helfen!"*

Nach 48er Niederlage Flucht gen New York

Folgerichtig trat Kapp gar nicht erst in den Staatsdienst ein, sondern begab sich zu seinem Onkel Christian Kapp nach Frankfurt, einem Abgeordneten im 1848er Paulskirchen-Parlament, trat dem Vorstand des Arbeitervereins bei und erlebte dann das Scheitern der Revolution.

Der polizeilich verfolgte Kapp floh zunächst nach Paris und dann in die Vereinigten Staaten. 1849 fand er sich in New York im Kreise vieler

New Yorker Chefredakteur Friedrich Kapp aus Hamm

gleichfalls nach Nordamerika entwichenen „Achtundvierziger" wieder.

Friedrich Kapps engster deutscher Studienfreund und politischer Lehrer war seinerzeit der radikale Heidelberger Philosoph Ludwig Feuerbach gewesen. Als Kapp sich in die USA abgesetzt hatte, schrieb ihm Feuerbach bewundernd: *„Du Glücklicher! Segelst jetzt selbst in das jugendliche Amerika hinüber, und ich sitze auf dem Mist des altersfaulen Europa. Du gehst der Zukunft entgegen, und ich hinke tiefgebeugt in die Vergangenheit zurück …"*

Kollege und Wahlmann Lincolns

In New York startete Friedrich Kapp eine bemerkenswerte Karriere. Schon nach wenigen Monaten war er Chefredakteur einer deutschsprachigen Zeitung. Fast gleichzeitig eröffnete er eine erste deutsch-/englischsprachige Anwaltskanzlei. Bald galt Kapp für deutsche Einwanderer weit über New York hinaus als vertrauensvoller, erfolgreicher Rechtsbeistand.

Sein Einfluss wurde so groß, dass ihn die Republikaner 1860 zum Wahlmann des Präsidentschaftsbewerbers Abraham Lincoln machten. Als solcher soll der Jurist Lincoln mit Kapp gelegentlich auch anwaltlich eng zusammengearbeitet haben.

Kritik an Aufgabe der deutschen Identität

Nach Lincolns Präsidentschaft und frühem Tod durch Mörderhand kehrte sich Kapps Begeisterung für sein „land of freedom" fast in das Gegenteil.

Bei seinen ehemaligen Landsleuten kritisierte er zunehmend die Aufgabe ihrer kulturellen Indentität. Zwar schätzte Friedrich Kapp die politische und wirtschaftliche Freiheit seines Gastlandes. Bei alledem gedachte er jedoch, seine europäisch-deutsche Haltung und Kultur beizubehalten, musste freilich feststellen, dass beides zusammen in der „Neuen Welt" praktisch unmöglich war.

Das beschreibt der erfolgreiche Deutschamerikaner Friedrich Kapp 1867 in einem damals heiß diskutierten Buch über die deutsche Einwanderung in die USA. Wörtlich daraus: *„Wer auswandert, der gibt sein Vaterland auf und geht ihm verloren. Man kann ebenso wenig zwei Vaterländer als zwei Väter haben. Der Deutschamerikaner ist also nur ein Übergang, der in der zweiten Generation verschwindet."*

Und Kapp kommt zu dem Ergebnis: *„Entweder Deutscher oder Amerikaner!"* Und: *„Wer deutsch sein will, der bleibe entweder zu Hause, oder kehre in die Heimat zurück. Denn die Auswanderung ist für den Einzelnen ... der nationale Tod!"*

1870 zurück nach Deutschland

Friedrich Kapp zog aus dieser seiner Erkenntnis bald persönliche Konsequenzen und kehrte, trotz aller großen wirtschaftlichen und politischen Erfolge, 1870 nach Deutschland zurück, wo ihm seine westfälische Heimatstadt Hamm am 23. Mai einen großartigen Empfang bereitete.

Seinen endgültigen Wohn- und Wirkungsraum fand der Heimkehrer jedoch nicht in Westfalen, sondern in der Reichshauptstadt Berlin. Hier war er schon bald Stadtverordneter, danach von 1872–1877 und von 1881 bis zu seinem Tod am 27. Oktober 1884 nationalliberales Mitglied des deutschen Reichstages und als solcher glühender Anhänger des „Eisernen Kanzlers" Otto von Bismarck.

Als deutscher Politiker hat Friedrich Kapp, der ehemalige „Achtundvierziger" und Freiheitsheld, wenig Toleranz gezeigt.

Seine gefürchteten Reichstagsreden waren bis zum Lebensende nicht nur von intellektueller Schärfe geprägt, sondern ebenso oft emotionale Ausfällen gegen den so genannten „Erbfeind Frankreich" sowie die katholische Kirche und deren Repräsentanten und Einrichtungen in Deutschland.

Sohn zettelte den „Kapp-Putsch" an

Erst recht in ein extrem rechtes nationales Fahrwasser geriet Friedrich Kapps einziger, noch in New York geborener Sohn Wolfgang Kapp (1858–1922). Jener Mitgründer einer 1917 entstandenen deutschen „Vaterlandspartei" stellte sich nach dem verlorenen Krieg eindeutig gegen die erste demokratische Regierung in Berlin und zettelte im März 1920 in Berlin den nach ihm benannten „Kapp-Putsch" an. Dieser wurde zwar niedergeschlagen, sein Anstifter inhaftiert und wegen Hochverrats angeklagt. Doch hatte sich der zwei Jahre nach dem Putsch in Haft gestorbene Wolfgang Kapp in Gesinnung und Tat eindeutig zum Handlanger der Nationalsozialisten und ihrer folgenden Schreckensherrschaft gemacht – und genau das Gegenteil von dem erreicht, was sein Vater Friedrich Kapp und dessen Onkel Dr. Ernst Kapp aus Minden als „achtundvierziger" Revolutionäre unter Einsatz ihres Lebens in Deutschland und ihrer (vorübergehenden) Wahlheimat Amerika so sehnlich erstrebten, nämlich eine demokratische deutsche Staatsverfassung mit freien Wahlen, Versammlungs- und Pressefreiheit, gleiche Gundrechte für jedermann!

***

Die wesentlichen biographischen Daten zu diesen Lebensbildern aus den verschiedenen Zweigen der Familie Kapp hat der Historiker und Journalist Gisbert Strotdrees (Münster) beschafft und dem Verfasser freundlicherweise überlassen. Sie waren und sind Bestandteil zweier Folgen der 2005/2006er Artikelserie des Landwirtschaftlichen Wochenblattes für Westfalen und Lippe unter dem Titel „Westfalen in Amerika", die Strotdrees und der Verfasser von 2004 bis 2005 über ein ganzes Jahr gemeinsam und unter landesweit hoher Aufmerksamkeit publiziert haben.

Die Marmetts aus Ostbevern als Reeder und Kapitäne auf Ohio und Mississippi

Bevor europäische Einwanderer ab Mitte des 19. Jahrhunderts ihren Weg in den US-Westen verhältnismäßig bequem mit der Eisenbahn zurücklegen konnten, waren Overland-Trails und Wasserwege über die Oberen Seen bzw. großen Flüsse wie Ohio, Mississippi und Missouri allgemein gebräuchliche „Transportstraßen". Mutige Mitglieder der Familie Marmett aus Ostbevern erkannten früh die große wirtschaftliche Bedeutung der Binnenschifffahrt und engagierten sich von ihrer neuen Wahlheimat Cincinnati (Ohio) aus in Handel, Bergbau und Schiffstransportwesen des Mittleren Westens. Zur höchsten Blütezeit ihres Firmenverbundes betrieben sie in West-Virginia mehrere Kohlengruben und auf Flüssen und Seen des Mittleren Westens vier Personenschiffe und mehr als 300 Lastkähne.

Kohlenbaron Otto Marmett

Scout, das heißt Pfadfinder der Familie, war der Schreiber Clemens Florenz Niehaus aus Ostbevern. Dieses Mitglied der ersten Beverner Auswanderergruppe von 1833 hatte es als Kaufmann in Ohio binnen 15 Jahren zu einigem Vermögen gebracht und damit bei seinem Schwager, dem aus Sendenhorst stammenden und bis etwa 1837 in Hamm als Arzt niedergelassenen Dr. Joan Wilhelm Marmett gleichfalls den Wunsch zur Auswanderung geweckt.

Über politische Gründe zur Emigration ist in den Akten nichts bekannt. Vermutet werden kann jedoch, dass Dr. Marmett, dessen Praxisbezirk möglicherweise an den des 1835 nach Missouri ausgewanderten Kollegen und wegweisenden katholischen Auswandererführers Dr. Bernhard Bruns in Oelde angrenzte, mit den sozialen und politischen Verhältnissen in Preußen ebenso unzufrieden gewesen sein könnte wie Dr. Bruns und Freunde.

Jedenfalls gab Dr. Marmett seine Praxis in Hamm schon mindestens 1837 auf, machte Kasse und zog mit seiner Frau Clara, geborene Niehaus, sowie sechs Kindern zunächst nach Ostbevern. Hier wurde im August 1838 sein jüngstes Kind, die Tochter Clara Maria Paula geboren. Offenbar hat der Arzt in und von Ostbervern aus weiter praktiziert, wie eine quittierte Gebühren- und Medikamentenrechnung für den Colon Große Westerloh aus Ostbevern vom 11. November 1844 über 2 Thaler und 25 Sibergroschen zeigt.

Im Frühling des Jahres 1850 besorgte Marmett für sich, seine Frau und sieben Kinder die Schiffspassage nach New York. Der 56-jährige Arzt reiste „mit Consens" der Regierung in Münster. Ob seine quasi erwachsenen Söhne – der 20-jährige Medizinstudent Otto Marmett und dessen nur zwei Jahre jüngerer Bruder und Kaufmannslehrling Florenz – vom regulär drohenden Militärdienst freigestellt worden waren, ist fraglich. Jedenfalls reisten beide jungen Männer mit ihren Eltern und Geschwistern unbehelligt nach Amerika aus.

Am Zielort Cincinnati bei den dort bereits sesshaften Verwandten und Freunden aus dem Münsterland angekommen, eröffnete Dr. Marmett sogleich eine neue Praxis. Binnen weniger Monate war er ein viel gefragter Arzt, insbesondere im Stadtteil „Over The Rhine" (Über dem Rhein), wo vornehmlich deutsche Siedler lebten.

Ohio-Dampfer
„Lucie Marmett"

Doch blieben Dr. Marmett insgesamt nur mehr zwei Jahre des Schaffens in der Neuen Welt" vergönnt: Am 2. November 1852 raffte ihn ein plötzlicher Herztod von heute auf morgen dahin.

Söhne des Arztes als tüchtige Unternehmer

Dr. Marmetts Familie fiel durch den plötzlichen Tod des Familienoberhauptes jedoch keinesfalls in Elend, denn der vorsorgliche Arzt hatte aus Westfalen immerhin 2 000 Taler Bargeld mitgebracht. Den größten Teil da

Ohio-Dampfer „Florence Marmet"

von konnten nun die beiden ältesten Söhne bei der Gründung aussichtsreicher Geschäfte einsetzen und von ihren erzielten Gewinnen die Großfamilie ernähren.

Nach anfänglichem Eier- und Lebensmittelhandel stieg Otto Marmet (seit ihrer Übersiedlung nach Amerika schrieben sich die Marmetts nur noch mit einem „t") in ein Eisenwaren- und Kohlengeschäft ein. Sein jüngerer Bruder Florenz eröffnete eine schwungvollen Handel mit Eiern und Landprodukten. Bald wurden Eier und eisgekühlte Butter per Schiff bis nach New Orleans geliefert.

Teilweise allein, gemeinsam oder (nach der Verheiratung mit Töchtern renommierter deutschstämmiger Kaufleute aus Cincinnati) gemeinsam mit ihren Schwägern, schmiedeten die

Brüder nach und nach ein weit über Ohio hinausreichendes Handels- und Industrieimperium, Schwerpunkt am Ende: Kohle.

Florenz Marmet war dabei besonders erfolgreich: Marmet & Co. galt um 1870 als größter Brennstoffhändler in Cincinnati und Umgebung, während Bruder Otto seinen Schwager August Froelking zum Kompagnon nahm, um ebenfalls mit Kohlen zu handeln – jedoch nur in Städten außerhalb Cincinnatis. So war der Markt in guter Eintracht „brüderlich verteilt".

Idee: Kohle nicht nur transportieren und verkaufen, sondern auch fördern!

Florenz hatte schließlich die glänzende Idee, Brennstoffe nicht nur mit familieneigenen Booten (Eigner: Florenz' Bruder Otto) auf dem Ohio-River

Stammvater einer der ersten Beverner Auswandererfamilien war Landwirt Friedrich B. Vennekotte, bereits 1931 in seiner neuen Heimat in Cuba-Glandorf, Ohio, gestorben. Die von ihm gegründete Farm Vennekotte ist heute mehr als 500 Hektar groß

Florence Martin Marmet, Sohn des Dr. Joan Wilhelm Marmet

Kapitän Edwin Marmet, Enkel des ausgewanderten Münsterländer Arztes Dr. Marmet

heranzuholen und bei den Großkunden auszuliefern, sondern auch selbst in die Kohlenproduktion einzusteigen. Die Brüder Marmet strebten so zielgerichtet das an, was man heutzutage eine „Wertschöpfungskette" nennt.

Bald fuhren die Lastboote der Marmet-Company mit ihren Brennstoffladungen von West Virginia und Cincinnati bis zum Golf von Mexiko hinunter.

Ihren größten geschäftlichen Coup landeten die Brüder Otto und Florenz Marmet in den 80er-Jahren im Kohlenrevier von West-Virginia: Sie kauften auf einen Schlag mehrere Kohlenminen. Jetzt hatten sie das Brennstoffgeschäft von der Produktion bis zum Endverbrauch fest in der Hand!

Hohe Ehrenämter für Florenz Marmet

Florenz Marmet erwies sich nicht nur als weitblickender Geschäftsmann, sondern bekleidete in Cincinnati auch hohe Ehrenämter, wie die eines Direktors der German Banking Co. und des Präsidenten der Handelskammer. Außerdem war er Mitgründer und Vorstandsmitglied des neuen Zoologischen Gartens seiner Stadt.

Ähnlich wie 45 Jahre vor ihm sein Vater, starb Florenz Marmet 1897 mit nur 66 Jahren einen plötzlichen Herztod. So konnte er die Früchte der von ihm gegründeten Raymond City Mining Co. nicht mehr ernten.

An seiner Stelle trat jetzt Otto Marmet, früherer Medizinstudent in Münster und seit Gründung Teilhaber des Minengeschäfts, an die Spitze der Firmenholding und gründete zusammen mit seinem Schwiegersohn Austin Smith eine weitere Grubengesellschaft, die „Marmet-Smith Coal & Cote Company". Otto Marmet bekleidete das Amt des Präsidenten beider Minengesellschaften bis zu seinem Tode im Jahr 1899.

Über Otto Marmets gesellschaftliche Position ist nur bekannt, dass er sich persönlich besonders stark im „Deutschen Pionier-Verein" engagierte. Von seinen beiden Töchtern heiratete eine den Vizepräsidenten der Marmet-Smith-Coal Co. die andere den deutschen Arzt Dr. R. Reemelin in Cincinnati.

Kapitän Edwin Marmet erfand das Ohio-Kanal- und Schleusensystem

Schon während der Präsidentschaft Otto Marmets hatte sich der jüngste Sohn von Florenz Marmet, Edwin (1877–1946) zielstrebig in die Unternehmensführung eingearbeitet. Edwin war bis dahin vor allem für die Fluss-Schifffahrt aller zugehörigen Firmen zuständig gewesen – eine Aufgabe, auf die er sich als staatlich anerkannter Lotse und Schiffskapitän zuvor sorgfältig vorbereitet hatte. Der Schifffahrt auf Ohio und Mississippi sollte denn auch sein größtes Engagement gelten – bis zum Schicksalswinter 1917/18.

Kapitän Edwin Marmet baute auf dem Ohio einen regulären Fracht- und Personenverkehr auf. 1900 fuhren auf Ohio und Mississippi an die 300 Marmetsche Lastkähne. Dazu ließ Reeder und „Kohlenbaron" Edwin Marmet vier große Personendampfer bauen und planmäßig auf dem Ohio verkehren. Sein Hauptgeschäft machte er jedoch nach wie vor mit dem Versand selbstgeförderter Kohle, bis in die fernen Regionen von St. Louis und New Orleans.

Auf den unbegradigten, riesigen Flüssen mit ihren gefährlichen Felsbarrieren und sandigen Riffs (von Hochwasser und winterlicher Vereisung ganz zu schweigen) gab es für Marmets Flottille freilich unzählige Gefahren. Um diese vor allem im Bereich des Ohio radikal zu mindern, erarbeitete der stromerfahrene Kapitän und Firmenpräsident Edwin Marmet einen genialen Plan für ein völlig neues, ineinandergreifendes System gefahrlos miteinander vernetzter Kanäle und Schleusen.

1913 legte er im Namen und Auftrag aller Schifffahrt treibenden Firmen des Nordens das Konzept für sein „Ohio-Waterway-System" bei der Bundesregierung in Washington D. C. vor. Sein Vorschlag war so überzeugend und technisch ausgereift, dass Kapitän Edwin das „Okay" zur Verwirklichung des Jahrhundertprojekts sofort mit nach Haus nehmen konnte.

Packeis zerstört die Frachtkahn-Flotte: Zusammenbruch des Marmet-Imperiums

Für die meisten Schiffe der Familie Marmet auf dem Ohio kam der sich über Jahre hinziehende Kanalbau leider zu spät.

Im besonders strengen Winter 1917/18 vereiste der Fluss wie nie zuvor. Als endlich Tauwetter eintrat, bildeten sich im hochgehenden Ohio gewaltige Eisbarrieren. Ein riesiger Berg aufgetürmter Schollen radierte über Nacht den gesamten Flusshafen Cincinnatis weg und zerstörte dabei auch die meisten, winterbedingt vor Anker liegenden Frachtschiffe des Marmet-Clans.

Das Resultat war eine komplette Katastrophe. Das Firmenimperium brach zusammen. Der Familie Marmet blieben zunächst zwar noch ihre Bergwerke. Doch auch die mussten, bis auf zwei, zur Schuldentilgung verkauft werden.

Der letzte Firmenchef und Kapitän Edwin Marmet zog sich 1937 endgültig aus dem Minengeschäft zurück und starb 1946 an einem Gehirnschlag.

Südlich der Stadt Charleston im Kohlen-Revier von West-Virgina erinnert noch heute ein kleines Bergbaudorf namens „Marmet" an die große amerikanische Pionierfamilie Marmett aus dem westfälischen Münsterland.

***

Daten und Bilder zu dieser Geschichte verdankt der Autor dem Chronisten der Auswanderung von 427 Männern, Frauen und Kindern aus Ostbevern und Umgebung im 19. Jahrhundert nach den USA, Diplom-Ingenieur Werner Schubert. >WUSchubert@t-online.de<

Blomberger Bürgermeistersohn
Heinrich Küster segelte schon 1693
nach Amerika

Wer war der erste Westfale oder Lipper in der „Neuen Welt"? – Diese Frage wird wohl nie mit letzter Sicherheit endgültig beantwortet werden können, zumal es im 15. und 16. Jahrhundert noch keine regulären Schiffslisten gab. Forscher sind deswegen auf Zufallsfunde angewiesen. Eine solche Fundstelle ist der Bericht auf Seite XI des 1998 in Detmold erschienenen Buches „Das Diarium Lippiacum des Amtmanns Anton Heinrich Küster". Darin geht es unter anderem um den lippischen Gelehrten Heinrich Bernhard Küster aus Blomberg (1662–1749). Dieser ist, möglicherweise als erster Reisender aus Westfalen-Lippe, im Jahre 1693 mit einigen Freunden – auf dem Umweg über England – für sieben Jahre in die „Neue Welt" gesegelt.

1983 jährte sich zum 300. Mal die Einwanderung der ersten Reisegruppe aus Deutschland, nämlich der Krefelder Mennoniten (hier: Titel einer Festschrift). Im Jubiläumsjahr 1983 war in Lippe noch nicht bekannt, dass jenen deutschen Gründern Philadelphias bereits 10 Jahre später der lippische Bürgermeistersohn Heinrich Bernhard Küster folgte

Der Amerikareisende aus Blomberg hatte offenbar Kontakt zu den Quäkern, die zuvor die englische Kolonie Pennsylvania gegründet hatten. Es wird auch vermutet, der Quäkerführer Penn habe vor seiner Auswanderung nach Amerika bei einer Deutschlandreise die Äbtissin zu Herford besucht und dabei den dort gerade anwesenden Gelehrten Heinrich Bernhard Küster kennen gelernt.

Jedenfalls berichtet der Blomberger Chronist Anton Küster, sein Neffe Heinrich Bernhard habe sich in Pennsylvanien als Lehrer und Prediger niedergelassen. Dabei muss der Lipper wohl mit Penns Leuten in Konflikt geraten sein, und der Chronist deutet auch Gründe dafür an: *„Er widersetzte sich den Quäkern und fieng an zu taufen, wie auch das Abendmahl auszuspenden, ob er gleich nicht ordiniret war."*

Ernüchtert von Amerika heimgesegelt

Es kann vermutet werden, dass dieser wohl erste lippische Amerikareisende auch Kontakte zu den Krefelder Mennoniten knüpfte, die 1685 gerade Philadelphia gegründet hatten. Aber auch hier wird er mit seiner lippisch-reformierten Lehre kaum das erwünschte Gehör gefunden haben, so dass Küster im Winter 1699/1700, ernüchtert von seiner Missionsreise, heimsegelte.

In der Heimat übernahm der Gelehrte dann, im Auftrag der Fürstäbtissin Charlotte Sophie von Her-

Das historische Rathaus der frühesten lippischen Residenzstadt Blomberg. Hier lebte und wirkte die Bürgermeisterfamilie Küster

ford, verschiedene geheime, diplomatische Missionen, die ihn bis Polen und Stockholm führten. Als die Äbtissin ihre Residenz wegen Ärgers mit dem Herforder Stiftskapitel nach Verden verlegte, folgte er ihr.

Der Blomberger Gelehrte starb 1749 als Lehrer am königlichen Hof in Hannover.

Heinrich Bernhard Küster war der älteste Sohn des Blomberger Bürgermeisters in den Jahren 1674-92. Als Erstgeborener genoss er eine hervorragende Ausbildung an Schulen in Bremen und Frankfurt, mit den Studienfächern Allgemeines Recht, antike sowie morgenländische Sprachen. Er war für die damalige Zeit ein weithin anerkannter Gelehrter und unterrichtete als solcher bereits vor seiner Amerikareise mehrere Jahre die Söhne des Grafen Otto von Schwerin in Berlin.

Ludolf Küster, der Universalgelehrte

Für Kultur und Wissenschaft in Europa viel bedeutender wurde später freilich sein jüngerer Bruder Ludolf Küster (1670–1716). Dieser mach-

te sich mit seinen Geschichtsforschungen und zahlreichen Veröffentlichungen an den Universitäten Leiden, Utrecht, Paris und Cambridge schon mit jungen Jahren einen Namen. Die Universität Cambridge, wo er unter anderem lehrte und forschte, verlieh ihm aufgrund seiner wissenschaftlichen Leistungen die Ehrendoktorwürde.

Über die zahlreichen Buchveröffentlichungen des Amerikafahrers Heinrich Bernhard Küster hingegen urteilte „Joechers Gelehrtenlexikon" nach dessen Tod eher herabsetzend: *„Seine Schrifften sind ein wahres Original der verwirrtesten Schreib-Art."* Und: *„...waren seine Aufsätze so ... sprachgelehrt, dass sie kein Mensch verstehen konnte!"*

Aus Liebe zu Adelheid von Borries nach Amerika: Hermann Garlichs gründet mit Tecklenburgern die erste Kirchengemeinde westlich des Mississippi

Dies ist die Geschichte des Bremer Theologen Hermann Garlichs (1807–1865), der im Jahre 1833 wegen einer damals unerfüllbar scheinenden Liebe zu der Tochter des Landrats Philip von Borries verzweifelt in die Wildnis am Missouri zog. Zwei Jahre später bekam der junge Mann die inzwischen 19-jährige, bildschöne Adelheid doch noch zur Frau. Mit dem ausdrücklichen Segen seiner künftigen Schwiegereltern auf Gut Steinlacke durfte „Reverend" Garlichs am 10. September 1835 seine glückstrahlende Braut in der ev.-luth. Kirche zu Kirchlengern vor den Traualtar führen!

D iese Erzählung von einer großen, den Atlantik überwindenden Liebe beginnt, zeitlich versetzt um anderthalb Jahrhunderte, für den Autor erst im Jahre 1985, nach einem Vortrag über westfälische Auswanderer in der Volkshochschule Bünde. Der dort als Zuhörer anwesende, frühere stellvertretende Landrat des Kreises Herford, Dr. Reyner von Borries, zog während der folgenden Aussprache ein verschlissenes Heft sowie ein Bündel alter Briefe aus der Tasche: Reisetagebuch nebst Amerikapost seiner Großtante Adelheid Garlichs, geborene von Borries, die von 1815–1871 lebte.

Hermann und Adelheid Garlichs, geborene von Borries

Dieses Heft und andere alte Papiere der Familie von Borries gelten heute als Beweis einer unverbrüchlichen Liebe der Landratstochter zu ihrem Hauslehrer und späteren Ehemann, Gründer der ersten evangelischen Kirchengemeinde westlich des Mississippi, letztendlich dem bedeutenden Kirchenlehrer, Prediger und evangelischen Publizisten Hermann Garlichs in New York.

Dem Tagebuch der Adelheid Garlichs und langjährigen Recherchen des Gutsbesitzers Dr. von Borries sowie Aufzeichnungen der Garlichs-Nachfolger in der Gemeinde Femme Osage (Missouri), Pastor Casper H. Bode und Sohn, verdanken wir einen großen Teil jener Informationen,

die der nun folgenden Auswandererstory, besser „Liebesgeschichte", zugrunde liegen.

Man schrieb das Jahr 1829. Im Minden-Ravensberger Land war 13 Jahre zuvor der Kreis Bünde (später: Kreis Herford) entstanden. Der erste Landrat hieß Philip von Borries, Herr auf Gut Steinlacke. Von dieser traditionsreichen Familie aus sind in den folgenden Jahrzehnten noch vier Nachfahren – Georg-Ubaldus von Borries, Dr. jur. Georg von Borries, Georg von Borries als Herr auf Ulenburg sowie Franz von Borries – Landräte im heutigen Kreis Herford geworden. Georg von Borries (Ulenburg) war darüber hinaus Regierungspräsident von Minden.

Berliner Student als Hauslehrer

Gutsbesitzer Philip von Borries sorgte sich Ende der 20er-Jahre, neben Kommunal- und Staatsgeschäften, um eine standesgemäße Erziehung seiner Kinder und besonders der damals 14-jährigen Tochter Adelheid. Deswegen brachte er von einem seiner Besuche in Berlin den Theologiestudenten und Bremer Kaufmannssohn Hermann Garlichs mit.

Dieser gerade 22 Jahre alte, unter einer Sprachstörung leidende junge Mann hatte seine bereits vier Jahre andauernden Studien der Theologie und Literatur in Göttingen, Leipzig, Bonn und München unterbrochen, um zu prüfen, ob er wegen seiner leichten Behinderung nicht besser von der Theologie zur Philologie wechseln und Lehrer werden sollte.

Hermann Garlichs erwies sich in der Tat als tüchtiger Pädagoge. Die lebensfrohe, blauäugige Adelheid mit den langen, blonden Haaren lernte besonders gern und schnell. Bald war sie seine Steinlacker Lieblingsschülerin. Und nicht nur das.

Mit ihrem wachen Verstand, natürlichem Charme und kindlichem Reiz schlug sie den im Umgang mit Mädchen wohl eher noch recht unerfahrenen Jüngling total in ihren Bann. Bald war der Hauslehrer bis über beide Ohren in die bildschöne Tochter des Gutsherrn verliebt.

Liebeserklärung im Gutspark

Drei Jahre dauerte das gegenseitige, liebevolle und bis dahin eher harmlose Versteckspiel. Dann eines Tages, während der Pause und eines Spaziergangs durch den zauberhaften Steinlacker Park, offenbarte sich der Student seiner inzwischen 17-jährigen Schülerin.

Ob damals schon die drei weltbekannten, schicksalhaften Schlüsselworte: „Ich liebe Dich!" gefallen sind, entzieht sich der Kenntnis des Chronisten. Jedenfalls gab der Lehrer alle bisher krampfhaft geübte Zurückhaltung auf und sprach mutig aus, was Verliebte sagen. Und siehe da: Hermanns Bekenntnis wurde freudig erwidert!

Die große Liebe der beiden zueinander konnte dem Landrat und seiner Frau nicht verborgen bleiben. Zur Rede gestellt, gestand der junge Mann

Adelheid Garlichs, geborene von Borries, verlebte ihre sorglose Jugend in diesem Herrenhaus auf Gut Steinlacke, Kreis Herford

denn auch frei heraus, ohne seine Adelheid fortan nicht mehr leben zu können und sie heiraten zu wollen.

Kein Studienabschluss, kein Vikariat, wenn auch seit kurzem nicht gerade unvermögend. Der 1830 verstorbene Vater Gerhard C. Garlichs aus Bremen hatte seinem Sohn Hermann eine größere Summe Geld hinterlassen. Doch – ohne Ordinierung würde Garlichs als Geistlicher in Deutschland keine Chance zur Übernahme eines Pfarramtes nebst gesicherter Familiengründung haben. Vom jugendlichen Alter Adelheids und ihrer fehlenden hauswirtschaftlichen Ausbildung ganz zu schweigen!

Von seinem Arbeitgeber als Hauslehrer aufgefordert, sich umgehend eine andere Stelle zu suchen und ohne jede Aussicht, seine heiß geliebte Adelheid hierzulande je an den eigenen Herd führen zu können, beschloss Hermann Garlichs in seiner Verzweiflung, nach Amerika in das „Land der unbegrenzten Möglichkeiten" zu gehen. Dort würde er gewiss eher eine Chance bekommen, für sich und Adelheid eine Existenzgrundlage zu schaffen.

Das erste, primitive Blockhaus des Ehepaares Garlichs in Femme Osage

Was den frommen Auswanderern aus dem nordöstlichen Münsterland Anfang 1833 vor Antritt der Reise noch fehlte, fanden sie in Hermann Garlichs: ihren geistlichen Führer und Prediger in der rauen Wildnis. Denn auf Gottesdienst, Taufe, Konfirmation, christliche Eheschließung und Begräbnis nach den gewohnten Regeln ihrer Heimat wollten die Emigranten auch in der Fremde um keinen Preis verzichten.

So wurde der Theologiestudent ohne Abschluss in Femme Osage (Missouri) Pastor und Lehrer einer neuen und rasch wachsenden evangelischen Gemeinde. Zuerst mit einem grob zusammengehauenen Blockhaus als Schule und Kirche in einem. Und, nach einiger Zeit, einem „Pfarrhaus", das diesen Namen freilich nicht verdiente: Dieses bestand nur aus einem Raum in einem primitiven Blockhaus von roh behauenen, aufeinander geschichteten Bäumen, mit Feuerstelle und einem mehr oder weniger dichten Schindeldach darüber.

Die Siedler im damaligen Wilden Westen fragten in ihrem Verlangen geistlichen Beistands tatsächlich nicht nach Examina. In evangelischen Gründerkirchen predigen und kirchliche Amtshandlungen vornehmen, durfte bereits, wer sich dafür eignete und das Zeremoniell beherrschte. Mit oder ohne Prüfung vor einem deutschen Konsistorium.

Hermann Garlichs fühlte sich deswegen auch ohne Abschluss einer Universität berufen und in der Lage, drüben in der „Neuen Welt" alle gewünschten und nötigen pastoralen Aufgaben zu übernehmen.

Aus seiner Berliner Studentenzeit sah sich der junge Theologe durch gelesene Berichte über Missouri und die Werbeschriften anderer Propagandisten für ein freies Leben in der „Neuen Welt" hinreichend und (seines Erachtens) objektiv unterrichtet.

Mit Tecklenburgern nach Missouri

Da passte es gut, dass im Winter 1832/33 über hundert notleidende Heuerlinge, Weber und Tagelöhner ev.-reformierten Bekenntnisses hauptsächlich aus dem Tecklenburger Land, beschlossen hatten, im Frühsommer 1833 gemeinsam nach Amerika auszuwandern. Ihr Ziel war, sich auf bislang unbesiedeltem, dabei angeblich sehr fruchtbarem Land zwischen Mississippi und Missouri niederzulassen.

Professor Dr. Walter Kamphoefner, der in der Nähe von Femme Osage und New Melle aufgewachsen ist und dessen Vorfahren aus dem Westerkappelner Land stammen, zitiert aus einem Schriftstück des Auswanderer-Pastors Hermann Garlichs: *„Es war im Frühjahr 1833, als ich, verleitet durch Dudens liebliche Schilderungen des amerikanischen Landlebens, nach dem Staate Missouri auswanderte … und bald herausfand, dass mir … nicht weniger als Alles fehlte, was dazu gehört. So war mein nächster Gedanke, wieder ins Vaterland zurückzukehren!"*

Dies habe er dann aber nicht getan, weil ihm das Schicksal der lieben Landsleute aus dem Tecklenburgischen am Herzen gelegen habe.

Erst viel später, um 1840, gründeten Meller und Buraner Christen, verstärkt durch ständig nachreisende Landsleute aus der alten Heimat, ihr eigenes Dorf „New Melle", wo dann nach weiteren 10 Jahren auch ein erstes lutherisches

Gotteshaus entstand. Bis dahin waren die Meller Lutheraner kirchlich von Femme Osage aus betreut worden.

Hoch zu Ross durch die Gemeinde

Hermann Garlichs Gemeindegebiet war riesengroß. Auch die Menschen in abseits liegenden, neu entstandenen Siedlungen, oft 20 bis 50 Meilen entfernt, wünschten sich wenigstens alle vier bis sechs Wochen einen deutschen Gottesdienst.

Die gewaltigen Entfernungen durch eine unwegsame Wildnis, über Berge und Bäche überwand der „Reverend" meist zu Pferde. Er scheute weder Zeit noch Mühe, seiner verstreuten Gemeinde bei jedem Wind und Wetter Gottes Wort und Trost zu bringen.

Garlichs Ansehen in der Gemeinde wuchs angesichts eines solchen Frontier-Einsatzes von Monat zu Monat, so dass dem Prediger, um ihn zu halten, per Sammelaktion dann und wann bescheidene Unterhaltsbeiträge überreicht wurden. Davon allein konnte der genügsame Gemeindehirte jedoch nicht leben. Gottlob besaß er ja Reserven aus der väterlichen Erbschaft!

Sein Wunsch, ebenso wie seine Gemeindeglieder eigenes Land zu bestellen und zu seiner Ernährung Früchte anzubauen, ferner Vieh zu halten, scheiterte zunächst an der Fülle pastoraler Aufgaben in diesem unendlich weiten, unwegsamen Land.

Brief von Femme Osage an den Landrat

Die unbestrittene Position als erster und dabei äußerst beliebter, evangelischer Pastor im gesamten „Frontier" westlich des Mississippi erweckte in Garlichs, dessen Liebe zu seiner fernen Adelheid stärker denn je brannte und ihn ungezählte Nächte um den Schlaf brachte, neue Hoffnung, die nach und nach gar unbeirrter christlicher Zuversicht Platz machte.

Mutig schrieb der hoch angesehene Pastor am 29. Januar 1834 von Femme Osage aus dem Landrat von Borries in Steinlacke einen langen Brief. Darin legte er nicht nur geschickt seinen bisherigen Werdegang und die kirchlich völlig anderen Verhältnisse in der „Neuen Welt" dar, sondern wies auch auf sein intensiv fortgesetztes Selbststudium von Bibel, Katechismus und Gesangbuch hin.

Am Schluss bekannte der Briefschreiber aufs Neue seine grenzenlose Liebe zu der Tochter des Adressaten, ohne die er einfach nicht mehr leben könne und wolle und um deren Hand er hiermit „als ordentlicher Pfarrer einer großen Gemeinde" in aller Form bescheiden bitte. Dann schrieb er auch seiner geliebten Adelheid einen Brief, versah diesen sorgfältig mit einem eigenen Umschlag und legte ihn der Landratspost zur persönlichen Weitergabe an seine Angebetene bei.

Den Landrat auf Gut Steinlacke, der in der lokalen Geschichtsschreibung als ein sehr geradliniger, für jene strenge Zeit in Preußen eher liberal gesinnter „Edelmann mit Herz" beschrieben wird, muss das erneute Bekenntnis Hermann Garlichs zu seiner Tochter Adelheid tief berührt haben.

Nachdem er wohl lange nachgedacht und, zur Sicherheit seiner innerlich wohl längst beschlossenen Zustimmung, auch noch den Familienrat eingeholt hatte, antwortete von Borries dem Prediger schon nach wenigen Tagen und uneingeschränkt freundlich. Zwar könne er die Bezeichnung „Reverend" bzw. „Pastor" für den Präriegeistlichen nicht akzeptieren. Denn ein noch so strenges Selbststudium ersetze das bestandene Examen vor einer ordentlichen Kirchenkommission auf keinen Fall. Auch sei aus seiner Sicht für einen deutschen Prediger in Amerika, zur vollen Amtsausübung, nach wie vor die Ordination seitens der Kirchenleitung zwingend erforderlich.

„Bei so viel Liebe in Gottes Namen!"

„*Aber*", schrieb Philip von Borries nach Missouri zurück: *„bei so viel Liebe soll Ihr Antrag bei mir in Gottes Namen Gehör finden, zumal meine Tochter Ihre Zuneigung aus vollem Herzen erwidert!"*

Einziger Vorbehalt bleibe, Garlichs müsse bereit sein, vor der theologischen Prüfungskommission in Bielefeld sein Können unter Beweis zu stellen *„und sich nach bestandenem Examen in unserer Kirche vorschriftsmäßig ordinieren lassen!"*

Damit war Hermann Garlichs, der diesen Antwortbrief Monate später in Händen hielt und, nachdem er ihn gelesen hatte, wohl einen gewaltigen Freudensprung getan haben dürfte, gern einverstanden. In Windeseile organisierte er sogleich

Friedhof in Femme Osage mit den Gräbern der ersten Tecklenburger und Meller Einwanderer

seine Heimreise per Schiff über New Orleans nach Deutschland.

An einem schönen Sommertag Mitte des Jahres 1835 konnte der Amerikafahrer seine große Liebe vor aller Augen in die Arme schließen. Das Glück war vollkommen.

Bielefelder Prüfung mit Glanz bestanden

Seines Erfolges aufgrund der langen praktischen Erfahrung als Pfarrer in der Wildnis gewiss, bereitete sich Hermann Garlichs gleichwohl gründlich und mit Hilfe tüchtiger Tutoren auf seine Prüfung in Bielefeld vor und ... bestand mit Glanz.

Das muss eine Freude gewesen sein! Mit der strahlenden Braut im Herrenhaus von Steinlacke, dann am 10. September 1835 Ordinierung und feierliche Eheschließung zugleich in der schönen alten Dorfkirche zu Kirchlengern. Anschließend Hochzeitsfest im großen Herrenhaus und Gutspark der nun wohl auch ebenso frohen wie erleichterten Brauteltern!

Für Flitterwochen in Europa blieb freilich wenig Zeit. Anstelle einer üblichen, langen Hochzeitsreise begab sich das frisch vermählte Paar Anfang Oktober zunächst zu seiner Bremer Verwandtschaft und am 28. Oktober dann direkt zum Anleger für Überseeschiffe in Bremerhaven.

Mit der „Weser" zurück in die Wildnis

Hier wartete bereits der Segler „Weser". Unter dem Kommando des nach vielen Atlantiküberquerungen erfahrenen Kapitäns Graue, eines engen Freundes der bremischen Kaufmannsfamilie Garlichs, wurde Segel mit Kurs New Orleans gesetzt.

Das Paar zog in eine Kajüte auf dem Achterschiff, in der Nähe des Kapitäns. Mit an Bord kam ein eisenbeschlagener Koffer von den Brauteltern, gefüllt mit Kleidung, Wäsche und allem, was eine Frau von Stand an Aussteuer in die Ehe mitnimmt. In diesem Koffer befand sich auch ein Abendmahlskelch aus gediegenem Silber, mit den eingravierten Worten: „In Erinnerung an Helene Barkhausen". Das war wohl eine Verwandte der Braut aus Westfalen.

In diesem Kelch ist in der evangelischen Kirchengemeinde Femme Osage viele Jahre das Heilige Abendmahl ausgeteilt worden. Heute befindet er sich in Erinnerung an die erste lutherische Gemeindegründung der USA westlich des Mississippi im „Eden Theological Seminary" bei New Melle, MO.

Das junge Ehepaar musste sich die geräumige Kabine auf dem Schiff mit Hermann Garlichs mitreisendem 14-jährigen Halbbruder Karl sowie einigen wohl situierten Auswanderern aus Herford und Umgebung teilen.

Viele Einzelheiten der Seereise, vor allem eine tagelange Flaute vor dem Auslaufen in die Nordsee, sowie allerhand Ungemach einschließlich tagelanger Seekrankheit während der 52-tägigen Überfahrt, hat Adelheid Garlichs in ihrem Tagebuch beschrieben. Als Chronistin wurde sie taageweise abgelöst durch ihren Mann, der sich darüber hinaus nicht nur als unermüdlicher Vorsänger und Vorleser für seine Mitreisenden erwies (und jetzt wundersamer Weise nicht mehr stotterte), sondern auf dem Segler sonntags auch regelmäßig Gottesdienst hielt.

Genau am Weihnachtsmorgen 1835 lief die „Weser" in das Mündungsgebiet des Mississippi ein. Eines der ersten, in Häfen der USA eingesetzten Dampfschiffe schleppte den Segler die letzten 100 Kilometer bis nach New Orleans.

Per Raddampfer nach St. Louis
Eistreiben auf dem Missouri

Hier stiegen Garlichs und seine Frau auf den Raddampfer „Iowa" um, der sie auf dem Mississippi nach St. Louis und von dort auf dem nicht minder breiten Missouri, bei starkem Eistreiben, bis St. Charles brachte. Bei Lewis's Ferry herrschte starkes Eistreiben.

Erst nach 10 Tagen Wartezeit im Haus von Freunden konnte der ungeheuer breite und reißende Strom am 25. Januar 1836 sicher überquert werden.

Nun ging es bei eisigen Temperaturen mit Pferd und Wagen über holprige Wege zum Endziel, dem bescheidenen kleinen Pfarrhaus in Femme Osage – jenem Ort, an dem fast zwei Jahre zuvor bereits eine Blockhaus-Kirche nebst Pfarrhaus errichtet worden war und dessen französische Bezeichnung von dem gleichnamigen Bach „Femme Osage" hergeleitet ist.

Der Urspung dieses Namens liegt in der französischen Siedlungszeit Missouris und des ehemaligen französischen Territoriums Louisiana, das 5 Millionen qkm Wildnis zwischen dem Mississippi und dem Felsengebirge im Westen, Kanada im Norden und dem Golf von Mexiko im Süden, umfasste.

Damals hatten französische Trapper von Indianern erfahren, in diesem Bach nahe einer Einsiedlerhütte sei eine fremde Frau (eine Indianerin) ertrunken aufgefunden worden und sie gaben danach dem Gewässer seinen kennzeichnenden Namen „Femme Osage".

Hier lebte der Trapper Daniel Boone

In der Umgebung dieses Platzes wohnten in den Jahrzehnten zuvor nur wenige Weiße. Einer

Am Dorfteich in New Melle, die evangelische Kirche als Hintergrund: Panorama wie daheim im Grönegau

von ihnen hieß Daniel Boone, der sich in der Nähe einen Ruhesitz geschaffen hatte. Boone war früher (meist in Kentucky) ein großer Jäger gewesen, der viel erlebt hatte. Um ihn ranken sich abenteuerliche Geschichten.

J. F. Cooper brachte dem legendären Trapper mit seiner Trilogie „Der Lederstrumpf" unsterblichen Ruhm. Kaum ein Western-Schmöker hat je eine höhere Auflage erreicht oder mehr begeisterte Leser/Leserinnen gefunden wie „Der Lederstrumpf"!

Seit dem Einwanderungsjahr 1833 hatte sich für den zurückkehrenden Hermann Garlichs in Femme Osage einiges geändert. Gleichwohl waren und blieben die Lebensumstände und Verhältnisse, wie sie das junge Ehepaar bei seiner Ankunft im Januar 1836 vorfand, noch für viele Jahre primitiv, entbehrungsreich und voll ständiger Gefahr für Leib und Leben der Siedler.

„From White House to Log Cabin"

Vom behüteten Elternhaus mit allem Komfort eines großen, adligen Landsitzes in das aus einem einzigen Raum bestehende Blockhaus am Femme-Osage-River. Professor Dr. Walter Kamphoefner überschrieb in einem Referat das karge Leben der Garlichs in ihrem kleinen, denkbar einfachen Pfarrhaus treffend „*From White House to Log Cabin!*"

Das war für die junge Frau des nun endlich rechtmäßig ordinierten Pfarrers gewiss ein gewaltiger Schock. Adelheid Garlichs hat darüber jedoch in ihren Aufzeichnungen und Briefen, soweit diese überliefert sind, nicht geklagt. Im Gegenteil!

Wie ihr Mann, mit dem sie oft zu zweit hoch zu Pferd (und später zusätzlich mit kleinen Kindern) bei Wind und Wetter fernab gelegene Predigtplätze und kranke Gemeindeglieder besuchte, sah die junge Frau ihre neue Aufgabe an der Seite des geliebten Gatten ohne Wenn und Aber als ihre göttliche Berufung an.

Neben ihren Pflichten im eigenen Haushalt erfüllte Adelheid in zahlreichen, verstreut gelegenen Filial-Gemeinden vielfältigste Aufgaben, wie die Gründung und Betreuung kirchlicher Vereine oder akute Nothilfe. Auch stand sie ihrem Mann beim schulischen Unterricht an den verschiede-

Bis heute gibt es in New Melle eine Schützenstraße

nen, weit voneinander entfernten Siedlungen der westfälischen und niedersächsischen Einwanderer jahrelang unermüdlich zur Seite.

Selbst das Reiten musste die junge Frau in der Wildnis noch lernen, weil so etwas auf dem elterlichen Gut in Deutschland als unschicklich betrachtet worden war und deswegen daheim in keinem schulischen Lehrplan für „Mädchen von Stand" vorkam.

Gleich im ersten heißfeuchten Sommer in Missouri wurde Adelheid schwer krank. Wochenlang lag sie danieder. Wohl nur dank eines hinzugezogenen Arztes unter den Einwanderern und der aufopferungsvollen Pflege hilfreicher Nachbarfrauen genas die junge Frau und brachte in den folgenden Jahren in Femme Osage vier Kinder zur Welt, von denen allerdings ein Knabe bereits wenige Wochen nach seiner Geburt starb.

Hermann Garlichs jugendlicher Halbruder Carl überlebte die „Rote Ruhr" des Sommers 1836 im Pfarrblockhaus auch nicht. Trotz Beistandes durch einen Arzt (Dr. Krug) starb Carl Garlichs am 9. September. Dabei war nur 5 Tage zuvor unter demselben Dach Hermann und Adelheid Garlichs erster Sohn Carl Philip Gerhard (der später als Banker in New York Karriere machte) gesund zur Welt gekommen ...

Adelheid Garlichs, eine „starke Frau"

Adelheid Garlichs, geborene von Borries, war das, was man heute eine starke Frau nennt. Reyner von Borries, der die Lebensgeschichte seiner Großtante wohl am besten kennt, beschreibt ihre herausragenden, positiven Charaktereigenschaften so: *„Adelheid Garlichs muss eine großartige Frau mit heiterem Temperament und unerschütterlichem Glauben und Optimismus gewesen sein. Damit war sie in Femme Osage der allseitig beliebte Mittelpunkt ihrer Gemeinde und eine unersetzliche Stütze für ihren Mann!"*

Der gewiss beste Kenner der Garlichs- und Femme-Osage-Geschichte, Professor Dr. Walter Kamphoefner, verwahrt an „seiner" A&M-University in Texas die Tagebuchauszüge unserer Heldin, nebst ergänzenden Aufzeichnungen der Pfarrer Bode senior und junior. Alles zusammen ergibt ein eindrucksvolles, anrührendes Bild von den unglaublich harten Anfangsjahren der evangelischen Femme-Osage-Gemeinde mit ihren genügsamen, schier grenzenlos gläubigen, Gott vertrauenden Gründern.

Adelheid Garlichs schrieb nämlich Tagebuch. Nicht täglich. Manchmal sogar Wochen und Monate nicht. Danach jedoch holte sie viele Eintragungen aus dem Gedächtnis heraus nach. Gelegentlich findet sich auch die feine Schrift ihres Mannes – wie es gerade so kam.

Das Ehepaar Garlichs hatte, insbesondere in seinem zweiten, größeren Pfarrhaus – wenn es die Umstände zuließen – gern Gäste. Oft waren das sehr viele. Adelheid hat speziell hierüber bemerkenswert genau Buch geführt.

Bevorzugt „lateinische" Freunde

Das Pfarrhaus hatte selbstverständlich für sämtliche Gemeindeglieder eine offene Tür. Ganz klar! Doch zum Gedankenaustausch, an Festtagen und zum Politisieren sah das Ehepaar Garlichs dann doch bevorzugt gern „Lateinische", gebildete Leute oder frühere Angehörige des guten deutschen Bürgertums bei sich zu Gast.

„Kleine Leute" kamen privat auch ins Haus, aber eher zum Ratholen, um Dienstleistungen oder Geschäfte zu erledigen.

Hermann und Adelheid Garlichs zogen dabei besonders gern die grundehrlichen, immer fleißigen Tecklenburger „kleinen Leute" zu Arbeiten auf ihrem Grundstück heran.

Von Bierbaum kaufte man eine Kuh, dem Schaberg wurde mit Geld ausgeholfen, Vorderhase baute einen Zaun um das Pfarrhaus. Goosejacob zimmerte die Veranda. Und der Schneider Meinershagen sorgte endlich mal für neue Kleidung, wie Adelheids Tagebuch preisgibt.

Unter den intellektuellen Besuchern finden sich, im Laufe von Monate, wiederkehrend, sowohl Leute aus Adelheid Garlichs Heimatkreis Herford als auch Männer der frühen Demokratie-Bewegung in Deutschland.

Engen Kontakt zu Herfordern

Pfarrfrau Adelheid notierte als liebe Gäste besonders oft Friedrich Münch und Paul Vollenius, Dr. Ferdinand Koch mit seiner Frau Louise, geb. Pöppelmann, aus Herford (sie hatten sich auf dem Schiff in der Kabine der Garlichs kennen gelernt), den Herforder Friedrich Kruse mit seinem Bruder Julius sowie den Arzt August Nasse aus einer Herforder Juristenfamilie. Namen „lateinischer" Immigranten wie Gaus, ein Berlin-Flüchtling Palm und der berühmte Revolutionär Gustav Koerner runden das Bild des anspruchsvollen Freundeskreises von Hermann und Adelheid Garlichs ab.

Geradezu begeistert schreibt Adelheid Garlichs über *„die interessante alte Majorin Boon. Sie gefiel mir am besten!"* Professor Kamphoefner nimmt an, dass dies Olive Vamnbibber, die Frau von US-Hauptmann Nathan Boone (dem Sohn des sagenhaften Trappers Daniel Boone) gewesen sein muss.

Laut Tagebuch war die Einstellung der Garlichs zu alteingesessenen Amerikanern in der Umgebung eher zurückhaltend und wohl auch nicht ohne Vorurteile. Auf einem Blatt von 1838 berichtet Adelheid sogar von einer großen Schlägerei zwischen Westfalen und Yankees während eines Festballs im Hause der Familie Kruse. Vor allem waren es die oft rauen, knochenharten und (in den Augen der frommen Westfalen) „unchristlichen" Geschäftsmethoden altansässiger Amerikaner, die Garlichs und seine Gemeindeglieder zu einer gewissen Distanz rieten.

Garlichs Nachfolger Pastor Caspar Bode aus Schledehausen

Auswanderer-Pastor und Redakteur der New Yorker Traktat-Gesellschaft: Pastor August Rauschenbusch aus Altena

Heimweh nach Steinlacke

Im September 1839 erreicht Adelheid Garlichs die Nachricht vom Tode ihres Vaters. Heimweh kommt auf. Ein wenig Trost bringt ihr zwei Wochen später der Besuch von Garlichs Vetter Friedrich mit seiner Frau Mathilde. *„Wir hatten uns sehr lieb und stehen nun doch nicht ganz so verlassen in diesem fremden Land!"*, notiert Adelheid erleichtert.

Wie sehr sie das Heimweh plagte, hat der damals zehnjährige Sohn Carl Anfang 1846 in Adelheids Tagebuch an die Adresse der Großmutter auf Oberbehme geschrieben: *„Mutter erzählt uns so viel von zu Hause. Da wird wohl viel hübsches sein. Wollten so gern nach Deutschland kommen ..."*

Hermann Garlichs berichtet im Tagebuch sogar über politische Versammlungen in Femme Osage. Einer der prominenten Redner im Jahre 1840 ist Friedrich Münch, von zu Haus aus Theologe wie er selbst und nun geachteter Vertreter der Interessen deutscher Einwanderer im Frontierstaat Missouri.

Pfarrhaus als Apotheke

Das kleine Pfarrhaus diente anfangs auch als Apotheke, wenn auch nur mit einfachsten, doch wirksamen Hausmitteln ausgestattet, deren Zubereitung Adelheid schon als Kind von ihrer Mutter und deren Gesinde auf dem abseits der Städte gelegenen Gut Steinlacke gelernt hatte. Bis hin zur Herstellung von Medizin für kranke Pferde, Kühe, Hunde oder Schafe. Ihr kleiner, gepflegter Kräutergarten war auf den entferntesten Farmen der Region bekannt und hoch geschätzt.

Bald erwies sich die enge Blockhauskirche in Femme Osage angesichts der ständig neu eintreffenden westfälischen Einwanderer als zu klein und dürftig. Das Ehepaar Garlichs schlug der Gemeinde vor, nach Muster seiner Heimatkirche dicke Feld- und Bruchsteine zu sammeln und mit diesen ein „richtiges Gotteshaus wie in der alten Heimat" zu bauen.

Nachfolger: Pastor Casper H. Bode

So geschah es denn auch, und 1841 konnte das schöne neue, steinerne Gebäude eingeweiht werden, um erst 47 Jahre später (Hermann Garlichs lebte längst nicht mehr) von Garlichs' über mehrere Jahrzehnte amtierenden Nachfolger, Casper H. Bode, durch eine nochmals größere Kirche an einem neuen Standort ersetzt zu werden.

Pastor Casper H. Bode stammte aus Schledehausen bei Osnabrück und befand sich bereits längere Zeit in den USA, als er 1844 nach Femme Osage kam. Hermann Garlichs, der in seiner über zehnjährigen Dienstzeit in Missouri aus dem Nichts heraus sechs Kirchengemeinden gegründet hatte, beschäftigte Bode zunächst als Assistenten und „Reisepastor" von Ort zu Ort. Bis Garlichs 1846 zum großen Bedauern seiner Gemeinde kündigte und Casper Bode als Nachfolger vorschlug.

Die schmucke kleine Feldsteinkirche von 1841 wurde nach dem großen Neubau von 1888 Schulhaus und ist als bedeutendes Denkmal im „National Register of Historic Places" der Vereinigten Staaten verzeichnet. Damit soll an die beispiellosen Pioniertaten der frühesten westfälischen Siedler und deren Bau der ersten evangelischen Kirche westlich des Mississippi durch Hermann Garlichs und seine Tecklenburger Gemeinde erinnert werden.

In der Wildnis sechs Kinder geboren

In ihrer vorübergehend neuen Heimat in Missouri wurden dem Ehepaar Hermann und Adelheid Garlichs zunächst sechs Kinder geboren, drei Söhne und drei Töchter, von denen fünf die frühen Jahre überlebten.

Hermann und Adelheid Garlichs machten sich angesichts des ungünstigen Klimas und der Anfang der 40er-Jahre öfter auftretenden, vom Süden eingeschleppten Epidemien zunehmend Sorgen um die Gesundheit ihrer Kinder. Während der von St. Louis bis nach Femme Osage und New Melle überschwappenden Malaria-, Schwarzfieber- und Ruhrepidemien hatten sich mehrfach Mitglieder ihrer Gemeinde infiziert.

Solch ansteckende Krankheiten forderten in der ganzen Gegend viele Opfer, bis in die folgenden beiden Jahrzehnte hinein.

So berichtete der neu gegründete „St. Charles Demokrat" noch Anfang 1850: *„In Neu Melle hat die Cholera ... in wenigen Tagen an die 60 Personen weggerafft, so dass einige Familien ganz ausgestorben sind!"*

Darüber hinaus machten dem Pfarrer, der sich niemals schonte und mit seinem Pferd und Wagen allen Unbilden des wechselhaften Wetters zwischen den beiden großen Strömen in Missouri ausgesetzt war, chronische Erkältung und Rheuma zu schaffen. Dies (und wohl auch das niedrige Einkommen) waren der Grund zu Überlegungen, nach nun bereits zehnjähriger Pionierarbeit im Frontier eine besser dotierte und ruhigere Pfarrstelle in einem gesünderen Klima des Ostens zu suchen.

Hermann Garlichs geht nach New York

Die verheerenden Überschwemmungen des Jahres 1844, als der Missouri weite Teile des Landes unter Wasser setzte und neben einer riesigen Vernichtungsspur eine Welle von Krankheit nach sich zog, mag den letzten Ausschlag für den erschöpften Femme-Osage-Pfarrer gegeben haben. Anfang 1846 kündigt Hermann Garlichs seinen Gemeindedienst auf. Am 19. April hält er vor seiner bekümmerten Gemeinde die Abschiedspredigt. 10 Tage später sind die Garlichs bereits mit Sack und Pack auf dem Weg nach Pennsylvania.

Hier im Nordosten wollte Garlichs an einer evangelischen Synode teilnehmen, wurde daran aber durch Sommerfieber gehindert. Ärzte gaben ihm den Rat, endlich einmal auszuspannen und sich in einem Heilbad gründlich auszukurieren zu lassen, am besten in Deutschland.

Das war Musik in den Ohren seiner Frau und ihrer Kinder. Spontan beschloss man, „nach Haus zu fahren". Am 31. Juli 1846 bestieg die Familie Garlichs in Baltimore ein Schiff nach Bremen.

Wieder zu Hause in Steinlacke!

Auf Gut Steinlacke angekommen, verbrachten Adelheid und ihre Kinder glückliche, sorglose Wochen bei ihrer Mutter. Hermann Garlichs dürfte unterdessen seine Kur genommen haben. Jedenfalls wissen wir von Garlichs' Biographen Pastor Bode junior und Professor Kamphoefner aus Amerika, dass der frühere Frontier-Pfarrer schon nach wenigen Wochen in Deutschland wieder so tatenfroh war, dass er quer durch Westfalen, im Bergischen und bis zur Nordseeküste Predigteinladungen annahm.

In Langenberg bei Elberfeld, Minden, Bielefeld, Herford, Bünde, Kirchlengern, Löhne, Höpen und sogar im Bremer Dom zog der weit gereiste Prediger das Kirchenvolk in seinen Bann.

Mehrere Presbyterien sollen Hermann Garlichs einflussreiche Pfarrstellen und hohe Ämter angeboten haben. Doch dieser nahm (zum Bedauern seiner Frau) nichts an – Garlichs zog es mit Macht zurück in die „Neue Welt", zu dem Arbeitsfeld, das ihm seiner Überzeugung nach, Gott zugeteilt hatte.

Während seine Frau mit den Kindern noch auf Gut Steinlacke blieb, schiffte sich Hermann Garlichs, nach einem Jahr der Erholung in Deutschland, im Oktober 1847 in Bremen nach New York ein. Sein Ziel war die evangelische Kirchenkonferenz von Broocklyn.

Verlockendes Angebot aus Brooklyn

Eigentlich war es seine Absicht gewesen, New York City und seinen Amtsbrüdern dort einen Besuch abzustatten und danach weiter gen Westen an die Großen Seen zu reisen.

In Brooklyn wurde Garlichs gebeten, einen Sonntagsgottesdienst für deutsche Einwanderer zu halten. Er sagte zu ... und blieb in dieser Gemeinde. Hier wurde nämlich gerade ein neuer Pastor gesucht. Genau so einer wie Garlichs. Und weil das Presbyterium dem Gast gleich ein schönes Pfarrhaus neben der großen, stattlichen Kirche sowie ein zufrieden stellendes Einkommen versprach, schlug Garlichs ein.

Das günstige Gehalt hatte mehrere Quellen, deren Herkunft Hermann Garlichs besonders reizte: Erstens ein Pfarramt (das Übliche); zweitens Mitarbeit in der New Yorker, ganz Nordamerika umfassenden „Traktat-Gesellschaft" (Absatz von Bibeln und anderer frommer Bücher, Schreiben und Drucken von Missionsschriften usw.) sowie drittens Aufbau und Leitung (mit gleichzeitigem Lehrauftrag) eines neuen Studienseminars für Theologen: *„Eine Lebensstellung"*, wie Garlichs seiner Frau im Mai 1848 nach Steinlacke schrieb. Für die Familie sei alles zum Besten gerichtet!

Zu Hause in New York/Brooklyn

Im Juni 1848 – Deutschland stand im Zeichen großer politischer Unruhen – reiste Adelheid Garlichs mit ihren Kindern nach New York und Brooklyn, wo sich die Familie sofort häuslich einrichtete. Endlich konnten die Kinder eine ordentliche Schule besuchen! Und Adelheid dürften, nach den entbehrungsreichen Jahren im einsamen Femme Osage, die Stadtluft, das bunte Leben der City und im zwar viel einfacheren, doch von vielen tausend deutschen Landsleuten bevölkerten Brooklyn sicher gefallen haben.

Aber erneut übernahm Hermann Garlichs viel mehr Aufgaben, als er dauerhaft bewältigen konnte: Seelsorge- und Predigtdienst in seiner evangelischen Gemeinde Brooklyn, blockweise Unterricht im neuen Predigerseminar. Bald war Garlichs „nebenher" auch noch Schriftleiter der einflussreichen New Yorker „Traktat-Gesellschaft", die unzählige Gemeinden auf dem ganzen Kontinent mit geistlichem Rüstzeug zu versorgen hatte.

Übrigens haben in den Jahrzehnten ab 1850 noch weitere evangelische Geistliche aus Westfalen für die „Traktat-Gesellschaft" New York geschrieben: August Rauschenbusch aus dem Bergischen (mit Wurzeln im Kreise Herford), Gustav Niebuhr aus Lage, August Schmieding (Bielefeld) und sogar als zeitweiliger Leiter, der „Erweckungsprediger" Simon Kuhlenhölter aus dem lippischen Wüsten.

In den New Yorker Jahren wuchs die Familie Garlichs weiter an. Bis 1860 gebar Adelheid in Brooklyn noch fünf Jungen und Mädchen (insgesamt brachte sie in Amerika 11 Kinder zur Welt). Von dem in Brooklyn geborenen Nachwuchs sind allerdings zwei Babys bereits im Kindbett gestorben.

Hermann Garlichs plötzliches Ende

1865, mit 58 Jahren, war Hermann Garlichs auf dem Höhepunkt seiner Karriere: Pfarrer einer großen Stadtgemeinde, Lehrer/Leiter des Seminars für die Ausbildung pastoralen Nachwuchses in den USA, Autor und Redakteur der bundesweit agierenden, angesehenen „Traktat-Gesellschaft New York".

Da überfiel den rastlosen Mann Gottes von Ostern an eine tückische Nierenkrankheit. Im Mai bestieg Hermann Garlichs noch zweimal die Kanzel seiner Kirche und predigte. Am 19. Juni nahm er bei den Gemeindeältesten berufsunfähig seinen Abschied. Am 24. Juli überraschte ihn der Tod im Schlaf.

Von heute auf morgen stand seine Frau Adelheid mit sieben Kindern, von denen das jüngste gerade drei Jahre alt war, allein da.

Aber auch in dieser schweren Lage dachte die durch das harte Leben der Prärie von Femme Osage gestählte Frau nicht daran aufzugeben, zumal sie bei der Erziehung der Kinder auf Ersparnisse aus der vielfältigen Tätigkeit ihres verstorbenen Mannes zurückgreifen konnte.

Adelheid erteilte Einwanderern Deutsch- und Englischunterricht. Kindern der High Society in der Stadt gab sie Klavierstunden. Die heranwachsenden Söhne leitete sie an, sich neben dem Schulbesuch her einträgliche Jobs zu suchen. Vom Ältesten, Carl, wissen wir, dass er an der Wall Street ein bedeutender, erfolgreicher Chefbanker wurde. Aber auch Carls Bruder Adolph machte später eine große Karriere, und zwar als wissenschaftlich ausgebildeter, führender Metall-Experte bei einer der größten amerikanischen Bergwerksgesellschaften in Colorado.

Ein weiterer Sohn wurde erfolgreicher Außenhandelskaufmann mit Geschäften, die ihn über Europa hinaus bis nach St. Petersburg in Russland führten.

Adelheid Garlichs mit drei Töchtern und Sohn Hermann nach Westfalen

Sechs Jahre nach dem Tod ihres Mannes packte Adelheid Garlichs ein mächtiges Heimweh nach Steinlacke und den Lieben in Deutschland. Ihre Söhne standen, bis auf den schulpflichtigen Hermann, wirtschaftlich längst auf eigenen Beinen.

Hinzu kam, dass die Witwe Garlichs wie auch ihre Tochter Emma offenbar beide an unterschiedlichen inneren Krankheiten litten, von denen sie in Deutschland vermutlich Linderung, wenn nicht gar Heilung erhofften. Zumindest lässt ihr baldiger Tod, nur wenige Tage hintereinander in Hannover, einen solchen, nahe liegende Schluss zu. Zunächst machte Adelheid Garlichs sich im Vorfrühling des Jahres 1871 in der Begleitung ihrer Töchter Annette (22), Bertha (18), Emma (15) sowie des Sohnes Hermann (9) von New York aus hoffnungsvoll auf den Weg in die alte Heimat Westfalen.

Vom elterlichen Gut Steinlacke aus müssen sich zumindest Adelheid Garlichs und ihre Toch-

ter Emma im April des Jahres 1871 nach Hannover begeben haben. Unklar ist, ob sie hier einen Verwandtenbesuch tätigten oder sich in ärztliche Behandlung begaben.

Gestorbene Mutter und Tochter von Hannover nach Brooklyn transportiert

Fest steht jedenfalls laut Kirchenbuch der „Gartenkirche" zu Hannover von 1871, dass Adelheid Garlichs unter der Adresse „Hannover, Marienstraße 12 A" am 21. April 1871 im Alter von 54 Jahren an „Wassersucht" gestorben ist. Das war in dem genannten Jahr der 99. Sterbefall in dieser Gemeinde.

Unter Sterbefall Nr. 103, derselben Hausanschrift und nur acht Tage später verstirbt am 29. April 1871 die Tochter Emma Marie Eleonore Garlichs im Alter von 15 Jahren und drei Monaten. Als Todesursache gibt der Schreiber A. Evers (?) „Lungenschwindsucht" an.

Während bei allen vorherigen und nachfolgenden Toten auch der Tag und Ort des Begräbnisses angegeben werden, hinterlässt der Gemeindeschreiber bei Mutter und Tochter Garlichs nur einen Strich.

Die Erklärung folgt in der Spalte „Bemerkungen": *„Nach Amerika transportiert den 23. April 1871"*, heißt es zu der verstorbenen Adelheid Garlichs. Und bei deren Tochter Emma: *„Nach Amerika transportiert den 2. Mai 1871".*

So dürften Mutter und Tochter später neben dem Gatten bzw. Vater, Pastor Hermann Garlichs auf dem eigenen Gemeindefriedhof in Brooklyn beigesetzt worden sein.

Doppelhochzeit in Amerika

Im Kirchenbuch von Kirchlengern findet sich hierzu kein Eintrag. Auch die Vermählung der beiden ältesten Garlichstöchter ein Jahr später mit den Gutsherren auf Steinlacke und Oberbehme wird im heimischen Kirchenbuch nicht registriert. Stattdessen gibt es im Jahr 1872 unter „Aufgebotene und Getraute" und den Registernummern 6 und 7 eine kurze Mitteilung: *„Der Kaufmann Hermann Otto von Laer auf Behme hat in New York die dort wohnende Annette Garlichs geheiratet."*

Das Gleiche wird zur Eheschließung *„zwischen dem Landrat Franz Philipp Hans Georg Rudolph* *von Borries aus Steinlacke und Bertha Louise Garlichs zu New York"* vermerkt. Eltern der Bräute: *„Die verstorbenen Pastor Hermann Garlichs zu Brooklyn/New York und Adelheid von Borries".*

Nach Auswertung des US-Census von 1870, amerikanischer Schiffslisten sowie der Personalakte des Landrats von Borries bei der Preußischen Regierung in Minden aus den Jahren 1870 ff. passen endlich alle Bausteine in das abschließende Gesamtbild einer höchst ungewöhnlichen deutsch-amerikanischen Doppelhochzeit, und dies innerhalb einer (wenn auch erweiterten) Verwandtschaft sowie Nachbarschaft von Rittergut zu Rittergut in Kirchlengern.

Die Garlichstöchter Annette und Bertha sowie Sohn Hermann bleiben nach dem unerwarteten Tod von Mutter und Schwester noch bis Mitte Juli 1871 auf Steinlacke. Vor dem Tod der Mutter hatten sich die beiden bislang unverheirateten Herren Gutsbesitzer Dr. Rudolf von Borries (Steinlacke) und Carl Friedrich Otto von Laer (Oberbehme) jeweils in eine der schönen Garlichstöchter Annette und Bertha verliebt.

Trotz der tiefen Trauer um ihre Mutter nahmen beide Frauen das Eheangebot ihrer adligen Werber an. Mit Rücksicht auf die verstorbenen Angehörigen und das obligatorische Trauerjahr vereinbarten die Verlobten, mit der Hochzeit ein Jahr zu warten. Und: Die Vermählung sollte, zu Ehren beider verstorbenen Eltern, in der ev. Garlichs-Kirche zu Brooklyn sein. Heiratstermin: Der 30. Mai 1872.

Mitte Juli 1871 bringen die beiden Männer ihre Bräute und Hermann Garlichs junior nach Bremerhaven auf den Dampfer „Deutschland". Am 24. Juli treffen Annette, Bertha und Hermann in New York ein.

Reisegenehmigung aus Minden

Die Zeit geht ins Land, und der Landrat unterrichtet erst einmal seinen Vorgesetzten, den Regierungspräsidenten zu Minden, über die vollzogene Verlobung. Danach beantragt er für April bis Juli 1872 Urlaub und holt sich die Genehmigung zu einer mehrwöchigen USA-Reise. Von Borries nennt in seinem Schreiben nach Minden sogar den genauen Abreisetag: 27. April 1872 mit dem Dampfer „Main" ab Bremen bzw. Bremerhaven.

Der Regierungspräsident in Minden informiert daraufhin seinen vorgesetzten Innenminister in Berlin. Dieser hat keine Einwände. Dr. von Borries darf reisen, heiraten und soll sich die Staaten in Ruhe anschauen. Nur: *„Sie haben für ordentliche Vertretung im Amt zu sorgen!"*

Berlin stellt eine weitere Bedingung: „Dass der Landrat Dr. von Borries seiner zukünftigen Gattin eine Pension in Höhe von 1/5 seines pensionsberechtigten Diensteinkommens von 1 200 M jährlich aussetze und dafür ab Oktober 1872 in die Berliner Witwen-Versorgungskasse eintrete.

Einen Vertreter findet der Landrat in der Person des Vaters seines mitreisenden und ebenfalls heiratenden Vetters C. F. O. von Laer. Von Laer senior sei zwar schon bei Jahren, *„besitzt jedoch als ehemaliger Landrat die größte Erfahrung."* Dazu gebe es auf dem Landratsamt in Herford einen sehr gewissenhaften Schreiber, der die Dinge auf dem Laufenden halte, bis er, von Borries, zurück sei und alle fälligen Entscheidungen treffe.

Vermählung am 30. Mai in Brooklyn

Laut New Yorker Einwanderungsbuch treffen die Hochzeiter „Rudolph Borries" (28 Jahre alt) und „Otto Vonlaer", 36 Jahre, am 13. Mai mit dem Dampfer „Deutschland", von Bremen kommend, in New York ein. Die Vettern geben als Beruf beide schlicht „Kaufmann" an.

Über die Doppelhochzeit und Feier in Brooklyn ist hierzulande nichts bekannt. Die Vermählung des Landrats von Borries mit Bertha Garlichs am 30. Mai 1872 in Brooklyn wird jedoch durch eine Familienakte derer von Borries im Kommunalarchiv Herford bestätigt.

Von Borries und von Laer dürften danach mit ihren jungen Frauen in den USA eine Hochzeits-rundreise gemacht haben. Jedenfalls waren beide Paare Mitte Juli 1872 wieder zu Haus auf Steinlacke und Oberbehme. Am 24. Juli desselben Jahres meldete der Landrat dem Regierungspräsidenten in Minden per Eilboten: *„Dienst wieder angetreten!"*

Die Last der vielen Arbeit des Landrats dürfte dem jungen Familienglück nicht gerade zuträglich gewesen sein. Denn die Regierung übertrug Dr. von Borries noch im selben Jahr zusätzlich (bis 1878) die Leitung des Nachbarkreises Bielefeld.

Simon Kuhlenhölter

Evang. Salems-Kirche zu Quincy, Ills.

Der frühere Wüstener Schäfer Simon Kuhlenhölter gründete als Prärie-Pastor zahlreiche Einwanderergemeinden, insbesondere in Quincy (IL) und war ebenfalls Mitarbeiter der Traktat-Gesellschaft zu New York

Ein kleiner Trost: Das Gehalt wurde „gnädigst" auf nunmehr 3 600 M pro Jahr heraufgesetzt. Der Innenminister persönlich gestattete dem Doppel-Landrat von Borries sogar *„ausnahmsweise, seinen Wohnsitz nach dem Gute Steinlacke zu verlegen"*.

*

Damit ist die Auswanderergeschichte „Aus Liebe nach Amerika" mit den Heroes in der „Neuen Welt", Hermann Garlichs & Adelheid von Borries eigentlich zu Ende.

Nachzutragen wäre freilich noch, dass der neuen Herrin auf Gut Steinlacke, Bertha von Borries, geborene Garlichs, aus Amerika, nur 15 Jahre an der Seite des Landrats Dr. von Borries beschieden waren. Ihre beiden Kinder starben schon im Säuglingsalter. Sie selbst erlag 1887 im Alter von nur 34 Jahren einem Krebsleiden.

Dr. Rudolf von Borries heiratete am 24. November 1890 in zweiter Ehe standesamtlich Elisabeth Malotki von Trzebiatowski aus dem Bielefelder Familienstamm Delius.

Vier Tage darauf, am 28. November 1890, sollte in Düsseldorf, der Heimat der Braut, die kirchliche Trauung sein. Wenige Stunden zuvor jedoch traf den 48-jährigen Landrat der Schlag. Er war auf der Stelle tot.

***

Bei den Recherchen zu dieser Geschichte haben Prof. Dr. Walter Kamphoefner (Texas A&M-University), Dr. Reyner von Borries (Steinlacke), Archivarin Birgit Rausch (Kommunalarchiv Herford), das Landeskirchenamt für Westfalen in Bielefeld (Landeskirchliches Archiv), die Stadtkirchenkanzlei des ev. luth. Stadtkirchenverbandes Hannover sowie das NRW-Landesarchiv in Detmold unbürokratisch fachspezifische und in etlichen Fällen sehr zeitaufwändige Hilfe geleistet.

Pauline von Mallinckrodt, Wegbereiterin des Schulwesens in den USA: Bismarcks Religionspolitik trieb den „Orden der Schwestern der Christlichen Liebe" nach Amerika

Nicht nur Männer aus Westfalen setzten zur „Pionierzeit" der Vereinigten Staaten im 19. Jahrhundert politisch, wirtschaftlich und wissenschaftlich Maßstäbe. Auch Frauen aus dem Land an Weser, Ems, Lippe und Pader haben amerikanische Entwicklungsgeschichte geschrieben. Die in Minden geborene und von Paderborn aus wirkende Ordensgründerin Pauline von Mallinckrodt (1817–1881) ist mit ihrem Beitrag zum Aufbau eines geordneten, allgemeinen und christlichen Schulwesens im Osten und Mittleren Westen der Vereinigten Staaten von Nordamerika als kultureller „Heroe" in die amerikanische Schul- und Sozialgeschichte eingegangen – „ein Geschenk des Himmels für uns Einwanderer und unsere Kinder!", wie 1880 eine lokale Gazette im Kohlenrevier von Wilkes-Barre (Pennsylvania) anerkennend über die fromme und doch so wirklichkeitsnahe, sozial und pädagogisch zupackende Frau aus Westfalen schrieb.

„Mutter Pauline", Gründerin und erste Generaloberin ihres Ordens der Schwestern der Christlichen Liebe

D abei ist „Mutter Pauline", wie sie zu Lebzeiten liebe- und ehrfurchtsvoll von ihren Schwestern und allen, die sie näher kannten, angesprochen wurde, trotz ihres großen, auch kirchlichen Engagements in der „Neuen Welt" weder selbst nach Amerika ausgewandert noch Amerikanerin geworden.

Anlass des Engagements in Amerika war der vom deutschen Reichskanzler Otto von Bismarck heraufbeschworene, unselige „Kulturkampf". Viele katholische Einrichtungen, so auch die Schultätigkeit des von Pauline von Mallinckrodt 1849 gegründeten „Ordens der Schwestern der Christlichen Liebe", wurden verboten. Es kam sogar zum staatlichen Einzug des Vermögens. Dies führte ab 1873 zu einem Exodus in das europäische und überseeische Ausland.

Um ihre noch junge Kongregation zu retten, wurden die erfahrensten der bislang in Paderbor-

ner, Dortmunder sowie rheinischen Gründungen bereits überaus erfolgreich arbeitenden Schwestern von 1873 an, nach sorgfältigen Reisevorbereitungen, durch Mutter Pauline Gruppe für Gruppe nach Amerika gesandt.

Dort entstanden binnen weniger Jahre und unter schwierigen äußeren Umständen in Wilkes-Barre (mitten im Kohlenrevier von Pennsylvania) das erste amerikanische Mutterhaus, eine mustergültige Ausbildungsstätte für Lehrerinnen sowie von New York bis zum Süden nach New Orleans viele christliche Schulen.

Pauline von Mallinckrodt selbst, die ebenso wie ihr Paderborner Bischof Konrad Martin während des Kirchenkampfes von der preußischen Regierung des Landes verwiesen worden war, verlegte ihren Sitz bis zum Ende der staatlichen Repressionen Berlins nach Mont St. Guibert in Belgien. Von hier aus führte sie ihr Lebenswerk tätiger Nächstenliebe an Blinden und Hilfsbedürftigen unbeirrt fort. Vor allem aber setzte sie sich für eine bessere Schulbildung junger Mädchen und die Ausbildung heranwachsender Schwestern zu staatlich geprüften Lehrerinnen ein.

Mallinckrodt-Stiftung in St. Louis

Der Vater der Ordensgründerin, Detmar Mallinckrodt, evangelischen Bekenntnisses, war höherer Beamter in preußischen Diensten und seit 1816 im Regierungspräsidium Minden tätig. Er stammte aus einer alten Dortmunder Patrizierfamilie, von der übrigens ein amerikanischer Spross nach seiner Auswanderung in die USA in St. Louis später das Weltunternehmen „Mallinckrodt Chemical Works" gründete.

Dieser evangelische Zweig der Mallinckrodts ist als Mäzen der Washington-Universität in St. Louis und als vielfältiger Förderer von Kunst und Kultur in die Geschichte der heutigen Dreimillionen-Metropole am Mississippi eingegangen. An der genannten Universität besteht seit langem eine Mallinckrodt-Stiftung.

Pauline von Mallinckrodt war nach ihrer Geburt am 3. Juni 1817 vom Propst der Mindener Domkirche katholisch getauft worden. Ihre Mutter Bernhardine, Tochter des fürstbischöflichen Paderborner Hofrats Georg von Hartmann, sorgte im „protestantischen Minden" für eine bewusst katholische Erziehung ihres Kindes. Dies stand jedoch dem strengen Reglement preußischer Oberbeamter, ihre Kinder ausnahmslos in der väterlichen Konfession taufen und erziehen zu lassen, strikt entgegen.

1824 ging Detmar Mallinckrodt, der später aufgrund seiner großen Verdienste um Preußen in den erblichen Adelsstand erhoben wurde, nach Aachen und übernahm an diesem „gut katholischen" Regierungssitz nun die Stelle des Vizepräsidenten.

Hier besuchte seine hochbegabte Tochter Pauline ab 1827 die katholische Höhere Töchterschule „St. Leonhard", an der die berühmte Dichterin Luise Hensel unterrichtete, und danach zur Förderung des Französischen ein Internat in Belgien.

Luise Hensel wurde in den folgenden Jahren zur entscheidenden geistlichen Wegbegleiterin der

Das erste Mutterhaus der Schwestern der Christlichen Liebe in Paderborn

Heranwachsenden, die sich schon als junges Mädchen entschieden gegen allen Luxus in der Gesellschaft ausgesprochen hatte, wie ein aus Reisenotizen überliefertes Zitat unterstreicht: *„Mich empört übertriebene Pracht im Innersten!"*

Begegnung mit Otto von Bismarck

Dabei musste Pauline schon als Siebzehnjährige, als ihre Mutter 1834 plötzlich starb, das große väterliche Haus mit all seinen gesellschaftlichen Verpflichtungen führen. Unter den Gästen, die bei den Empfängen des Regierungsvizepräsidenten von Mallinckrodt ein- und ausgingen, befand sich zeitweilig auch Paulines späterer Widersacher Otto von Bismarck, damals Referendar.

Es ist (ungesichert) überliefert, von Bismarck habe der ansehnlichen, auffallend hübschen Pauline von Mallinckrodt den Hof gemacht, sei von dieser jedoch entschieden zurückgewiesen worden – was möglicherweise Bismarcks späteren, erbitterten Kampf gegen die katholischen Kirche und vor allem gegen den Bischof von Paderborn sowie die von diesem protegierte Ordensgründerin Mutter Pauline in gewisser Weise erklären könnte.

1839 reichte der Vater wegen Krankheit und wachsenden politischen Drucks aus Berlin vorzeitig seine Pensionierung ein und zog sich mit der Familie auf sein Gut Böddeken bei Paderborn zurück, wo er drei Jahre später starb.

Inzwischen hatte sich Pauline von Mallinckrodt während der Tätigkeit als Gutsherrin fest entschlossen, ihr weiteres Leben ausschließlich der Hilfe kranker und armer Mitmenschen zu widmen. Dafür sah sie „vor ihrer Haustür" in der Stadt Paderborn und in deren Armenquartieren hinter der Mauer, bei Blinden und anderen Leidenden aus ärmsten Volksschichten hinreichend Anlass.

Anfang mit „Kleinkinder-Bewahranstalt"

Bereits 1840 gründete Pauline in Paderborn weitgehend mit Mitteln ihrer Familie die erste „Kleinkinder-Bewahranstalt" Westfalens. 1842 eröffnete sie überdies, sozusagen im Schatten des heimatlichen Hohen Doms, ihr erstes Haus zur Betreuung Blinder in Westfalen, „weil wir erreichen müssen, hilflose Blinde in die Lage zu versetzen, für sich selbst zu sorgen!"

1847 entstand aus diesem bescheidenen Anfang in Paderborn nach ihren Ideen die Provinzial-Blindenanstalt.

Ihr großer Gönner dabei war schon seit 1843 der protestantische, westfälische Oberpräsident von Vincke in Münster, nach dessen Tod 1844 allerdings unter den Vertretern der Provinz Westfalen ein Konfessionsstreit ausbrach: „Wenn es eine katholische Blindenanstalt gibt, muss es – parallel dazu – auch ein evangelisches Haus für Blinde geben!" Dementsprechend beschloss der Landtag 1845 zwei nach Konfessionen getrennte Abteilungen; eine in der „evangelischen" Stadt Soest und eine zweite in Paderborn. Pauline übergibt letzterer 1847 ihr Privat-Blindeninstitut mit seinem ganzen Vermögen.

Mangel an ausgebildeten Lehrerinnen

Als nun staatlich anerkannte Leiterin der Blindenanstalt in Paderborn stellt Pauline fest, dass es an ausgebildeten Lehrerinnen und Pflegerinnen mangelt. Sie versucht einen geeigneten Orden zu gewinnen, um Unterricht und Pflege der Blinden auch auf Dauer zu garantieren. Gleichzeitig möchte sie selbst ihrem schon lange gehegten Wunsch folgen, Ordensschwester zu werden. Aber alle Bemühungen sind vergebens.

Bischof Conrad Martin von Paderborn, ab 1856 Förderer des Ordens und Spitze des Widerstandes während des so genannten Kulturkampfes

Nach viel Gebet und reiflicher Überlegung entschließt sich Pauline von Mallinckrodt nun, selbst einen Orden zu gründen. Einen ihr gehörenden Garten mit kleinem Wohnhaus will sie als Grundvermögen zur Verfügung stellen.

Am 21. August 1849 gründet Pauline dann eine eigene Kongregation mit dem später weltweit bekannt gewordenen und bis in das 21. Jahrhundert hinein mit Niederlassungen auf vier Kontinenten vertretenen Namen: „Schwestern der Christlichen Liebe".

Einer der Leitgedanken der inzwischen in Rom selig gesprochenen Pauline von Mallinckrodt lautet: „Die Hand bei der Arbeit, das Herz bei Gott!"

Gründungsmitglieder waren, außer Pauline von Mallinckrodt, Mathilde Kothe, Maria Rath und Elisabeth Schlüter, lebensnahe Ordensfrauen.

Die beiden ersten haben in den 70er-Jahren des 19. Jahrhunderts als richtungweisende „Mütter des christlichen Schullebens" nicht nur in Deutschland und Belgien, sondern auch in Amerika Schul-, Sozial- und Kirchengeschichte geschrieben.

Höhere Töchterschulen entstehen

In Dortmund und im Bergischen Land entstanden bald Ordens-Filialen. 1859, zehn Jahre nach der Gründung, betreuten und unterrichteten bereits 68 Schwestern an 10 verschiedenen Orten in Deutschland 1 444 Blinde, elternlose Kinder und bildungshungrige Töchter aus dem Bürgertum. Auf Wunsch der Eltern entstanden mehrere Höhere Töchterschulen.

1870 betreuten 244 Schwestern 5 525 „Zöglinge", wie das damals hieß. Dabei legte die Gründerin großen Wert darauf, dass die Schwestern nach ihrer pädagogischen Ausbildung in Münster oder in Paderborn ein staatliches Lehrerexamen ablegten.

Recht früh hatte sich die vorbildliche soziale und pädagogische Arbeit des Ordens der „Schwestern der Christlichen Liebe" bis zu den vielen ausgewanderten Katholiken in Nord- und Südamerika und in deren meist noch im Aufbau befindlichen Pfarreien herumgesprochen.

Gesucht: Lehrerinnen für Quincy

Als der Bischof der US-„Frontier"-Diözese Alton (Illinois), Junker, am 28. März 1858 Paderborn und hier das Mutterhaus der Schwestern der Christlichen Liebe besuchte, bat er Bischof Konrad Martin persönlich dringend darum, ihm für eine geplante neue katholische Schule in Ouincy, der heutigen Sister-City von Herford, 12 Schwestern mitzugeben. Man habe in jener *„ziemlich wilden Gegend"* am Mississippi bisher nämlich nur Laien als Lehrer verfügbar.

Da Mutter Pauline sich zu dieser Zeit gerade auf einer Visitationsreise befand, konnte keine Entscheidung getroffen werden. Doch nach ihrer Heimkehr dämpfte sie die Begeisterung ihrer Mitschwestern, nach Quincy zu gehen. Sie schrieb dem Bischof von Alton: *„Für solche Arbeit ist die Zeit noch nicht reif. Uns fehlen hier in Europa selbst genügend ausgebildete Schwestern!"*

Doch der „Prärie-Bischof" aus Alton ließ nicht locker. 1867 kam er erneut nach Paderborn, ein für die Mission in den USA besonders wichtiger Stützpunkt. Immerhin hat das Bistum Paderborn im 19. Jahrhundert an die 500 katholische Priester in die „Neue Welt" entsandt.

Nun sagte Mutter Pauline dem Bischof zu, nach Verlauf von zwei Jahren, in denen im Orden vorbereitend Englisch gelernt werde, erst einmal elf auf das schulische Lehramt „wohl präparierte" Schwestern nach Quincy zu senden. Doch dann kam die Nachricht vom plötzlichen Tode des Bischofs von Alton und die bange Frage:

Würde dessen Nachfolger womöglich andere Pläne verfolgen?

Die Jahre 1870/71 gingen mit dem Deutsch-Französischen Krieg ins Land. Der Briefverkehr von und nach Übersee stockte.

1872: Post aus dem Kohlenrevier

Doch gleich danach, im Jahre 1872, bekam Mutter Pauline Post von den „Frontier"-Pfarrern Bickmann und Körgel aus dem Kohlenrevier Pennsylvanias. Ob der Mallinckrodt-Orden so rasch wie möglich Lehrerinnen für mehrere geplante Grundschulen schicken könne? Allerdings gebe es vor Ort bisher weder Schulgebäude noch Geld oder Sponsoren für deren Errichtung. Es werde erwartet, dass Mutter Pauline für 10 000 Taler ein Grundstück kaufen würde.

Erfolgversprechender klang da schon der Brief von Pastor John Bogaertz von „St. Heinrich" in New Orleans. Eine Schule sei da, es gebe auch schon etwas Unterricht durch Laien. Was aber dringend fehle, seien fachlich gut ausgebildete, katholische Lehrerinnen, *„die den Kindern wirklich etwas beibringen können!"*

Grabeskapelle im Garten des deutschen Mutterhauses in Paderborn

Ab April 1873 „Auf nach Amerika!"

Noch im Spätwinter 1872/73, unter dem wachsenden Druck des Kulturkampfes in ihrer Heimat (Ordensleuten, auch den Mallinckrodt-Schwestern, war ab 1872 Unterricht an öffentlichen Schulen verboten), gibt Mutter Pauline den Weg nach Amerika endgültig frei.

Ein letzter Versuch, in einem persönlichen Gespräch mit Kaiser Wilhelm I. in Berlin die Existenz ihrer deutschen Ordenshäuser zu retten, schlägt fehl. Der Kaiser empfängt Mutter Pauline, die unter Fürsprache führender westfälischer Regierungsstellen um eine Audienz gebeten hatte, nicht. Sie erreicht also nichts und reist bitter enttäuscht heim.

Die junge Pauline von Mallinckrodt – nach einem Gemälde von 1839

Im April 1873 verlassen die ersten acht Mallinckrodt-Schwestern auf einem Dampf-Segelschiff Bremerhaven Richtung New Orleans: die Schwestern Xaveria Kaschke (Leiterin), Meinolpha Helle, Adele Weinert, Apollonia Rumpe, Georgia Lehmann, Cortona Busch, Anselma Stiepeldey und Lydia Saken.

Am 4. Mai trifft das Schiff „Frankfurt" im Hafen von New Orleans ein. Pastor Bogaertz, der Kirchenvorstand und über 100 Schulkinder begrüßen die Ankömmlinge am Kai. Unter Glockengeläut und dem „Te Deum" geht es mit den Schwestern nach „St. Heinrich", einer schlichten Pfarrkirche aus Holz inmitten kleiner Wohnhäuser und üppiger, subtropischer Gärten.

Paulines erste Reise in die „Neue Welt"

Unterdessen bereitet Mutter Pauline ihre erste eigene Reise in die USA vor, um das neue Missionsfeld ihres Ordens persönlich auszukundschaften und vor allem, um nach einem Platz für das notwendige nordamerikanische Mutterhaus Ausschau zu halten.

Nachdem ihr Onkel Bernhard von Hartmann, Bankier in Bielefeld, ausreichend US-Devisen beschafft hat, bricht sie am 24. Mai 1873 von Bremerhaven aus mit dem Dampfer „Hermann" nach Nordamerika auf. Gleichzeitig kündigt sie Pastor Nagel in Wilkes-Barre (Pennsylvania), der die Bitte seiner Amtsbrüder Bickmann und Kögerl um Entsendung von Schwestern erneuert hatte (*„Wir haben inzwischen auch ein Schulhaus!"*), ihren spä-

teren Besuch per Schiff und Eisenbahn an. Denn dort, geographisch anscheinend zentral gelegen, ist ihr Bauland für ein amerikanisches Provinzial-Mutterhaus angeboten worden.

Unterwegs lernt Mutter Pauline Englisch. Über Baltimore, Philadelphia, Cincinnati reist sie per Schiene und Schiff nach New Orleans. Ihrem Bischof Konrad Martin in Paderborn schreibt sie: *„Von den ungeheuren Länderstrecken und dem weiten Arbeitsfeld in Amerika macht man sich nicht leicht eine Idee, so riesengroß ist hier alles …"*

Endlich ist Mutter Pauline bei ihren Schwestern in New Orleans. Der Sommer beginnt. Im Mississippi-Delta ist es drückend heiß. Die Schwestern unterrichten bereits mehr als 100 Kinder. Mutter Paulines Rat: *„Haltet nicht nur in Deutsch, sondern genauso auch in Englisch Schule!"*

„Willkommen im Land der Freiheit!"

In den folgenden Wochen ist die Ordensgründerin nahezu pausenlos reisend, planend, ratend und entscheidend tätig.
- Hilfe bei der Einrichtung des Schwesternhauses an St. Heinrich. Rückreise nach Norden.
- In Wilkes-Barre (Pennsylvania) für sie und die sie begleitende Schwester Gonzaga Kreymborg herzliche Begrüßung durch Pfarrer Peter C. Nagel, den sie bereits von dessen Paderbornbesuch im Jahre 1871 her kennt.

Im Fackelzug und mit dem Ruf: *„Willkommen im Land der Freiheit!"* werden die beiden Schwes-

Typische Schule des Ordens aus dem 19. Jahrhundert, für deutsche Einwandererkinder in der Prärie entwickelt: St. Mary's in Westphalia, Michigan, rechts das Schulhaus, links ein Schülerinnen-Wohnhaus für den Winter

tern zur Kirche geführt. Hier sodann Besichtigung der neuen, dreistöckigen und sechsklassigen Schule: *„Nur ... Lehrerinnen aus Deutschland fehlen!"*, stellt Pfarrer Nagel bedauernd fest.

Anschließend Besuch beim Bischof von Scranton, der im Wyoming-Tal an den Kohlenminen von Wilkes-Barre ein passendes Grundstück für das Mutterhaus anbietet.

Beschluss: Hier soll schon im Herbst 1873 mit 10 weiteren Schwestern aus Deutschland die neue Zentrale entstehen!

Weiter reist Mutter Pauline mit Schwester Gonzaga nach New York City. Erzbischof John Mc. Closky schickt die beiden zu Pastor Joseph Stumpe in der Bronx, einem damals unvorstellbar ärmlichen Einwanderer-Nest. Auch hier sehnen sich die Eltern, trotz aller Not und Armut, nach schulischem Unterricht für ihre Kinder.

Ein Gebäude haben sie bereits. Katholische Lehrerinnen hoffen sie so bald wie möglich von den Schwestern der Christlichen Liebe zu bekommen.

Die Ordensgründerin ist tief bewegt und sagt baldige Hilfe aus Wilkes-Barre zu. Sie vermerkt in ihrem Tagebuch: *„Selbst wenn unsere Kongregation fünfmal größer wäre, könnten wir nicht alle Lehrer-Anforderungen erfüllen!"*

Am 2. August 1873 tritt Mutter Pauline mit Schwester Gonzaga auf dem Dampfschiff „Mosel" von New York aus die Heimreise nach Bremen an.

In Paderborn ist der politische Druck aus Berlin so stark geworden, dass Bischof Konrad Martin in einer Predigt öffentlich protestiert. Dies führt genau ein Jahr nach Mutter Paulines Heimkehr aus den USA zu seiner Verhaftung, unter Verlust seiner deutschen Staatsangehörigkeit. Das Theologenkonvikt in Paderborn war zuvor bereits geschlossen worden.

Paderborns Bischof flüchtet nach Belgien

Nach Festungshaft in Wesel und Flucht über Holland nach Belgien findet Bischof Konrad Martin 1876 schließlich im dortigen Kloster Mont St. Guibert Unterschlupf, das Mutter Pauline inzwischen als Ausweich-Mutterhaus erworben hat.

Die Paderborner Liegenschaften des Ordens – Mutterhaus und St.-Josephshaus – überträgt sie an ihren Bruder Georg, Besitzer von Gut Böddeken. Trotzdem führt die Reichsregierung zahllose Prozesse gegen den Orden und Pauline von Mallinckrodt persönlich.

Im Frühjahr 1877 sieht Mutter Pauline für sich persönlich und ihre Kongregation als letzte Möglichkeit, ihr Werk innerhalb Europas zu retten, den vorerst kompletten Umzug nach Belgien.

Mutter Paulines zweite Amerika-Reise

1879, kurz vor ihrer zweiten und letzten USA-Reise, wird Mutter Pauline durch das Generalkapitel der Schwestern der Christlichen Liebe als Generaloberin wiedergewählt.

Da sie zunächst nach Chile reist, schifft sie sich diesmal in Bordeaux ein.

Am 4. Oktober 1879 verlässt die „Potosi" den Hafen in Richtung Südamerika. Seit 1874 sind auf den Spuren deutscher Auswanderer in Ancud, Concepción, Santiago und anderen Orten bereits neun blühende Niederlassungen des Ordens entstanden.

Zur gleichen Zeit, als sich Bischöfe in der Weite des nordamerikanischen Westens in Paderborn persönlich um Priester und Lehrerinnen für ihre gerade entstehenden Kirchengemeinden der pausenlos eintreffenden Heerscharen deutscher Einwanderer bemühten, erhielt Mutter Pauline auch entsprechende Anfragen aus Südamerika.

Seit 1874 Mallinckrodt-Schwestern in Chile

Da die äußeren Umstände wegen bereits vorhandener Kirchen, Schulen und Wohnungen günstig erschienen, entsandte Mutter Pauline – zeitlich nach der ersten Schwesterngruppe für New Orleans – zwölf zuvor fachlich und „landesgerecht" sorgsam vorbereitete Schwestern nach Ancud (Chile).

Der südamerikanische Start gelang zunächst recht gut: In Ancud entstand bereits binnen Jahresfrist das erste südamerikanische Mutterhaus. Doch die geographischen Verhältnisse (weite Entfernungen zu den deutschen Siedlungen, fehlende Straßen) waren von Europa aus wohl nicht realistisch genug eingeschätzt worden.

Zwar konnten in Ancud und Umgebung ab 1874 mehrere Schulen eröffnet werden. Das Mutterhaus wurde jedoch der zentraleren Lage wegen schon vier Jahre nach Eintreffen der ersten Schwestern nach Concepción verlegt. Dort konnten mehr deutsche Einwanderer erreicht werden.

Von hier aus entstanden innerhalb weniger Jahre in Angol, Cauquenes, Curicó, Santiago und weiteren deutschen Einwandererzentren Dutzende von Schulen: Grundschulen und Höhere Schulen, speziell Mädchenschulen, Lyzeen, Internate für Mädchen und Jungen, Sonntagsschulen, ferner Hospitäler, Armen-Apotheken sowie zahlreiche Kindergärten.

1907 ist das Mutterhaus der südamerikanischen Ordensprovinz noch einmal verlegt worden, und zwar nach San Bernardo, von wo aus fortan alle weiteren Aktivitäten auf diesem Kontinent gesteuert wurden. Waren doch inzwischen neue, dringende Anfragen nach Eröffnung deutscher Schulen aus südamerikanischen Nachbarländern Chiles gekommen, allen voran aus Uruguay und Argentinien. Hier entstanden dann ab 1884 ebenfalls Schulen und Kindergärten.

Die segensreiche Tätigkeit vor allem in Chile wurde später mehrmals durch Kriege und Aufstände, Epidemien und Erdbeben bedrohlich gestört.

Rückzug aus Mangel an Schwestern

Am stärksten beeinflusste die Arbeit der Mallinckrodt-Schwestern in Südamerika jedoch, aufs Ganze und bis heute gesehen, ein großer Personalmangel in der Zeit nach dem Zweiten Weltkrieg.

Ob es um eine Tätigkeit im Sanatorium für Geistigbehinderte in Montevideo (Uruguay), um Internat plus Externat plus Kindergarten in Darreguereira (Argentinien), um ein Kinderheim in Gilbert oder um Armen-Nähschulen in verschiedenen Städten geht, allesamt erfolgreich geführte und zu ihrer Zeit stark in Anspruch genommene Einrichtungen: Die uruguayische Chronistin Schwester María de la Merced vermerkt 1995 enttäuscht: „Rückzug aus Mangel an Schwestern!", ferner „Not und Aufgaben wachsen, doch die Zahl unserer Schwestern nimmt ab …"

***

Zurück in das Jahr 1879, als Mutter Pauline mit der „Potosi" ihre erste, bereits blühende südamerikanische Gründung in Chile besucht, den zwölf Schwestern für die bisher geleistete, gewaltige Aufbauarbeit dankt und mit ihnen und den dortigen Pfarrern sorgsam den weiteren Ausbau der Aktivitäten des Ordens diskutiert und entscheidet.

Nach dieser Visite, von ihren Schwestern und deren Schülerinnen und Schülern sowie von dem katholischen Oberhirten in Chile hoch geehrt, nimmt Mutter Pauline an der Pazifik-Küste ein

Mutterhaus der US-Provinz Wilkes-Barre und High School, Pennsylvania, später St. Ann's Academy

Schiff nach Panama mit dem Ziel New York. Dort trifft sie am 26. März 1880 ein.

Mutter Pauline ist von den unsagbaren Strapazen der letzten Jahre und vor allem von ihrer jüngsten Reise sichtlich gezeichnet. Sie hatte für ihren weiten Weg von Chile nach Nordamerika zwar nicht die gefahrvolle Passage um Kap Hoorn herum genommen, sondern einen Weg über Land durch Panama zur atlantischen Küste des Kontinents gewählt. Dabei waren jedoch zu Lande und auf See schwere Unwetter zu überstehen, die, verbunden mit Erschöpfungszuständen, die Gesundheit der früher so robusten Oberin ruinierten.

In Melrose und in der Bronx hatten auf Anforderung des dortigen „Frontier"- Geistlichen Joseph Stumpe bereits 10 Schwestern des Ordens die Gemeindearbeit aufgenommen. Drei von ihnen: Sebastiana Lohkamp, Barbara Rueth und Blasia Hoynk, unterrichteten täglich in der Gemeindeschule.

Weil ihr die schulische und karitative Arbeit in den Elendsvierteln der Bronx besonders wichtig erschien, schickte Mutter Pauline 1874 von Paderborn aus weitere Schwestern, insgesamt in Gruppen nacheinander 62, die in verschiedenen anderen Orten Aufbauarbeit leisteten.

Die Schwestern in der Bronx erhielten erst 1907 ihr erstes festes, steinernes Wohnhaus. Vorher mussten sie mehr oder weniger mit Notquartieren vorlieb nehmen.

Doch das Schulwesen gedieh und wuchs unter ihren Händen. 1924 war mit dem Bau einer neuen Schule in Melrose die gröbste Aufbauarbeit getan.

„Wir haben jetzt 825 Schüler, die in 16 Klassen unterrichtet werden. 13 Klassen werden von Schwestern unserer Kongregation geführt", heißt es in einem Bericht an das Mutterhaus. Und: *„Bis heute sind allein hier im Bezirk Melrose seit der Gründung 120 Frauen unserer Schwesterngemeinschaft neu beigetreten, und 53 unserer Schüler empfingen die Priesterweihe!"*

„Ihre Reise ist ein einziger Triumphzug!"

In Wilkes-Barre erlebt Mutter Pauline 1880 erleichtert die Fertigstellung des amerikanischen Mutterhauses und der dazugehörigen, schulischen Einrichtungen. Alles ist aus Spenden der Gläubigen finanziert und unter persönlichem Einsatz der am 10. Oktober 1873 eingetroffenen Schwestern Stephanie Busch, Sixta von Grumbckow, Raphaele Sasse, Caroline Horstmann, Gertrudis Hense und Engelberta Ruesing sowie deren Zöglingen gebaut worden.

Zu dieser Zeit, sieben Jahre nach Ankunft der ersten Schwestern, zählt die vom Mallinckrodt-Orden eröffnete Pfarrschule St. Nicholas bereits 500 Schüler.

Auf ihrer letzten Visitationsreise durch Nordamerika besucht Mutter Pauline trotz ihrer totalen

Symbol deutschen Freiheitsstrebens in New Ulm: das dortige Hermannsdenkmal im Stadt-Logo

körperlichen Erschöpfung sämtliche damals bereits bestehenden 28 Schulen der Kongregation. *„Nichts entging ihrer Aufmerksamkeit"*, schreibt die Chronistin und fährt fort: *„Ihre ganze Reise war ein einziger Triumphzug. Was war in ihrer Heimat alles zerstört worden, und was war dafür hier Neues und Großes entstanden!"*

Erste Provinzoberin in den USA: Schwester Mathilde Kothe

Erste Oberin der nordamerikanischen Ordensprovinz mit Sitz in Wilkes-Barre ist inzwischen Schwester Mathilde Kothe. Diese hatte schon im September 1873 mit einer zehnköpfigen Gruppe von Schwestern reisen sollen, erkrankte jedoch. Umso einsatzfreudiger folgte sie im April 1874 den vorausgeeilten Schwestern in die USA, Ziel: Aufbau des ersten Mutterhauses sowie dazugehöriger Schulen und Seminare.

Der Anfang in Wilkes-Barre war so armselig gewesen, dass eine der ersten dort aufgenommenen Kandidatinnen, Schwester Domitilla Keller, Mutter Pauline berichtete: *„An manchen Wintertagen hatten wir nur ein paar Stücke harten Brotes oder gar nichts zu essen. In den ungeheizten, zugigen Hütten aus Brettern war es bitterkalt!"*

Pionier-Missionar Peter C. Nagel hatte innerhalb der Diözese Scranton mit ihren bettelarmen, etwa 100 000 irischen und deutschen Einwanderern, ab 1858 die ersten acht deutschen Ge-

meinden gebildet. Er beklagte bei seinem Bischof William O'Hara (1888-1899) nicht nur die sittliche Verwahrlosung im Kohlenrevier, sondern das Fehlen jeglicher Schulen: *„Die Kinder verwildern. Aus ihnen wird nichts, wenn wir keine Schulen und ordentliche Lehrer bekommen!"*, schrieb er an O'Hara und erhielt danach den Auftrag, sich sofort persönlich um pädagogisch versierte Ordensfrauen aus seiner westfälischen Heimat zu bemühen.

Pfarrer Nagel war es übrigens auch, der die Verbindung von Wilkes-Barre zu der überwiegend von Einwanderern aus Süddeutschland gegründeten und bis heute bewohnten Stadt New Ulm hoch oben in Minnesota (seit 1897 Standort eines Hermannsdenkmals) schuf und dafür sorgte, dass auch dort Mallinckrodt-Schwestern Rechen-, Schreib- und Religionsunterricht erteilten.

„Die ,Schwestern der Christlichen Liebe' haben in unserer Stadt großartige religiöse und kulturelle Aufbauarbeit geleistet", stellte Bürgermeister Joel Albrecht zum 150-jährigen Bestehen von New Ulm im Jahre 2004 anerkennend fest. *„Ihr segensreiches Wirken ist bis heute überall zu spüren und füllt ein wichtiges schulisches und soziales Kapitel unserer stolzen Stadtgeschichte!"*

„Vereinigte Staaten sind gar so groß"

Generaloberin Pauline besucht 1880 von Wilkes-Barre aus aber auch noch die über 1 000 km südwestlich gelegene Filiale St. Louis, danach erneut New Orleans und kommt aus dem Staunen über die riesige Ausdehnung des Landes nicht heraus: *„Die Vereinigten Staaten sind gar so groß!"*, vermerkt sie in ihrem Tagebuch. *„Doch das Größte ist gewiss, was Jesus in diesem Land durch uns als seine unwürdigen Werkzeuge in Gang gesetzt hat."*

Trotz aller sichtbaren Aufbauerfolge hatten es die Schwestern der ersten nordamerikanischen Ordensgründung in New Orleans unendlich schwer.

Das Schlimmste waren nicht die für europäische Verhältnisse primitiven Unterkünfte, überfüllte Einwanderer-Quartiere und hygienische Missstände, sondern die in den 70er-Jahren des 19. Jahrhunderts im Mississippi-Delta von New Orleans periodisch auftretenden, furchtbaren Cholera- und Malaria-Epidemien.

Für die Mallinckrodt-Schwestern war während solcher Krankheitswellen Beistand und Hilfe für Kranke und Sterbende selbstverständlich. So erkrankten bald nach ihrer Ankunft fünf der acht Schwestern in New Orleans an Malaria. Schwester Salesia starb 1878 an Gelbfieber, Schwester Eulogia Klauser 1897 an derselben Krankheit.

„Staatliche Anerkennung wichtig!"

Eines gibt Mutter Pauline ihren Schwestern und den zugehörigen Pfarreien überall, wo sie nach dem Rechten schaut, mit auf den Weg:

Nicht nur vorbildlich guten, zweisprachigen Unterricht zu erteilen, auch an nichtkatholische Kinder, sondern sich überdies zu bemühen, durch entsprechende Examina die staatliche Anerkennung des betreffenden US-Bundesstaates für ihre Gemeindeschulen zu erhalten.

Dieses Ziel ist in den meisten Ländern, in denen der Orden tätig gewesen ist, zumindest im Verlauf des 19. Jahrhunderts weitgehend erreicht worden.

Eine generell und länderübergreifend vorgeschriebene Prüfung für das Lehramt gab es in den USA im 19. Jahrhundert allerdings noch nicht. Erst 1914 wurde bundesweit die Pflichtprüfung für das Lehramt an Elementarschulen eingeführt. Privatschulen wurden anerkannt, wenn sie fachlich ausgebildete Lehrkräfte aufweisen konnten.

1910 gab es in den USA eine bundesweite Schulreform. Erst von diesem Jahr an galt: Sechs Jahre „elementary school", danach (weiterführend) je drei Jahre „junior school" und „senior high school".

Die Kirche zeitweilig als größter Anbieter schulischen Unterrichts

Im Jahre 1900 war die katholische Kirche mit 3 800 privaten Pfarrschulen der größte Anbieter von Schulen bzw. schulischem Unterricht in den USA überhaupt. Hierzu hatten Pauline von Mal-

linckrodt und ihre großenteils aus Westfalen kommenden Schwestern entscheidend mitgewirkt!

Im August 1880 tritt Mutter Pauline von New York aus die Heimreise nach Bremen an. Völlig entkräftet, aber glücklich über die bisherigen Erfolge ihrer Kongregation begibt sie sich auf das väterliche Gut Böddeken bei Paderborn in der Hoffnung, hier frische Kräfte schöpfen zu können.

Nach einem kurzen Besuch im Mutterhaus reist sie nach Mont St. Guibert, um von dort aus die europäischen Niederlassungen zu besuchen. Am 28. Dezember 1880 kehrt Pauline von Mallinckrodt endgültig nach Paderborn zurück. Dies war durch das so genannte „Milderungsgesetz" möglich geworden.

Im Mutterhaus hatte Mutter Pauline neben der Kapelle seit 1855 zwei einfache, bescheidene Räume. Hier lebt sie ab Ende Dezember 1880 allerdings nur noch wenige Monate.

Backsteinturm der Kathedrale von New Ulm, Minnesota: Hier gründeten und führten die Mallinckrodt-Schwestern jahrzehntelang und beispielhaft ein bedeutendes katholisches Schulzentrum

Grab und Gedenkplatte für Pauline von Mallinck-rodt im Garten des Mutterhauses in Paderborn

30. April 1881: auf der letzten Lebensreise

Die rastlose Ordensoberin hat ihrem Körper mit dem jahrzehntelangen, schonungslosen Einsatz für die Sache Gottes viel zugemutet. Vor Erschöpfung und aufgrund einer Lungenentzündung schwer erkrankt, stirbt Mutter Pauline trotz aller ärztlichen Fürsorge und aufopfernder Pflege ihrer Mitschwestern am 30. April 1881 im Alter von erst 63 Jahren.

Die Ordensgründerin Pauline von Mallinck-rodt geht wohlvorbereitet *„auf die letzte Lebensreise, in die eigentliche, h i m m l i s c h e Heimat bei Gott"* (zitiert aus einer ihrer letzten Aufzeichnungen) – zu Jesus Christus, von dem sie sich persönlich beauftragt sah, einen Orden zu gründen und mit Hilfe aller Schwestern *„allein zu Gottes Ehre"* gute Werke zum Wohle bedürftiger und leidender Menschen zu tun.

Ihre letzte Ruhestätte findet Mutter Pauline in der „Conraduskapelle" im Garten des Mutterhau-

ses. Diese ist seitdem und bis heute ein Platz dankbarer Einkehr für viele Besucher, vor allem aber für Mallinckrodt-Schwestern aus aller Welt.

Nachfolgerin Mutter Paulines und damit zweite Generaloberin des Ordens wurde die Mitgründerin und zu dieser Zeit als Provinzoberin in den USA tätige Schwester Mathilde Kothe.

Im Sterbejahr von Mutter Pauline zählt die Kongregation insgesamt 402 Schwestern in 45 Niederlassungen. Davon arbeiten 284 Schwestern in 34 von ihnen aufgebauten schulischen und sozialen Einrichtungen in der „Neuen Welt": Amerika.

Allein 158 Schwestern des Mallinckrodt-Ordens aus Deutschland, viele von ihnen aus dem westfälischen Hochstift Paderborn, wirken überaus segensreich in neun verschiedenen Bundesstaaten Nordamerikas: Pennsylvania (12 Gründungen), New York (4), New Jersey und Minnesota (je 3), Ohio (1), Michigan (2), Iowa (1), Missouri und Louisiana (je 2).

Für Maryland und Illinois sind seit Mutter Paulines letztem Besuch aussichtsreiche Projekte in Vorbereitung. Außerdem bestehen in Chile bereits acht Schulen bzw. Krankenhäuser der Schwestern der Christlichen Liebe.

223 Schwestern in USA im Schuldienst

Die nordamerikanische Provinz ist zwischenzeitlich um viele neu hinzugekommene Ordensangehörige aus den USA verstärkt worden, so dass zu diesem Zeitpunkt schon 223 Schwestern in den USA in meist schulischen Diensten des Ordens stehen und in 28 Schulen der verschiedenen Qualifizierungsstufen unterrichten, bis hin zum High-School-Abschluss.

Die von Mutter Pauline und ihren Mitschwestern seit 1873 in Nordamerika gesäte Saat trägt in den Folgejahren immer reichere Früchte.

1890 gibt es in den USA bereits 50 Niederlassungen. Die Zahl der Schwestern beträgt jetzt 386 und steigt bis 1900 auf 611.

1910 bestehen in den USA 57 Gründungen mit 736 Schwestern. Ihre höchste Mitgliedschaft erreicht die bis dahin ungeteilte nordamerikanische Provinz des Ordens im Jahre 1927 mit 868 Schwestern, die in 54 Niederlassungen (Schulen, Pfarr-Sozialstationen, Bildungseinrichtungen) vorbildliche pädagogische und soziale Arbeit leisten.

Das Mutterhaus der US-West-provinz in Wilmette, Illinois, 1999 verkauft an die Loyola-Universität Chicago

„Villa Pauline" im Jahre 2000 in Mendham, New Jersey. Hier war das Mutter-haus des Ordens in der US-Ostprovinz

Erzbischof Mündelein predigt mutig gegen Propaganda-Goebbels

Das Mutterhaus in Wilkes-Barre war im Zuge dieser Entwicklung und des rapiden Wachstums der Provinz längst zu klein geworden. Bereits 1912 hatten Planung und Bau eines neuen Mutterhauses in Wilmette begonnen. Das Gelände hierfür (40 Acre) wird der Provinzoberin Eduarda Schmitz von dem ebenfalls aus Westfalen stammenden Chicagoer Pastor Wilhelm Netsträter, einem großen Verehrer des streitbaren wie standfesten ostwestfälischen Zentrums-Abgeordneten im deutschen Reichstag, Hermann von Mallinckrodt, günstig vermittelt.

Der erste Spatenstich findet am 28. Mai 1913 statt. Planer ist der deutsche Baumeister Hermann Gaul aus Chicago, Partner des später weltberühmt gewordenen amerikanischen Star-Architekten Frank Lloyd Wright. In den Grundstein

werden unter anderem Dokumente und Ehrengaben aus Paderborn eingemauert, darunter ein kostbarer Behälter mit Weihwasser aus der Conraduskapelle.

Als 1915 die in der alten Heimat bestellten Fliesen für die Flure des Mutterhauses angebracht werden sollen, fehlen diese. Ein englisches Kriegsschiff hatte den deutschen Frachter mit Fliesen aus Europa versenkt!

So musste vor Ort Ersatz geschaffen werden. Doch gelang es der Kongregation nach Ende des Ersten Weltkriegs in zähen Verhandlungen, vom britischen Kriegsministerium eine großzügige finanzielle Entschädigung für die versenkten deutschen Fliesen zu bekommen.

1916 war die Kapelle des Konvents fertig und wurde am 21. August desselben Jahres vom Chicagoer Erzbischof Georg W. Mündelein geweiht, dessen Wurzeln in Ostwestfalen liegen: Sein

Georg W. Mündelein, Kardinal von Chicago, Nachfahre eines Paderborner Auswanderers und entschiedener Gegner des NS-Regimes in Deutschland

Großvater Franz Theodor Mündelein stammte aus einer angesehenen Familie in Paderborn und ist vermutlich 1836 in die USA ausgewandert.

Der spätere Kardinal Mündelein ist nicht nur in Nordamerika, sondern auch in Deutschland wegen seiner strikten Ablehnung des Hitlerreiches und speziell wegen seiner mutigen Chicagoer Predigten gegen NS-Propagandaminister Josef Goebbels in die Geschichte des 20. Jahrhunderts eingegangen. Diesem mutigen Kirchenmann Paderborner Abstammung hat der Mallinckrodt-Orden während des Ersten Weltkriegs und der Nazizeit in Deutschland besonders viel Beistand und öffentliches Verständnis in den USA zu verdanken.

1920 wird die Kongregation der Schwestern der Christlichen Liebe in Rom, Zentrum der römisch-katholischen Kirche, sesshaft. Im Schatten des Petersdomes, auf dem Campo Santo Teutonico, führen Mallinckrodt-Schwestern im deutschen Priesterkolleg im Vatikan den Haushalt, ähnlich wie bereits im Priesterseminar in Paderborn, dem deutschen Stammsitz. Sie erwerben außerdem in einem anderen Stadtteil eine Villa und eröffnen dort eine Grundschule mit Gymnasium und Kindergarten unter dem Namen Villa Paolina.

Provinz Nordamerika wird geteilt

Wegen der Größe der Provinz und der weiten Entfernungen wird 1927 eine Teilung in eine Ost- und eine Westprovinz notwendig. Zentrum der

Westprovinz wird Wilmette mit Mallinckrodt-College und „Sacred Heart Convent" als Schwesternaltenheim. Zentrum der Ostprovinz wird ein neu erbautes Mutterhaus in Mendham, New Jersey.

Gleichzeitig mit der Teilung der nordamerikanischen Provinz wird die südamerikanische Provinz geteilt in eine Chilenische und eine Uruguayisch/Argentinische Provinz. Die Niederlassungen in Deutschland und im europäischen Ausland werden zu einer eigenständigen Deutschen Provinz zusammengefasst, mit dem Mutterhaus in Paderborn.

Die Gründungen Pauline von Mallinckrodts in Amerika waren von hier ausgegangen. Die Verbindung dorthin bleibt jedoch trotz der Verselbstständigung eng, zumal das Generalat weiterhin seinen Sitz in Paderborn behält.

Als ab 1933 der politische Druck auf Kirche und Orden beginnt und unerträglich wird und als Goebbels' Prozess- und Verleumdungskampagne auch gegen den Orden der Schwester der Christlichen Liebe vom Zaun bricht, wandern weitere 87 Mallinckrodt-Schwestern zu ihren Ordensniederlassungen in den USA aus.

Ab 1940 ist in Deutschland die Aufnahme von Novizinnen verboten. Die Ordensschwestern übernehmen Aufgaben in Lazaretten. Paderborn geht kurz vor Kriegsende unter alliierten Bomben in Flammen auf. Die Ordenshäuser brennen aus. Etwa 250 Schwestern werden obdachlos und hungern wie ihre Mitbürger.

Gleich nach Ende des Krieges organisierten die nordamerikanischen Mutterhäuser in Wilmette und Mendham tatkräftig Nahrungs- und Kleidersammlungen für Paderborn und die Mallinckrodt-Schwestern. Die Millennium-Chronik aus Wilmette berichtet von Tausenden von Liebesgaben, die nach genauem Plan von amerikanischen Schwestern gesammelt, verpackt und auf den Weg in das zerstörte Deutschland gebracht wurden.

Als Jahre später in Paderborn eine Bilanz der Hilfe aus den USA gezogen wurde, ergab sich, dass nicht eine einzige Hilfssendung verloren gegangen war!

Nach der Teilung der nordamerikanischen Provinz war das Mutterhaus in Wilmette für alle Gründungen westlich des Ohio zuständig, etwa von der Linie New Ulm (Minnesota) und Westphalia (Michigan) über St. Louis bis nach New Orleans im Süden. Die Ostprovinz umfasste alle Aktivitäten östlich dieser Linie, bis New York City im Norden und südwärts entlang der Atlantikküste.

Mutterhaus „Ost" residiert zunächst in angeblicher Villa George Washingtons

Schwester Eduarda Schmitz, erste Provinzoberin in Wilmette, kümmerte sich auch um den Aufbau des neuen Mutterhauses „Ost" in Mendham. Als erstes kaufte sie, zusammen mit der Provinzoberin für die Ost-Provinz, Schwester Alvarez Ruck, die alte „Cromwell-Mansion", – ein leer stehendes Herrenhaus, in dem angeblich George Washington gewohnt hat, – sozusagen als erste räumliche Übergangslösung.

Von hier aus begann im September 1927 die schulische und missionarische Arbeit vor Ort.

Am 15. September 1930 legten die Schwestern in Mendham den Grundstein für ihr „richtiges" Mutterhaus. Im Mai 1932 war die Einweihung. Nach Um- und Einzug der Schwestern in die neuen Wohn- und Arbeitsräume wurde aus der geschichtsträchtigen „Cromwell-Mansion" ein wunderschönes Gästehaus der Kongregation mit dem Namen „Villa Pauline".

Bereits ab 1927 gab es laufend Neueintritte. Die schulische Grundausbildung der jungen Schwestern aus der Ost-Provinz übernahm bis 1940 das Mutterhaus „West" in Wilmette. Erst dann bekam Mendham ein eigenes Junior College.

Reliquiar der Ordensstifterin im Hohen Dom zu Paderborn

Für das 21. Jahrhundert neue Aufgaben

Sowohl vom Mutterhause „Ost" als auch von Wilmette aus sind im Wandel der Zeit nach dem Zweiten Weltkrieg und vor allem vor und nach der Wende zum 21. Jahrhundert, anstelle weitgehend vom Staat übernommener schulischer Aufgaben, bahnbrechend neue soziale wie seelsorgliche Projekte zur Linderung von Not in der Massengesellschaft verwirklicht worden. Dies gilt auch für die Provinzen in Südamerika und Deutschland:

- Rehabilitation von Alkoholikern, Drogensüchtigen und psychisch Kranken,
- Gründung bzw. Übernahme von Regional-Hospitälern und Kooperation mit staatlichen Krankenhäusern,
- Krebs-Therapie in sozialen Brennpunkten,
- Krankenhaus- und Telefonseelsorge,
- Beistand und Hilfe für Aidskranke,
- Sozialarbeit in den Slums der Millionen-Städte Nord- und Südamerikas,
- Blindenarbeit und -betreuung,
- Betreuung und Unterricht mehrfachbehinderter, zumeist blinder Kinder,
- Führung von Suppenküchen,
- Schulische und soziale Hilfe für Eingeborene (Indianer/Indios),
- Übernahme des Religionsunterrichts an Öffentlichen Schulen,
- Sprachunterricht für asiatische und hispanische Einwanderer-Familien,
- Altenwohnbetreuung/„Essen auf Rädern",
- Unterstützung katholischer Pfarreien in der Seelsorge und manches mehr.

1938: 1072 Schwestern in 65 Niederlassungen in den USA im Einsatz

Zunächst nahm das Wachstum kein Ende: 1938 umfassten beide amerikanischen Provinzen bereits 1072 Ordensschwestern, die in 65 Niederlassungen bzw. Schulzentren mehr als 25000 amerikanische SchülerInnen in allen Leistungsstufen (teils bis zur Hochschulreife) unterrichteten. Nicht wenige Schwestern hatten akademische Grade erworben.

Rasch zunehmende Wünsche aus den Kirchengemeinden, neue und weiterführende Schulen zu bauen, dazu deren ständige Modernisierung, auf der anderen Seite zunehmender staatlicher Einfluss auf das Schulwesen sowie der allgemeine gesellschaftliche Wandel führten ab den 30er-Jahren des 20. Jahrhunderts notgedrungen zu einem grundsätzlichen Kurswechsel in der Arbeit des Ordens in den USA.

Hinzu kam, dass es immer schwerer wurde, in einer säkularisierten, „modernen" Welt Nachwuchs für eine selbstlose, aufreibende und vom christlichen Glauben inspirierte Tätigkeit in so vielfältigen religiösen, sozialen und pädagogischen Aufgaben zu finden.

Während des Zweiten Weltkrieges und in den 50er-Jahren gab es zwar noch einige Zeit größere Gruppen eintretender Novizinnen, die in guter Tradition und nach dem Vorbild Mutter Paulines für das Ordensleben ausgebildet wurden und die Gelübde ablegten. Doch diese Neueintritte konnten die Zahl der vielen, wegen Alters ausscheidenden Schwestern bzw. Lehrerinnen mit der Zeit nicht mehr ausgleichen.

Überdies waren die Personal- und Sachkosten zur Unterhaltung von Schulen in der bisherigen Form nicht mehr tragbar.

90 Schwestern gründen „Orden der Schwestern vom Lebendigen Wort"

Von den 60er-Jahren des 20. Jahrhunderts an kam es zuerst langsam, dann immer rascher zur Aufgabe vieler früher einmal dringend erforderlicher, jetzt aber in staatlicher Regie ordnungsgemäß weiterlaufender pädagogischer und medizinischer Einrichtungen in beiden Ordensprovinzen.

Immer wieder bemühten sich die Schwestern mit großem Ernst und unter Berufung auf ihre Ordensgründerin, während der Generalkapitel ihr tägliches Leben, die Aufgaben sowie die für den Fortbestand des Ordens so lebenswichtige Werbung von Schwestern-Nachwuchs den Erfordernissen der Gegenwart anzupassen.

Solches Überdenken führte nach dem Zweiten Vatikanischen Konzil u.a. zur arbeitsbedingten Änderung der Ordenstracht, Neuordnung des bislang strikt vorbestimmten Tagesablaufs und der Gebetszeiten etc. sowie zur Frage nach einer (angesichts der räumlichen Entfernung und der ganz speziellen Lebensverhältnisse in Amerika) noch vertretbaren, direkten Abhängigkeit von Rom.

Schwester Gregoris Michels, Generaloberin des Ordens von 1989 – 2001, verbringt ihren Lebensabend im Mutterhaus Paderborn und hat den Autor aufgrund ihrer reichen Kenntnisse über den Orden bei seinen Recherchen und Korrekturen mit großem Zeitaufwand und persönlichem Engagement vielfältig unterstützt

All dies brachte in die Westprovinz mit ihrem Mutterhaus in Wilmette jahrelange, oft quälend-lange Diskussionen mit sich, ferner Konferenzen in Rom mit der Generalleitung und dem Heiligen Stuhl, die aber letztendlich leider zu keiner Einigung führten. Es kam zu einer schmerzlichen Trennung von 90 Schwestern des Ordens der „Schwestern der Christlichen Liebe" innerhalb der Westprovinz und zur Gründung einer neuen Gemeinschaft unter dem Namen „Schwestern vom Lebendigen Wort".

Diese hauptsächlich aus Lehrerinnen bestehende Gruppe unter Führung der bisherigen Provinzoberin der Westprovinz, Schwester Annemarie Cook, verließ das Mutterhaus in Wilmette (mit dem Segen Roms) im Jahre 1975 und übernahm nachfolgend etwa ein Drittel der bisherigen pädagogischen Einrichtungen und Aufgaben des Ordens im Erzbistum Chicago und in einigen anderen Bistümern.

Vor der Trennung – 1974 – zählte die Westliche Provinz 419 Schwestern in 35 Niederlassungen. Danach blieben den Mallinckrodt-Schwestern West mit Sitz in Wilmette unter Leitung der neuen Provinzoberin Angelica Hengesbach, gebürtig aus

Westphalia (Michigan) noch 319 Schwestern mit Aufgaben in 22 Häusern.

Schwester Angelica war zuvor übrigens etliche Jahre Leiterin einer großen katholischen Schule sowie maßgebende pädagogische Koordinatorin am Bischofssitz in New Ulm (Minnesota) gewesen.

Bis 1980 ging die Zahl der Schwestern in der West-Provinz auf 270 zurück, mit insgesamt 18 Niederlassungen.

Mutterhaus in Wilmette an Jesuiten

Bald war das umfangreiche, nur mit hohem Aufwand weiterzuführende Mallinckrodt College im Mutterhaus in Wilmette finanziell nicht mehr zu halten.

1989 wurde deswegen mit der befreundeten Loyola-Universität in Chicago ein Joint Venture vereinbart, das 1999 zu einer völligen Übergabe von „Mallinckrodt College" und „Maria Immaculata Convent" an die Hochschule der Jesuiten führte.

Nur „Sacred Heart Convent", Altenwohnsitz für die Schwestern der Westprovinz sowie Standort des Ordensarchivs, blieb im Besitz der Kongregation.

Weltweit noch 900 Schwestern im Einsatz

Das Generalat des Ordens befand sich bis 1955 in der Gründungsstadt Paderborn. Seitdem hat es, angesichts seines inzwischen fast globalen Aufgabenfeldes und zur besseren Kommunikation mit allen zentralen kirchlichen Leitungsstellen, seinen Sitz in Rom.

Außer den Ordensprovinzen Deutschland, USA-West, USA-Ost, Chile, Uruguay-Argentinien gibt es seit 1995 eine asiatische Gründung auf den Philippinen.

Weltweit gehörten dem Orden im Jahre 1951 nahezu 2 500 Schwestern an. Bis zum Jahre 2000 ging ihre Anzahl aufgrund des überall fehlenden Nachwuchses jedoch auf 900 zurück.

Inzwischen ist es gelungen, durch gezielte Gründung von Freundes- und Förderkreisen sowie Aktivierung ehrenamtlicher Helfer im Sinne der 1985 durch Papst Johannes Paul II. in Rom selig gesprochenen Gründerin Pauline von Mallinckrodt eine erfreulich wachsende Zahl von engagierten Laien in den Aufgabenbereichen des Ordens in Europa, Nordamerika, Südamerika und auf den Philippinen mithelfend einzubeziehen. Und zwar überall dort, wo Armut und Hunger, Krankheit und soziale Not am größten sind.

Name und zugleich Motto der SCC-Laien in den beiden nordamerikanischen Provinzen:

„Companions of Pauline"!

Das entsprechende Programm, seit 1988 von den Schwestern der Westlichen Provinz entwickelt, wurde weltweit übernommen. Mitglieder können Frauen und Männer aller Berufe sein, auch katholische Priester.

Im Jahre 2000 unterstützten bereits mehrere 100 solcher ehrenamtlich mitarbeitenden „Companions" tatkräftig die Mallinckrodt-Schwestern bei der Erfüllung ihrer vielfältigen karitativen und apostolischen Aufgaben.

„Den Ärmsten der Armen und Kranken die uns Christen erwiesene Liebe Gottes durch Taten der Barmherzigkeit weiterzugeben, lautet im 21. Jahrhundert der früher wie heute aktuelle Auftrag von Mutter Pauline", schreibt Schwester Virginia Kuhn in der 1999 herausgekommenen Millennium-Ausgabe von „Bread Broken", dem offiziellen Magazin der Schwestern der Christlichen Liebe aus der Westlichen Provinz in den USA.

„Wir Schwestern der Christlichen Liebe in der Östlichen und Westlichen Provinz der Vereinigten Staaten sind stolz auf die 126-jährige Arbeit unserer Kongregation in diesem Land und auf das 150-jährige Bestehen des von Mutter Pauline in Paderborn gegründeten Ordens der Schwestern der Christlichen Liebe."

Abschließend schreibt die Chronistin:

„Als wir diese Jubiläums-Chronik zusammenstellten, fanden wir auf allen Stufen unserer Ordensgeschichte ein allgegenwärtiges, goldenes Wort, das die Schwestern der seligen Mutter Pauline stets beherzigt und in ihrem täglichen Tun zum Wohle der Menschen selbstlos in gute Taten umgesetzt haben:

„ L I E B E ! "

Lipper Julius Vor(d)triede: Redakteur der neuen Verfassung des Staates New York

Er sprach, schrieb und dichtete angeblich in sieben Sprachen, war als geflohener deutscher „Achtundvierziger" im Osten der USA Lehrer, Redakteur, Zeitungsverleger und demokratischer Politiker. Als solcher wurde er zum Modernisierer der Verfassung der US-Bundesstaaten New York und Massachusetts: Heinrich Carl Julius Vordtriede, geboren am 25. Dezember 1820 in Enger (Westfalen), aufgewachsen in Heiden bei Detmold, Studium in Berlin, Privatlehrer in Gütersloh, gestorben am 25. Januar 1899 in Toledo (Ohio).

D ie Familie Vordtriede stammt aus einem alteingesessenen Bauerngeschlecht in Harlinghausen bei Lübbecke. Der Vater des Amerikafahrers Julius Vordtriede, Franz Heinrich Wilhelm Vordtriede, gründete in Enger ein Geschäft. Dieser hatte mit seiner Frau Caroline Adolphine Möller aus Heiden (Lippe) Zwillingssöhne: Heinrich Carl Julius und Franz Gottlieb Eduard.

1827 starb der Vater. Die Witwe kehrte, nach Verkauf des Familiengrundstücks, drei Jahre später mit ihren damals 10 Jahre alten Söhnen heim ins Lipperland. Von Heiden aus besuchten beide Kinder die Schule – Julius bis zum Abitur. Eduard wurde wie sein Vater Kaufmann und eröffnete in Heiden Nr. 39 ein Kolonialwarengeschäft. Julius ging nach Berlin und studierte dort erst Jura, dann Philologie mit Schwerpunkt Sprachen, wie er später in Amerika zu Protokoll gab.

Der „Achtundvierziger" Julius Vor(d)triede nach einer Zeichnung aus dem Ohio-Staatsarchiv

Als Student „demokratischer Agitator"

Schon als Student schrieb Julius Vordtriede für Zeitungen, verfasste Gedichte und schloss sich demokratischen Zirkeln an. Im Revolutionsjahr 1848 und davor stellte er sich eindeutig auf die Seite der demokratischen Reformer und beteiligte sich laut eigener Erinnerung in Berlin und in seiner Heimat Westfalen-Lippe an „demokratischer Agitation".

Nach den Erinnerungen des Münsterschen, in Gütersloh als Jurist tätig gewesenen 1848er politischen Flüchtlings Friedrich David Groneweg (Prof. Dr. Hermann von Laer, Hochschule Vechta: „Wilhelm von Laer 1829–1926") war Julius Vordtriede Mitte der 40er-Jahre „wegen politischer

Unzuverlässigkeit" die Aufnahme in den Staatsdienst verweigert worden. Die weit verzweigte wie einflussreiche Apotheker-, Ärzte- und Juristenfamilie Groneweg in Gütersloh nahm den „Candidaten" daraufhin für vier Jahre als Privatlehrer für ihre heranwachsenden Kinder auf.

Hier im pietistisch-kleinbürgerlichen Gütersloh gehörte Vordtriede, neben Rechtsanwalt David Groneweg und Justizrat Dr. Otto Lüning aus Rheda (Gründer der ab 1844 herausgekommenen, frühdemokratischen Bielefelder Zeitung „Das Dampfboot") einem speziellen Gütersloher „Schachclub" an. Hinter diesem Verein verbarg sich ein geheimer und von den preußischen Behörden nie aufgedeckter Diskussionskreis führender ostwestfälisch-lippischer Demokraten.

Als der bis dahin hoch angesehene Richter, Kreistags- und Stadtverordnete von 1842–1849, David Groneweg, 1848 wegen seiner Teilnahme am Münsterschen Demokratentreffen verhaftet wurde und Ende 1849 in Münster drei Monate Haft absitzen musste, wurde nicht nur für den Lipper Vordtriede der Gütersloher Boden zu heiß.

Gleich nach Gronewegs Entlassung beschloss der gesamte Freundeskreis, gemeinsam nach Amerika zu gehen. David Groneweg gab das Ziel vor: Ohio, wo ein bereits früher ausgewanderter Vetter Gronewegs und Bruder des Schachclub-Mitglieds Kaufmann W. Köhne, Jacob Köhne, die günstigsten Ansiedlungsbedingungen ausgekundschaftet hatte.

Ende April 1850 trafen die Gebrüder David und August Groneweg (mit Frauen und Kindern allein neun Personen), ferner die Braut des nach New York geflohenen Hammer Revolutionärs Friedrich Kapp, ein „Fräulein Engels aus Köln" (Tochter des damaligen Kölner Stadtkommandanten Engels) sowie Julius Vordtriede in Bremen ein. Gemeinsam bezog man in Bremerhaven auf dem Dreimaster „Meta" eine Kabine. Die Überfahrt begann am 5. Mai und endete nach sechs Wochen in New York.

Nach der Beschreibung Gronewegs muss auch der ebenfalls „wegen demokratischer Umtriebe" verfolgte Herforder Jurist Wilhelm von Laer dieser Reisegruppe bis Bremen angehört haben. Da die Kabine auf der „Meta" jedoch überfüllt gewesen sei, habe von Laer den wenige Tage früher von Bremerhaven auslaufenden Zweimaster „Minna" für die Überfahrt in die USA gewählt. Wilhelm von Laer traf bereits am 7. Juni 1850 in New York ein, wie ein Protokoll der dortigen Einwanderungsbehörde berichtet.

Ostwestfalen hielten in Ohio zusammen

In der „Neuen Welt" und in Ohio angekommen, suchte sich jede Familie ihr eigenes Betätigungsfeld: Die Gronewegs und weitere Freunde gründeten bei Dayton Farmen. Von Laer schlug die Einladung, zusammen mit Friedrich Kapp einer deutschen Anwaltskanzlei in New York City beizutreten aus, um mit eigener Hand die landwirtschaftlichen Verhältnisse vor Ort zu erkunden. Und Julius Vordtriede, der sich von jetzt ab nur noch „Vortriede" schrieb, begann eine glänzende Karriere als Sprachlehrer und Journalist.

Gleichwohl blieben die revolutionären Freunde aus Westfalen in der Fremde vielfach miteinander in Verbindung. Auf ihr Netzwerk, während der Verfolgung geknüpft, war auch drüben Verlass. Kam einer von ihnen in Not, halfen die Freunde, – und wenn es bei einer späteren Heimkehr nach Deutschland war. Rudolf Rempel, Nasse aus Bielefeld, Julius Vortriede und Wilhelm von Laer gingen bei den Gronewegs ein und aus.

Heiden in Lippe. Hier wuchsen die Gebrüder Vor(d)triede bei ihrer Mutter auf; in dieser Kirche wurden sie konfirmiert

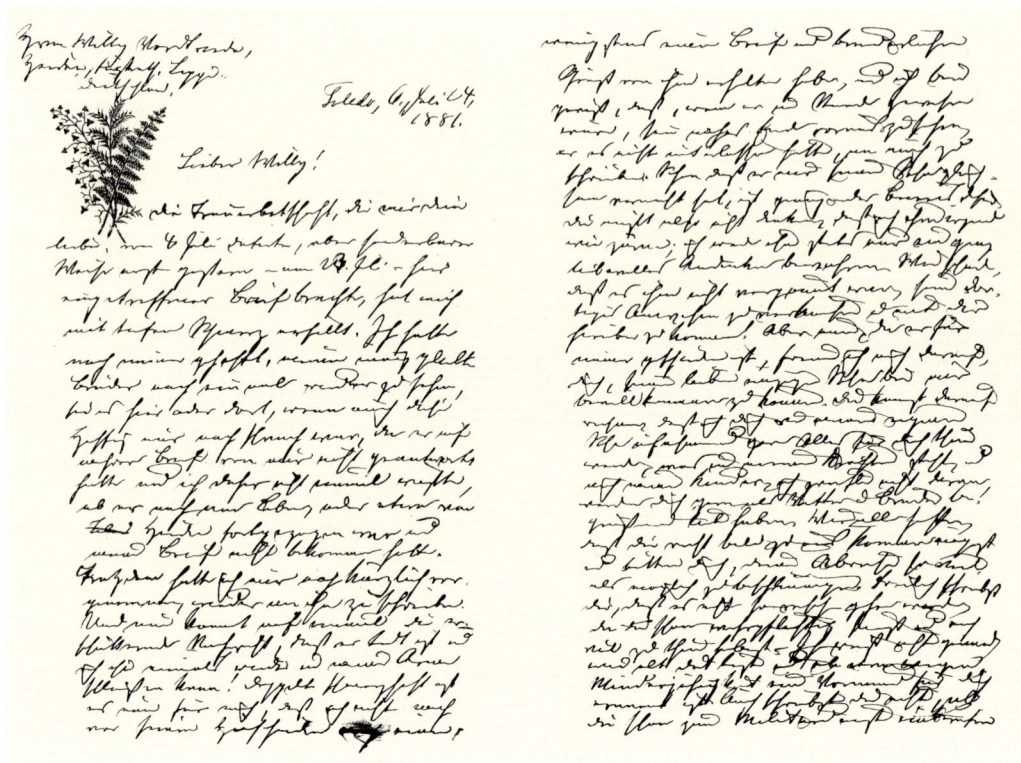

Brief Vor(d)triedes an seinen Neffen Wilhelm (Willy) in Lage

Zwar hatten die Vettern David und August Groneweg in Ohio blühende Farmen aufgebaut. David Groneweg nannte seine Neue Heimat stolz „Freehill" („Hügel der Freiheit"). Doch bald stellten sie fest, dass ihre großen Betriebe ohne Fremdarbeiter und Veredlungwirtschaft auf Dauer nicht zu führen sein würden und dann leicht „die Hitze mit dem Rauch aufgehen könnte", wie August Groneweg schrieb. Zu der Zeit war allerdings von einer Heimkehr noch keine Rede. Eher hatte man an einen Umzug und anderweitige Betätigung innerhalb der Staaten gedacht.

Ein entscheidender Anlass zur Heimreise nach Deutschland war für David Groneweg dann jedoch die erneute, schwere Krebserkrankung seiner Frau, für die er nur noch bei seinem Freund und alten Hausarzt Dr. Stohlmann in Gütersloh Rettung sah.

So kehrten denn die Gronewegs im Jahre 1854 nach Gütersloh zurück. Die Operation verlief zunächst erfolgreich. Doch die Gütersloher Behörden machten den Eheleuten Groneweg das Leben derart schwer, dass diese in das „ausländische" Osnabrück übersiedelten. Zwischenzeitlich war die Farm in Ohio mit gutem Gewinn verkauft worden.

Wilhelm von Laer, der 1859 heimkehrte und sich bereits in Amerika in die Tochter „Witta" der Familie Groneweg verliebt hatte, führte diese im Sommer 1865 in Münster endlich als seine Frau heim. Die Mutter der Braut erlebte das junge Familienglück des späteren Generallandschaftsdirektors Wilhelm von Laer nicht mehr: Der Krebs hatte ihrem Leben bereits 10 Jahre zuvor ein Ende gesetzt.

Vortriede als Sprachlehrer in Toledo

Der Lipper Julius Vortriede wählte als seinen ersten Wohnort Dayton in Ohio. Doch schon bald darauf zog es ihn nach Louisville (Kentucky), wo ihm eine Stelle als Deutschlehrer einer staatlichen Schule angeboten worden war. In Kentucky gefiel dem glühenden Anhänger Abraham Lincolns

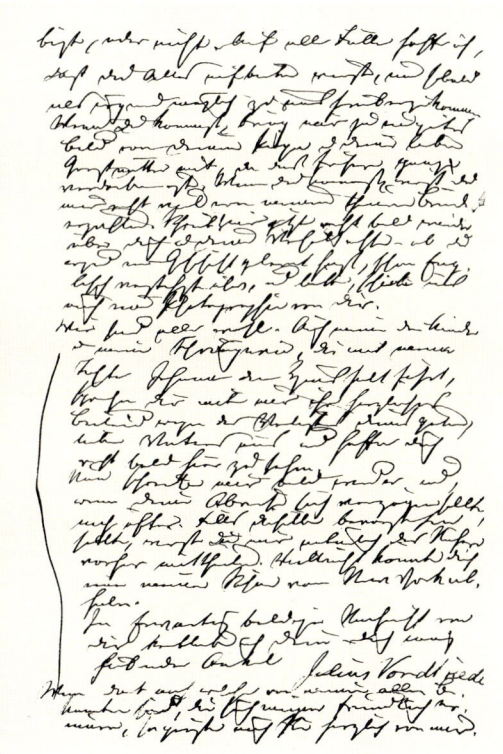

achteten Kolumnisten 1872 an seinen früheren Wohnort Toledo am Ufer des Lake Erie zurück, wo ihm bei seinem früheren Arbeitgeber „Express" der lukrative Posten eines Geschäftsführers und Verlegers angeboten worden war. Julius Vortriede nahm an, denn dies gab ihm endlich die ersehnte Gelegenheit, für sich und seine Familie an der herrschaftlichen Parkwood Avenue 2244 einen „Wohnsitz fürs Leben" zu schaffen, wie er einem seiner politischen Freunde in Chicago schrieb.

Hier residierte und schrieb der Lipper bis zu seinem Tode, und von hier aus mischte er sich weiter kritisch und aufbauend in Kultur und Politik seiner neuen Heimatstadt sowie der weiten Welt ein.

1872 wurde Vortriede vom Governor des Staates New York berufen, als Vorsitzender eines fünfköpfigen Rates von Rechtsexperten die erste Verfassung des Staates New York zu modernisieren und als Redakteur neu zu formulieren (Revision der Verfassung von Buffalo). Ein ähnlicher Auftrag kam bald danach vom nahen Bundesstaat Massachusetts.

Top-Republikaner 1860 in Chicago

In die amerikanische Bundespolitik war Julius Vortriede bereits 1860 als Republikaner auf der großen Bundeskonferenz aller Deutschamerikaner in Chicago eingetreten. Hier hatten vor allem die aus Deutschland geflüchteten Parlamentarier bzw. demokratischen Führer der missglückten 1848er Revolution das Sagen.

Dazu wurde in Chicago auch Julius Vortriede gezählt, der sich an der Seite von Lt. Governor Franz Arnold Hoffmann (Illinois) wortgewaltig für die Partei Abraham Lincolns, freie Meinungsäußerung, die Menschenrechte und gegen jegliche Sklavenhaltung in den Südstaaten einsetzte.

Selbst als der gebürtige Westfale (der in seinem Wirkungsbereich an den oberen Seen stets engen Kontakt zu deutschen Einwanderern und vor allem geflohenen deutschen 48er Demokraten hielt) nach 1880 gesundheitlich kürzer treten musste, stand er immer noch für Sonderaufgaben in der Stadt und bei seiner Zeitung zur Verfügung.

So übernahm Julius Vortriede in Toledo unter anderem das Ehrenamt eines staatlichen Schulinspektors, führte den Vorsitz oder wirkte in zahl-

jedoch nicht das politische, „südstaatliche" Klima, so dass er sich bereits 1852 nach Ohio zurück begab: nun als Lehrer für Fremdsprachen an der High School Toledo.

Nebenbei verfasste Julius Vortriede politische Beiträge sowohl im Lokalteil als auch für den politischen Mantel des „Toledo Express". Nicht lange, und der Verleger stellte ihn als Redakteur und Leitartikler seines Blattes ein – ein Metier, dem Vortriede bis zum Ende seines Lebens treu bleiben sollte.

Von 1853 an erwarb Julius Vortriede mit seinen mutigen und geschliffenen Artikeln bei den Lesern ein derart hohes Ansehen, dass er bald einen Ruf in die Redaktion des noch bedeutenderen „Telegraph" in Buffalo erhielt. Krönung seiner journalistischen Laufbahn in Buffalo war schließlich die Berufung zum Chefredakteur des damals führenden Blattes „Buffalo Telegram".

Dennoch zog es den nunmehr im ganzen amerikanischen Nordosten bekannten und hoch gereichen deutschen Kultureinrichtungen der Region als viel gefragter Ratgeber mit. Politischen Flüchtlingen aus der deutschen Heimat stand sein Haus am Erie-See allzeit offen.

Über Vortriedes Familie in Übersee sind nur wenige Einzelheiten bekannt. So heiratete Julius Vortriede etwa 1853/54 Helene Raaber. Deren Herkunft wird im US-Census 1870 mit „Mecklenburg-Schwerin" angegeben. Helene war sechs Jahre jünger als ihr Ehemann und nach den Aufzeichnungen seines Freundes Rudolf Groneweg die Schwägerin (oder richtigerweise Schwester?) des Arztes Dr. Raaber in Dayton.

An Kindern des Paares nennt der Volkszählungsbogen vom 1. August 1870 den Sohn Charles (16 Jahre), die Tochter Johanna (14 Jahre), Sohn Henry (9 Jahre) und Tochter Louise (4 Jahre). Außerdem lebte damals bereits Helenes Schwester, die 54-jährige Sophie Raaber, im Haushalt Vortriede.

1882 Familienzuwachs aus Heiden (Lippe)

Als seine Frau in den 70er-Jahren starb, übertrug Julius Vortriede seiner Schwägerin Sophie die Führung des Haushalts. Hinzu kam im März 1882 mit dem Dampfer „Maine" des Norddeutschen Lloyd von Heiden (Lippe) über Bremen und New York Julius Vortriedes verwaister, lippischer Neffe Friedrich Wilhelm Eduard Vordtriede.

Die Ausreise-Geschichte dieses damals gerade zwanzigjährigen jungen Mannes nach Amerika verdanken wir einer im NRW-Landesarchiv Detmold säuberlich aufbewahrten Akte des früheren Amtes Lage. Mitsamt einem dazugehörigen, in Lippe bisher einzig erhaltenen Brief des 1850 heimlich entschwundenen Lehrers Vortriede. Absendedatum in Amerika: 24. Juli 1881.

Hierin schreibt Julius Vortriede in nur schwer zu entziffernder, altdeutscher Schrift, wie sehr es ihn schmerze, dass sein Zwillingsbruder Eduard im Juni 1881 gestorben sei, ohne dass es für ihn und seinen Zwillingsbruder noch ein transatlantisches Wiedersehen gegeben habe. Nun, da des Bruders einziges Kind (nach dem frühen Tod seiner Mutter) mit 19 Jahren Waise sei, möge dieser „so rasch wie möglich" mit seinen Vormündern in Heiden „alles Familiengut zu Gelde schlagen" und dann sofort nach Toledo kommen.

Hier werde Eduard junior „wie ein eigener Sohn" im Hause aufgenommen. „Auch meine Kinder wollen dich gern als Vetter und Bruder begrüßen!", versicherte der Onkel aus Amerika. Außerdem: Tochter Johanna und Schwägerin Sophia führten ihm das Haus und würden den jungen Mann aus Lippe umsorgen, dass es ihm in Amerika an nichts fehlen solle.

Dann fragt der Onkel aus Toledo (Ohio) seinen Neffen nach dem genauen Alter, ferner, ob er schon „wegen seiner schwachen Statur" vom Militär freigestellt worden sei und ob er angesichts seines bisherigen Schulbesuchs bis zur Tertia, „ordentlich Englisch sprechen" könne.

Schließlich will der besorgte Onkel Julius wissen, ob Eduard junior in Vaters Geschäft einiges gelernt habe, was er auch in Amerika beruflich nutzen könne.

Wünscht Fotos von Bruder und Mutter

Auf jeden Fall möge er so schnell wie möglich herüberkommen und dabei nicht vergessen, ein Bild des geliebten, verstorbenen Bruders mitzubringen, ebenso ein Foto von Eduards Oma (Caroline Möller, Mutter der Zwillinge Julius und Eduard senior): „Denn jenes Bild, das ich hier schon besitze, ist in der langen Zeit ... ganz und gar abgenutzt."

Tatsächlich hatte Eduard junior 1880 in Detmold zur Musterung antreten müssen, war jedoch „wegen schwächlicher Verfassung" zurückgestellt worden. Bei einer zweiten Vorstellung 1881 wurde der junge Mann dann laut Schreiben des Amtsgerichts Lage für die beabsichtigte Auswanderung zu seinem Onkel in Amerika freigegeben. Hierbei spielte nach Darlegung des Gerichts der Umstand, dass der aufnehmende Onkel in Toledo „Lehrer ist und in geordneten wirtschaftlichen Verhältnissen lebt", eine maßgebende Rolle.

Von früherem Revoluzzertum und staatsgefährdenden Schriften Julius Vordtriedes Ende der vierziger Jahre war Anno 1881 in Detmold und Lage offenbar keine Rede mehr.

Nachdem die für Eduard Vordtriede vom Gericht zum Vormund bestellten „Colone" Büngener und Diekmann, ferner Kaufmann Siekmann aus Lage, für den jungen Mann allen ererbten Besitz verkauft, seines Vaters Schulden von 4 000 Mark beglichen und den Rest des Geldes für den Reisenden freigegeben hatten, konnte Eduard Vordtriede junior Ende Februar 1882 endlich in die „Neue Welt" abdampfen.

Am 6. März legte das Schiff in New York an. Dort stand schon der Onkel bereit, um Eduard per Eisenbahn und auf dem Wasserwege in sein Haus am Hafen von Toledo zu holen.

Der weitere Lebensweg des Nachzüglers Friedrich Wilhelm Eduard Vordtriede aus dem lippischen Heiden verliert sich an den Ufern des Erie-Sees.

Nachruf für Julius Vortriede auf Seite 1

Julius Vortriede starb am 25. Januar 1899 um 4 Uhr morgens. Bereits am Mittag würdigte der „Toledo Express" Vortriede als einen großen Politiker, Journalisten und Kulturmäzen der Stadt und des ganzen Landes auf Seite 1 der Ausgabe dieses Tages. Überschrift:

Julius Vortriede gestorben
Berühmt in Bildung und Zeitungswesen

In dem Nachruf wird der Lebensweg des „Forty-Eighters" ausführlich beschrieben und seine Arbeit als Deutschamerikaner in höchsten Tönen gelobt. Vortriede sei ein *„German Pioneer of the highest order"* (der höchsten Klasse) und ein erstklassiger Anwalt der deutschen Sprache und Kultur gewesen.

Wo immer Julius Vortriede gearbeitet habe, seien seine Spuren unauslöschlich sichtbar, wie etwa in Buffalo, wo er die Statuten dieser Stadt mitgestaltet habe.

Weltweite Verbreitung und Aufmerksamkeit hätten seinerzeit Vortriedes Berichterstattung und Glosse über die Sprachzugehörigkeit der Menschen in Elsaß-Lothringen gefunden.

Der Verstorbene sei nicht nur ein begnadeter, wortgewaltiger Redner und Journalist, ein unbeugsamer Verfechter der Menschenrechte und der Demokratie, sondern auch ein glänzender Poet gewesen. So seien sein in Versform gekleideter Nachruf 1865 auf US-Präsident Abraham Lincoln und ein Gedicht auf den deutschen Reichskanzler Otto von Bismarck nicht nur in den Vereinigten Staaten, sondern auch in Europa von zahlreichen führenden Blättern übernommen worden.

Die „Ode auf den Eisernen Kanzler" (verfasst anlässlich Bismarcks Erhebung in den Fürstenstand im Jahre 1898), war Vortriedes letztes dichterisches Lebenswerk.

Franz Arnold Hoffmann (1822–1903) aus Herford: Banker, Gouverneur, Agrarjournalist und PR-Lokomotive für Abraham Lincoln

Keiner der ostwestfälischen „Auswanderer-Heroes" hat als ethnischer Führer in den USA des 19. Jahrhunderts, als erster Chicagoer Banker, Eisenbahn-Landagent für Tausende deutscher Einwanderer, kontinentaler Wirtschaftsboss und Spitzenpolitiker in Illinois, Agrarpublizist in Wisconsin und ganz Nordamerika einen so großen Einfluss auf US-Wirtschaft und Politik jener Pioniertage gehabt wie der Herforder Buchbindersohn <u>Franz</u> Arnold Wilhelm Hoffmann. Geburtstag: 3. Juni 1822 im Hause Gehrenberg Nr. 20. Nach 81 Jahren, am 23. Januar 1903, als amerikaweit bekannter, hoch angesehener Kolumnist und Agrarschriftsteller „Hans Buschbauer" gestorben. In seinen schlichten Grabstein auf dem Union Cemetery in Jefferson (Wisconsin) ließ der zu Lebzeiten vielleicht erfolgreichste deutschamerikanische Selfmademan seiner Generation die schlichte Botschaft meißeln: „Ein deutscher Mann!"

Franz Arnold Hoffmann aus Herford

D abei machte Francis A. Hoffmann, wie sich der gelernte Kaufmann nach seiner heimlichen Auswanderung als 18-Jähriger ab 1840 in der Neuen Welt nannte, eine echt amerikanische Tellerwäscher-Karriere und lebte eher typisch amerikanisch für „Big Business".

Vom Stiefelputzer in einem schäbigen Chicagoer Vororthotel bis zum Pfarrer, Rechtsanwalt, internationalem Bankier, Konsul Deutscher Städte und Fürstentümer, Eisenbahn-Landagenten, politischem Interessenvertreter Millionen deutscher Einwanderer; Vize-Gouverneur von Illinois, Wahlredner und persönlicher Freund des als Bürgerkriegssieger und Sklavenbefreier in die amerikanische Geschichte eingegangenen amerikanischen Präsidenten Abraham Lincoln.

In Hoffmanns Haus und dem von ihm einige Jahre geführten Capitol der IL-Landeshauptstadt Springfield verkehrten so berühmte, nach der missglückten 1848er Revolution in die „Neue Welt" geflohene deutsche Freiheitshelden, Demo-

kraten und Arbeiterführer wie Carl Schurz, Friedrich Münch, Friedrich Hecker, Wilhelm Rapp, Gustav Körner, Wilhelm Vocke und Hermann Kriege.

Dabei ging es Hoffmann und seinen Landsleuten in der „Neuen Welt" nie darum, in den USA so etwas wie ein neues, besseres Deutschland oder eine Art „Little Germany" zu schaffen. Etwa so, wie es zeitweilig den Texas-Siedlern des „Adelsvereins" vorgeschwebt hatte.

Ziel: Amerikaner mit deutscher Kultur

Franz Hoffmanns erklärtes Ziel war es vielmehr, sich mit dem Rüstzeug deutscher Kultur voll und ganz in die amerikanische Gesellschaft zu integrieren – sozusagen „Smeltpot" von demokratischer Freiheit und Wirtschaft zu werden, ohne die Europäischen Wurzeln zu leugnen.

Hoffmann lebte seinen Landsleuten, für die er im stürmisch wachsenden Bundesland Illinois und der Industrie- und Handelsmetropole Chicago d e r unangefochtene ethnische Führer war, dieses „*Amerikaner-Werden*" praktisch vor. Er wurde damit für alle bereits in den USA geborenen, alteingesessenen und führenden amerikanischen Politiker, ob Demokraten oder Republikaner – von Grant, Yates, Fremont, Douglas bis zu John Wood aus der heutigen Herforder Partnerstadt Quincy – eine umworbene Integrationsfigur.

Die Herforder Pädagogin Dr. Lore Blanke hat in ihrer Dissertation „Franz Adolf Hoffmann, Politiker auf deutschamerikanischem Kurs" 1993 den Lebensweg Hoffmanns vielschichtig nachgezeichnet und für die deutsche Auswandererforschung erstmals zusammenhängend formuliert, was in den USA seit über 100 Jahren wissenschaftlich längst bewiesene Tatsache ist, nämlich dass der Ostwestfale F. A. Hoffmann um die Mitte des 19. Jahrhunderts im Mittleren Westen der „Neuen Welt" für Millionen eingewanderte Deutsche ein entscheidender „Pathmaker" zur sozialen, beruflichen und politischen Integration gewesen ist.

Jugendtraum: Heiden-Missionar

Der Sohn eines armen lutherischen Herforder Buchbindermeisters träumte als Kind von der Heidenmission. Er wollte Theologe werden. Doch bereits nach der Sexta musste er das Friedrichsgymnasium verlassen, weil die Mutter gestorben war und der Vater das Schulgeld nicht mehr bezahlen konnte. So kam „Buchbinners Fränzken", wie der aufgeweckte, wissbegierige Junge am Gehrenberg gerufen wurde, 1837 bei seinem (nach der Wiederverheiratung des Vaters) neuen Onkel Julius Weddigen zu Barmen in die Kaufmannslehre.

Lore Blanke und andere Forscher vermuten, dass der heranwachsende Hoffmann in der einerseits evangelisch-pietistisch, andererseits von Arbeiter-Demonstrationen und revolutionärer Unruhe gezeichneten Stadt Barmen nicht nur lernte, Soll von Haben zu unterscheiden.

Vielmehr lebten und arbeiteten genau zu dieser Zeit in derselben Stadt auch die

späteren Freiheitshelden Ferdinand Freiligrath aus Detmold (später besonders bekannt geworden durch sein eindeutig systemkritisches Gedicht „Die Auswanderer") und Georg Weerth.

Zudem sah der damals 18-jährige Franz Arnold Hoffmann nach Ende der Lehre mit Furcht seiner Einberufung zum Militär entgegen.

Mit „Caroline" heimlich in die USA

Jedenfalls entschloss er sich 1839, mit stillem Wissen seines Vaters, heimlich nach Amerika auszuwandern. Mit dem Segler „Caroline" verließ er am 15. Juli 1840 Bremerhaven und erreichte zusammen mit 158 weiteren Passagieren völlig mittellos New York.

Mit geliehenen 8 Dollar reiste der junge Mann weiter nach Chicago, das damals gerade 4 000 Einwohner hatte. In einem billigen Vororthotel verdiente er als Schuhputzer sein erstes Geld, um dann zu der Poststation Dunkley's Grove zu ziehen. Ein Missionar, den er vom Schiff her kannte, hatte ihm eine Empfehlung für eine Tätigkeit als Gemeindehelfer bei den verstreut in den umliegenden Siedlungen lebenden Tecklenburger und Schaumburger Einwanderern mitgegeben. Deren primitive Ortschaften in der Wildnis trugen Namen wie „Teuto", „Deutscher Busch" und so weiter.

Ohne jegliche Ausbildung, aber als überzeugter Christ aus dem Land der „Ravensberger Erweckungsbewegung" begann der Zwanzigjähri-

Mit der Brigg „Caroline" segelte Hoffmann heimlich in die „Neue Welt"

ge, in Dunkley's Grove eine evangelische Schule und Kirche zu errichten. Nebenbei ließ er sich von seiner Gemeinde wochenweise zur theologischen Aus- und Fortbildung beurlauben.

Francis A. Hoffmann wird Pastor

Zwei Jahre später konnte der „Theologiestudent" Hoffmann, der sich jetzt bereits „Francis A." schrieb, sein Examen ablegen. Als frisch ordinierter Pfarrer heiratete er 1844 die gebürtige Amerikanerin Cynthia Gilbert, die anfangs kein Wort Deutsch verstand, später aber ihre Kinder Calvin Luther Gilbert, Francis Arnold, Julius Theodore Charles und Gustaphus Adolphus, sowohl in Deutsch als auch in Englisch aufzog.

Um sein karges Einkommen zu verbessern, schrieb der junge Pastor, der inzwischen fließend Englisch sprach, für die Zeitschrift „Präriefarmer" – nicht nur erbauliche Traktate, sondern auch nützliche Artikel über ertragreiche Landwirtschaft.

Hierüber kam Hoffmann in Kontakt zu führenden lutherischen Theologen jener Zeit im Mittleren Westen: Carl F. Walther (St. Louis) und dem Schwiegersohn des Herforder Landrats, Hermann Garlichs in Femme Osage (Missouri), später New York. Und:

Mit diesen zusammen gründete er den „Missionsboten", eine bald landesweit verbreitete Stimme der neu gegründeten Missouri-Synode. Inzwischen war der Herforder bei einem Jahresgehalt von 150 $ Pfarrer an St. Peter zu Schaumburg bei Chicago geworden.

Im deutschen Revolutionsjahr 1848 erwirbt Franz Arnold Hoffmann die amerikanische Staatsbürgerschaft.

Im selben Jahr lässt er seinen älteren Bruder, der in Münster Medizin studiert hat, inzwischen Arzt ist und den Wehrdienst abgeleistet hat, nachkommen und verschafft ihm eine einträgliche Stelle in einem Nachbarort. 1852 folgen auch der Vater, die Stiefmutter und weitere Geschwis-

ter, die bzw. deren Ehepartner in den USA jeweils beachtliche gesellschaftliche Positionen erwerben, von Ärzten bis zu Anwälten, Lokalpolitikern und maßgebenden Farmern.

1848 sucht sich Hoffmann bei der neu gegründeten Illinois Staatszeitung einen einträglichen Job als nebenberuflicher Redakteur und ist hier zeitweilig Kollege des radikalen deutschen Revolutionärs Hermann Kriege aus dem westfälischen Lienen.

Rechtsanwalt in Chicago

Franz Arnold Hoffmann bleibt zwar zeit seines Lebens lutherischer Glaubensüberzeugung, lange Zeit als Synodaler, doch tauscht er 1850 (vorgeblich aus Gesundheitsgründen) sein Pfarramt gegen eine juristische Ausbildung und lässt sich 1852 in Chicago als Anwalt nieder. Dies wird sein Wendepunkt zur Politik.

- Bald ist Hoffmann Mitglied des Stadtrates von Chicago, wo jeder fünfte Bürger aus Deutschland stammt.
- „Lawyer" Hoffmann verkauft deutschen Einwanderern in und um Chicago in wachsendem Maße Land.
- Ab 1854 wird ein „deutsches Rechts-, Geld- und Auswanderungs-Geschäft" eröffnet. Hinzu kommen zahlreiche konsularische Ver-

Das „Deutsche Haus" in Chicago. Hier feierten Hoffmann und Abraham Lincoln ihre Wahlsiege

tretungen, z. B. für die freie Stadt Frankfurt, Braunschweig und Sachsen. Im selben Jahr gründet Franz A. Hoffmann die erste deutsche Bank Amerikas (Hoffmann & Gelpke) in Chicago. Ergänzend startet er Versicherungsgesellschaften.

Biografin Dr. Lore Blanke:
„Diese Bank war Antriebskraft und Schaltstelle zugleich für den Kapitalfluss im Kreislauf der atlantischen Migration".
1850 zählte Chicago 28 300 Bürger, davon gut 5 000 Deutschstämmige. Zehn Jahre später waren es schon über 100 000 Einwohner, hierunter 22 000 Deutsche. Als Bankier, Finanzier, Landbeschaffer und Rechtsbeistand für seine Landsleute mittendrin der inzwischen vermögende, auf seiner Farm „Cottage Hill" in Schaumburg wohnende Franz Arnold Hoffmann – wo sich übrigens nach ihrer Ankunft auch seine Eltern und mehrere Geschwister ansiedelten.

Hatte sich Franz A. Hoffmann zu Beginn seiner Zeit in den USA zunächst, wie die meisten seiner Landsleute im Mittleren Westen, für die Demokraten interessiert, so wandte er sich von den 50er-Jahren a n ganz entschieden den Republikanern zu. Hauptgrund: deren Eintreten für ein Ende der Sklaverei und das alle Einwanderer begünstigende Heimstätten-Gesetz.

Das 1855 von Hoffmann mitfinanzierte „Deutsche Haus" in der Chicagoer City wurde nicht nur zum Zentrum vieler deutschamerikanischer Vereine, sondern auch politischer Treffpunkt der republikanischen Elite des Staates, die hier ein Jahr später unter Hoffmanns Vorsitz eine eigene Landespartei gründet. Prominentestes Mitglied: Der spätere Präsident Abraham Lincoln.

Hier im „Deutschen Haus" ist der gebürtige Herforder auf Vorschlag von Lincoln erstmals zum Vize-Gouverneur des Staates Illinois vorgeschlagen worden. Ferner erhielten Lincoln und Hecker aus der heutigen Paderborner Partnerstadt Belleville hier ihre Nominierung zu Delegierten des Gesamtstaates für die Bundeshauptstadt Washington D. C.

Allerdings stellte sich heraus, dass Hoffmann zu diesem Zeitpunkt noch nicht lange genug amerikanischer Bürger war und deswegen derzeit gar

Franz Arnold Hoffmanns engster politischer Freund war der spätere US-Präsident Abraham Lincoln. Für ihn organisierte Hoffmann höchst erfolgreich den republikanischen Wahlkampf

nicht Gouverneur werden konnte. So ist an seiner Stelle erst einmal John Wood aus Quincy (IL.) in das Capitol von Springfield eingezogen.

Heimliches Wiedersehen in Herford

1858 besucht das Ehepaar Hoffmann für sieben Monate Europa und dabei auch die Verwandten in Herford – heimlich –, weil immer noch der preußische Haftbefehl wegen nicht angetretenen Militärdienstes bestand. Jahrelange konsularische Bemühungen des inzwischen sehr prominenten Deutschamerikaners, selbst auf dem Weg über Washington und Berlin, führten nicht zur Rücknahme des seinerzeit verhängten Urteils!

Kurz vor Beginn des Bürgerkriegs (1861–1865) wurde durch Stimmenmehrheit in Illinois der Ausschlag für Abraham Lincoln auf dem Präsidentenstuhl in Washington D. C. gegeben.

In dem vorangegangenen Wahlkampf hatte Franz Arnold Hoffmann auf unzähligen, von ihm persönlich mitfinanzierten Wahlveranstaltungen in Illinois die deutschen Einwanderer zur Wahl Lincolns (statt des Gegenkandidaten Douglas) aufgerufen und weitgehend gewonnen. Ergebnis: 40 v. H. für Lincoln, nur 30 v. H. für Douglas.

Im Krieg amtierender Gouverneur

Im ersten Jahr des Krieges der Union gegen die Südstaaten (1861) war Franz Arnold Hoffmann als Vize-Gouverneur in das Capitol in Springfield eingezogen. Zwei folgende Jahre, in denen Gouverneur Richard Yates im Süden bei den Truppen stand, führte Hoffmann die Geschäfte des Staates mit seinen inzwischen 2 Millionen Einwohnern allein.

Präsident Lincoln besucht seinen Freund und Förderer Hoffmann 1861 zu einem „Brainstorming" im Capitol zu Springfield. Carl Schurz und Gustav Körner sind dabei.

Hoffmanns Begeisterung für seine neue Heimat und die Sache der Union zeigt sich u. a. darin, dass er auf eigene Kosten ein komplettes Dragoner-Regiment aufstellt, ausrüstet und an die Front nach St. Louis schickt. Einer seiner Offiziere ist der Westfale Wilhelm Vocke, der später darüber Veteranen-Gedichte verfasst.

Zusammenbruch des Geldhauses

Während seiner Amtszeit trägt Lt. Gouverneur Hoffmann entscheidend zur Einführung eines bundeseinheitlich gleich bewerteten, gesicherten Dollars für die ganze Union bei. Und zwar aus bitterster persönlicher Erfahrung.

Im Zuge der kriegsbedingten Inflation und Depression brach sein internationales Geldhaus im Juni 1861 zusammen. Erst nach späterer, erfolgreicher Gründung einer neuen „International Mutual Trust Company" war er in der Lage, den bei seinem Konkurs geschädigten Einlegern ihr Geld zurückzuzahlen.

Einer der Gründe für den Kollaps seiner renommierten Bank war, dass Dollar-Schuldverschreibungen bis dahin von Bundesstaat zu Bundesstaat verschieden hoch bewertet wurden.

Im November 1864 wird Abraham Lincoln zum zweiten Mal Präsident. Wieder ist Franz A. Hoffmann für seinen Freund monatelang als überzeugender Wahlredner über Land gezogen. Bei dem entscheidenden Votum in Illinois bekommt Lincoln 39 700 Stimmen mehr als sein Opponent, insbesondere durch breiteste Zustimmung aus Kreisen der deutschen Einwanderer. Und die hatten tatsächlich allen Grund, Hoffmann (und damit seiner republikanischen Partei) zu danken!

Ausgesprochen in der tiefsten finanziellen Bedrängnis, nach Schließung seiner Bank „Hoffmann & Gelpke", beruft die Illinois Central Rail-

way den Vize-Gouverneur zu ihrem Direktor für den Verkauf von 2,6 Millionen Acre Staatsland beidseits der Schienenstränge durch Illinois.

Hoffmann verbindet seinen Auftrag mit dem gerade beschlossenen neuen „Homestead-Act" und verschafft so vielen tausend gerade eingewanderten, besitzlosen deutschen Landsleuten an Mississippi und Kaskaskia River je 160 Acre Farmland zum Vorzugspreis von 1,25 $/Acre.

Dorf nach Hoffmann benannt

Die begünstigten Immigranten waren so dankbar, dass sie nicht nur Hoffmanns Wahlempfehlung „For President Lincoln!" folgten, sondern sogar einige neu gegründete Dörfer in der (plattdeutschen) Prärie nach ihm benannten, wie z. B. Hoffmann, Clinton County, an der Straße Nr. 161!

Als Präsident Lincoln kurz nach seiner Wiederwahl und dem Kriegsende ermordet wird, organsiert dessen persönlicher Freund Gouverneur Francis A. Hoffmann im Capitol zu Springfield eine bewegende Trauerfeier und hält die Abschiedsrede, bevor der Leichnam des Ermordeten mit einem Sonderzug weiter nach Washington D. C. gebracht wird.

Nach Ende seiner Zeit als Gouverneur und Aufbau einer neuen Bank zieht sich Hoffmann aus allen politischen Ämtern zurück, um sich endlich ganz seinen privaten Geschäften zu widmen.

Am 8. und 9. Oktober 1871 brennt Chicago ab. Tausende verlieren durch das Feuer alles. Auch Hoffmanns Immobilien werden ein Raub der Flammen.

Zwar öffnet die neue Hoffmann-Bank bereits 10 Tage nach der Katastrophe erneut ihre Schalter. Und mit all ihrem weitreichenden Einfluss und verbliebenem Vermögen, bis zu Hilfsanfragen in Deutschland, kümmert sich die Familie Hoffmann beispielhaft um Notunterkünfte für die abgebrannten Mitbürger und den folgenden, großartigen Wiederaufbau Chicagos.

Kehrtwende zur Schriftstellerei

Doch Franz Arnold Hoffmann selbst hält nun den Zeitpunkt für eine dritte, radikale berufliche Kehrtwendung – zur Schriftstellerei – für gekommen, zumal er „sein" Capitol in Springfield unter dem neugewählten, deutschstämmigen Weggefähr-

Hoffmanns Agrarblatt „Der Haus und Bauernfreund"

ten und Gouverneur Gustav Körner in guter Hand weiß.

Im Süden des Nachbarstaates Wisconsin stand gerade die herrlich gelegene Riverside Farm von Carl Stoppenbach zum Verkauf. Hoffmann erwarb sie und zog mit seiner Frau und dem jüngsten Sohn aufs Land, um künftig als Journalist und Schriftsteller zu arbeiten.

Das war eine totale Umkehr vom bisherigen öffentlichen Leben und ein doch wieder erneut höchst erfolgreicher Berufsstart: Während sein Sohn Gilbert (der Vater nannte ihn „Junghans") die Farm führte, saß Franz Arnold Hoffmann von 1875 bis wenige Jahre vor seinem Tod am 23. Januar 1903 unentwegt am Schreibtisch und machte sich unter dem Namen „Hans Buschbauer" als Agrarjournalist auf dem ganzen Kontinent einen Namen.

Ziel des Autors Hoffmann war stets, seinen Lesern erstens fachliche Information und damit beruflichen Nutzen, zweitens Unterhaltung und drittens der Frau auf der Farm gute Tipps für Haus, Garten und Küche zu geben. Lehrreiche Kindergeschichten für die Kleinen auf der Farm draußen in der einsamen, weiten Prärie nicht zu vergessen!

„Hans und Gretel" geben Lesertipps

Dabei publizierte Hoffmann sowohl deutsch (Wisconsin hatte damals 50 v. H. deutschstämmige Einwohner) als auch englisch, versuchte mit Erfolg die Sprache der einfachen Leute zu finden und

gab seine Redaktionstipps am liebsten in plastischen Geschichten von „Hans und Gretel" (er selbst als „Hans" und seine Frau als „Gretel") weiter.

Wobei Hoffmann den redaktionellen Teil für „Frau Gretel" praktischerweise gleich mitschrieb bzw. gegenüber seiner Leserschaft vertrat, ohne dass seine Frau jemals selbst in der Redaktion tätig gewesen wäre oder wusste, was „Hans" für „Grete" ins Blatt gestellt hatte.

„Leser fragen, Experten antworten!" wurde für Zeitungsmacher in aller Welt praktisch durch Franz A. Hoffmann, alias Hans Buschbauer, erfunden und trug bei den verschiedenen, von ihm regelmäßig belieferten Verlagen entscheidend zur Leser-Blatt-Bindung bei.

Nach gewisser Zeit pflegte „Hans Buschbauer" alle seine Ratgeber-Tipps für den landwirtschaftlichen Berufsstand in speziellen Büchern zusammenzufassen, fein aufgeteilt in Fachliteratur für Getreide- oder Milchfarmer, Geflügelzüchter, Pferdefreunde, Gartenbaubetriebe oder Mastfarmen.

Buschbauers Artikel und Bücher wurden schließlich nicht nur in den USA, sondern bis nach Südamerika und sogar Deutschland verschickt. Regelmäßiger Empfänger war in den 70er-und 80er-Jahren des 19. Jahrhunderts unter anderem Hoffmanns Heimatzeitung „Herforder Kreisblatt" bzw. dessen Redakteur Schwabedissen.

Eigendarstellung des Redakteurs F. A. Hoffmann mit Frau als „Hans und Gretel auf dem Mississippi"

Hermann Kriege aus Lienen schrieb von New York City aus Presse-Geschichte(n)

Der westfälische Revolutionär Hermann Kriege (1820–1850) aus Lienen im nördlichen Münsterland erwarb auf der Flucht vor deutschen Behörden und der Polizei in die USA gleich zweimal die amerikanische Staatsbürgerschaft und schrieb sich als Journalist im Namen der Freiheit für deutsche Zeitungen in New York City und Chicago geradezu die Finger wund. Politische Geschichte hat der deutsche Freiheitsheld damit in seiner Wahlheimat jedoch keinesfalls gemacht. In der „Neuen Welt" der 40er-Jahre des 19. Jahrhunderts konnte der Westfale mit Revolutionsparolen aus dem alten Europa absolut nichts mehr bewegen – weil der amerikanische Freiheitskampf bereits 100 Jahre früher stattgefunden hatte!

Revolutionär Hermann Kriege als Student

Der stürmische Kriege hatte in seiner grenzenlosen Begeisterung für die Parolen seiner frühen politischen Freunde Karl Marx und Friedrich Engels nämlich total übersehen, dass um 1840/50 demokratische Grundrechte in den Vereinigten Staaten (zumindest für Weiße) längst selbstverständlich waren.

So musste sein New Yorker „Kampfblatt der deutschen Arbeiter in den USA" mit dem reißerischen Obertitel „Der Volkstribun" scheitern und konnten seine Appelle zur genossenschaftlichen Nutzung des Bodens auf diesem, an ungenutztem Land damals so unendlich reichen Kontinent kaum etwas bewegen. Denn die von Kriege anfangs formulierten kommunistischen Forderungen gingen mit dem einwanderungsfreundlichen und spottbilligen Verkauf riesiger US-Staatsländereien an Siedler geradewegs auf vernünftige Weise in Erfüllung.

Trotzdem war Hermann Kriege in den 40er-Jahren im Osten und Mittleren Westen der USA unter den politischen Flüchtlingen aus Deutschland ein wichtiger Kommunikator. Und als er nach dem Scheitern der Revolution in seiner Heimat endlich erkannte, welche grundlegende Bedeutung Amerika und dessen berühmte Gründerväter mit ihrer „Bill of Rights" für ein individuelles Leben in persönlicher Freiheit und demokratischer Ordnung haben, da wurde er zum Schluss noch ein „richtiger" Amerikaner, von Marx und Engels per Circular mit dem kommunistischen Bannstrahl belegt und fortan überzeugter Republikaner bis ins Mark!

Kommunikator für deutsche Einwanderer

Als solcher hat Kriege als souveräner Kenner und Könner der deutschen und englischen Sprache, in seinem journalistischen Metier als Korrespondent, Redakteur, Dichter und launig-bissiger Kommentator verbreiteter und angesehener liberaler Blätter wie der „New York- und Staats-Zeitung", „Illinois Staats-Zeitung", der New Yorker „Schnellpost" und Blättern in Buffalo, Milwaukee, St. Louis und Belleville (Illinois) mit seinen Beiträgen für Einwanderer auch ein wenig Pressegeschichte geschrieben.

Ohne Zweifel aber veröffentlichte er fesselnde Geschichten über Politiker. Beispiel: Eine an deutsche Immigranten gerichtete Serie über die amerikanische Verfassung, deren Väter, sowie seine aktuellen Berichten aus den USA für europäische Medien.

Ohne Übertreibung bleibt heute festzustellen: Kriege war einer der ersten europäischen Auslandskorrespondenten, der nicht nur demokratisch tendierende Zeitungen in Deutschland, sondern auch französische, englische und belgische Blätter mit Informationen aus der „Neuen Welt" versorgte, so rasch das damals per Dampf-Segelschiff möglich war.

Auch verstand es der mit der Medienwelt vertraute und über viele unsichtbare Drähte verbundene Journalist meisterhaft, Lesern in Europa, versteckt hinter fiktiven Autorennamen, seine politischen Botschaften zu „verkaufen" – an der Zensur Preußens vorbei. Als solcher und im ganzen hat Hermann Kriege, trotz seiner sehr kurzen Lebenszeit, ein bemerkenswertes, frühes Kapitel Pressegeschichte geschrieben.

Krieges Schicksal war, dass, als er gerade „richtiger" Amerikaner in der passenden publizistischen Position an den Grossen Seen, in kommenden Weltstädten wie New York und Chicago war, mit erst 30 Jahren binnen weniger Wochen in geistige Umnachtung fiel und genau am letzten Tage des Jahres 1850 in einem New Yorker Spezial-Krankenhaus starb, von Frau, Tochter und vielen Freunden aus der Deutschen Achtundvierziger-Szene in Amerika tief betrauert.

„New York Tribune", „Illinois Staats-Zeitung", „Belleviller Zeitung" (Verleger: Gustav Körner), „Republik der Arbeiter NYC"(Wilhelm Weitling) und mehrere europäische Blätter widmeten „Kriege, dem wahrhaft sozialen Demokraten", teils auf ihren Titelseiten bewegende Nachrufe. Freunde und Verehrer setzten ihm neben seinem Grab auf dem Green Wood Cemetery New York sogar einen großen, marmornen Gedenkstein.

Krieges Witwe Mathilde, geborene von Sparre-Wan-

genstein, machte sich später mit Einführung des Fröbelschen Kindergartens in New York und Boston sowie beim Aufbau einer dazu passenden Schule für Kindergärtnerinnen im Osten der Vereinigten Staaten organisatorisch und pädagogisch einen Namen.

Sohn eines reichen Kaufmanns

Hermann Kriege stammte aus einer begüterten Kaufmannsfamilie in Lienen. Die Vorfahren waren vor allem durch den Handel mit Leinen zwischen Westfalen, Flandern und den Niederlanden über Generationen vermögend geworden. Der Vater, Jakob Emanuel Kriege, galt als ein reicher, durchaus gebildeter Privatier. Er wünschte für seinen am 25. Juli 1820 geborenen Sohn Hermann eine Ausbildung zum Arzt.

Doch schon der Weg zum Abitur war bei dem hochintelligenten, indes eigensinnigen wie lebensfrohen Schüler mit Schwierigkeiten gepflastert: Lateinschule Lengerich, Ratsgymnasium Bielefeld, Lingen und endlich in Minden das Abitur!

In den Leistungsfächern schrieb Hermann gute Noten. Das Wissen fiel im ohne große Anstrengung zu. Doch beim Betragen haperte es. Hermann hatte nebenbei oft „andere Tauben auf dem Dach". Was in Bielefeld, wo die Lehrer keinen Spaß verstanden, nach einer polizeilichen Anzeige wegen Biertrinkens und ruhestörenden Lärms, sofort zum Schulverweis führte.

Hermann Krieges seit seiner Kindheit fast unverändert gebliebenes Elternhaus in Lienen, heute Gemeindeverwaltung

Die Lehrer am Ratsgymnasium Minden, allen voran der liberale und demokratisch gesonnene Dr. Ernst Kapp (ein späterer 48er Amerikaflüchtling) und ähnlich modern denkende Kollegen hatten mehr Verständnis für ihren hochbegabten Primaner aus Lienen, bezogen ihn in politische Gespräche ein und weckten so wohl das kritische Bewusstsein des von zu Haus aus begüterten Kaufmannssohnes, dessen Vater autoritär und leibliche Mutter früh gestorben war.

Als Hermann Kriege sich nach bestandener Reifeprüfung in Bonn zum Studium der Medizin einschrieb, suchte und fand er in dem (nach Lehrverbot wegen staatskritischer Äußerungen) gerade wieder am Katheder stehenden, politisch engagierten Freiheitsdichter Ernst Moritz Arndt seinen Mentor. Zugleich schloss Kriege mit dem aus Bünde stammenden Kommilitonen und späteren Herforder „48er" Hermann Schauenburg eine enge Freundschaft, die trotz jeweils unterschiedlicher politischer Entwicklung bis ans Lebensende dauern sollte.

Freilich anders als Schauenburg, erstrebte der politisch erwachte und auf der Ebene kommunistischer Agitatoren wie Marx und Engels diskutierende Kriege jedoch einen gewaltsamen sozialistischen Umsturz in Deutschland an, bei dessen Ende die Parolen der französischen Revolution verwirklicht sein sollten: Freiheit, Gleichheit, Brüderlichkeit sowie Abschaffung allen Privateigentums.

Radikalisierung in Leipzig

Im Winter 1840/41 zogen Schauenburg und Kriege nach Leipzig um. Hier schlossen sie sich zunächst den Burschenschaftern des „Vormärz" an, gründeten jedoch bald einen eigenen, politisch revolutionären Kreis in der Absicht, die bestehenden starren, ständischen Hierarchien und Gerichtsbarkeiten in Universität und Politik zu ändern.

Von größter Bedeutung war Hermann Kriege die Begegnung mit Theodor Fontane, dessen Freiheitslieder bald vor allem von Kriege und seiner „Kochei" (Deckname für die verbotene Vereinigung Krieges & Genossen) begeistert verbreitet und gesungen wurden, wie Fontane später selbst über einen Kommers an der Seite von Kriege geschrieben hat.

Die Begegnung mit führenden Geistern jener Zeit des demokratischen Vormärz führte Her-

mann Kriege zum Wechsel von der Medizin zum Studium der Philosophie. Das hatte wohl mit dem radikalen Philosophen Ludwig Feuerbach zu tun, den Kriege bei einer seiner vielen Reisen kreuz und quer durch Deutschland im Süden kennen gelernt hatte. Feuerbach sah seinerseits in Hermann Kriege einen gelehrigen Schüler und intellektuellen Gesprächspartner auf gleicher Augenhöhe und hielt mit ihm über viele Jahre Verbindung.

Kriege & Genossen werden überwacht

Bald standen Kriege und seine Genossen unter polizeilicher Beobachtung. Und als Kriege auch noch durch die Vermittlung Feuerbachs persönliche Verbindung zu Karl Marx und Friedrich Engels aufnahm, die ihn bald zu einem der Ihren machten, wurde das Beobachtungsnetz um den revolutionären Studenten Kriege immer enger.

Nicht lange, und die Türen aller deutschen Universitäten waren ihm verschlossen. Kriege versuchte Zeit und ein gewisses staatliches Entgegenkommen zu gewinnen, indem er sich in Bielefeld als „Einjähriger" zum Militärdienst meldete.

Aber auch hier machte sich der zuvor in Leipzig, München und Halle ständig observierte Kriege verdächtig, indem er sich dem „Demokraten-Nest" der Systemkritiker Rudolf Rempel, Otto Lüning und Julius Meyer in und bei Bielefeld anschloss.

Otto Lüning war Herausgeber eines sozialdemokratischen Organs mit dem Titel „Westphälisches Dampfboot". Hier begann Hermann Kriege, der militärische Einjährige, nebenher für Lüning kritische Artikel zu schreiben. Sein Verleger bestätigte ihm gern „eine hervorragende Schreibe". Krieges Stil – intelligent, logisch, pfiffig-ironisch – war im sturen Bielefeld etwas völlig Neues und kam vor allem bei Intellektuellen und Studenten an.

Durch den öffentlichen Zuspruch immer mutiger geworden, griff Kriege in einem seiner Beiträge die ungerechte Behandlung eines Bielefelder Heuerlings durch die Polizei auf und wies nach, dass der arme Mann tatsächlich zu Unrecht für eine Tat ins Loch gesperrt worden war, die er nach Lage der Dinge gar nicht begangen haben konnte.

Hermann Kriege ging noch weiter: Im „Westphälischen Dampfboot" forderte er radikal die soziale Gleichstellung der Juden mit allen anderen Bürgern. Anlass: In der Umgegend Bielefelds war ein jüdischer Kaufmann wegen seines Glaubens verhöhnt und von der Staatsgewalt misshandelt worden.

Zu jener Zeit gründeten gemäßigte Bielefelder Demokraten um Rempel und Lüning herum einen „Verein zur Verbesererung der geistigen und materiellen Lage der arbeitenden Klasse". Gründungsort: Die vornehme „Recource", Treffpunkt der konservativen, vermögenden Bielefelder Bürgerschaft.

Rempel, Lüning und Hermann Krieges früherer Gymnasiallehrer Jüngst kamen in den Vorstand. Die Gründungsversammlung zu Anfang 1845 zog über 2 000 Bielefelder an. Kriege, der den eher postbürgerlichen Verein nach und nach sozialistisch umzufunktionieren trachtete, sorgte in den Zeitungen der Region für die nötige Publicity.

Verurteilt: Ein halbes Jahr „Festung"

Dieses alles und mehrere nicht unbemerkt stattgefunden „Geheimtreffen" mit dem „wahren" sozialistischen Agitator Karl Grün in Bielefeld, ferner auf Schloss Holte, in Münster und bei Tatenhausen riefen die Staatsorgane massiv auf den Plan.

Zwar durfte Hermann Kriege sein Jahr beim Militär noch gerade zu Ende bringen. Doch dann zogen die Regierungspräsidenten in Minden und Münster mit Hilfe ihrer polizeilichen Büttel das Netz zu: Kriege wurde verhaftet, vor Gericht gestellt und „wegen aufrührerischen Verhaltens und Verbreitung politischer Schandschriften" durch ein Gericht in Bünde zu sechs Monaten Festungshaft verurteilt.

Als Hermann Kriege die Haft antreten soll, ist er längst auf der Flucht. Freunde im In- und Ausland geben ihm Obdach.

Zuerst reist der Flüchtling inkognito zu Engels nach Barmen. Engels wittert Verrat und schickt ihn weiter zu Marx nach Brüssel. Beide, Marx und Engels beauftragen Kriege in aller Form, nach geglückter Flucht in Amerika die Agitation der Partei von New York aus in die ge-

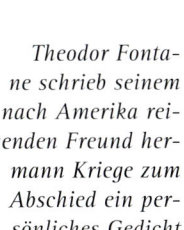

Theodor Fontane schrieb seinem nach Amerika reisenden Freund hermann Kriege zum Abschied ein persönliches Gedicht

samten Vereinigten Staaten zu tragen: „Fackelträger der Revolution im Lande des Kapitalismus zu werden!", wie Karl Marx ihm mit auf den Weg gibt.

Fontane dichtet zu Ehren Krieges

Der große Theodor Fontane widmet seinem Freund Hermann Kriege zum Abschied ein Gedicht, überschrieben „An Hermann Kriege". Der erste der vier Verse beginnt:
„Sie strebten lang die Flügel dir zu lähmen
Bei Gitterfenster und bei Kerkertor.
Du aber schrittst, um kühnern Flug zu nehmen
 Aus ihren Höhlen ungebeugt hervor..."

Selbst Marx' Wohnung in Brüssel wird überwacht – und damit auch Hermann Kriege, der im selben Haus mehrere Tage verbringt, bis er Anfang Mai 1845 nach London abreist, wo er sich zunächst dem dortigen kommunistischen „Bund der Gerechten" anschließt und hier wohnt.

Von London aus führt Kriege einen regen Briefwechsel mit Karl Marx über die Ziele der Partei. Hierin klingt bereits erste offene Kritik des Westfalen an der absolut sturen, dogmatischen Linie des KP-Chcfidcologen an.

Für Amerika entwickelt Kriege gegenüber Marx und auch Engels große Pläne. So will er sich in New York als Redakteur und Buchhändler niederlassen. Er träumt sogar, US-Politiker zu werden und dem Präsidenten James Polk, den er für besonders deutschfreundlich hält, seine Dienste als Berater in Sozial- und Einwandererfragen anzubieten. Auch möchte er mit dem Erbe seiner verstorbenen Mutter einen größeren Landbesitz erwerben und hier eine erste, genossenschaftlich geführte Kommune eröffnen – gewissermaßen als Muster für sein Lieblingsprojekt einer allgemeinen Landreform in den USA.

September 1845 Agitator in New York

Am 1. September 1845 legt Hermann Kriege mit dem Schiff „Switzerland" im Hafen von New York an. Durch ein Versehen der Behörden (oder bewusst eingefädelte Manipulation?) wird Kriege schon in den ersten Tagen eingebürgert. Er mietet sich im Hotel „Shakespeare" ein, das vor ihm schon vielen politischen deutschen Flüchtlingen als erster Standort in der „Neuen Welt" gedient hat und nimmt sofort die Verbindung zu Landsleuten und mehreren Zeitungsredaktionen auf.

Tatsächlich setzt der Neu-Amerikaner bereits in der ersten Woche bei der „New Yorker Staats-Zeitung" einen mit flotter Feder verfassten Artikel über die Geschichte der Unterdrückung der Menschheit, bis hin zur aktuellen Lage in Preußen, ab. Der „Anzeiger des Westens" druckt den Beitrag nach: Kriege ist bereits mittendrin im journalistischen Geschäft – und doch wieder nicht.

Denn da sind die Aufträge von Marx und Engels und des „Bundes der Gerechten" aus London: Kriege soll Agitation betreiben!

Gewiss, der frisch gebackene Amerikaner will diesen Auftrag erfüllen, so gut es die Umstände zulassen. Dazu gründet er für den „Bund" eine New Yorker Zweiggemeinde. Die Präambel des Gründungsstatuts beginnt, typisch für Krieges gelegentlich bombastisch-schwülstige Wortwahl: „Wir eröffnen im Namen der Elenden, der Unglücklichen, der Verstoßenen den Kampf gegen das Eigenthum ..."

Kriege gründet den „Volks-Tribun"

Hermann Kriege sucht in den USA Verbündete, wie die Helden des Hambacher Festes von 1832 in Belleville und andere. Die aber verstehen den Freund nicht mehr. „Amerika ist nicht Europa. Begreife das!", schreibt ihm Gustav Körner zurück.

Doch Hermann Kriege hat die amerikanische Realität noch nicht begriffen. Er schafft sich ein eigenes Sprachrohr: Als Redakteur und Verleger des selbst gegründeten Blattes „Volks-Tribun".

Seinem alten Mentor Ludwig Feuerbach schreibt er stolz und gewichtig nach Deutschland: „Amerika ist die erste Heimat des Atheismus, Kommunismus, Humanismus. Hier gilt es den Hebel anzusetzen, und der ganze alte Plunder fliegt in die Luft!" – Das klingt noch total nach den alten, marxistischen Kampfparolen aus der Studentenzeit in Deutschland.

Ab Januar 1846 bringt Kriege den „Volks-Tribun" als Kampfblatt deutscher Arbeiter in den USA heraus und hat sogar die Stirn, zur Finanzierung seiner Zeitung gar den Milliardär J. Jacob Astor in einem Bettelbrief um eine Spende für seine Zeitung zu bitten.

Lieblingsidee: Kostenlos Land für alle

In den wöchentlichen Ausgaben legt Kriege seinen Lieblingsplan einer großen Landreform in den USA dar, Obereigentümer der Staat. Jeder mittellose Proletarier soll kostenlos bis zu 160 Acre Land erhalten – doch nur bis zu seinem Lebensende. Dann muss alles an den Staat als Treuhänder der Allgemeinheit zurückfallen.

Woher das Neuland kommen soll? Kriege sieht das wie alle Einwanderer: natürlich aus den noch unerschlossenen Weiten des US-Westens! Auf die dort noch lebenden Ureinwohner verschwendet Kriege offenbar keinen Gedanken. So, wie er das ihm fern liegende Problem der unterdrückten schwarzen Bevölkerung (bis auf seine klare Einstellung gegen die Sklaverei) bei seinen sozialen Visionen auch nicht berücksichtigt.

Die Reaktion auf Hermann Krieges Parolen in der amerikanischen Öffentlichkeit ist gleich Null. Dafür schreiben aus Brüssel Marx und Engels einen offenen Brief und schleudern den Bannstrahl gegen ihren bisher treuen Freund. Hermann Kriege verstoße mit seiner eigenwilligen und kleinbürgerlichen Duselei eindeutig gegen die Linie der Partei. Man könne nicht „aus allen Menschen kleine Kapitalisten machen". Fazit der knallharten Bannbulle aus Europa: Kriege wird verurteilt, zwecks Läuterung ein von der KP-Zentrale beschlossenes „Zirkular" abzudrucken.

Hermann Kriege hat den Brief aus Brüssel in seinem Blatt tatsächlich veröffentlicht; doch nahm er ihm durch einen ironischen Kommentar geschickt die Wirkung. Das war dann aber auch das Ende seiner Arbeit für die kommunistischen Oberen in Europa, und Engels schrieb Marx zu dem Vorgang mit der missglückten Agitation Krieges in den USA: *„So etwas Dummes ist mir noch nicht vorgekommen!"*, und kündigt zugleich an, *„diesem westfälischen Dickschädel gehörig aufs Dach zu dreschen!"*

Dazu kommt es aber nicht mehr. Hermann Kriege bricht von sich aus die Verbindung ab. Er mausert sich nahezu von heute auf morgen zum Demokraten. Als Beweis dafür druckt er „zu Wissen und Nutzen deutscher Einwanderer" die amerikanische Unabhängigkeitserklärung von 1776 ab.

Das hilft dem von Anfang an defizitären Blatt Krieges aber nicht mehr auf die Beine. Im Dezember 1846 geht es mit dem „Volks-Tribun" wirtschaftlich zu Ende. Verleger Kriege verpackt das selbstschonend und romantisierend in einen abschließenden Kommentar:

Die von ihm, Kriege, verfochtene Sozialreform sei in den Staaten inzwischen derart gut vorangekommen, dass die publizistische Arbeit dafür fortan den bereits vorhandenen Blättern der demokratischen Parteien überlassen bleiben solle. Der „Volks-Tribun" hingegen könne jetzt getrost sein Erscheinen einstellen.

Broterwerb durch Unterricht

Kriege und seine Frau geben jetzt Unterricht. Hermann hält in New Yorker Literaturzirkeln Vorträge über deutsche und europäische Literatur. Auf Anregung seines Freundes Johann Bernard Stallo aus Oldenburg (gebürtig vom Dümmersee) beginnt Hermann Kriege, ein Geschichtswerk über die Männer des Beginns der amerikanischen Demokratie zu schreiben, Titel: „Die Väter unserer Republik". Mit Franklin soll es anfangen und weitergehen bis zu Jefferson.

Im Juli 1847 hatte Kriege die ersten Beiträge fertig. Immerhin kamen bis Anfang 1848 acht Hefte mit insgesamt zwei kompletten Biographien über Franklin und Paine heraus. Die Sache lief erwartungsvoll an. Bestellungen kamen sogar aus Deutschland. So sollte es weitergehen – mehr jedoch schaffte Hermann Kriege, wegen der dann eintretenden Umstände, nicht.

Kriege will bei der Revolution dabei sein

Da begann 1848 in Europa die Revolution. Hermann Kriege warf von einer zur anderen Stunde alles hin, was er gerade in Arbeit hatte.

Endlich ging in der alten Heimat die Saat seiner studentischen Jahre auf. Da wollte er, beim Formulieren der neuen, demokratischen Freiheiten für alle Deutschen, selbstverständlich dabei sein! So schiffte er sich mit Frau und Tochter unverzüglich nach Europa ein.

Dabei war ihm gerade in diesen Tagen die Stelle eines Redakteurs an der New Yorker Staats-Zeitung angeboten worden. Aber dies schien Hermann Kriege jetzt nicht mehr wichtig zu sein.

Krieges Abreise, von ihm selbst allseits euphorisch verkündet, gestaltete sich feierlich: Mitglieder des „Liederkranzes" New York gaben ihm und seiner Familie am Schiff mit dem Singen deutscher Volkslieder einen geradezu rührenden, musikalischen Abschied!

In Preußen Amnestie für „Politische"

In Preußen hatte König Friedrich Wilhelm IV. für die meisten politischen Gefangenen eine Amnestie erlassen. Systemkritiker konnten also, wie Hermann Kriege erkundet hatte, ohne Gefahr einreisen. Und im Zweifel war er ja nun amerikanischer Staatsbürger.

Bei seiner Ankunft in Deutschland hatten sich in Frankfurt bereits die Delegierten vieler Städte und demokratischer Vereine aus ganz Deutschland zu ihrem ersten Kongress eingefunden. In der Vorversammlung führte Krieges Freund Julius Fröbel den Vorsitz.

Doch schon bald saß auch der Amerikaner auf dem Podium: Er hatte als „Hermann Kriege aus New York" bei der Diskussion über die Wahl des Zentralausschusses derart geschickt und überzeugend argumentiert, dass die Delegierten ihn spontan zu einem der drei Präsidenten wählten. Damit war der gebürtige Westfale aus Lienen verantwortlich und mittendrin im damaligen, außerparlamentarischen Geschehen.

Das Frankfurter Treffen endete ohne die gewünschten Ergebnisse. So ging es Ende Juni 1848 in Berlin weiter, wo der Zentralausschuss (unter

Teilnahme von Hermann Kriege) endlich einen Organisationsplan fertig stellte. Außerdem wurde ein „Aufruf an das Volk" verfasst, verbunden mit dem flammenden Bekenntnis zu Republik und Selbstbestimmung aller Bürger. Auch hierbei hatte Hermann Kriege als Redakteur seine Hand im Spiel.

Die Berliner Tagung verlief für Kriege trotzdem enttäuschend: Viele Tage wurde diskutiert und um Positionen gerungen. Oft gingen die Sitzungen in Tumulten unter. Was Hermann Kriege wohl am meisten enttäuschte, war die weitgehend passive Reaktion der breiten Bevölkerung auf die demokratischen Parolen der bis dahin friedlichen Revolutionäre.

Enttäuscht verließ er schließlich Berlin mit dem Ziel, nun in anderen großen Städten und auf dem platten Lande in Holstein sowie in seiner westfälischen Heimat für die neue demokratische Ordnung zu werben und – Geld einzusammeln. Denn die Kassen der Kongresse in Frankfurt und Berlin waren gähnend leer.

Doch ob in Hamburg, Bielefeld oder Münster: Kriege hatte bei seinen Auftritten zwar volle Säle und wurde gehört. Doch für die Wiederaufnahme des Kongresses kam kaum Geld zusammen.

Kriege präsidiert dem 2. Kongress

Trotzdem wurde am 26. Oktober 1848 in Berlin der zweite Demokratenkongress eröffnet. Tagungspräsident: Hermann Kriege. An den Wänden des Saales hingen nicht nur die Fahnen Frankreichs und der Schweiz, sondern auch „Stars & Stripes" der Vereinigten Staaten. Kriege muss die Fahne wohl eigens zu diesem Zweck mitgebracht haben.

Hermann Kriege war zu Anfang und am Ende des enttäuschenden Kongresses vom 30. Oktober 1848 Tagungspräsident, weil die anderen gewählten Vorsitzenden einfach davongelaufen waren. Dabei sah sich Kriege erheblichen Anfeindungen durch die „roten" Republikaner ausgesetzt. Gleichwohl soll er als Präsident, trotz des teils chaotischen Durcheinanders bei den Delegierten, eine gute, stets auf Ausgleich bedachte Figur abgegeben haben, wie objektive Beobachter unabhängig voneinander berichten.

Währenddessen und danach überstürzten sich allerdings die Negativereignisse: Unkontrollierte Aufstände, Militäreinsatz, Wiedereinführung des alten, polizeilichen Überwachungssystems von heute auf morgen, Verhaftungen.

Hermann Kriege erkannte nun rasch, dass unter den gegebenen Verhältnissen des Herbstes 1848 für die Sache der demokratischen Freiheit in Deutschland nichts mehr zu gewinnen war, vielmehr alles verloren schien.

Tief enttäuscht und frustriert ob der mangelnden Geschlossenheit und Standfestigkeit seiner revolutionären Freunde aus alten Zeiten und insbesondere der Arbeiterschaft, um deren soziale Mündigkeit und Besserstellung es Kriege vorrangig doch stets gegangen war, drehte er Berlin den Rücken zu und rüstete mit Frau und Kind zur Rückreise nach den USA – diesmal für immer.

Als Reporter für Amerika am Werk

Zugleich schlüpfte Hermann Kriege wieder in sein journalistisches Berufsgewand zurück und schickte verschiedenen Blättern im Osten der USA sofort ausführliche Artikel über die zurückliegenden Demokratie-Kongresse und die missglückte deutsche Revolution. Wobei davon ausgegangen werden kann, dass der Berichterstatter dafür vor seiner Abreise nach Europa bei den betreffenden Redaktionen bereits vorsorglich Aufträge eingeholt hatte. Jedenfalls haben die Medien in New York und anderen großen Städten der USA bemerkenswert offen und umfangreich über die Hintergründe der gescheiterten Revolution in Deutschland berichtet.

Erste US-Staatsbürgerschaft verloren

Durch seinen inzwischen länger als halbjährigen Aufenthalt in Europa hatte Kriege seine US-Staatsbürgerschaft offiziell wieder verloren. Dies war in Deutschland bisher zwar niemandem aufgefallen. Dennoch schien es ratsam, sich am Heimatort Lienen vorsichtshalber einen neuen Auswanderungs-Consens zu beschaffen. Dies tat Hermann Kriege im Laufe des frühen Frühlings 1849. Zugleich nahm er auf einer großen Besuchsreise durch Deutschland noch einmal Abschied von allen Freunden und Verwandten. Doch: Wo immer er auftauchte, waren die Behörden bereits informiert und ließen ihn bespitzeln wie in alten Zeiten.

Nur, dass der Alt-Revolutionär für den preußischen Staat jetzt, nachdem er den obersten Gremien der Revolutionäre angehört und sogar Tagungspräsident gewesen war, eine ungleich größere Bedeutung als Unruhestifter beimaßen als vor seiner ersten Ausreise.

Dass sie ihn dennoch nicht festhielten, sondern mitsamt Frau und Kind am 28. April 1849 über London nach New York ungehindert ausreisen ließen, muss wohl auf ihr Unbehagen zurückgeführt werden, es im Zweifel mit einem Bürger der großen Vereinigten Staaten zu tun zu haben.

Letzte Berufsstation: erfolgreicher Zeitungsmacher in Chicago Illinois

Nach der Rückkehr in New York City beantragt Hermann Kriege sofort aufs Neue die amerikanische Staatsbürgerschaft. Danach gibt der enttäuschte Revolutionär seine Paine-Biographie ein zweites Mal heraus, und zwar in Hamburg und Chicago. Daneben bemüht er sich um eine Anstellung als Redakteur und bekommt diese prompt bei der „Illinois Staatszeitung" in Chicago, für die er früher schon lange erfolgreich als Korrespondent gearbeitet hatte und wo man ihn wegen seiner brillanten „Schreibe" schätzte.

Physisch und psychisch durch die Ereignisse in Europa viel stärker angeschlagen, als er selbst wahrhaben wollte, blieb Kriege nur noch ein Jahr für seine letzte Erfolgsstory. Die äußerte sich für den Leitartikler, Reporter und geistvollen Dichter Kriege in einer Woche für Woche wachsenden Leserschar. Inzwischen erschien die von ihm redigierte „Illionois Staatszeitung" bereits viermal pro Woche, bei rasant steigender Auflage.

Gerade, als Hermann Kriege endlich den richtigen Beruf am richtigen Platz in seinem endgültigen „Land Of Freedom" erreicht hatte, schlug eine bis heute nicht erklärbare, tückische Krankheit zu. Kriege wurde geisteskrank, mit gleichzeitig raschem körperlichen Verfall.

Am Abend des 31. Dezember 1850 war Hermann Kriege tot.

Das Bild des westfälischen Revolutionärs und zum Demokraten gewandelten Hermann Kriege lag bis kurz vor Ende des 20. Jahrhunderts in seiner Heimat und in Deutschland im Dunkeln. Hierzulande stand er mehr oder weniger als Marxist zu Buche. Wenn überhaupt. Von seiner führenden Beteiligung an der 48er Revolution und seinen journalistisch-publizistischen Taten in den USA ganz zu schweigen.

Der Verdienst, das Leben dieses ganz und gar ungewöhnlichen Mannes und Amerikareisenden aus Lienen aus der Versenkung hervorgeholt zu haben und Hermann Kriege die Position einzuräumen, die ihm für den demokratischen „Vormärz" und die Revolutions- und Auswanderungsjahre 1848/49 zukommt, gebührt einem Kreis westfälischer Heimatgeschichtsforscher um Dr. Wilhelm Wilkens, Heinrich Schlüter und Dr. Alfred Wesselmann.

Alfred Wesselmann faszinierte die Lebensgeschichte Krieges so sehr, dass er darüber unter dem Titel „Burschenschafter, Revolutionär, Demokrat: Hermann Kriege und die Freiheitsbewegung 1840-1850" im Jahre 2001 seine Doktorarbeit schrieb. Ihm verdankt der Autor dieser Geschichte eine Fülle persönlicher wie sachlicher Informationen und Hinweise.

Lippischer Oberst Emil von Donop unterlag 1777 George Washingtons Truppen

An den Unabhängigkeits-Kämpfen im dritten Viertel des 18. Jahrhunderts in Nordamerika waren auch Westfalen und vor allem Lipper beteiligt – allerdings nicht im Namen der Freiheit unter dem Kommando von George Washington oder dem expreußischen General Steuben, sondern auf der anderen Seite – bei den Truppen König Georg III. von England.
Und so kam denn, was aus Sicht der amerikanischen Revolutionäre in der „Neuen Welt" kommen musste: Der hessische Söldnerführer Oberst Carl Emil von Donop aus Lippe verlor im Oktober 1777 beim Sturm auf Fort Redbank am Dalaware River nicht nur die Schlacht, sondern auch sein Leben.

Die Schlacht um Fort Redbank fand am 22. Oktober 1777 statt. Die zunächst auf dem Vormarsch befindliche englische Armee des Generals Howe hatte sich auf mehrere Kriegsschauplätze verteilt. So bekam Oberst von Donop, der Fort Redbank stürmen sollte, in letzter Minute nicht mehr die ihm zugesagte Artillerie-Unterstützung. Trotzdem gab der englische General dem Söldnerführer aus Lippe Befehl zum Sturm.

Carl Emil von Donop kämpfte sich an der Spitze seiner Jäger und Grenadiere ohne Deckung und Feuerschutz furchtlos bis zur Wallkrone hoch, während die amerikanischen Verteidiger des Forts mit Gewehren und Kanonen einen Trupp der Angreifer nach dem anderen niedermachten. Gerade, als er den Wall überspringen wollte, traf es den Kommandeur, Oberst von Donop, selbst: Eine Kartätsche zerschmetterte ihm sein rechtes Bein und das Hüftgelenk dazu!

Als die wenigen unverletzt gebliebenen deutschen Söldner sahen, dass ihr Anführer gefallen war, ergriffen sie die Flucht. Der schwer verletzte Oberst wurde erst am anderen Morgen von den siegreichen Verteidigern Fort Redbanks unter Hunderten von toten Angreifern gefunden und ärztlich betreut. Die Verletzungen waren jedoch so schwer, dass von Donop sieben Tage später im Feldlazarett der Amerikaner starb.

Von den Offizieren George Washingtons heißt es in einem Schlachtenbericht, der lange Zeit später in Lippe veröffentlicht wurde, die Amerikaner hätten sich dem deutschen Offizier von Donop gegenüber ganz und gar ritterlich verhalten. Nicht

Der aus Lippe stammende Obrist Carl Emil von Donop, im Oktober 1777 beim Sturm auf Fort Redbank am Delaware River (Delaware, U.S.A.) auf der Seite Englands gefallen

nur, dass sie auf seinen Wunsch die Angehörigen daheim in Europa benachrichtigten, sondern der Kommandant der Festung erfüllte dem Sterbenden auch noch seine letzte Bitte, an der Nordfront von Fort Redbank, inmitten seiner gefallenen lip-

pischen und hessischen Soldaten, ehrenvoll begraben zu werden.

Die Sieger setzten ihrem geschlagenen Gegner von Donop, dessen Heldenmut und Tapferkeit
sie offen bewunderten, sogar einen großen Grabstein. Dessen Inschrift hatte sich der Oberst vor
dem Tode selbst gewünscht: *„Multis flebilis occi-
dit!"* *(Er starb von vielen beweint).*

In der Tat soll Oberst von Donop bei der Trup-
pe wegen seiner kameradschaftlichen und ritter-
lichen Haltung, gerade gegenüber dem gemeinen
Soldaten, äußerst beliebt gewesen und geradezu verehrt worden sein. Überliefert ist sein Ausspruch: *„Ich bin in erster Linie euer Kamerad.
Nennt mich deswegen ‚Bruder Grenadier'!"*

Landgraf Friedrich II. von Hessen war über
seine erste Frau mit König Georg III. verwandt. So
schickte er, als Georg um Hilfe zur Niederschla-
gung der Revolution in Nordamerika bat, seinem
Neffen auf dem britischen Thron den in mehreren
Schlachten bereits bewährten Obersten von Donop. Noch während dieser mit seinem Regiment
an der US-Ostküste die ersten Gefechte erfolgreich
für sich entschied, ernannte ihn sein Dienstherr
in Kassel zum Generalmajor. Die in das Heerlager vor Fort Redbank adressierte Beförderungs-
nachricht hat den Ausgezeichneten zu Lebzeiten
jedoch nicht mehr erreicht. Das Geschlecht derer
von Donop zählt zu den ältesten Dynastien Nord-
deutschlands. Es wird auf die sächsische Zeit vor
Karl dem Großen zurückgeführt und taucht bereits
in der frühen lippischen Geschichte auf. Blomberg
war der erste lippische Stammsitz. Mit der Zeit
hatte die Sippe in Lippe bald ein Netz von Bur-
gen, Gütern und Schlössern geschaffen und ihren Einfluss durch Kreuz- und Querheiraten mit
den Mächtigen in Lippe und Umgebung systematisch ausgeweitet. Die von Donops stellten bald
nicht nur in Lippe, Westfalen und ganz Deutschland, sondern auch an zahlreichen europäischen
Königshöfen reihenweise tüchtige Offiziere, Mar-
schälle und Feldherrn.

Ein Zweig der lippischen von Donops, mit dem
der Angreifer von Fort Redbank in direkter Linie
verwandt gewesen war, lebte ab dem 18. Jahrhundert in Frankreich. Der hierzu gehörende Claude
Frédéric Donop brachte es bis zum Kommandeur
der Ehrenlegion, dessen Sohn Raoul Marie bis

*George Washington: Seine Truppen besiegten den
Obersten von Donop aus Lippe und seine Soldaten aus Lippe und Westfalen*

zum kommandierenden General und Inspekteur
der gesamten französischen Kavallerie.

Auch bei Hofe in London waren die von Donops als erfolgreiche Krieger geschätzt: Pelham
George Brenton von Donop (1851 geboren) kämpfte erfolgreich für das Commonwealth in Südafri-
ka, Indien und Ägypten und erwarb sowohl als
Offizier wie auch oberster Eisenbahnaufseher in
den Kolonien hohe und höchste Auszeichnungen.

Und es hat 1777 noch einen zweiten Offizier
von Donop in den entstehenden Vereinigten Staaten von Amerika gegeben: Oberstleutnant Franz
von Donop, Onkel des Angreifers von Fort Redbank. Dieser führte zeitlich parallel zu seinem
Neffen am Delaware River, im Süden ein hessisch-
englisches Regiment der Garde-Füsiliere gegen die
seinerzeit aufständischen Nordamerikaner.

Über das Schicksal dieser ebenfalls mit Söldnern aus Hessen, Westfalen und Lippe aufgefüllten
Einheit in englischen Diensten ist bisher nichts weiter bekannt geworden. Bis darauf, dass die Fami-

lie von Donop damals, in der Folge des Unabhängigkeitskrieges, in Texas Grundbesitz erworben hat und mit einem Seitenzweig ansässig geworden ist.

Auch gibt es verschiedene Hinweise auf einen öfteren Frontwechsel einfacher Soldaten unter den deutschen Söldnern. Speziell eine Gruppe solch einsichtiger Deserteure aus Lippe soll nach Ende des Unabhängigkeitskrieges im heutigen District Columbia eine kleine Siedlung namens „Detmold" gegründet haben und dort sesshaft geworden sein, ohne je in die Heimat zurückzukehren.

Im Sommer 2003 stieß Professor Walter Kamphoefner sogar auf eine frühere lippische Siedlung in New York.

Diese Geschichte über Westfalen bzw. Lipper, welche im Unabhängigkeitskrieg spontan auf die Seite der demokratischen Freiheit wechselten und die noch Anfang des 20. Jahrhunderts in lippischen Familien von Mund zu Mund weitererzählt wurde, wäre es sicher wert, in den U.S.A. vor Ort genau erforscht zu werden.

***

Die Frage, wie der Verfasser überhaupt auf den Amerikafahrer Oberst von Donop gestoßen ist, wird mit dem Hinweis auf zwei Archive beantwortet.

In Bielefeld entdeckte der Autor im Jahre 1965 eine kleine, wiederholt eingerückte Zeitungsanzeige aus den 70er-Jahren des 18. Jahrhunderts. Darin wurde „vor einem gewissen Obristen von Donop" gewarnt. Dieser Offizier werbe nicht nur in Lippe, sondern auch in der westfälischen Nachbarschaft ahnungslose Jünglinge aus armen Familien mit hohem Handgeld für den Söldnerdienst in Hessen an, um sie hernach der englischen Krone für deren Krieg in Amerika zu verkaufen.

Beim Besuch amerikanischer Archive bestätigte sich nicht nur die damals in der Zeitung geäußerte Befürchtung, sondern auch von Donops tatsächliche Existenz in der „Neuen Welt".

Entscheidende Auskünfte über die Teilnahme des aus Lippe stammenden Söldnerführers von Donop auf englischer Seite des großen Unabhängigkeitskrieges in Nordamerika vermittel-

Das lippische Kirchdorf Donop, nach dem Bach „Donope" bereits frühmittelalterlich benannt, ist mit der Geschichte des Geschlechts derer von Donop eng verbunden. Hier besaß die Familie nach Auskunft des Historikers Dr. Heinrich Stiewe u. a. die Rittergüter Altendonop bzw. Hofdonop und Lüdershof

te schließlich das NRW-Landesarchiv in Detmold. Dort sind, im Zusammenhang mit dem Stammbaum der Familie von Donop und insbesondere des lippischen Obermarschalls Wilhelm Gottlieb Levin von Donop (1741–1819), auch die „Heldentaten" der Frankreich-, Indien-, Ägypten-, England- und Amerikafahrer dieser an hohen Militärs einzigartig reichen westfälisch-lippischen Adelsfamilie dargelegt.

***

Zurück zum amerikanischen Freiheitskrieg und der katastrophalen englisch-lippischen Niederlage von 1777 am Delaware River.

Über zwei Jahre nach der denkwürdigen Schlacht lippischer Söldner gegen die Truppen George Washingtons, und zwar am 17. Januar 1780, genehmigt die lippische Regierung für Detmold und Lemgo nochmals ausdrücklich die Bemühungen Hessens bzw. eines (neuen) Obristen Carl von Donop, „*Fremde für die Jäger zu werben, jedoch nicht solche, welche bereits für die Landesmilitaria enrolliert sind.*" Auch dürfe es sich bei den Geworbenen nur um Freiwillige handeln.

Weitere zwei Jahre später, unter dem 22. Januar 1782, überreicht ein Major Stroolinsky aus Bielefeld dem lippischen Grafen „hochuntertänigst" ein Gesuch, „*die Werbung für America, welche sehr verlockend ist, aber sehr hohen Abgang (Verluste) bringt, zu verbieten. Denn wir brauchen die Leute im eigenen Land!*".

Und weiter: „*Diese zum Dienst in America verleiteten Personen sind auch für ihr Vaterland auf immer verloren und werden vielleicht einmal in Zukunft die Ursache, dass ihnen mehrere dahin folgen ...*".

Schließlich taucht der Name des 1777 am Delaware River gefallenen Obristen von Donop noch einmal in einer von Kassel ausgehenden Anzeige auf Seite 372 der „Lippischen Intelligenz-Blätter" vom 6. Januar 1785 auf. Lückenhafter Inhalt: „*Cassel. Nachdem zwar gegen den in hiesigen Fürstlichen Diensten in America verstorbenen Obersten und Commandeur des hochlöblichen Grenadier- und Jägercorps, Carl Emilius von Donop Nachlassenschaft, sich viele darinnen gestandene ... Creditoren ... ihre Forderungen größtenteils noch nicht vollständig liquidiert haben...*", usw. Hiermit wird noch-mals der Tod des lippischen Heerführers Carl E. von Donop auch aus Hessen ausdrücklich bestätigt. Inwiefern jedoch aus den in Kassel verbliebenen Hinterlassenschaften des lippischen Adligen tatsächlich Forderungen heimischer Geldgeber oder von den Hinterbliebenen gefallener lippischer Soldaten befriedigt wurden, kann hier nicht weiter untersucht werden und bleibt späteren, speziellen Recherchen vorbehalten.

Von Amerika heimgerufen, um im Sauerland „Backes Hof" zu erben

Bauernsohn Johann Kaspar Mönnig (7.8.1860–22.11.1922) vom uralten „Backes Hof" mitten in Saalhausen (heute Lennestadt, Kreis Olpe) reiste 1883 auf Einladung seines bereits 30 Jahre früher ausgewanderten Onkels Johannes Mönnig und weiterer Verwandter aus dem Lennetal nach Detroit. Der Onkel hatte von den guten Verdienstmöglichkeiten in der wachsenden Industrie am Erie-See geschrieben. Da der Vater noch rüstig war und seinem damals 23-jährigen Hoferben Kaspar die Schiffsreise nach Michigan sogar bezahlte, litt der junge Mann unterwegs keine Not.

Kaspars Onkel Johannes Mönnig hatte nach seiner Ankunft 1853 bei Detroit zunächst billig Land erworben und darauf eine große Farm gegründet. Als sein landwirtschaftlicher Betrieb durch umliegende Bebauung immer stärker in den Stadtmittelpunkt rückte, eröffnete der Onkel geschäftstüchtig einen Laden für Lebensmittel, Haushaltwaren und Bauholz.

„Gut katholisch" verheiratet mit der Tochter eines ebenfalls eingewanderten Sauerländers, engagierte sich „John Monnig" in seiner Siedlung besonders stark beim Bau einer katholischen Kirche nebst Pfarrschule für die heranwachsenden deutschen Kinder.

Der Geschäftsbetrieb lief bald so gut, dass Johannes Mönnig seinen Sohn zur Höheren Schule schicken konnte. Dieser studierte später Jura und wurde ein angesehener Jurist in der Stadt sowie Begründer einer bis heute bekannten „Dynastie" Mönnigscher Anwälte in Detroit und Umgebung.

Einstieg in Geschäfte des Onkels

So war der Neuankömmling aus der alten Heimat Saalhausen am Rothaargebirge hochwillkommen, um in das Geschäft einzusteigen. Besonders geschickt zeigte sich der junge Mann im Holzhandel. Den Umgang mit Bäumen und Brettern hatte Kaspar, neben der väterlichen Landwirtschaft her, im Sägewerk eines Onkels an der Lenne erlernt!

Deswegen dachte der Onkel schon bald daran, den fleißigen Sohn seines Bruders eines Tages zu seinem Nachfolger zu machen. Denn Caspar war wirklich tüchtig.

Amerikafahrer Caspar Mönnig aus Saalhausen

Während der 10 Jahre seines Aufenthalts in Detroit lernte Kaspar nicht nur Englisch, sondern auch Bücher zu führen und neue geschäftliche Chancen zu nutzen. Auf seinen Vorschlag hin eröffnete der Onkel ein Lager am Hafen. Jetzt brauchte die Ware nicht mehr auf Wagen und Karren in die Stadt gefahren zu werden, sondern die Güter, vor allem Holz, kamen direkt per Schiff über die Großen Seen aufs Lager.

Bald war die Firma Mönnig Großhändler im Holzgeschäft. Caspar Mönnig durfte sogar den Einkauf übernehmen und plante gerade, zusammen mit seinem Onkel in das Seetransportwesen einzusteigen und dafür ein Schiff zu kaufen.

Da kam ein Brief aus Saalhausen. Der Vater war krank und wollte seinem Ältesten nun „Backes Hof" übergeben. „Du musst hier jetzt der

Caspar Mönnigs Onkel Johannes (John) blieb in Detroit und ließ am Ufer des Lake St. Clair dieses stattliche Wohnhaus errichten. Es ist zugleich das Vaterhaus der späteren Mallinckrodt-Schwester Mary Anthony Mönnig

benstüchtige junge Mutter ausgesprochen sympathisch war, machte ihr Kaspar einen Heiratsantrag, ohne seinen Vater vorher zu fragen.

Das war nun gar nicht nach dem Plan des Bauern auf „Backes Hof". Dieser hatte für seinen Hoferben nämlich bereits eine andere Saalhausener Bauerntochter ausgesucht. Als ihm Caspar nun eröffnete, er werde die Hessmanns Maria mit Kind heiraten, setzte Mönnig senior den jüngeren Bruder des Amerikafahrers als Nachfolger ein.

Caspar wurde vom Hof mit einem zweigeschossigen Wohnhaus aus Sauerländer Fachwerk im Dorf abgefunden. Hier zog er nach der Hochzeit im Oktober 1899 mit seiner damals 35-jährigen Frau nebst Sohn Hermann ein. Sein Brot verdiente er als Holzfachmann und Gatterführer in einem nahe gelegenen Sägewerk an der Lenne. Er starb am 22. November 1922, ohne Amerika je wiedergesehen zu haben.

Allerdings hatte er mit seinen Erzählungen aus der „Neuen Welt" in seinem Stiefsohn Hermann offenbar früh die Neugier nach Amerika geweckt.

Bauer werden!" schrieb Mönnig senior aus Saalhausen. Und der gehorsame, inzwischen 33-jährige Sohn packte seinen eisenbeschlagenen Seekoffer und sagte Amerika und seinen dortigen Verwandten für immer Adieu.

Wieder zu Haus, aber kein Hoferbe

Daheim angekommen, gingen die Zusagen des Vaters leider nicht, wie erwartet, in Erfüllung: Der bisher noch ungebundene junge Mann verliebte sich nämlich in eine „Frau mit Kind" namens Maria Bertha Hessmann aus der Nachbarschaft. Diese hatte in der Stadt als Apothekenhelferin gearbeitet.

Der Sohn des Apothekers begann ein Verhältnis mit der gut aussehenden Mitarbeiterin seines Vaters und wollte sie heiraten. Ein Kind stellte sich ein. Das Fatale: Der Apotheker lehnte eine Heirat des Sohnes mit der Angestellten strikt ab. Der Sohn gehorchte und heiratete eine andere. Maria Hessmann „blieb sitzen", wie man damals sagte und musste sich und ihr Kind Hermann mühsam allein durchbringen.

Dies imponierte Caspar Mönnig sehr, und da ihm die alleinerziehende, stattliche wie le-

Hermann als echter Amerikaner

So ist es kein Wunder, dass Hermann, der den Malerberuf erlernte und nach der großen Inflation der 20er-Jahre als Malermeister in Hagen Westfalen arbeitslos wurde, sich an die Geschichten aus den USA erinnerte, kurzentschlossen auswanderte und gleich im Ankunftshafen New York hängen blieb. Die berühmte Columbia-University suchte gerade einen tüchtigen „Chief-Painter"!

So wurde Hermann Hessmann in NYC Handwerksunternehmer. Sein Dauerjob: Bei der Columbia Universität die zahlreichen riesengroßen und an vielen Plätzen liegenden Universitätsgebäude innen und außen in Anstrich zu halten – eine Lebensaufgabe, die den Sauerländer bis weit nach dem Zweiten Weltkrieg in Arbeit und Brot hielt.

Eine Cousine des früheren Saalhausener Jungen und nun in New York lebenden Hermann Hessmann, Mary Anthony Mönnig aus Detroit, ging als junges Mädchen zu den aus Paderborn stammenden „Schwestern der Christlichen Liebe", wurde Nonne, Lehrerin und Professorin und unterrichtete bis ins hohe Alter am Mallinckrodt-College in Wilmette.

Koffer führte Familie wieder zusammen

Dass die Familienzweige der Mönnigs in Saalhausen und Amerika überhaupt wieder miteinander in Verbindung kamen, ist dem Seekoffer des Amerikafahrers Kaspar Mönnig zu verdanken.

Dieser schwere, eisenbeschlagene Behälter gehörte mehr als 100 Jahre zum Inventar der Familie Mönnig in Westfalen. 1983, anlässlich der 300. Wiederkehr des Eintreffens der ersten Gruppe deutscher Einwanderer in den USA, erzählte Lehrer Paul Mönnig von der Amerikareise seines Vaters. Kinder und Enkel fragten daraufhin, wo denn der Onkel Johannes und die anderen Saalhauser in Detroit geblieben seien. Das wusste Paul Mönnig auch nicht. „Dann schreib doch mal hin!", kam die Antwort aus dem Familienkreis.

Gut gesagt – aber ohne Adresse? Kurz entschlossen schrieb ein Familienmitglied an den damaligen Bürgermeister von Detroit, den Farbigen Coleman A. Young und fragte diesen nach möglichen Mönnigs in seiner Stadt.

Nach Wochen kam tatsächlich Antwort: Jawohl, der 1853 eingewanderte Johannes Mönnig habe seinerzeit in Detroit eine Farm und ein Geschäft aufgebaut; Enkel und Urenkel lebten heute in Detroit als Rechtsanwälte und führende Landwirte. Und eine Enkelin des amerikanischen Stammvaters sei besagte Mallinckrodt-Schwester Mary Anthony Mönnig in Wilmette bei Chicago.

Da der Mayor von Detroit die Adressen gleich mitlieferte, kamen briefliche und persönliche Familienkontakte nach 100 Jahren und zwei trennenden Weltkriegen wieder in Gang. Ein Höhepunkt für Sister Mary Anthony: die Teilnahme an der Seligsprechung von Mutter Pauline von Mallinckrodt 1985 in Rom und Feiern am Grab der Ordensstifterin in Paderborn. Dort konnte Mary Anthony von ihren deutschen Vettern wenigstens noch einen, den Lehrer Paul Mönnig, Sohn des Amerikafahrers Caspar Mönnig von 1883, von Angesicht zu Angesicht begrüßen.

Ein Augenzeuge dieses Treffens von Vetter und Cousine vor der Grabeskapelle der seligen Mutter Pauline: *„Es war einfach rührend. Die beiden sahen einander mit ihren scharfen ‚römischen' Gesichtsprofilen ähnlich wie Zwillinge!"*

Lehrer Paul Mönnig (geboren 1900 in Saalhausen, Sauerland) trifft seine Cousine, die Mallinckrodt-Schwester Mary Anthony Mönnig aus Wilmette bei Chicago (rechts), zum ersten Mal nach der Seligsprechung Mutter Paulines in Rom, und zwar am 21. April 1985 vor der Grabeskapelle der großen westfälischen Ordensgründerin in Paderborn. In der Mitte Schwester Theresa Kovarek vom Sacred Heart Convent Wilmette

Im Strohsack bettelarm geflohen, in Oklahoma steinreich gestorben

Jobst Heinrich Heidhölter (1853–1941) vom Erbpächterhof Diebrock Nr. 5 ist 1873 aus politischer Haft in Herford geflohen. Gesinnungsfreunde halfen dem Zwanzigjährigen, versteckt in einem Strohsack, die Weser und darüber Bremen zu erreichen, Ziel: Amerika. Hier verlor sich für länger als 100 Jahre die Spur dieses wegen seiner aufrührerischen Reden gegen den Staat verfolgten und eingesperrten Sozialisten, um endlich, nach jahrzehntelangen genealogischen Forschungen hüben und drüben, 1985 bei seinen Herforder Verwandten posthum namentlich wieder aufzutauchen – in einem Packen Gerichtsakten aus Oklahoma und Washington D.C., Inhalt: Protokolle eines langwierigen Erbschaftsprozesses amerikanischer Verwandter über den Nachlass des in Enid (Oklahoma) kinderlos, aber steinreich gestorbenen Ölmillionärs Henry Heitholt, alias Heinrich Heidhölter.

Der gebürtige Herforder Henry Heitholt (Heinrich Heidhölter) als Multimillionär während der 30er-Jahre in Enid, Oklahoma

Ruth Steinkamp geborene Heidhölter (Herford) und deren Schwester Christa Höning aus Gundelheim kannten die Geschichte ihres Uronkels Heinrich bis zu seiner heimlichen Auswanderung zuvor nur aus Erzählungen ihrer Eltern und Großeltern. Demzufolge hatte sich der junge Mann als Maurer auf einer Herforder Baustelle häufig über den zu geringen Lohn seiner kinderreicher Kollegen beschwert und als überzeugter Sozialist (manche nannten ihn auch einen Kommunisten) politische Mitsprache gefordert. Das Ergebnis waren Bespitzelung, polizeiliche Überwachung, Verhaftung, Prozess und Gefängnis.

Heidhölters Flucht nach Amerika führte durchaus nicht ins Ungewisse: In Quincy (Il) gab es seit 1850 bereits einen Stadtteil für Hunderte von Herforder Familien, „The Herford Meadow". Mit eigener Kirche und deutscher Schule.

Einer der dort führenden Gemeindegründer war ein Onkel des „Strohsackauswanderers" namens Johann Heinrich Heidhölter gewesen. Dieser hatte beim Betreten der Neuen Welt als erster seinen Namen in „Henry Heitholt" geändert , sozusa-

gen als Vorbild für seinen nachfolgenden Neffen. Und zwischen den Heidhölters in Diebrock und deren Verwandten in Quincy gab es regen Schriftverkehr bis zur Aufforderung von Übersee, gleichfalls die Chancen in der „Neuen Welt" wahrzunehmen und nach Illinois zu kommen.

Spätestens, als Jobst Heinrich Heidhölters geliebte Mutter am 18. Mai 1873 starb und der konservative Vater sich in heftigem Streit von seinem aufrührerischen Sohn abwandte, wurde bei dem jungen Mann der Gedanke, ebenfalls nach Amerika zu gehen, zum festen Plan. Was sollte ihn auch noch an seinem Heimatort halten?!

Als Kohlenschlepper unter Deck nach Amerika

Aus dem Umfeld von Henry Heitholt I. wissen wir, dass der Flüchtling Henry Heitholt II. sein gelobtes Land der Freiheit, Amerika, erst nach dramatischer Ausreise erreicht hat.

Weil Jobst Heinrich Heidhölter bei seiner Flucht aus dem Herforder Gefängnis (wobei ihm ein demokratisch eingestellter Angehöriger der

Familie von Laar, Rittergut Oberbehme, behilflich gewesen sein soll) nur das besaß, was er auf dem Leibe trug, mogelte sich der völlig mittellose junge Mann in Bremen heimlich auf einen englischen Dampfer mit Ziel USA. Hier versteckte er sich mehrere Tage im Kielraum des Schiffes.

Auf hoher See angekommen, gab sich der Flüchtling dem Kapitän endlich zu erkennen und bot sich als Kohlenschlepper im Maschinenraum an. Als solcher erreichte Heidhölter als Passagier im finsteren, fensterlosen Kohlenbunker schließlich Nordamerika und, nach weiterem wochenlangem Schuften als Heizer auf verschiedenen Flussbooten des Mississippi, die Stadt Quincy (Adams County).

Hier hätte Henry II. bei seinem Onkel Henry I. für immer bleiben können. Es gab Arbeit genug und man sprach Hoch- und Plattdeutsch. Aber dem jungen, hier erst recht als überzeugter Sozialist auftretenden jungen Manne gefiel die Frömmigkeit seiner Verwandten nicht. „Kirchliche Lieder und Bibellesen alle Tage – das ist nicht meine Welt", hat Henry Heitholt II. viele Jahre später einem amerikanischen Vetter erklärt. „Ich wollte in Amerika endlich frei sein, frei von allem – auch von den Zwängen der Kirche!"

Von Quincy als Farmer nach Nebraska

Umgekehrt waren die Herforder in Quincy wahrscheinlich froh, als Henry II. sich nach zwei Jahren des Eingewöhnens in die „Neue Welt", von Quincy aus einer Gruppe wagemutiger junger Männer anschloss, die auf den gerade zum Verkauf stehenden, weiten Plains von Nebraska ihr Glück als freie Farmer machen wollten.

Dort oben zwischen Omaha und Fort Laramie in Wyoming war die Pionierzeit mit dem legendären Pony-Express und riesenlangen Ochsen-Trecks nach Kalifornien seit mehr als 10 Jahren zu Ende. Siedlerscharen und Güter für den Westen der USA wurden längst sicher und schnell auf der Schiene transportiert.

Henry bekam von der Eisenbahngesellschaft sofort seine gewünschte „Homestaed", zuerst in Pacht, danach zum Eigentum. Und er fand nach entbehrungsreichen ersten Junggesellenjahren in Omaha sogar eine passende Lebensgefährtin, die er am 4. Oktober 1882 heiratete.

Seine Frau Lavinia, geborene Mangold, gehörte zu einer Gruppe deutscher Immigranten im benachbarten Grenzgebiet zu Iowa, östlich des Missouri, wo Leute aus Ostwestfalen gerade sieben Jahre zuvor (1875) an der Union-Pacific-Eisenbahn hoffnungsvoll ein Dorf namens „Minden Iowa", mit eigenem Bahnhof, Hotel und lutherischem Gotteshaus gegründet hatten.

Im Winter zu kalt, im Sommer zu trocken

Henry und Frau hatten es auf der Farm 200 Meilen westlich von Omaha schwer. Das raue Klima machte ihnen zu schaffen – sommertags zu trocken, die Winter fünf Monate lang mit Eis, Schnee und bitterer Kälte in dem einfachen Blockhaus. Manche Saaten erfroren noch im Mai, oder im Sommer vertrocknete das Getreide mangels Regen. Man brauchte zwar nicht zu hungern, aber verdiente auch kein Geld. Einziger Lichtblick auf der einsamen Farm in der Weite des öden platten Landes: Zwei Kinder kamen zur Welt – Sarah (1884) und Harry (1886).

Das üble Wetter setzte den Siedlern arg zu. Henry plagten Erkältungen und Rheuma. Ein fahrender Händler gab ihm den dringenden Rat: „Zieht nach Süden! In Oklahoma wird gerade das letzte Indianerland verteilt. Dort ist es viel wärmer als hier, und ihr braucht nicht mehr zu frieren."

Mit Pferd und Wagen nach Oklahoma

Daraufhin kaufte sich die Familie Heitholt einen jener besonders stabilen, schwimmfähigen Planwagen, wie sie sich unter der Bezeichnung „Conostooga" Jahrzehnte zuvor auf den großen Trecks am Oregon-Trail quer durch die wilden Plains von Nebraska, Wyoming, durch Montana und über die Rocky Mountains tausendfach bewährt hatten.

Mit solch einem großen, geländegängigen Gefährt, das Transportfahrzeug und Wohnung zugleich war, und zwei kräftigen Pferden im Vorspann ging es im Frühling 1892 los – zunächst südostwärts, und zwar noch einmal nach Quincy.

Henry Heitholt II. wollte dort nämlich mutige Herforder Landsleute gewinnen, die bereit waren, mit ihm im Westen zu siedeln und ihm und seiner Familie in den Weiten von Oklahoma Gesellschaft zu leisten. Die Herforder in Quincy hatten sich am Mississippi jedoch längst passend eingerichtet und wollten von einem Umzug in das 1 000 Kilometer südwestlich liegende, aus ihrer Sicht unzivilisierte „Indianerland" absolut nichts wissen.

So bewältigte Henry II. seinen wochenlangen, beschwerlichen und entbehrungsreichen Trail durch großenteils noch unerschlossene Gebiete zwischen Missouri, Texas und Neu Mexico mit der Familie allein. Dabei hätte er wenigstens teilweise schon die Eisenbahn benutzen können. Aber das muss diesem, Zeit seines Lebens äußerst sparsamen Westfalen wohl zu teuer gewesen sein. Jedenfalls machte er es wie die ersten Siedler 50 Jahre zuvor und erreichte im Herbst desselben Jahres tatsächlich gesund und wohlbehalten sein Ziel.

Plantagen für Obst und Zitrusfrüchte

„Strohsack-Auswanderer" Henry Heitholt (Heidhölter) auf seinem Trail von Nebraska via Quincy (IL) nach Oklahoma

In Garfield nahe Enid (Blain County) fand Henry Heitholt II. sofort gutes und leicht zu bewässerndes Land. Hier legte er mit Frau und Kindern auf zunächst gepachtetem, später gekauftem Grund und Boden als erster Siedler Plantagen für Obst und Gemüse an und hatte Erfolg: Schon nach wenigen Jahren besaß Heitholt so viel Geld, dass er sogar benachbarten Siedlern Kapital vorstrecken konnte!

Als dann der Schwiegervater in Iowa starb und seine Frau ein kleines Vermögen erbte, war Henry Heitholt II. sogar in der Lage, im fernen Texas Großflächen für die Rinderzucht zu erwerben. Der anschließende Bau der Santa-Fé-Eisenbahn quer durch seinen neuen Besitz brachte ihm zusätzlich Gewinn.

Mit dem Öl in Texas kam der Reichtum

Während in Europa der Erste Weltkrieg tobte, fanden Prospektoren auf Heitholts Ländereien Öl. Viel Öl! So viel, dass unser früherer, bettelarmer „Strohsackauswanderer" im folgenden Jahrzehnt sozusagen von selbst zum Multimillionär wurde und für ihn endlich die Zeit gekommen war, sich auf seinem Vermögen auszuruhen.

Doch Heitholt änderte sein Leben trotz des neuen Reichtums nicht. Als wäre nichts geschehen, setzte er die Plantagenwirtschaft fort, half in Not geratenen Leuten, wo immer jemand Hilfe brauchte, zeigte überhaupt allenthalben für die Armen eine offene Hand. Er persönlich blieb jedoch für sich selbst weiterhin ein äußerst sparsamer und bescheidener Mann und setzte die Plantagenarbeit unbeirrt fort. Aufs Leben gesehen, ist der gebürtige Diebrocker im ewig sonnigen Oklahoma trotz seines großen Reichtums nicht glücklich geworden. Im Gegenteil: Unglück verfolgte ihn und die Familie mit Beginn des Wohlstandes bis zu seinem letzten Lebenstag am 5. August 1941:

- Henrys Tochter Sarah, die Lehrerin geworden war, starb 1907 im blühenden Alter von 23 Jahren an einer Lungenentzündung.
- Seine Frau Lavinia verletzte sich 1916 an einem Rosenstrauch im eigenen Garten und starb binnen weniger Stunden an Wundstarrkrampf.
- Henrys oft depressiver Sohn Harry, der Millionen-Erbe, nahm sich 1925 aus unerklärlichen Gründen das Leben.

Zwar heiratete Henry Heithold II. drei Jahre nach dem Tod seines Sohnes ein zweites Mal. Doch die Ehe mit der um 36 Jahre jüngeren Irene war nicht glücklich und blieb kinderlos. Irene erlag 1938 einem Krebsleiden und wurde auf dem von ihrem Mann gestifteten „Heitholt Cemetery" in Billings (Garfield County), neben Henrys erster Frau Lavinia und den beiden verstorbenen erwachsenen Kindern, begraben.

In einem Archiv in Enid (Oklahoma) wird zur Familie des Henry Heitholt II. vermerkt, dieser habe insgesamt vier Kinder gehabt, von denen zwei tot geboren seien. Welche Frauen diese Totgeburten hatten, bleibt dabei offen.

Einziger Freund: Perser Dr. Michael Shadid

Als Amerikaner hat Henry Heitholt II. offenbar nur einen einzigen Freund gehabt, dem er bis zum Tode treu verbunden war, und zwar den persischen Arzt Dr. Michael A. Shadid in Enid.

- Dr. Shadid war aus Überzeugung Sozialist wie Henry Heitholt seit seiner Herforder Jugend.
- Beide hatten sich der Hilfe für Unterprivilierte in der Gesellschaft verschrieben. Dafür war Heitholt II. bereits 1873 in seiner Heimat ins Gefängnis gegangen.
- Beiden war in den USA, angesichts der dort erst recht riesigen Kluft zwischen Arm und Reich, der Traum von Gleichheit und Brüderlichkeit aller Bürger in der „Neuen Welt", abhanden gekommen.

Gleichwohl waren sich Heitholt II. und Dr. Shalid als unzertrennliche Freunde über Jahrzehnte darüber im Klaren, dass den Benachteiligten der hier (auch in einem demokratischen Land!) real vorgefundenen, von Kapital und Ellenbogengesellschaft geprägten Welt kaum mehr mit einer Revolution europäischen Vorbildes, sondern wohl eher durch beispielhafte Opfer und Umverteilung seitens der Reichen und Priviligierten im Lande zu helfen sei.

Heitholt war jetzt reich, beide waren priviligiert: Henry Heitholt II. durch seine vielen, selbst nicht verdienten Millionen, Dr. Shadid als tüchtiger, weithin angesehener Arzt.

Minderbemittelte Kranke kostenlos behandelt

Und dies war ihr praktischer, selbstloser Beitrag, die Welt, in der sie lebten, für Arme und Kranke spürbar humaner und damit besser zu machen:

- Dr. Shadid behandelte minderbemittelte Patien-

ten zeitlebens grundsätzlich kostenlos.
- Henry Heitholt II. spendete schon ab 1928/29 einen großen Teil seines Barvermögens, damit sein ärztlicher Freund eine eigene, große und mit modernsten Geräten ausgestattete Klinik zur Behandlung der Ärmsten und speziell bedürftiger Arbeiter und in Not geratener Farmer bauen konnte.

<u>Das ist das bis heute bestehende, im ganzen Land als vorbildlich geltende „Community Hospital Elk City – Western Oklahoma's Health Care Center".</u>

Es war die Idee der beiden Gründerfreunde, die Bevölkerung der Region in die Trägerschaft des Krankenhauses persönlich einzubinden. Deswegen gaben Sie der Anstalt die Rechtsform einer Genossenschaft, in der sich jeder Bürger mit einem oder mehreren Anteilen engagieren kann. „Shares", Aktienanteile wurden bewusst ausgeschlossen, um „feindlich kapitalistische" Übernahmen des als Nonprofit-Unternehmen ausgelegten Krankenhauses von vornherein auszuschließen.

Erstes genossenschaftliches Hospital in den USA

Natürlich zahlte Henry Heitholt II. den Löwenanteil der Investitons- und laufenden Unterhaltungskosten. Und damit dieses erste genossenschaftliche Krankenhaus in den USA (Cooperative Medicine), getragen von der durch Dr. Shadid gegründeten „Farmer's Union Hospital Association", in ganz Nordamerika auf Dauer bestehen und sich zum Wohle notleidender Arbeiter und Farmer ausbreiten konnte, vermachte der als Jobst Heinrich Heidhölter in Westfalen geborene und bis zum Tode überzeugte Sozialist 1940/41 sein ganze „Restvermögen" (es soll sich um mehr als 20 Millionen US-Dollar gehandelt haben) der „Farmer's Union Hospital Association" in den Vereinigten Staaten.

Dass über Heinrich Heidhölter alias Henry Heitholt in Westfalen endlich einigermaßen sichere Lebensdaten vorliegen und sein einzigartiges soziales Engagement in der Medizin und für die Armen in den USA bei uns bekannt wurde, ist jener eingangs angedeuteten, bis 1985/86 verschüttet gewesenen Spur zu den nach Quincy, Illinois, ausgewanderten Verwandten des reich gewordenen Herforder „Strohsack-Auswanderers" zu danken.

Vettern und Neffen aus den verschiedenen Linien des amerikanischen Heithölter/Heitholt-Clans in Quincy fanden das Testament ihres reichen Onkels ausgesprochen familienunfreundlich. Insbesondere die Familie Bexten, deren „Roots" ebenfalls in Diebrock liegen, hat 1945 durch einen John Henry Bexten versucht, per Anfechtungsklage einige Heitholt-Millionen für die Verwandtschaft zu retten.

In mehreren Verfahren, die erst in der Berufung vor dem Supreme High Court in Washington D. C. endeten, wurde die Klage endgültig abgewiesen. Vielmehr erklärten die Richter jene 1941er Vermögensübertragung auf die „Farmers Union Hospital Association" als absolut rechtens. Begründung, verkürzt auf den Punkt gebracht:

- Erstens sei der Testator Henry Heitholt II. bei der Abfassung seines Testaments voll handlungsfähig gewesen.
- Zweitens (und in der Hauptsache) müsse im Zweifel Gemeinnutz vor Eigennutz gehen. In diesem Fall habe ein vorbildlicher Bürger der Vereinigten Staaten mit seinem Geld ein beispielhaft gutes Werk für die Allgemeinheit getan, das ihn und die ganze Nation über den Tod des Erblassers hinaus ehre und allerhöchste Anerkennung verdiene.

***

Einen großen Teil der Dokumente und Hintergründe für diese Geschichte verdanken wir den jahrzehntelangen Forschungen der Geschwister Ruth Steinkamp und Christa Höning, geborene Heidhölter, aus Herford und Gundelsheim, in Verbindung mit der Genealogin Ruth Froelke aus Sandy (Utah), William E. Shaklee von der Genealogischen Gesellschaft in Garfield County sowie einem Familienforscher und Großneffen des „Strohsackauswanderers": Leland C. Puttcamp, Nachfahre westfälischer Auswanderer aus Eickum, ursprünglichen Namens Pottkamp, in Wheaton (Illinois).

Die Mutter des Helden dieser Story, Heinrich Heidhölter alias Henry Heitholt II, war eine geborene (Hanne Wilhelmine) Pottkamp und damit eine Großtante von Leland C. Puttcamp. Die Pottkamps hatten es wie viele Tausende Einwanderer in den USA gemacht: Sie „naturalisierten" ihren deutschen Namen. So wurde aus Pottkamp Puttcamp.

Clemens A. Hunck aus Duelm (Minnesota) schickte 1875 Mais als Saatgut nach Dülmen

Ein Merfelder „Ackerer" und Amerikaauswanderer von 1874, Clemens August Hünck, genannt Diekemper (1846–1925) dürfte einer der ersten Saatgutimporteure für Mais („Welschkorn") von Nordamerika nach Westfalen gewesen sein. Als Farmer in Minnesota erkannte der Münsterländer Bauernjunge sofort die hohen Ertrags- und Futterwerte von Mais für das Vieh und schickte deswegen ab 1875 seinem Bruder Wilhelm „zum Ausprobieren" ein dickes Paket mit ausgesuchtem Saatgut. Wilhelm Hünck gab seinem Bruder in Amerika bereits im folgenden Sommer einen ersten, Erfolg versprechenden Testbericht. Allerdings war der große Körnersegen zum Herbst hin dann zunächst doch eher mäßig. Der Mais war wegen des ungünstigeren Klimas in Westfalen zum Teil nicht mehr rechtzeitig zur vollen Reife gekommen!

Clemens Hunck aus Dülmen-Merfeld

C lemens Hünck hatte zu Haus in Dülmen-Merfeld stets den Namen Diekämper getragen. Selbst beim Militär in Koblenz nannte er sich noch so. Als der gelernte Landwirt 1874 auf den Spuren seiner bereits 1847 in die „Neue Welt" gezogenen Dülmener Landsleute Hermann Winkelmann, Wilhelm Schulze Emting und Bernhard Edelbrock in die USA auswanderte, blieb er nur noch kurze Zeit bei dem Namen „Diekämper".

Spätestens ab Ende 1876 unterschrieb der Merfelder Auswanderer seine insgesamt aufgefundenen rund 90 Briefe an Eltern, Bruder und Anverwandte mit „Clemens Hünck", „C. A. Hunk", „Clemens A. Hünck" oder „C. A. Hunck". Doch anders als die meisten seiner Landsleute, verfasste Clemens Hunck (bei dieser amerikanischen Schreibweise möchte der Autor fortan bleiben) seine Briefe bis ins hohe Alter hinein in Deutsch. Schrieb er gelegentlich mal einige Wörter und Begriffe auf Englisch, fügte er stets eine deutsche Erklärung bei.

„Neu Dülmen" in Minnesota

Hunck lebte von 1876 an in Duelm, Minnesota. Dieser Ort hatte seinen Namen offenbar von den ersten westfälischen Auswanderern aus Dülmen erhalten, und zwar von Huncks Landsleuten Winkelmann, Schulze-Emting und Edelbrock. Diese gründeten hier, wie viele andere Westfalen zu anderen Zeiten und an anderen Plätzen, ihr „Klein Westfalen". Und was lag näher, als den Namen „(Neu) Dülmen" zu wählen.

Wobei ungeklärt bleibt, warum der englischsprachige Distriktschreiber „Duelm" notierte. Zu vermuten ist, dass dieser das deutsch gesprochene Wort „Dülmen" derart verstanden haben dürfte. Solche und ähnliche sprachlichen Missverständnisse hat es damals bei Orts- und Personenstandsangaben deutscher Einwanderer in den USA zu Tausenden gegeben.

Clemens Hunck machte in Minnesota als Geschäftsmann wie auch demokratischer Politiker Karriere. Nur wenige Jahre dauerte es und er betrieb in Duelm nicht nur das erste, sondern auch größte Geschäft der ganzen Region: Von Lebensmitteln, Kleidung, Saatgut, Werkzeug bis zu Spielsachen für Kinder gab es bei Hunck alles, was die deutschen und zumeist aus dem Münsterland kommenden Siedler in Benton County für das tägliche Leben brauchten.

Als Abgeordneter im Staatsparlament

Hunck engagierte sich schon bald in der Politik. Er stand auf Seiten der Demokraten und zog als solcher für Duelm und seinen Kreis Benton als Abgeordneter in das Capitol zu St. Paul ein. Hier brachte er, inzwischen fließend Englisch sprechend, die Anliegen seiner deutschstämmigen Wählerschaft wortgewaltig und wohl auch sehr erfolgreich zu Gehör, wie Presseberichte aus jener Zeit bekunden.

Überhaupt war Hunck in Duelm der Mann: „*Clemens A. Hunck hat wohl wie kein anderer zum Gedeihen von Duelm sein Bestes beigetragen*", schreibt ein Redakteur der „Täglichen Volkszeitung" in Benton Co. unter dem 11. April 1900. „*Fleiß, Ausdauer, Sparsamkeit und strenge Gerechtigkeit*" hätten ihn zum Erfolg geführt. Aus dem einsamen Fleckchen Erde sei inzwischen ein blühendes Städtchen geworden, *,als dessen wahre Seele'* man Herrn Hunck bezeichnen kann."

Nicht nur als Kaufmann und Politiker, Erbauer und Förderer der katholischen St. Lorenzgemeinde habe sich der Westfale einen Namen gemacht, sondern gleichzeitig sei er auch ein erstklassiger Postmeister, Schatzmeister des Township, Förderer des Schulwesens und Vorsitzender einer großen Butterfabrik bei der „Duelmer Molkerei", deren Produkte in New York die höchsten Preise erzielten.

1900 Besuch in der alten Heimat

Dieser Artikel erschien kurz vor einer lange und sorgfältig vorbereiteten Reise in die alte Heimat, die Clemens Hunck im Frühling 1900 von Duelm aus zusammen mit seinen Kindern Wilhelm und Bertha über London, Berlin und zweimal nach Dülmen, Münster und Paris (Weltausstellung) führte. Wobei für den Heimkehrer wohl das größte Ereignis eine Privataudienz beim Heiligen Vater in Rom gewesen sein dürfte.

Geheiratet hat der Merfelder Bauernjunge im Februar 1877 die Westfälin Bernardine Schulte, mit der er vier Kinder hatte.

Eigentlich hatte Clemens eine Jugendliebe aus Merfeld in Amerika zum Traualtar führen wollen. Diese hatte Clemens' Mutter als Vermittlerin jedoch eine so unschlüssige Antwort gegeben, dass der selbstbewusste Neu-Amerikaner Hunck verärgert zurückschrieb, das Mädchen möge doch lieber bis zum Lebensende in ihrem kläglichen Dasein daheim stecken bleiben: „*Für solche Bräute ist hier kein Platz!*"

Auch ein danach umworbenes Münsterländer Mädchen aus Wisconsin, wo Hunck zunächst auf Farmen gearbeitet und einige 100 Dollar erspart hatte, zögerte, „*in die einsame Gegend von Duelm zu ziehen*". Barsch war auch hier die Reaktion des Werbers: „*Wenn sie keinen Unternehmungsgeist besäße, möge sie es von vornherein bleiben lassen, zu ihm zu kommen*", ließ Clemens ihren Eltern ausrichten.

Frau fürs Leben: „Dina" Schulte

Selbst als die verwirrten Brauteltern Boten und eine Nachricht schickten, das Mädchen habe es sich nun doch anders überlegt, weine Tag und Nacht und wolle den lieben Clemens in Duelm um jeden Preis heiraten, ließ dieser sich nicht erweichen: „*Sie hat die Gelegenheit verpasst. Aus!*" antwortete der enttäuschte Hochzeiter und heiratete nachfolgend von heute auf morgen eben jene „Dina" Schulte, mit der er dann offenbar bis zu seinem Lebensende am 4. Februar 1925 in Logan, Colorado, glücklich zusammenlebte.

Über all die Jahrzehnte als erfolgreicher Kaufmann und Politiker hat Clemens Hunck Landwirtschaft betrieben. Nach seinen Angaben muss er mit der Zeit einen Betrieb von etlichen hundert Hektar gehabt und zusammen mit zahlreichen Mitarbeitern bewirtschaftet haben. Und dies war offenbar ein landwirtschaftlicher Musterhof für die ganze Gegend.

Wurden neue Maschinen und Ackerbaumethoden eingeführt, war Hunck immer der Erste, der das ausprobierte und bis in alle Einzelheiten seinem Bruder Wilhelm in Dülmen-Merfeld davon stolz berichtete.

Umgekehrt ließen sich offenbar Merfelder Landwirte von dem Amerikaner Hunck anregen, den einen oder anderen Vorschlag aus Minnesota für ihre Feldwirtschaften zu übernehmen, wie die jahrzehntelange Korrespondenz von hüben nach drüben erkennen lässt.

Noch mancher abenteuerlustige junge Mann folgte Clemens Hunck nach Duelm, Minnesota, um dort ebenfalls freier Bauer auf eigener Scholle zu werden, wie etwa Gerhard Heinrich Winkelmann aus Dülmen, Clemens Esselmann und Heinrich Küdde, der später von Duelm aus weiterzog bis nach Oregon, wo er ein erfolgreicher Rancher und Viehzüchter wurde.

90 Fotos von Duelm nach Merfeld

Mit seinen laufenden Briefen schickte Clemens Hunck von sich und seinen Betrieben laufend Fotos nach Haus in Westfalen; über 90 davon sind erhalten. Umgekehrt, forderte er von allen Personen, Gebäuden und Neuerungen daheim Bilder an, die ihm auch geschickt wurden. So war man über den Atlantik hinweg verbunden mit ständigem Nachrichtenaustausch über das Leben hüben und drüben, stets bestens informiert, bis in die letzte Familie in Merfeld hinein, ebenso wie drüben in Duelm.

Und immer wieder Ackerbau und Viehzucht: „Säen, Mähen, Heuen, Eggen, Walzen, Pflügen, Dreschen und alles … geht meistens mit Maschinen auf eine viel leichtere und zweckmäßigere Weise als bei euch", hat Clemens Hunck laut Brief vom 10. Mai 1876 an seinen Bruder Wilhelm bereits nach zwei Jahren in Amerika erkannt: *„Da seid ihr noch 100 Jahre zurück!"*

So, wie Hunck seinem Bruder und den Nachbarn zu Haus in Merfeld exakt berichtet, was die Farmer dort in Minnesota säen, pflanzen und ernten, was das Vieh frisst und auf dem Markt an Dollars einbringt, so nennt er in langen, sehr konkret abgefassten Briefen die Vorteile verschiedener neuer Fruchtarten. Wie zum Beispiel (siehe Anfang dieser Geschichte!) den Anbau von „Welschkorn" bzw. Mais.

„Nun zum Welschkorn"

Ein Brief von April 1875, Clemens an seinen Bruder August: *„Nun zum Welschkorn. Das müsst*

ihr pflanzen, weil es auch leicht verfriert, gleich nach den 10. Mai, ungefähr mit dem Buchweizen. Aber ich denke, das ist ein wenig zu spät, nämlich dass es im Herbst nicht reif wird. Auch müsst ihr es pflanzen, wo es recht heiß steht, nicht im Schatten, Es wird ihm nicht leicht zu heiß und trocken.

Pflanzt es ja nicht zu dicht! Wenn ihr es … drei Fuß von allen Seiten auseinander setzt, ist besser, als unter drei Fuß. Auch nicht tief gepflanzt. Nur dass es mit Grund bedeckt ist, das ist genug.

Drei Körner legt ihr in ein Loch, nicht über vier. Sonst steht er zu dick. Auch müsst ihr es gut pflanzen, dass es ja rein steht, und überhaupt so anharken, wie ich es euch schon früher geschrieben habe; acht geben, dass beim Anharken ja keine Blätter in der Erde zugescharrt werden, sonst ist das gute Wachstum gleich von der Pflanze. Und nicht putzen, wenn es nass ist, dann wird es gelb.

Die Sträucher (vom Welschkorn) werden hier etwa so lang, wie ich groß bin, und noch wohl 1–2 Fuß länger. Blühen tut es ganz oben. Aber die Frucht wächst ungefähr 2–3 Fuß hoch von der Erde. Wenn das Korn oben an den Sträuchern wüchse, würde es von seiner eigenen Schwere zusammenbrechen."

„Kolben wie End einer Pfefferdose"

„Die Kolben, wie man sie hier nennt, wachsen in der Form, wie der End hier in der Pfefferdose, aber einige werden wohl 1 Fuß lang und länger, einige auch nur 6 Zoll. Das, was oben an den Kolben in der Dose sitzt, ist zwölfreihig – das heißt: rundherum gezählt, wie ihr auch sehen werdet.

Das oben in der Dose liegt (Anm.: Das Saatgut wurde offenbar per Dose nach Merfeld geschickt), *ist achtreihiges, und ich glaube, dass es vollkommen so frühreif ist als das zwölfreihige. Die Farben machen keinen Unterschied. Das Schwarze ist so gut wie das Weiße und Gelbe.*

Jetzt habe ich es euch ziemlich klar gemacht, und wenn ihr noch einiger Auskunft bedürft, so müsst ihr mir es im Brief bemerken.

Noch eines hätte ich beinah vergessen. Hier in dem Welschkorn pflanzen sie Kürbis, aber nicht viel. Der Samen wird mit dem Welschkorn zur gleichen Zeit gepflanzt, aber nicht in jedem Loch;

vielleicht in jedem 2. oder 3. Loch ein oder zwei Körner. Die Kürbisse sind hier ein famoses Futter für die Kühe. Sie melken sich so gut danach!

Die Kürbisse werden roh gefüttert. Ich habe einige Körner mit hinzugelegt, wenn ihr es mal versuchen wollt ...“

Sorge wegen Kulturkampf in Preußen

Auch in diesem Brief wird abschließend wieder genauestens über die Viehpreise und das Befinden aller Mitauswanderer aus der alten Heimat berichtet und besorgt gefragt, ob es mit dem Kulturkampf in Preußen denn immer noch so schlimm stehe: „*Ich lese so viel Schlimmes davon in den deutschen Zeitungen!“*

Kurz darauf stirbt in Merfeld der Vater Wilhelm Hünck genannt Diekemper. Sohn Clemens Hunck erfährt das mit dem nächsten Brief seines Bruders und beauftragt sofort einen Wanderpriester, für seinen Vater eine Woche lang die Totenmesse zu lesen. Das sei aber gar nicht so einfach, „*weil wir gerade einen neuen Priester bekommen. Hierbei muss ich euch auch bemerken, dass das Messelesen immer 1 Dollar kostet!“*

Info-Blatt: Der „Ohio-Waisenfreund“

Eine wichtige Informationsquelle des standfesten und prinzipienfesten Münsterländer Katholiken Clemens Hunck in seiner „Neuen Welt“ war übrigens der „Ohio Waisenfreund“, eine von Pater Josef Jessing in Cicinnati (Ohio) herausgegebene und in vielen katholischen Pfarrgemeinden des Mittleren Westens verbreitete Wochenzeitung.

Hunck hielt dieses Sprachrohr und Nachrichtenblatt für eingewanderte Westfalen einerseits und deren Familien daheim in Deutschland andererseits für derart wichtig, dass er seinen Angehörigen in Merfeld über etliche Jahre ein transatlantisches Patenschafts-Abonnement finanzierte.

***

Die Informationen zu der Hünck-Geschichte verdankt der Verfasser dem Münsterländer Auswandererforscher Martin Holz in 48720 Rosendahl >mholz@t-online.de<. Martin Holz hat nicht nur in jahrzehntelanger Recherche fast ausnahmslos alle westmünsterländer Auswanderer in Brasilien, sondern auch viele Amerikafahrer aus den Dörfern zwischen Münster und der holländischen Grenze in Übersee aufgespürt und dokumentiert. Dabei haben ihm Stammfamilien der Emigranten teilweise wertvolle alte Akten, Bilder und Briefe zur Verfügung gestellt. Im Falle unseres „Helden“ Clemens August Huenck, genannt Diekämper, war das Frau Antonia Diekämper aus Dülmen-Merfeld.

Berühmte Söhne Münsterländer Emigranten setzten als Erzbischöfe in den USA Wegmarken des Glaubens

Was Kardinal Mündelein von Chicago für das Hochstift Paderborn bedeutet, stellen die Erzbischöfe Henry Moeller (Cincinnati) und Rohlmann (Iowa) für das Münsterland dar: „Heroes" der katholischen Kirche aus dem Münsterland. Hinzu kommt beispielhaft Monsignore Josef Jessing aus Münster, in dessen Ohio-Collegium Josephinum bis heute mehr als 1 200 Priester ausgebildet worden sind und der mit seiner Wochenzeitung „Ohio Waisenfreund" in den USA Presse- und Kirchengeschichte geschrieben hat.

Heinrich Drügemöller war der älteste, 1849 geborene Sohn des 1848 heimlich von Ostbevern nach Cincinnati ausgewanderten, damals 26 Jahre alten Bauernjungen Bernhard Drügemöller. Bernhards Eltern besaßen im Ortsteil Schirl einen Hof (heute Cord), der bis zur Säkularisierung dem 1247 gegründeten Zisterzienserkloster Rengering (ab 1810 preußische Domäne Rengering) abgabenpflichtig war.

Bernhard Drügemöllers Bruder Georg Heinrich hatte bereits 1836 die Heimat verlassen (gleichfalls ohne Genehmigung der Regierung), um in Cincinnati (Ohio) zu siedeln, wo sich zu jener Zeit die erste Pfarrei münsterländer Einwanderer bildete. Hier in der Gemeinde St. Josef suchte sich Bernhard Drügemöller als Tischler, Zimmermann und Maurer Arbeit. Nach kurzer Zeit führte er ein florierendes Bauunternehmen.

Erzbischof Henry Moeller, Cincinnati: Sein Vater namens Drügemöller stammte aus Ostbevern

Aus Drügemöller wird einfach „Moeller"

Anfang 1849 fand Drügemöller in Maria Theresia Witte aus Selm seine Frau fürs Leben, die ihm in den folgenden Jahren sieben Kinder schenkte. Und weil der westfälische Name Drügemöller im Englischen nur schwer zu sprechen bzw. nicht leicht zu schreiben ist, kürzten die Kinder ihren Hausnamen einfach in Moeller ab. So auch der erstgeborene Sohn des Ehepaares Drügemöller namens Heinrich, der Priester werden sollte – und auch wollte.

Henry Moeller, wie er jetzt heißt, besucht zunächst die zur Pfarrei St. Josef gehörige, deutsch-sprachige Grundschule. Danach schicken ihn seine Eltern auf das St. Xavier-College in Cincinnati. Hier fällt den Lehrern schon früh Henry Moellers besondere Begabung und ungewöhnlich großer Fleiß auf. Folge: Erzbischof Pucell lässt den Jungen zur Priesterausbildung nach Rom schicken. Dort, am Amerikanischen Kolleg, studiert der junge Mann Theologie und Philosophie.

Nach sieben Jahren wird der jetzt Sechsundzwanzigjährige in der Lateransbasilika zum Priester geweiht. Danach geht es zurück zum „Frontier"-Einsatz in Nordamerika.

Ein um 1910 entstandenes Foto aus den USA: Henry Patrick Rohlmann (2. v. links) im Kreis seiner Geschwister. Das Bild der jungen Frau in der Mitte stellt die seinerzeit in Westfalen gebliebene Schwester Josephine Rohlmann dar; es wurde nachträglich eingebaut

Seine erste Stelle als Seelsorger bekommt Henry Moeller in Bellefontaine, Ohio. Doch bereits ein Jahr darauf wird er als Professor an das Mount St. Mary-Seminar in Cincinnati berufen, unter gleichzeitiger Ernennung zum Generalvikar.

Teilung der Diözese: Moeller wird Bischof

Aufgrund des ununterbrochenen Zuzugs neuer Gläubiger wird die Diözese Cincinnati im Jahre 1900 geteilt: Henry Moeller bekommt die Bischofswürde und übernimmt die soeben neu gebildete Diözese Columbus. Mit dem 27. April 1903 verleiht ihm der Heilige Stuhl außerdem das Amt des Koadjutors. Nur knapp zwei Jahre darauf erhebt Rom Henry Moeller zum neuen Erzbischof von Cincinnati, mit feierlicher Amtseinführung am 15. Februar 1905 in der Kathedrale St. Peter zu Cincinnati durch Kardinal Gibbons.

Als Erzbischof Moeller aus dem münsterländer Bauerngeschlecht Drügemöller am 5. Januar 1925 nach einem Vierteljahrhundert unermüdlichen bischöflichen Engagements in Ohio stirbt, heißt es zu Beginn eines ehrenden Nachrufs in der führenden Zeitung des Landes: *„Archbishop Moeller has written his name into the history of the church of the United States"*

(Erzbischof Möller hat seinen Namen in die Geschichte der Kirche der Vereinigten Staaten geschrieben).

Patrick Rohlmann aus Appelhülsen: Erzbischof der Diözese Dubuque, Iowa

Die Wiege eines weiteren Erzbischofs mit „Roots" im Münsterland, des Oberhirten von Dubuque, Iowa, stand auf dem Bauernhof Rohlmann (heute Bahrenberg) in Appelhülsen, Bauerschaft Werlte.

Noch mit 63 Jahren hatten sich Bauer Bernhard H. Rohlmann und dessen 20 Jahre jüngere Frau Bernhardine, geb. Hussmann, im Jahre 1878 zur Auswanderung entschlossen. Mit sechs ihrer sieben Kinder machten sich die Eltern Rohlmann über Bremen auf den Weg nach Iowa, wohin zuvor bereits ein Bruder Bernhard Rohlmanns vorausgereist war.

Die älteste Tochter namens Josephine blieb in der Obhut ihres Onkels in Harle bei Coesfeld, um dort den Haushalt zu führen. Zuvor waren Haus und Hof in Werlte verkauft worden, um für den Erlös im zentralen Agrarstaat Iowa einen neuen, bedeutend größeren landwirtschaftlichen Betrieb zu erwerben.

Zunächst lief alles nach Plan. In der kleinen katholischen Pfarrei Roselle mit ihrem westfälischen Pfarrer Kempker fand die Familie die gewünschte, mehrere hundert Hektar große Farm und baute diese mit großem Fleiß und Geschick binnen weniger Jahre zu einem blühenden, mustergültigen Anwesen aus.

Das Glück endete abrupt, als Bernhard Rohlmann Anfang 1886 von heute auf morgen starb und seine Witwe plötzlich mit mehreren unmündigen Kindern allein dastand. Nicht genug des Unglücks in der Familie: Nur knapp zwei Jahre später starb auch sie, Mittelpunkt der Familie!

Jetzt mussten die verwaisten Kinder sehen,

wie sie durchkamen. Der jüngste Sohn, Heinrich Patrick Rohlmann, fand fürs erste Beschäftigung in einer Drogerie. Von hier aus schickte ihn sein Pfarrer zur Fortbildung auf ein theologisches Seminar. Das Ende des Jahres 1901 erlebte Henry Patrick Rohlmann bereits als geweihter Priester.

Am 27. Juli 1927 empfing Henry Patrick Rohlmann in Davenport (Iowa) die Bischofsweihe und war damit das vierte Oberhaupt dieser erst 1881 gegründeten Diözese, in der damals noch vieles im Argen lag. Ein Hauptanliegen war Bischof Patrick vor allem der Auf- und Ausbau eines funktionierenden, allgemeinen Schulwesens in den fast unendlichen Weiten der Plains.

1944 berief Papst Pius XII. den Bischof von Davenport zum Koadjutor und damit Stellvertreter im Nachfolgerang für den erkrankten Erzbischof Josef Beckmann in Dubuque. Als dieser im Jahre 1946 starb, rückte Bischof Henry Patrick Rohlmann an dessen Stelle – ein Amt als Oberhirte, das er bis 1954 mit Umsicht und Tatkraft bekleidete.

Der in Appelhülsen-Werlte geborene Erzbischof starb am 13. September 1957. In einem damaligen Nachruf heißt es, mehrere von ihm gegründeten Krankenhäuser, Klöster und Waisenhäuser sowie die durch ihn eingeführten Synoden seien „bleibende Denkmäler für einen großen Oberhirten aus Westfalen".

Josef Jessing aus Münster gründete Ohio- Zeitung und „Priester-Schmiede"

Unter den vielen hundert Priestern, die auf Geheiß des bischöflichen Stuhls zu Münster oder auf andere Weise vom Münsterland aus in die „Neue Welt" gezogen sind, um die dort in der Fremde oft verstreut und einsam siedelnden Landsleute mit Gottes Wort und Sakrament zu versorgen, war auch der ehemalige preußische Sergant Josef Jessing aus Münster. Man würde ihn, der erst als Fünfundzwanzigjähriger den Weg zum Priesterstudium und danach als Lehrer und Pfarrer in den Weiten Ohios fand, heute wohl als „Spätberufenen" bezeichnen.

Josef Jessing ist zwar nicht Bischof geworden. Doch das, was dieser als Zeitungsmann, Pfarrer und vor allem Gründer eines bis heute kontinental bedeutsamen Priesterseminars von Ohio aus auf den Weg gebracht hat, dürfte den segensreichen Taten der vorgenannten Gottesmänner aus dem Herzen Westfalens kaum nachstehen und hat noch zu Lebzeiten des kirchlichen Pioniers Jessing aus Münster höchste Anerkennung durch den Heiligen Stuhl erfahren.

1999: Würdigung in „Kirche + Leben"

Anlässlich des 100. Todestages von Josef Jessing am November 1999 erinnerte „Kirche + Leben", die Zeitung des Bistums Münster, an den ganz und gar ungewöhnlichen wie erfolggekrönten Lebensweg des „gelernten" Buchdruckers und späteren Monsignore Jessing aus Münster.

Als Sohn eines Handwerksmeisters am 17. November 1836 zu Füßen von St. Servati zu Münster geboren, wo heute eine Straße nach ihm benannt ist, ging Josef Jessing in die Buchdruckerlehre. Nebenbei lernte er Griechisch und Latein, um später einmal Priester werden zu können. Zusätzlich übte er Kurzschrift, und zwar die damals gebräuchliche Gabelsberger Stenographie (Vorgängerschrift des heute verbreiteten Systems „Stolze-Schrey").

1855 bis 1860 diente Josef Jessing bei der preußischen Artillerie und war als Sergeant im deutsch-dänischen Krieg, während der Erstürmung der Düppeler Schanzen, an vorderster Front dabei. 1866, Josef Jessing hatte gerade seinen zweiten Kriegseinsatz bei der Mainarmee im Kampf gegen das Österreichische Heer hinter sich, starb in Münster die Mutter. Seinen Vater hatte er schon in jungen Jahren verloren.

In Ohio als Lehrer angefangen

Des Kriegsdienstes müde und von seinem ursprünglichen Ziel, Priester zu werden, immer noch weit entfernt, entschloss sich Josef Jessing, nach Amerika auszuwandern.

In Ohio angekommen, bewarb sich der Dreißigjährige an der St.-Josefsschule von Hamilton als Lehrer in Deutsch, Mathematik und Kurzschrift und wurde eingestellt. Unter den zufriedenen Eltern seiner Schüler befand sich auch der Herausgeber einer kleinen lokalen Zeitung. Dieser ermöglichte Josef Jessing, sich endlich seinen Herzenswunsch zu erfüllen und in Cincinnati Theologie zu studieren. 1870 zum Priester geweiht, bekam Hw. Jessing seine erstes Pfarramt in der Herz-Jesu-Gemeinde zu Pomeroy, Ohio.

In Münster seinerzeit selbst als Halbwaise aufgewachsen, kümmerte sich Pastor Jessing in seiner Gemeinde vordringlich um die vielen dortigen Waisenkinder, deren Eltern während der verheerenden Epidemien oder während des Bürgerkrieges umgekommen waren. Und um Geld für ein geplantes Waisenhaus hereinzuholen, baute der Pfarrer nebenbei eine Druckerei auf, in der er anfangs als „Mann vom Fach" selbst Setzer und Drucker in einem war und ab 1873 eine Wochenzeitung namens „Ohio Waisenfreund" herausbrachte.

Erfolgsstory: 60 000 Abonnenten

Das wurde eine Erfolgsstory: Nicht lange, und Verleger, Chefredakteur und Reporter Josef Jessing hatte in Ohio und darüber hinaus 60 000 Abonnenten. Bald war nicht nur das Waisenhaus gebaut und bezahlt, sondern Jessing griff ein ungleich größeres, dringendes kirchliches Problem des Landes auf: den Bau eines Priesterseminars, um endlich den drückenden Mangel an katholischen Geistlichen im „Frontier" zu beheben.

1888 teilte Jessing in seinem Blatt per Anzeige mit, er sei bereit, drei Jungen aus Einwandererfamilien auf das Theologiestudium vorzubereiten. Statt drei Knaben meldeten sich mehr als 30!

Dies nun brachte den „Waisenfreund"-Herausgeber auf die Idee, ein eigenes Nachwuchsseminar nebst Internat zu gründen. Mit Hilfe der Zeitung sowie deren Leser.

Die ersten Dozenten waren, neben „Father" Jessing, geistliche Pioniere aus dem westfälischen und Osnabrücker Münsterland namens Professor Lagemann aus Oldenburg und Pastor Schlichter, der in Münster zum Priester geweiht worden war. Den Haushalt besorgten Hiltruper Herz-Jesu-Schwestern.

15 Tage Deutsch, 15 Tage Englisch

Wurde anfangs nur in deutscher Sprache unterrichtet, kam es bald schon zu der Regel, dass alle Studierenden zweisprachig sein mussten. Mit einer einfachen, für alle beteiligten geltenden Regel, die Jahrzehnte galt: Vom 1. bis zum 15. jeden Monats wurde deutsch gesprochen und unterrichtet. Ab dem 16. Tag und bis zum Monatsende fand alles in englischer Sprache statt!

Mit den Jahren wurde Jessings „Collegium Josephinum" zur bedeutendsten Stätte priesterlicher Nachwuchsausbildung der gesamten Region. 1892 hielt Gründer und Direktor Jessing den Zeitpunkt für gekommen, sein Lebenswerk und alle kühnen Vorstellungen übertreffendes, großes kirchliches Unternehmen dem Heiligen Stuhl in Rom zu übertragen.

Noch bis ein Jahr vor seinem 60. Geburtstag hat der kurz darauf vom Papst zum Hausprälaten ernannte Gründer Josef Jessing immer noch den ihm ans Herz gewachsenen „Ohio Waisenboten" redigiert. Und nur drei Jahre darauf konnte er noch mit eigener Hand den Grundstein für ein neues, größeres Seminar mit 40 Plätzen, Hörsälen und Professorenwohnungen legen.

Als Prälat Jessing am 2. November 1899 63-jährig starb, betrauerte man ihn als den „großen Wohltäter der Jugend". Seine letzte irdische Ruhestätte fand der Münsteraner Gottesmann auf dem Gelände des neuen „Collegium Josephinum" in Worthington bei Columbus, Ohio.

Am Josephinum, das heute ein Werk der Weltkirche ist und an dem ein Schwerpunkt priesterlicher Ausbildung für Südamerika liegt, sind seit seiner Gründung durch Josef Jessing aus Münster mehr als 1 200 Priester ausgebildet worden.

Sein Tagebuch und seine Lebenserinnerungen hat der westfälisch-amerikanische Gottesmann stenographisch niedergeschrieben. Da das System Gabelsberg heute nicht mehr weit verbreitet ist, bereitete die Entzifferung des Niedergeschriebenen hierzulande zunächst einiges Kopfzerbrechen.

Gelöst wurde das Problem schließlich in den 90er-Jahren des 20. Jahrhunderts durch einen amtlichen Stenographen des Bayerischen Landtags. Dieser war der alten Kurzschrift noch mächtig. Seine „Übersetzung" umfasste schließlich 200 Seiten Schreibmaschinentext.

***

Biographische Daten und Hintergrundinformationen zu dieser Geschichte bezog der Autor von Heimatforscher Diplom-Ingenieur Werner Schubert, Ostbevern sowie Dr. Friedrich Fister, Münster-Amelsbüren, ferner aus dem Landwirtschaftlichen Wochenblatt für Westfalen und Lippe (Gisbert Strotdrees) und aus der Bistumszeitung „Kirche+Leben", Münster.

Bauer Friedrich Reineking segelte 1847 mit 111 Langenholzhausern nach „Neu Lippe"

Den schätzungsweise 20 000 Lippern in der „Neuen Welt" sind in den 40er-Jahren des 19.Jahrhunderts drei geschlossene Gruppen als Kundschafter vorausgesegelt. Ausgangsjahr war 1846. Damals gab es eine große Missernte mit folgender, katastrophaler Teuerung. Hinzu kam verbreiteter Ärger im Volk über eine Änderung der reformierten Kirchenordnung: Der alte Heidelberger Katechismus sollte in den Gemeinden nicht mehr benutzt werden dürfen. Abendliche Erbauungsstunden während der Woche (so genannte „Versammlungen") sowie kirchliche „Anti-Schnaps-Vereine" nach dem Muster der benachbarten „Ravensberger Erweckungsbewegung" hatte die Regierung in Detmold unter Strafe verboten – aus Sorge vor „demokratischer Zusammenrottung", wie das damals hieß.

Lippischer Bauer und Auswandererführer Friedrich Reineking

I m lippischen Brake machte die Polizei Ernst: Veranstalter solcher pietistischen Bibel-, Bet- und Singestunden unter Verwendung abgeschaffter frommer Bücher wurden, zur Abschreckung, für je zwölf Stunden ins Gefängnis gesteckt.

Da reichte es den Braker Pietisten! Unter Führung des Kaufmanns H. A. Winter segelten die ersten 80 von ihnen im März 1846 über New Orleans nach St. Louis. Ihr anfängliches Ziel hieß Texas, wo nach dem amerikanischen Unabhängigkeitskrieg seit 1777/78 bereits einzelne versprengte Lipper ansässig geworden waren.

In Illinois und Missouri gefiel es den Brakern jedoch so gut, dass sie sich hier in Gasconade County (Hermann), Adams County (Quincy) und in St. Louis selbst niederließen.

Im Frühling 1847 folgte eine zweite große Gruppe lippischer Auswanderer aus Brake und Vossheide. Führer war diesmal der Holzschuhmacher August Winter. Das Ziel hieß nun Iowa, Nord-Illinois und Indiana.

Die größte Gruppe von „Protestanten" gegen das Kirchenregiment in Detmold, 112 fromme Dörfler in Langenholzhausen, wurde im Mai desselben Jahres von einem Bauern in den äußersten Norden des Staates Wisconsin geführt: Friedrich Wilhelm Reineking aus Langenholzhausen Nr. 62, damals bereits 58 Jahre alt und Vater von drei Söhnen und zwei Töchtern. Diese geschlossene Gruppe gründete nordwestlich von Milwaukee (Lake Michigan) die Urzelle der wohl größten Ansiedlung von Lippern in den USA – ihr „Neu Lippe" mit dem zentralen Ort „Hermann" als Mittelpunkt.

Im Grunde war der nach bisherigem Wissensstand bedeutendste lippische Auswandererführer Friedrich Reineking (1789–1861) gar kein richtiger Lipper. Sein Vater trug nämlich den Namen Böger und stammte aus dem nahe gelegenen niedersächsischen Grenzdorf Möllenbeck. Erst durch die Ehe mit der Witwe Marie L. Reineking wurde aus dem „Hannöverschen" Böger der lippische „Hoppenplöcker" Reineking auf dem gleichnamigen Hof Nr. 62 am Habichtsberg in Langenholzhausen (im Kirchenbuch werden die Reinekings auch schon mal „Reinekingmeier" genannt).

August Rauschenbusch als Anstifter

Unter den Erweckungspredigern aus dem Ravensberger Land, die häufig in Lippe auftraten,

Mit dem Schwesterschiff dieses Zweimasters „Venus von Bremen", der gleich ausseheden „Agnes von Bremen", segelten die Langenholzhausener 1847 nach Amerika.
Dieses Bild stammt aus dem Jahre 1832 (Schiffahrtsmuseum Bremerhaven)

war auch der reisende lutherische Auswandererpastor August Rauschenbusch (1816–1899) aus Altena, verwandt und verschwägert mit den Ravensberger Predigerfamilien Weihe, Kuhlo und Rauschenbusch aus dem Kreise Herford. Dieser hatte 1846 bereits im Auftrag der Barmer Mission eine Inspektionsreise nach Illinois und Missouri hinter sich und ermunterte die verstörten Christen in Lippe in seinen Predigten zur Emigration, – so eindeutig, dass ihn die Regierung in Detmold mehrfach des Landes verwies.

Auch in Lübbecke und Herford wurde Rauschenbusch wegen seiner offenen „Anstiftung zur Auswanderung" mehrfach kurzfristig ins Gefängnis gesteckt.

Zunächst hatten sich die Langenholzhauser den Braker Auswanderern anschließen wollen. Da die jedoch wegen großer Nachfrage bereits zwei Gruppen beisammen hatten, wurde Reineking geraten, sich mit seiner ohnehin übergroßen Schar von 112 Personen allein auf den Weg zu machen. So kam es denn auch.

Während des Winters 1846/47 verkauften Reineking und seine mitreisenden Nachbarn ihre Höfe, das Land und allen Hausrat, bauten sich stabile Seekoffer, füllten diese mit allem Notwendigen (Werkzeug wie Äxte, Beile, Sägen, dazu Bibel und Heidelberger Katechismus nicht zu vergessen) und bestellten in Bremen für 24 Familien,

13 junge Männer und zwei unverheiratete Frauen Plätze auf dem Transatlantik-Segler „Agnes von Bremen".

Ein betrügerischer Kapitän brachte die Lipper statt nach New York nach Kanada

Friedrich Reineking und seine Mitreisenden suchten ihr Schiff nach dem Preis aus: Die „Agnes von Bremen" war am günstigsten – warum, spürten die sparsamen Lipper leider erst auf hoher See.

Am 4. Mai 1847 wurden in Bremerhaven Segel gesetzt. Ziel sollte New York, mit Weiterfahrt in die Prärie von Iowa sein.

Das Schiff war total überladen. Der Jurist und Schriftsteller Jerome C. Arpke (B. L.) hat die Einzelheiten dieser fürwahr höllischen Überfahrt 1895 in seinem Buch „Das Lippe-Detmolder Settlement in Wisconsin" nach den Erzählungen seiner mitreisenden, überlebenden Angehörigen beschrieben: *„Nahezu 400 Seelen waren auf engstem Raum zusammengepfercht. Die Leute lagen so dicht beieinander, dass sie sich nur gemeinsam auf Kommando zu der anderen Seite drehen konnten.*

Bequemlichkeit und einfachste sanitäre Anlagen gab es auf dem Schiff nicht. Schmalhans hieß der Küchenmeister. Die „Bohnensuppe" bestand

Bethel Reformed Church in Hermann Wisconsin: Auf diesem Grabstein für Anna M. Spindler aus Blomberg wurde sogar eine lippische Rose eingemeißelt – allerdings mit nur vier, statt fünf Blütenblättern

Immanuel United Church of Christ in Plymouth, Sheboygan County: noch heute gemeindliches Zentrum für die Nachfahren der Langenholzhausener Auswanderer

aus lauwarmer Brühe. Das Wasser war unrein und knapp. Hunger, Durst und Übelkeit waren tägliche Begleiter. Wie zu erwarten, gab es viele Kranke. 13 oder 14 Mitreisende starben, darunter auch drei unserer armen lippischen Auswanderer."

Aus Furcht, mit seinem Schiff an die Kette gelegt zu werden, brachte der Kapitän seine überlebenden, völlig entkräfteten Passagiere nicht nach New York, sondern setzte sie bei Quebec in Kanada an Land. Von hier aus führte der Weg per Boot, Eisenbahn und zu Fuß weiter nach Sheboygan, einem damals kleinen Fischerdorf am Lake Michigan. Hier traf man endlich wieder Deutsche, die sich der völlig abgerissenen Lipper annahmen. Doch auch in diesem Hafen Lug und Trug.

Ein Landagent riet den Langenholzhausern dringend ab, angesichts ihrer leeren Kassen nach Iowa zu trecken. Stattdessen gebe es in Sheboygan County riesige Wälder und fruchtbares Ackerland nahezu umsonst zu kaufen.

Reiseführer Reineking: „Wo wir Lipper hingehen, da gehen alle hin!"

Das ließen sich die meisten Lipper der Gruppe nicht zweimal sagen: Friedrich Reineking rief zur Abstimmung. Die Mehrheit wollte nach Sheboygan ziehen. Ein nicht geringer Teil der Gruppe sprach sich dennoch für Iowa aus. Da stellte sich der Bauer Wilhelm Reineking auf einen Hügel, damit ihn alle sehen konnten, und gab (so berichtet Jeromin Arpke) die Parole aus, auf Lipper Platt: *„Niu Kinners, lustert mohl ens täu! Wo wi Lippers henngoht, do goh wi olle henn! Dorümme packet jibbe Klamotten un kuhmt met no Westen. Do wütt wi iuse nuigget Lippe bäuhen!"*

So kam es denn auch. Um sicher zu gehen, kaufte Friedrich Reineking dem Agenten für die ganze Gruppe erst einmal 1 000 Acre (400 Hektar) Wald- und Weideland in der Wildnis von Sheboygan Falls ab.

Wie sich bald herausstellen sollte, lag dieser „nahe" Siedlungsplatz mehr als 50 km von der Town of Sheboygan entfernt im tiefsten Urwald. Dazwischen Bäche, Flüsse, Moore und kein einziger ausgebauter Weg.

Mit Hilfe zweier geliehener Ochsengespanne transportierten die Lipper nun ihre Kisten und Koffer querfeldein durch das wilde Land. Bis nach Howard's Grove, wo sie am 25. Juli 1847, elf Wochen nach ihrer Abreise von der Heimat, eintrafen.

Auf einer Lichtung am Wasserfall ließen sie sich nieder und begannen unverzüglich, Dutzende mächtiger Tannen für den Bau solider Fachwerkhäuser nach gewohntem, Langenholzhauser Modell zu fällen und zu Ständern, Balken und Brettern zu zersägen.

An Verpflegung war hier im späten Sommer des Jahres 1847 zunächst kein Mangel: Man ernährte sich von wilden Früchten, Beeren, Wildbret und Kartoffeln, die reisende Händler von der bereits kultivierten Küste des Lake Michigan mitbrachten.

Lehrgeld bezahlten Reineking und seine Männer, als sie im Wald vermeintliche Bären fingen und diese sie mit einer übelriechenden Flüssigkeit bespritzten, die einen furchtbaren Geruch ausstrahlte, der selbst nach Tagen nicht verloren ging. Das war die erste Begegnung mit Stinktieren, von denen man in Lippe nie zuvor etwas gehört hatte.

Ersten Winter im Erdloch verbracht

Für den Transport von Holz und Steinen kauften sich die Siedler gemeinsam zwei genügsame Ochsen, die sie „Fix" und „Peiter" nannten. Rasch gingen die Wochen bis zum frühen Wintereinbruch dahin. Bisher hatte man in Laubhütten übernachtet. Jetzt wurde es bitterkalt, und kein einziges Fachwerkhaus war fertig!

In ihrer Not gruben sich die Lipper tief in die steilen Hänge über dem Fluss ein. In und über den Höhlen polsterten sie alles meterdick mit Laub aus den Wäldern aus. Feuerstellen wurden gebaut, Holz- und Fleischvorräte aus den Wäldern beschafft. Denn Gewehre für die Jagd hatten die ansonsten friedlichen Lipper vorsichtshalber auch mitgenommen.

Nach den ersten starken Schneefällen musste der Hausbau ruhen. Doch die Siedler hatten für den Winter eine Erwerbsquelle entdeckt.

In Sheboygan und der großen Stadt Milwaukee wurden viele Neubauten mit Holzschindeln eingedeckt. Auf diesen Baustoff verstanden sich die Lipper von zu Haus aus sehr gut, hatte man doch auch dort aus Kostengründen Ställe und Schuppen oft mit Schindeldächern versehen.

Bald wurden per Schlitten, mit „Fix" und „Peiter" im Vorspann, riesige Mengen selbst produzierte Schindeln zur Stadt gebracht und zu Geld geschlagen. Für den Erlös konnten die Siedler Nahrungsmittel, Nägel und den notwendigsten Hausrat kaufen.

Englisch sprach zu der Zeit noch kein einziger der Langenholzhauser Siedler. Plattdeutsch war weiterhin (und über viele folgende Jahrzehnte) ihre vertraute Umgangssprache, in der sie sich selbst in Milwaukee mit seinem ungewöhnlich vielen westfälischen Einwandererquartieren mühelos verständigen konn-

ten. Hochdeutsch wurde nur bei den Gottesdiensten und später in der eigenen Schule gesprochen.

Im Dezember 1847 lag der Schnee derart hoch, dass die wackeren Ochsen, trotz umwickelter Hufe und einer Art Kurzski aus Brettern, nicht mehr vorankamen und in der Siedlung alles ruhte – bis auf die Tag und Nacht in Gang gehaltenen Feuerstellen.

Bibellesen gegen die Langeweile

Langeweile kehrte ein. Doch dagegen hatten die frommen und bibelfesten Siedler ein von zu Haus aus allgemein gewohntes Mittel.

Statt nur sonntags, wurde in den großen Höhlen bzw. Laubhütten nun jeden Tag Gottesdienst gehalten, dazu nachmittags aus der Bibel und dem Heidelberger Katechismus vorgelesen. Friedrich Reineking und andere frühere Presbyter aus Langenholzhausen legten die Schrift aus und suchten mit ihren Landsleuten gemeinsam Trost in Gottes Wort.

Das war überhaupt das, was die Gruppe in aller Not fest zusammenhielt: unumstößliches Gottvertrauen und die persönliche Gewissheit, dass ihnen Gott diesen Weg in die „Neue Welt" gewiesen hatte!

Es gab auch Sterbefälle: Menschen, die den Strapazen nicht mehr gewachsen waren. Selbst zwei Kleinkinder starben. Doch in dieser Einsamkeit kamen auch Babys gesund zur Welt, ohne

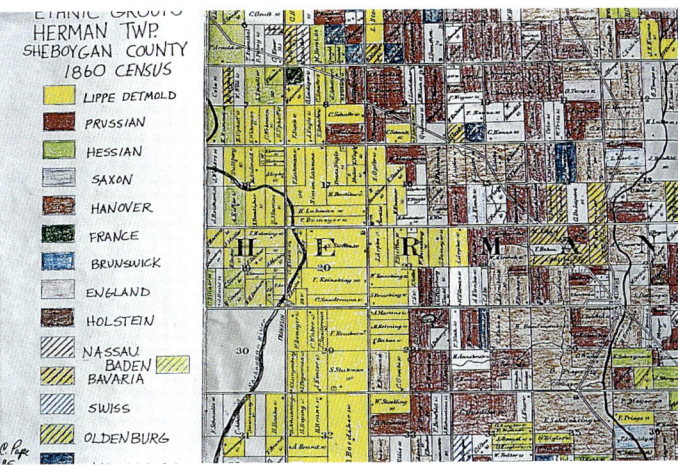

Auf einer Liegenschaftskarte von Howard's Grove wird an den gelb gekennzeichneten Feldern deutlich, wie sich die Lipper Einwanderer dicht bei dicht ansiedelten!

Langenholzhausen mit seiner trutzigen Dorfkirche verließen die 112 lippischen Dörfler im Jahre 1847, um in der „Neuen Welt" ihren Glauben frei und unabhängig leben zu können

dass Arzt oder Hebamme dabei gewesen wären. Das Schlimmste war der schrecklich lange Winter bis in den April hinein. So etwas hatte man in Lippe nicht gekannt!

Als dann von einem Tag auf den anderen Mitte April 1848 der Frühling einzog, feierten die Langenholzhauser erst einmal Dankgottesdienst unter freiem Himmel. Dann bestatteten sie ihre Verstorbenen, was während des Winters wegen tiefgefrorener Erde nicht möglich gewesen war. Unter den ersten Toten im neuen Land befanden sich die Frau des Anführers Friedrich Reineking sowie der mehrfache Familienvater Friedrich Stock.

Dann wurde der Hausbau fortgesetzt; zunächst an den begonnenen Fachwerkbauten. Gleichzeitig erlernte man die einfache Leichtbauweise der „englischen" Siedler: Blockhäuser für die Menschen, primitive Holzscheunen für Vieh und Ernte. Das sparte ungemein viel Zeit und Material.

Frauen und Männer rodeten den Wald

Stichwort „Ernte": Saatgut war zu beschaffen. Doch die zur Einsaat nötigen Äcker fehlten.

So begannen die Männer mit dem Abholzen und Abbrennen von Wald und Busch. Auch die Frauen rodeten und gruben den Boden. „Fix" und „Peiter" kamen vor den Pflug.

Im Mai säte man das erste Sommergetreide. Der spätere Ertrag war mäßig: Erst in den folgenden Jahren lernten die Lipper, dass hier im Norden der Staaten die Klimaverhältnisse völlig anders waren als im heimatlichen Lippe und deswegen

Mais und Bohnen viel besser gediehen als Roggen, Hafer oder Weizen.

Weidewirtschaft, ja: Dafür war das Land mit seinen tiefgründigen, nassen Böden wie geschaffen! Doch aus dieser Erkenntnis zog erst die nachfolgende Generation Farmer in „Neu Lippe" (Wisconsin) agrarwirtschaftlich die richtigen Konsequenzen und baute eine blühende Milchwirtschaft auf.

Für das heutige, führenden „Dairy-Land" Wisconsin haben die Lipper eben schon vor 100 Jahren den Grundstein gelegt!

Inzwischen hatten die Siedler gemeinsam Kühe, Schafe und Schweine gekauft. Auch wurden Vorräte für den nächsten Winter angelegt. Doch dieser war derart schneereich und lang, dass die meisten Tiere mangels Futter und menschliche Nahrung geschlachtet werden mussten. Der Hunger war bei Anbruch des Frühlings 1849 unbeschreiblich. In der Not wurden Laubbäume gefällt, um aus den Knospen Salat anzurichten.

Das von Reineking gekaufte Land war längst unter allen Familien aufgeteilt worden. Manche hatten noch so viel Geld oder in der Stadt Dollars zuverdient, dass sie zum Preis von 1,25 $ je Acre (1,6 Morgen) weitere Ländereien aus dem Besitz der Regierung erwerben konnten.

Ab 1848 eigene lippische Gemeinde

Im Sommer 1848 gründeten die lippischen Siedler ihre reformierte „Immanuel-Kirchen-Gemeinde". Mangels eines Gotteshauses machte man sich sonntags gelegentlich auf den weiten Fußweg nach Howard, wo dann und wann ein reformierter Wanderprediger aus der Schweiz das Evangelium auslegte.

Ansonsten war gewöhnlich die Deele des Reinekingschen Fachwerkbaus Platz für Taufen, Trauungen und Trauerfeiern. Hier fand auch die erste Eheschließung in der lippischen Siedlung Hermann statt, und zwar zwischen dem Kolonisten Friedrich Stock junior und Amalia Reineking, der ältesten Tochter des Auswandererführers Friedrich Reineking.

Bargeld war in dem „Lippe-Detmolder Setttlement" Mangelware. So gingen die Männer oft wochenlang nach Sheboygan, Milwaukee oder sogar bis Chicago, um dort als Maurer, Zimmerleute oder Hilfsarbeiter „Dollars zu machen". Auch die Frauen suchten Verdienstmöglichkeiten, und wenn es als Wäscherin, Dienstmädchen oder Kinderbetreuerin bei den Reichen in Sheboygan und Newton war.

Bei Arbeitssuche Neuland entdeckt

Bei ihren „Ausflügen" in das Landesinnere entdeckten die Männer nördlich und westlich ihrer Siedlung Hermann Gegenden, die ihnen für die Landwirtschaft geeigneter schienen. Und so zogen in den folgenden Jahrzehnten nicht wenige Familien nach Howard's Grove, Green Bay oder bis nach Neu Ulm in Minnesota oder gar bis Nebraska und bildeten weitere „New Lippes" sowie stets auch ihre eigenen, reformierten Kirchengemeinden.

Auf dem Friedhof der Immanuel-Kirche in Plymouth steht dieser Gedenkstein mit den Namen der Gemeindegründer aus Nordlippe

Gründer und erster Leiter des lippischen Missionshauses, Professor Mühlmeier

Durch gemeinsam engagierte Prediger, Kreuz- und Querhochzeiten und die Sprache hielt man über Generationen eng Verbindung miteinander. Hauptbindeglied wurde schließlich das „Lippische Missionshaus" in Howard's Grove, das auf Anregung von Pastor Heinrich Winter und dessen Kollegen Mühlmeier zur Ausbildung eigener Prediger und deutscher Lehrer entstand.

Der Patriarch aller Lipper in Wisconsin, Bauer Friedrich Reineking, kam im Jahre 1861 im Alter von 71 Jahren beim Fällen eines Baumes zu Tode. Gerade, als seine Männer den Kerb zu der Richtung geschlagen hatten, in die der Stamm fallen sollte, packte eine Gewitterbö die Krone und warf den Baum auf die Gegenseite, traf Reineking und erschlug ihn.

So hat dieser legendäre „Führer der Lipper Mucker", wie er in einem Bericht seiner Kritiker in Detmold bezeichnet wurde, die Einweihung des von ihm als Bauer und Zimmermann geplanten „Missionshauses" (später und bis Mitte des 20. Jahrhunderts: „Lakeland College") im Jahre 1862 nicht mehr erleben können.

Auch die Planung der ersten „Lippe-Kirche" (Name „Reformed Immanuel Church") hatte in seinen Händen gelegen. „Er ist der wahre Vater aller Lipper in Wisconsin gewesen", schrieb seine Urenkelin Ruth Reineking 1965 in die Familienchronik.

Während Pastor Dr. H. A. Mühlmeier die Leitung des „Missionshauses" übernahm und von hier aus die zahlreichen Tochtergemeinden der

Das berühmte Missionshaus (später Lakeland College) in Elkhart Lake, Sheboygan County

Lipper mit eigenen reformierten Predigern versorgte, kümmerte sich sein Amtsbruder Heinrich Winter um die nach und nach neu entstehenden lippischen Sprengel wie in Sheboygan Falls, Centerville, Rhine, Manitowoc, Mosel, Sarons.

Von Pastor Winter wird berichtet, er hätte insgesamt mehr als 30 Kirchengemeinden gegründet und in den US-Bundesländern Wisconsin, Iowa, Illinois, Indiana und Missouri mehrere hundert Orte mit lippischen Siedlern als zeitweiliger Prediger und Ratgeber gedient, und das anfangs zu Fuß, später auf seinem berühmten, mächtigen „Missions-Schimmel".

Heinrich Winter, der gelernte Kaufmann aus Lemgo, hatte bereits 1846 in St. Louis als „Colporteur" für die New Yorker ev. Traktat-Gesellschaft gearbeitet, die von New York aus die „Neue Welt" mit Bibeln, frommen Büchern und erbaulichen Schriften versorgte. Zum Vor-

stand dieser Gesellschaft gehörte zeitweilig übrigens auch der westfälische Wanderprediger August Rauschenbusch, von dem wir wissen, dass er auf seinen Missionsreisen zwischen 1840 und 1860 wenigstens fünfmal den Atlantik überquert hat.

Lemgoer Kaufmann und späterer Pastor Winter als Kundschafter ein Jahr voraus

Heinrich Winter ist es denn auch gewesen, der seinem Bruder Adolf nach Brake schrieb, wie frei und unabhängig man in Amerika leben könne und dass er doch mit weiteren Lippern nachkommen möge. So sind seinerzeit die beiden, 1847 folgenden Auswandererzüge von Brake als auch Langenholzhausen (der eine nach Missouri, der andere nach Wisconsin) zustande gekommen.

Seine Ausbildung als Prediger bekam Winter ab 1850 in Mercersburg, Pennsylvania. Sein Lehrer und späterer Ephesus am „Missionshaus" war der Schweizer Theologe Dr. J. Bossard, von 1854 bis 1858 selbst Pfarrer in Hermann, gefolgt bis 1870 von Dr. H. A. Mühlmeier.

Pastor Winter sammelte für den Bau des Missionshauses überall im Lande das nötige Geld, und Zimmermeister Friedrich Stölting sorgte für die Verwirklichung des Bauwerks.

Wegen der großen Nachfrage nach Predigern war das hölzerne Gebäude schon nach 10 Jahren zu klein, so entstand das heute noch vorhandene Missionshaus aus Stein, seit 1956 Museum unter dem vorherigen Namen „Lakeland College". Der Schul-

Die erste Farm der Langenholzhausener Auswandererfamilie Stölting steht noch im Original

Die Hofmühle der Stöltings in Hermann Wisconsin. Vorbild war ihre lippische Dorfmühle gewesen

Seelsorger ab 1846/47 bei den ersten eingewander- ten Lippern: Pastor Winter aus Lemgo

betrieb selbst wurde in den 50er-Jahren des 20. Jahrhunderts zentral nach Minnesota verlegt.

Die größten Zweig-Kolonien der Lipper, vor allem zwischen 1850 und 1890 durch nachreisende Auswanderer aus Ostwestfalen-Lippe entstanden, befinden sich in Greenwood, Newton, Marshfield und Neilsville (Wisconsin). Im Staate Iowa sind das Baxter (Jefferson County) und Hubbard (Hardin County). Hubbard war ein besonders großes Zentrum der Lipper aus Stemmen an der Weser, einem Nachbarort von Langenholzhausen in Lippe.

Die Lipper aus Brakelsiek zogen nach Freeport und Davis in Nord-Illinois. Selbst im fernen Präriestaat Nebraska entstanden Neu Lippes, wie bei Omaha oder Crawford im weiten Westen.

Kohlstädter gründeten Kohl City

Auswanderer aus Kohlstädt (Lippe) dagegen hatten einen Führer aus Nordhemmern bei Minden. Das war der Schmiedemeister Heinrich von Behren. Dieser bezog früher seine Holzkohle von den Köhlern aus Kohlstädt. Als diese wegen Holzmangels und anderer Not in den 50er-Jahren des 19. Jahrhunderts auswandern wollten, stellte sich ihnen der ostwestfälische Schmied als Anführer zur Verfügung. Schließlich kannte er den Weg bereits von einem in Missouri lebenden Vetter aus Hille.

So zogen an die 100 Kohlstädter und Nordhemmerner Familien denn nach Missouri und gründeten hier ihr „Neu Kohlstädt" (Kohl City). Dort gibt es übrigens eine kilometerweit und schnurgerade zum Pass hoch führende Straße mit dem Namen „Bauerkamp" – von den Kohlstädtern so benannt in Erinnerung an einen täuschend ähnlichen Passweg zwischen dem lippischen Kohlstädt und Velmerstot.

Die meisten wurden und blieben Bauern

Aus den Archiven und Chroniken aller Lipper Settlements in den USA und bei persönlichen Besuchen vor Ort hat der Verfasser festgestellt, dass sowohl die Langenholzhausener Auswanderer als auch ihre Landsleute in den anderen US-Bundesländern beruflich in der Mehrheit Bauer bzw. Farmer sein wollten und dies auch wurden, bis in die heutige Generation.

Dabei setzten sie in der neuen Heimat eine bewährte Tradition vielfach fort: Im kleinstrukturierten Langenholzhausen waren die Höfe so klein und die Böden oft derart arm, dass man selbst als Erbe einer Stätte einen „ordentlichen" Beruf wie Maurer, Tischler, Ziegler, Zimmermann, Korb- oder Holzschuhmacher „zulernte".

Genau dies haben die Nachfolger des sagenhaften Auswandererführers und Lippischen Bauern Friedrich Reineking in „Neu Lippe" fortgeführt – was ihren Urenkeln auf den angestammten Höfen in Hermann, Rhine oder Greenwood heute hilft, dank handwerklichen Zuerwerbs auf ihren Betrieben von durchschnittlich 100 bis 300 Hektar, trotz unzureichender Erlöse, zurechtzukom-

Einwanderer-Sohn Arnold Stölting zeigt auf seinem Grundstück, wie die Lipper auch in Amerika Fundamente aus Bruchsteinen und Findlingen bauten – wie früher zu Haus in Langenholzhausen

men und ihre ererbten Farmen für die Familien zu erhalten.

Wegen der schlechten Lage in der Landwirtschaft aufgeben? Davon wollen die Farmer in „Neu Lippe" Wisconsin bis heute nichts wissen.

Der damals 93-jährige Auswanderersohn Arnold Stölting sagte dem Verfasser bei einem Besuch im Jahre 1985 auf Original Lipper Platt, er habe von seinem Vater gelernt: *„Wenn du auf einem Bein nicht stehen kannst, dann musst du dir weitere Beine suchen!"*

So war Stölting, außer Farmer, auch Tischler und Maurer, seine Frau Krankenschwester.

Immer noch lippisch sparsam

Kinder und Enkel halten's bis heute genauso nach alter lippischer Art und bewahren damit auch ihre Farmen vor dem Ausverkauf. Wobei die heutigen Bewohner von „Neu Lippe" , wie ihre Vorfahren, von außerordentlicher Sparsamkeit geprägt sind.

Der „nebenbei" als Drainageunternehmer tätige Farmer Daniel Bödecker von Howard's Grove zeigte uns eine Straße, die von seiner Immanuel- Kirche nach Howard's Grove führt: „Das ist unsere ‚Spar-Road', wie Nichtlipper immer gespottet haben. An der selbst gebauten ‚Spar-Straße' wohnen nämlich, bis heute, nur Lipper. Einer neben dem anderen. Diese bissen früher lieber einen Pfennig durch, als dass sie ihn gleich in einem Stück ausgaben!"

***

Ministersohn sollte lippischer Konsul in Sheboygan werden

Durch ihren Fleiß und große Sparsamkeit brachten es viele Neu-Lipper schon in den Jahren nach 1860 zu einigem Wohlstand. In ihrer christlichen Nächstenliebe schickte manch einer von ihnen den daheim gebliebenen, notleidenden Angehörigen Geld. Umgekehrt machte der eine oder andere in Langenholzhausen, Hohenhausen oder Brake eine Erbschaft. Doch wer sollte den Geld- und Dokumenten-Transfer vertrauensvoll besorgen?

Arnold Stölting (rechts) und sein Nachbar Daniel Boedecker geben dem Autor wahlweise hoch- und plattdeutsch ein Interview

Hier trugen 1991 der damalige Bürgermeister Richard Schneider (Mitte) und die Lehrerin Ann Keckonen (Sister Cities International), (links), dem Autor ihren Wunsch vor, mit der Stadt Detmold eine zweite Partnerschaftsverbindung Sheboygans einzugehen. Viele Jahre zuvor war von hier aus bereits eine Sister-City-Verbindung mit Esslingen am Neckar geschlossen worden

Da trafen die Lipper in Sheboygan einen ehrenwerten Kaufmann aus Lippe namens H. F. Piderit. Dieser, Sohn eines hohen Beamten der lippischen Regierung, war 1851 zusammen mit einigen Freunden nach St. Louis ausgewandert. Hintergrund waren offenbar die 1848/49er Unruhen.

Jedenfalls schrieben mehr als 100 Neu-Lipper Männer, von A (wie Simon Arpke aus Eichholz) bis W (Gebrüder Weber aus Langenholzhausen) ein gemeinsames Gesuch an das „Hochfürstliche Cabinets-Ministerium von Lippe-Detmold" mit der freundliche Bitte, *„besagten Kaufmann Piderit zum Konsul für die nordwestlichen Staaten von Nord-Amerika zu ernennen, da damit mancher geschäftlichen Weitläufigkeit abgeholfen würde. Sheboygan, den 21. März 1861."*

Zur Bekräftigung setzte Prof. H. A. Mühlmeier als ev. ref. Prediger an der Immanuel-Kirche seine befürwortende Stellungnahme hinzu, ohne zu vergessen, lokalpatriotisch hinzuzufügen: *„... geboren in Kleinenmarpe, Lippe!"*

Es hat den Neu-Lippern nichts geholfen: Die lippische Regierung lehnte das Gesuch aus Sparsamkeitsgründen kurz und bündig ab.

Im NRW-Staatsarchiv in Detmold kann man heute die Begründung in den damaligen Akten nachlesen: Durch ein solches Konsulat in Amerika möglicherweise entstehende Kosten seien nicht zu vertreten. Basta!

Nach dem Krieg: Hilfe aus Amerika für soziale Einrichtungen in Lippe

Trotz der beiden Weltkriege haben sehr viele Auswanderer, deren Kinder und Enkel die lippische Heimat und ihre Stammfamilien dort nicht vergessen und ständig Kontakt gehalten. Bindendes Glied war vielfach die gemeinsame Konfession, die bis weit nach dem ersten Weltkrieg bei Bedarf sogar zu einem Austausch von Geistlichen führte.

Unvergessen ist in Lippe ein Werk der Nächstenliebe, das in den deutschen Notjahren nach dem ersten Weltkrieg durch eine „American Lippe Relief Society" zu St. Louis offenbar unter lippischen Einwanderergemeinden des Mittleren Westens auf die Beine gestellt worden war.

Diese Organisation sammelte 1920 für den Bau eines Kinderheims in Lippe 1 800 $. Das Geld genügte, um dafür in Bad Meinberg ein entsprechendes Gebäude zu crwerben. 1921 veranstaltete dieselbe amerikanische Organisation ein Wohltätigkeitskonzert zu Gunsten des Detmolder Diakonissenhauses und für die Kinderheilanstalt Bad Salzuflen.

„Tabea", die seinerzeitige Hauszeitschrift des Diakonissenhauses in Detmold, hat die lippische Bevölkerung über diese und noch weitere Hilfsaktionen amerikanischer Lipper stets dankbar informiert.

Peter Friedrich Tarke aus Löhne, Westfalen: eine riesengroße Ranch am Feather River, Kalifornien

1848: Revolution in Deutschland. Riesige Goldfunde in Kalifornien, USA. Millionen Deutsche ziehen nach Amerika, Hunderttausende wandern auf die Goldfelder rings um Rich Bar (CA). Darunter auch der Löhner Bauernsohn Peter Friedrich Tarke, geboren 31. Mai 1824 als Peter Friedrich Gottlieb Tacke auf dem 10-Hektar-Hof Löhne Beck Nr. 7.

I m Jahre 1844 ist Peter F. Tacke gerade 20 Jahre alt. Kurz vor der Einberufung zum Militär. Nach dem Tode seines Vaters Johann Bernhard Heinrich Tacke heiratet die Mutter einen anderen Mann. Streit mit dem Stiefvater und Abneigung vor dem Wehrdienst führen zu dem Entschluss, zusammen mit seinem Freund Friedrich Höke aus Rehmerloh heimlich auszuwandern. Nur die Mutter Anna Marie, geb. Krüger, wird in den Plan eingeweiht.

Von 1844 bis 1849 arbeiten die Freunde Peter F. Tarke (wie sein neuer Name jetzt lautet) und Friedrich Hoke (auch Höke ändert den Namen) als Heizer auf einem Mississippi-Dampfer. Bei einem Wettrennen zweier Dampfschiffe zwischen New Orleans und St. Louis explodiert der Kessel. Die Freunde ergreifen die Flucht.

Als Mitglieder eines Trecks wandern sie auf dem Oregon-Trail nach Kalifornien, um Gold zu suchen. In Rich Bar werden Tarke und Hoke fündig. Am Anfang sogar sehr. Peter Friedrich findet binnen einer Woche „zwei Hosentaschen voll Nuggets, manche so groß wie Walnüsse!", wie er sich später erinnert.

Doch dann kommt der Winter in den Bergen. Die Nahrung wird knapp. Beide ziehen mit einer Maultierherde nach Fort Sutter (Sacramento), um Verpflegung zu holen. Unterwegs schneit das Team ein. Nur mit je einem Sack Mehl auf dem Rücken, erreichen die Freunde zu Fuß mit letz-

Goldsucher und Großrancher Peter Friedrich Tarke

Anna Tarke, geborene Stohlmann, aus Klosterbauerschaft, Kreis Herford

ter Kraft das Lager in Rich Bar. Hier ist der Hunger derart groß, dass einige reiche Goldsucher ihnen ihr Mehl „schlicht gegen schlicht" in Nuggets umtauschen.

Das ist für Peter Friedrich Tarke der berufliche Wendepunkt: Warum mühsam Gold suchen, wenn man mit Lebensmitteln für die Digger genausoviel verdienen kann?!

So wird der Löhner zum Händler und Lieferanten für Bar Rich und später viele Goldfelder ringsumher. Ergebnis nach wenigen Jahren: ein Riesenvermögen – so viel, dass sich Peter F. Tarke zwischen dem Bergzug der Buttes und dem Feather River 1 000 Hektar fruchtbarstes Ackerland kaufen kann.

Nebenan, auf einem 750 ha großen „Claim", siedelt sich sein Freund Hoke an. Beide beginnen,

„Panning" (Goldwaschen) in Rich Bar, Kalifornien

von ihrem restlichen Vermögen Scheunen, Viehställe und komfortable, hölzerne Wohnhäuser zu bauen, ferner Zuchtstuten zu kaufen. Bald kommt eine große Rinderherde hinzu.

Kaum fünf Jahre danach gelten die beiden Freunde nicht nur als die tüchtigsten, sondern auch größten Vieh-Rancher in Nordkalifornien.

Das Einzige, was dem „Boss" Peter Friedrich Tarke nun noch fehlt, ist eine Frau, möglichst aus der Heimat.

So schrieb er seiner Mutter nach Löhne. Die wusste Rat: *„Aus Klosterbauerschaft ist vor einem halben Jahr Stohlmanns Marie, ein ordentliches, gottesfürchtiges Mädchen, nach Iowa abgereist. Die könntest du haben!"*

Peter Friedrich besann sich nicht lange. Zusammen mit seinem Freund Hoke sattelte er im Sommer 1855 vier seiner Pferde und ritt quer durch die Rocky Mountains und weiten Plains auf dem Oregon Trail nach Iowa.

Hier, in einer Kirche nahe dem später gegründeten Bahnhof Minden Iowa, wurde sofort Hochzeit gehalten. Danach ging es zu viert (auch Freund Hoke hatte ein passendes, lediges Mädchen aus der Heimat gefunden!) per Eisenbahn und Schiff zum Golf von Mexico und dann über den Isthmus – heute: Verlauf des Panama-Kanals – via San Francisco nach Sutter California.

Beim Anblick des riesigen Tarkeschen Anwesens, das ein damaliger Zeichner 1880 im Stil

Armselige Goldsucherhütten am Fuß der Sierra Nevada

eines stolzen ostelbischen Ritterguts darstellte, soll die junge Frau begeistert ausgerufen haben: *„Das ist ja ein richtiges Königreich für uns!"*

Besonders froh war Marie Luise Tarke, geb. Stohlmann, über den nahen und zur Ranch gehörenden Bergzug der Buttes: *„Der erinnert mich immer an mein heimatliches Wiehengebirge, wenn es hier auch nicht so schöne Bäume gibt..."*

Dieses stolze Herrenhaus aus Holz ließ Peter F. Tarke um 1880 für seine Familie bauen

Bald entdeckten die Freunde Tarke und Hoke den Segen des Feather River unter der sengenden Sonne Kaliforniens: Würde man den Fluss im Frühling stauen und dann über die flachen Felder leiten, müssten Hartweizen und Reis besonders gut gedeihen! Aus dieser Idee entwickelte sich ein kompliziertes und bis heute erfolgreiches Tarke-Betriebssystem.

Nachdem ein großer Teil der Weiden, auf denen bis dahin mehr als 1 000 Pferde und Rinder gegrast hatten, in Ackerland verwandelt worden waren, wurde nun mit überwältigendem Erfolg Getreide angebaut.

Trotzdem ging die Viehzucht weiter. Pferde, Rinder und Schafe trieb man einfach in die hohen Bergweiden der Buttes!

Nach und nach kaufte Tarke weiteres Land hinzu, zuletzt auch die 750 Hektar seines Freundes Hoke, dessen Ehe kinderlos geblieben war.

Heute, unter Führung des Tarke-Clans in der vierten und fünften Generation, umfasst die Ranch mehr als 3 000 Hektar eigenes Land in Kultur, mit einem breit gefächerten Produktionsprogramm, von Rinder- und Schafhaltung über Reis- und

Südfrüchteanbau bis zu ausgedehnten Walnussplantagen. Sogar eine eigene Bank gehört zum Tarke-„Imperium".

Geackert wird längst nicht mehr mit Ochsen und Pferden, sondern (wegen des fetten Bodens) mit Raupenschleppern.

Zur Getreidesaat werden die eigenen beiden Flugzeuge gestartet, und für die Ernte von Walnüssen hat man eigens eine lasergesteuerte Walnussbaumschüttel- und -erntemaschine konstruiert.

Der Hof Löhne Beck Nr. 7, auf dem Großrancher Peter Friedrich Tarke aufgewachsen war, musste in den Jahren 1846/47 der Köln-Mindener Eisenbahn durch Löhne weichen.

30 Jahre nach seiner heimlichen Auswanderung, als die Flucht vor dem Wehrdienst verjährt war, ist Peter F. Tarke noch einmal nach Löhne zurückgekehrt, um seine Mutter zu besuchen, jene zwangseingetragenen 400 Taler bzw. Dollar abzuzahlen und möglichst viele Vettern und Nachbarjungen für ein neues, besseres Leben nach Amerika mitzunehmen.

Tatsächlich hinterließ der Heimkehrer mit

Begeisterte Urenkel des Gründers als heutige Großrancher der Tarkes, v.l.n.r.: Richard, Frederik jun. und Louis Tarke als Clan-Chef

seinen Taschen voll Gold in Löhne einen nachhaltigen Eindruck. Mehr als 20 junge Leute aus Löhne aus den Familien Brackmann, Schewe, Remmert, Krüger, Hamelmann, Stohlmann und Höke schlossen sich Peter Friedrich auf seiner Heimreise nach Sutter, Kalifornien, an. Die meisten von ihnen traten in seine Dienste, einige wurden selbst erfolgreiche Rancher unter der heißen Sonne Kaliforniens.

1888 kam Peter Friedrich Tarke im Pferdestall, bei der Geburt eines Fohlens, auf tragische Weise zu Tode, als seine Lieblingsstute unter Schmerz ausschlug – ihrem Herrn direkt in den Unterleib.

Neuer Clanchef wurde daraufhin der 1856 geborene, älteste Sohn Louis Tarke. Dieser hatte auf „Held's Handelsschule" in San Francisco nicht nur eine gediegene kaufmännische Ausbildung genossen und Sinn für alle schönen Künste entwickelt, sondern auch die Golden Gate Militärakademie in Oakland absolviert. Er war damit der erste „gebürtige Amerikaner" auf dem deutschstämmigen „Königreich" der Löhner Stammfamilie Tacke.

Mit deren Nachfahren, der Landwirtsfamilie Weitkamp in Falkendiek und Löhne, hält der inzwischen weit verzweigte amerikanische Tarke-Clan bis heute enge Verbindung.

Kunstwerke von Elisabet(h) Ney aus Münster schmücken das US-Capitol in Washington D.C.

Der bayerische König Ludwig II., Fürst Otto von Bismarck, Jacob Grimm, Arthur Schopenhauer, Georg V. von Hannover, Justus von Liebig und der legendäre italienische Freiheitsheld Garibaldi saßen ihr Modell. Ihre Skulpturen stehen sowohl in München als auch in New York, in der texanischen Hauptstadt Austin wie auch in der von „US-Heroes" gesäumten Wandelhalle des Capitols der Hauptstadt Washington D.C. Die Bildhauerin Elisabeth Ney aus Münster (1833–1907) ist durch ihre herausragende künstlerische Arbeit in Deutschland und in den USA zu einer einzigartigen, die Völker verbindenden Botschafterin der Kunst zwischen Alter und Neuer Welt geworden!

Die berühmte deutschamerikanische Bildhauerin Elisabet Ney aus Münster in Westfalen

D ie von ihren Biographen als „geistreich, leidenschaftlich und emanzipatorisch" beschriebene Tochter aus renommiertem kunsthandwerklichen Hause in Münster reiste 1871 weder aus Not noch Karrierestreben mit dem ihr seit 1863 heimlich auf Madeira angetrauten Münchner Studienfreund Dr. Edmund Duncan Montgomery schwanger nach Amerika.

Im Gegenteil! Franziska Bernardina Wilhelmina Elisabeth Ney, am 26. Januar 1833 als Tochter des bischöflichen Bildhauers Johann Adam Ney in Münster und dessen Frau Elisabeth, geb. Wernze, aus Geseke geboren, war im Jahr der Auswanderung gerade auf dem Höhepunkt ihres künstlerischen Schaffens in Deutschland, Österreich, Rom und der Schweiz angelangt. Ausgebildet zunächst in der Werkstatt ihres Vaters, studierte sie mit glänzenden Leistungen an der Akademie der Künste in München und schließlich bei dem berühmten Daniel Rauch in Berlin. Dieser führte seine Schülerin Elisabeth Ney schon bald in die Berliner Kunst- und Kulturszene ein, was der gebildeten und brillanten jungen Bildhauerin unschätzbar wertvolle, persönliche Kontakte zu bedeutenden Persönlichkeiten des öffentlichen Lebens in Berlin – und damit die ersten großen Aufträge – verschaffte.

Märchenkönig Ludwig saß der Ney Modell

Das wohl ungewöhnlichste Engagement kam 1868/69 aus München: Bayerns „Märchenkönig" Ludwig II. ließ der Ney und ihrem Mann, dem aus Schottland stammenden Arzt und Philosophen E. D. Montgomery, großzügig eine Villa einrichten, um von hier aus den Regenten, ganzfigürlich in Marmor gemeißelt, für alle Zeit der staunenden Nachwelt zu erhalten. Wozu er ihr wochenlang geduldig Modell saß!

Jenes dabei entstandene Meisterwerk ziert heute das König-Ludwig II.-Museum auf Schloss Herrenchiemsee und überzeugt alljährlich Millionen Besucher aus aller Welt von dem großartigen Können der Künstlerin aus Westfalen.

Majestät soll damals, nach der Fertigstellung seines künstlerischen Abbildes, sehr zufrieden gewesen sein und nicht mit Honorar gegeizt haben. Und in München winkten für die inzwischen berühmte Bildhauerin weitere, lukrative Aufträge. Gleichwohl schiffte sich Elisabeth Ney Anfang 1871 mit ihrem Mann spontan nach New York ein, weiteres Ziel: der Bundesstaat Georgia.

Wie Elisabeth Neys Biographin, die Historikerin Dagmar von Stetten-Jelling im Rahmen ih-

Elisabet Neys neoklassizistisches Atelier im Hyde Park, Landeshauptstadt Austin (Texas)

rer Doktorarbeit herausgefunden hat, bestand ursprünglich der bereits in München gefasste Plan, hier im US-Südosten, zusammen mit so genannten „gleichgesinnten, politisch erleuchteten lateinischen" deutschen Emigranten, eine „ideale Landkolonie" aufzubauen. Ein Projekt, das auf den ersten Blick stark an die Jugendträume zahlreicher schwärmerischer „Frühmärz"- und „Achtundvierziger" Revolutionäre in der Generation vor ihr, wie etwa Hermann Kriege und Wilhelm von Laer, erinnern mag.

Erste Ansiedlung in Georgia misslang

Elisabet (wie sie sich in Übersee fortan schrieb) strebte in der Neuen Welt offenbar vor allem nach persönlicher Freiheit, wie es in einem ihrer Briefe zum Ausdruck kommt: *„Ich werde niemand zu Füßen liegen!"* Hinzu mag sie das geradezu phantastische landwirtschaftliche Modell jener „erleuchteten" Landsleute in den Südstaaten bewegt haben, das zusätzlich noch der Integration befreiter, nach ihrer Befreiung jedoch arbeitslos gewordener schwarzer Sklaven einschloss.

Hinzu kam die Erwartung ihres ersten Kindes und für die selbstbewusste und nach langem Kampf in Familie und autoritärer Gesellschaft ihres Heimatlandes früh emanzipierte Frau die Frage, wo etwa die Zukunft ihrer Kinder liegen sollte – unter dem Joch europäischer Hierarchien, wie im gestrengen Preußen, oder in dem allseits gelobten „Land der Freiheit", den Vereinigten Staaten von Amerika?

Elisabet Ney und ihr Mann entschieden sich 1870, wohl auch mit Blick auf den bevorstehenden deutsch-französischen Krieg, für ein weiteres Leben in der „Neuen Welt", ließen in München

und Münster alles stehen und liegen und kauften sich zunächst in Thomasville, Georgia, mit 113 Hektar Land für eine geplante, eigene Farmwirtschaft im Kreise Gleichgesinnter an.

Doch ähnlich, wie es vor ihnen Kriege und von Laer bereits in der „Neuen Welt" leidvoll erfahren mussten, kam das erste landwirtschaftliche Projekt des Ehepaares Montgomery/Ney in Thomasville, Georgia, aus den Kinderschuhen nicht heraus. Zumal sämtliche beteiligte Siedler, bei allen guten Absichten, beruflich keinerlei Fachkenntnisse einbringen konnten.

Als die ersten benachbarten Siedler bereits nach einem Jahr enttäuscht aufgaben, stellte sich auch für Elisabet Ney (ihr Mann kümmerte sich mehr oder weniger nur um seine ärztlichen Forschungen) die Frage, wie es mit ihnen weitergehen sollte. Ihre eindeutige Antwort lautete: *„Keine Rückkehr nach Europa. Stattdessen weiter nach Westen ziehen!"*

Let's go West ... nach Texas!

Und so kam die inzwischen vierköpfige Familie Montgomery/Ney, durch Vermittlung eines deutschen Konsuls, in das damals noch weitgehend unbesiedelte, gerade 1845 zum US-Staatenbund hinzugetretene Texas.

Ihr neues Zuhause wurde die ehemalige Baumwollplantage „Liendo" in der Nähe von Houston. Mittendrin ein riesengroßes Herrenhaus. Und während Dr. Montgomery sich auch hier vorwiegend seinen privaten ärztlichen und philosophischen Studien widmete, krempelte seine Frau Elisabet ihr nahezu 1 000 Hektar großes Anwesen zu einer modernen Ranch um, wo bald, neben Baumwolle und Mais, im großen Stil und mit Hilfe Hunderter befreiter schwarzer Sklaven Zuckermelonen angebaut wurden. Zeitweilig hielt „Lady Ney", wie die resolute und tatkräftige Großgrundbesitzerin von ihren Nachbarn respektvoll genannt wurde, sogar eine große Rinderherde. Bezahlt wurden Kauf und Investitionen auf dem großen Anwesen aus den Resten ihres mitgebrachten Vermögens sowie einem Familienerbe ihres Mannes aus Schottland. Was dann noch fehlte, wurde mit Bankkrediten abgedeckt.

Großgrundbesitzerin auf „Liendo"-Plantage

Die gebürtige Westfälin lernte unter der heißen Sonne von Texas schnell, hatte als Großgrundbesitzerin durchschlagenden wirtschaftlichen Erfolg und nötigte der ausnahmslos von Männern repräsentierten agrarischen Fachwelt rund um Hempstead, Texas, schon bald hohen kollegialen Respekt und Anerkennung ab.

Um zum Beispiel ihre leicht verderblichen und in riesigen Mengen erzeugten Agrarprodukte leichter und rascher zur nächsten Bahnstation Hempstead und damit auf die Märkte in Houston und Austin bringen zu können, konstruierte die „Bildhauerin im Wartestand" für ihre Ranch eigens eine spezielle, einspurige Schienenbahn nebst Maschinenwagen und Waggon – Erfindungen, die sie sich 1879 in Paris sogar patentieren ließ.

Die Ney ging derart in ihrer Farm- und Plantagenwirtschaft auf, dass ihr künstlerisches Handwerk zunächst für einige Jahre mehr oder weniger ruhen musste. Erschwerende Schicksalsschläge kamen hinzu: 1873 starb ihr erstgeborener Sohn Arthur im Alter von nur zwei Jahre an Diphterie. Die Anfänge der 80er-Jahre wurden von mehreren Missernten überschattet. Zeitweilig sah es so aus, als könnten die Kreditzinsen nicht mehr gezahlt werden.

Das zweite Kind, der Sohn Lorne, wurde schon früh auf ein vornehmes Internat an der Ostküste geschickt. Dadurch entfernten sich Mutter und Kind immer mehr, und Lorne hat seiner Mutter diese gut gemeinte „feine" Erziehung fern der für ihn heimatlichen Plantage „Liendo" bis zu ihrem Lebensende nie wirklich verziehen.

Künstlerischer Neuanfang mit Gouverneur-Büste

Um sich von ihren Sorgen abzulenken, griff Elisabet Ney nun wieder häufiger zu Hammer und Stößel. Eines ihrer ersten und dabei wohl auch berühmtesten Werke in der „Neuen Welt" schuf sie 1882 mit einer Büste des damaligen Gouverneurs Oran M. Roberts. Schon bald darauf bekam sie den ganz und gar ungewöhnlichen Auftrag, einen Plan für den Neubau eines „Texas State Capitol" in der Landeshauptstadt Austin zu entwerfen.

Das schlossähnliche Atelier der schon bald stadtbekannten Künstlerin Elisabet Ney in der City von Austin war, wie einer ihrer amerikanischen Biographen schreibt, „ein Treffpunkt aller wichtigen Texaner, die, angezogen vom unwiderstehlichen Charme der Miss Ney, sich in diesem Atelier zu Diskussionen über Politik, Kunst und Philosophie zusammenfanden."

Jene Persönlichkeiten haben später die Kunstabteilung der Universität von Texas, die „Texas Commission on the Arts" sowie die „Texas Fine Arts Association" gegründet." All diese, bei Elisabet Ney entstandenen Stiftungen seien heute, Anfang des 21. Jahrhunderts, immer noch die Hauptmäzene für Kunst in ganz Texas.

Auftrag für die Weltausstellung 1893

Ihren eigentlichen künstlerischen Durchbruch in ganz Amerika hatte die Künstlerin jedoch schon früher mit Hilfe einer Gruppe wohlhabender und gleichfalls emanzipierter Damen von Austin erreicht. Diese waren nämlich auf die glänzende Idee gekommen, als Beitrag des jungen Bundesstaates Texas zur Weltausstellung 1893 in Chicago zwei Statuen zu schicken. Und zwar Marmorbüsten der Texas-Gründerväter Stephen Austin und Sam Houston. Letzterer hatte gleich nach 1845 als erster Gouverneur die Führung des neuen Bundesstaates übernommen.

Den Auftrag bekam Elisabet Ney, die erst daraufhin in der Landeshauptstadt Austin ihr eigenes Atelier bauen ließ, mit Werkstatt, ausgedehnter Wohnung und sogar einem Forschungstrakt für ihren Mann. Das I-Tüpfelchen über Neys neuem, neoklassizistischen Herrenhaus: Ein viereckiger Turm, was dem Gebäude in der City die treffende Bezeichnung „Ney's Castle" eintrug.

Auch in Amerika, wie vorher schon in Deutschland, behielt die Ney ihren väterlichen Hausnamen strikt bei. Wie sie überhaupt, so berichten Zeitgenossen, in ihrem Umfeld stets größten Wert auf die Anrede mit ihrem Mädchennamen sowie strikte berufliche, geschäftliche, gesellschaftliche und politische Gleichberechtigung in und gegenüber der (auch in den USA vorherrschenden) Männerwelt legte. Insofern darf Elisabet Ney, in erweitertem Sinne, auch als eine deutschamerikanische Vorkämpferin für Frauenrechte betrachtet werden,

„The Castle", heute Ney-Museum in Austin

wenngleich dies bislang wissenschaftlich nicht nachweisbar ist.

Die „Texas-Hero"-Büsten von Elisabet Ney machten auf der Weltausstellung in Chicago Eindruck und die Künstlerin über die Presse schlagartig auf dem ganzen Kontinent bekannt. Zumal sie in ihrem „Castle" in der Folgezeit zahlreiche weitere Bildnisse berühmter amerikanischer Politiker schuf.

Gouverneur-Kopien für Capitol in Washington

Am bekanntesten sind bis heute ihre ersten Darstellungen von Stephen Austin und Sam Houston, deren Originale später in das Capitol von Austin zurückkehrten, während Elisabeth Ney für die große Wandelhalle des nationalen Capitols von Washington D.C. exakte Kopien anfertigte, die dort seitdem und bis in die Gegenwart hinein einen Ehrenplatz haben.

Mehrfach sind die Künstlerin und ihr Mann um die Wende vom 19. in das 20. Jahrhundert als naturalisierte Amerikaner nach Europa gereist und haben dabei auch Elisabet Neys Heimatstadt Münster besucht.

Die auf beiden Kontinenten berühmt gewordene Bildhauerin ist am 29. Juni 1907 gestorben und wurde an der Eichenallee auf ihrer „Hacienda Liendo" begraben, wo auch ihr Mann seine letzte Ruhestätte fand.

Ihr damaliges, riesengroßes Besitztum bei Hempstead in Texas befindet sich seit 1960 in Händen des deutschstämmigen Ehepaares Carl und Phylis Detering. Die Deterings betreiben Rinderzucht, daneben ein Restaurant und ein kleines Museum mit Erinnerungsstücken an die große Bildhauerin Elisabet Ney aus Münster.

„The Castle" heute Ney-Museum in Austin

Auch aus dem Atelier „The Castle" in Austin ist ein Museum geworden. Mit vielen Werken der deutschamerikanischen Bildhauerin, der man im Jahre 1997 in ihrer westfälischen Heimatstadt Münster immerhin eine Gedächtnisausstellung widmete. Sonst wäre die große Frau aus Westfalen hierzulande in der breiten Öffentlichkeit wohl ganz vergessen. Allerdings wird Ende der 20er-Jahre noch rühmend von einem „Elisabet-Ney-Zimmer" in der alten Johanniter-Kommende an Münsters Berg-Straße berichtet, wo sich damals das Stadtmuseum befand. Und an ihrem Elternhaus am Bohlweg 34 befand sich eine würdige Gedenktafel, die bei Bombenangriffen im Zweiten Weltkrieg zerstört wurde.

Dabei sind aus Elisabet Neys früher Schaffenszeit viele ihrer für und von berühmten Größen aus Königshäusern, Politik, Wissenschaft und Kunst angefertigten Skupturen auch in deutschen Museen und sogar königlichen Residenzen zu bewundern, allen voran die Bildnisse ihres bayerischen Mäzens König Ludwig II., speziell in Ludwigs Traumschlössern Neuschwanstein und Herrenchiemsee.

***

Von der Historikerin Dagmar von Stetten-Jelling liegt über die Bildhauerin Franziska Bernardina Wilhelmina Elisabeth Ney seit dem Jahre 2003 eine gedruckte Dissertation vor unter dem Titel „Elisabeth Ney (1833–1907): Bildhauerin in Europa und Amerika – eine ungewöhnliche Karriere." Berliner Verlag „dissertation de", 292 S.

Zahlreiche Daten und Fakten zu dieser Geschichte hat Gisbert Strotdrees, Historiker und Redakteur beim Landwirtschaftlichen Wochenblatt Westfalen-Lippe in Münster, erarbeitet und dem Autor für diesen Beitrag zur Verfügung gestellt. Eine Fülle weiterer Informationen stammt aus überseeischen Quellen, darunter „Women in American History" (Encyclopaedia Britannica), wo Elisabet Ney heute als großer „American Cultural Hero" einen hervorragenden Ehrenplatz einnimmt.

Bauernsohn Heinrich Schlüter: Star-Architekt Weltausstellung Chicago 1893/St. Louis 1903

Bauernsohn Heinrich Wilhelm Schlüter (1862–1947) aus dem kleinen Dorf Unterlübbe (Kreis Minden-Lübbecke) brachte es durch zähen Fleiß, Wagemut und Können zum Star-Architekten der Weltausstellungen 1893 in Chicago und 1903 in St. Louis, Illinois. Als „Henry W. Schlueter Contracting Engineer" erfand der clevere Ostwestfale in der Boom-City Chicago ein spezielles Baukastensystem zur kostensenkenden Serienherstellung von Hochhäusern, Schulen, Krankenhäusern und Brücken. Und als Chefkonstrukteur des aus Betonfertigteilen buchstäblich sturmfest und erdbebensicher zusammengefügten Kunsthafens der pazifischen Mega-City Los Angeles sicherte sich Schlüter endgültig einen Platz unter den großen Pionieren des amerikanischen Westens über das 20. Jahrhundert hinaus.

Heinrich Schlüter aus Unterlübbe, Star-Architekt amerikanischer Weltausstellungen

Mangelnde berufliche Perspektiven veranlassten die Brüder Heinrich, Friedrich und Christian Schlüter, 1880 von Bremerhaven aus gemeinsam in die „Neue Welt" abzudampfen, um dort ihr Glück zu suchen – ab New Orleans dann allerdings jeder für sich allein. Aus ihrem Heimatkreis Minden waren bis zu diesem Zeitpunkt bereits, neben Tausenden anderer Landsleute, 30 Namensvetter (davon etliche Onkel und Tanten) im Mittleren Westen der USA sesshaft geworden.

Durch diese eher frühen Auswanderer der 50er- und 60er Jahre dürften die Gebrüder Schlüter denn wohl auch angeregt worden sein, zu einem schon relativ späten Zeitpunkt, als sich die wirtschaftlichen und politischen Verhältnisse in Deutschland langsam besserten, nach Nordamerika auszuwandern.

Friedrich Schlüter verdingte sich bei einem Bierbrauer und hatte bald eine eigene, gut gehende Brauerei. Der feinsinnige Christian studierte Theologie und wurde Pfarrer bei den Indianern in Wisconsin. Heinrich schließlich zog hinauf bis nach Green Bay in Wisconsin. Hier arbeitete er zunächst auf verschiedenen Farmen. Dann hör-

te er von den guten Verdienstmöglichkeiten für Bauarbeiter in den Städten und machte sich auf den Weg nach Chicago, wo die Wirtschaft boomte. Schließlich hatte Heinrich Schlüter daheim bei seinem Vater von der Picke auf gelernt, wie man als Maurer Wände hochzieht und Häuser baut.

Nach wenigen Wochen war Henry, wie er sich nun nannte, Vorarbeiter, schon ein Jahr später selbstständiger Subunternehmer führender Baufirmen im aufstrebenden Chicago. Rasch wurde ihm klar: Nur wer hier (bei aller Solidität) am kostengünstigsten baut, bleibt oben!

Entsprechend ließ sich der findige Jungunternehmer eine Menge einfallen, was Bauen einerseits sicherer und vor allem billiger macht. Seine wohl beste Idee: Steine, Speis und Balken nicht mehr in Einzelteilen, sondern gleich per Kran „paketweise" auf die jeweiligen Arbeitsplattformen der im Bau befindlichen Wohn- und Geschäftshausblöcke zu schaffen.

Der Clou war Schlüters spätere Erfindung eines Baukastensystems von miteinander verzahnten Fertigteilen zur vielseitigen Verwendung. Motto: am Boden produzieren, oben auf dem Bau nur noch montieren!

Dazu kam, die in Mode kommenden Hochhäuser (mit damals höchstens 10 bis 15 Stockwerken) so zu konstruieren, dass ihre Zug- und Drucklasten nicht mehr auf die Außenwände, sondern durch einem inneren Betonrahmen abgefangen wurden. Dies ermöglichte dem Architekten jetzt, „Wolkenkratzer" über das bis dahin zulässige Maß hinaus, gefahrlos weiter in die Höhe zu ziehen.

Bald flogen Schlüter Großaufträge für neue Geschäftszentren, Schulen, Hafenanlagen und öffentliche Gebäude der Metropolen in Illinois, Missouri, Iowa und Wisconsin in Mengen zu. Selbst in Kalifornien war Schlüters Rat und Technik gefragt.

Als einer der ersten Unternehmer, die Aufträge für Repräsentationsbauten zur Weltausstellung 1893 in Chicago bekamen, machte sich der gebürtige Westfalen in den USA bald einen internationalen Namen.

In Iowas Hauptstadt Des Moines baute die Henry Schlueter Construction Company (deren tüchtiger Teilhaber inzwischen Schlüters 1888 nachgereister Neffe Wilhelm Brinkmann aus Gehlenbeck geworden war) die neue Universität, das zentrale High Court und eine Staatsbibliothek, alles im damals (nicht zuletzt durch den deutschamerikanischen Troja-Forscher Heinrich Schliemann in Amerika populär gewordenen) pompösen neogriechischen Stil.

Schlüters größtes Werk im Mittleren Westen der USA war jedoch die Errichtung der repräsentativen Bauten für die von Millionen Bürgern aller Kontinente besuchte Weltausstellung 1903 in St. Louis.

Heinrich Schlüter erhielt diesen seinen wohl bedeutendsten Auftrag nicht nur wegen der überzeugenden Leistungsfähigkeit seines inzwischen zu den Größten der Branche zählenden Unternehmens, sondern auch mit Seitenblick auf einen berühmten preußischen Namensvetter, den königlichen Berliner Baumeister und Bildhauer Andreas Schlüter.

Vize-Gouverneur David Francis (Missouri) und eine US-Regierungskommission war Ende des 19. Jahrhunderts eigens nach Berlin gereist, um sich dort Vorlagen für ihre Wunschpaläste zur World Fair 1903 am Mississippi zu holen. Dazu zählten vor allem auch die preußischen Prachtbauten von Andreas Schlüter. Und Heinrich Schlü-

Architekt Heinrich Schlüter hat zu seiner Zeit die bauliche Entwicklung der früheren Prärie-Metropole Chicago durch seine bahnbrechenden Techniken für modernen Hochhausbau entscheidend mitgeprägt. Dieses Bild zeigt die City heute. Im Hintergrund der ~~Sears~~ Tower

ter setzte in St. Louis alles termingerecht (angereichert mit eigenen, pfiffigen Ideen) zur größten Zufriedenheit seiner amerikanischen Auftraggeber in die Tat um!

Damit war der amerikanische Baulöwe aus Westfalen weltbekannt. Er und sein Partner Brinkmann konnten sich ihre Aufträge jetzt aussuchen. Schlüter verdiente märchenhaft und leistete sich in bester Lage von Chicago eine mehrstöckige Villa mit mehr als 20 Zimmern, Speisesaal für 50 Gäste, einem eigenen Ballsaal sowie ständig vier Dienern.

Gut gehende laufende Geschäfte, wie der Bau des „Edison Commenwealth-Building", „The Chalmer's", „Lescher Block" und die Verwirklichung zahlreicher Schulprojekte hielten den stets innovativ denkenden Baumeister und Chefkonstrukteur Heinrich Schlüter jedoch nicht davon ab, immer neue, bisher unerprobte Verfahren modernen Bauens mit Stahlbeton zu entwickeln; Konstruktionen zu wagen, die auch im damals nahezu grenzenlos zukunftsgläubigen, auf dem Höhepunkt seines Getreide-, Fleisch- und Eisenbahnbooms stehenden Chicago für undurchführbar gehalten wurden. Ein solch bahnbrechendes Vorhaben, der Bau einer riesigen, freitragenden Halle für das Iowa State College in Ames, 40 km nördlich Des Moines im Wert von 3 Millionen US-Dollar, führte das stolze Schlüter-Imperium binnen weniger Wochen in den Ruin.

Noch während Heinrich Schlüter die stützenfreie und tiefgestaffelte Mehrzweckhalle wetterfest machen ließ, meldeten sich in der Presse plötzlich anonyme und vermutlich von der Konkurrenz aufgestachelte Kritiker, welche die Stabilität der großartigen, kühnen Schlüterschen Konstruktion in erschreckenden Unglücksvisionen anzweifelten.

Katastrophaler Zusammenbruch

Katastrophale Folge: Schlüters bislang verlässliche Hausbanken zogen ihre Finanzierungszusagen von heute auf morgen zurück. Die Firma Schlueter Constructions brach zusammen. Mehrere hundert Mitarbeiter verloren von heute auf morgen ihren Arbeitsplatz. Heinrich Schlüter selbst musste nicht nur seine schöne Villa verkaufen, sondern verlor auch alle noch bestehenden Staatsaufträge.

Der Zusammenbruch des Chicagoer Schlüter-Imperiums war für viele deutsche Einwandererfamilien am Lake Michigan ebenfalls eine Katastrophe.

Von Anfang an hatte sich der heimatverbundene Bauernsohn aus Unterlübbe bemüht, auf seinen Baustellen arbeitsuchende Landsleute aus der alten Heimat zu beschäftigen. Er verlangte viel, und es wurde (wie Briefe von Arbeitern an ihre westfälischen Eltern und Geschwister bekunden) bei Schlüter sehr hart gearbeitet. Andererseits wusste Heinrich Schlüter, dass die deutschen Einwanderer zupackten und er mit ihnen zumindest keine Kommunikationsprobleme haben würde.

Der Zusammenbruch seiner Firmengruppe traf Heinrich Schlüter, der gerade eine mehrmonatige Reise in die alte Heimat geplant hatte, auf das Schwerste. Doch er gab nicht auf. Schließlich war

die Kunde von seinem Können als zukunftsweisender Konstrukteur schon viele Jahre zuvor über den ganzen Kontinent geeilt. Und er hatte inzwischen auch einen Betrieb im fernen Kalifornien gegründet, wo vor allem Los Angeles mit lukrativen Bauaufträgen lockte.

Zusammen mit seinem Sohn Walter bekam Heinrich Schlüter am Pazifik tatsächlich eine völlig neue, für ortsansässige amerikanische Unternehmer bis dahin schier unlösbar scheinende Aufgabe gestellt: den Bau eines künstlichen, sturm- und erdbebensicheren Tiefwasserhafens.

Die US-Bundesregierung suchte an der langen, sandig-flachen Küste von Santa Monica bis Los Angeles (New Port) durch Errichtung riesiger, technischer Bauwerke zweierlei zu erreichen: Erstens einen sicheren, versandungsfreien Tiefseehafen, zweitens Bollwerke gegen die häufigen, schweren Sturmfluten vom Pazifik zu bekommen.

Vater und Sohn Schlüter lösten das gigantische technische Problem, indem sie riesige Stahlbetonelemente konstruierten, die an Kopf und Längsseiten in- und miteinander zu verhaken und stufenweise sozusagen endlos in beliebigem Neigungswinkel aufzuschichten waren. Je mehr, umso fester – am laufenden Band.

Die Konstrukteure ließen ihre Erfindung unter der Bezeichnung „The Schlueter Interlocking Reinforced Concrete System" vorsorglich patentieren und machten dann ihr Angebot. Weltweit gab es mangels Know-how offenbar niemanden, der eine ernst zu nehmende Gegenofferte einreichen konnte.

Nachbar berühmter Film-Größen

So erhielt die Firma „Henry W. Schlueter Contracting Engineer, 1014 Black Building Los Angeles", später: „9800 Yoaku Drive Beverly Hills, Cal." (Nachbarn berühmter Filmgrößen, wie Mary Pickford und Charly Chaplin) selbstverständlich den Auftrag.

Der im Baukastensystem von Schlüter & Sohn errichtete Kunsthafen von Los Angeles ist bis heute in Betrieb.

Ebenso schützen an der kalifornischen Pazifikküste Schlüters vieltausendfach in einem gelenkigen Verbund gelegten und verankerten Stahlbetonfertigteile die Megastadt Los Angeles und ihre Nachbar-Cities seit Jahrzehnten sicher vor den anbrausenden Fluten des Pazifik.

Anfang der 30er-Jahre hat Juniorchef Walter Schlueter seiner Tante Caroline nach Westfalen geschrieben, Vater werde nun 70 Jahre alt, laufe und klettere aber noch wie ein Fünfzigjähriger auf jede Baustelle, habe den Kopf weiterhin voll neuer Ideen und sei bisher, trotz aller Arbeit, noch nicht einen Tag krank gewesen.

Für die Schlueter-Company in Kalifornien gab es nach dem gelungenen Hafenbau zunächst massenhaft Nachfolgeaufträge, wie der Bau der Hollywood High School, einer Sporthalle in Fairfix und der Jefferson High School.

Privater Luxusbau in L. A.

Doch vor Mitte der 30er-Jahre (und unter dem Eindruck der vorangegangenen, verheerenden Wirtschaftskrise und großer eigener Verluste) verlegte sich der 1928 in die Firmenleitung eingetretene Sohn des Gründers, Walter M. Schlueter, mehr auf den privaten Luxus-Wohnbau in „L.A." sowie dem Nobel-Vorort Beverly Hills, wo nach Schlüters Plänen zahlreiche Traumvillen prominenter Filmstars entstanden.

1933/34 schließlich war die Schlueter & Co Construction auch in Chicago wieder präsent. Stolz stellten Heinrich und Walter Schlueter auf der damaligen, neuerlichen Weltausstellung an den Ufern des Lake Michigan dem staunenden Fachpublikum aus aller Welt in ganzer Breite ihr „The Schlueter Interlocking Reinforced Concrete System" der variablen Bauelemente vor.

Ob der geniale Erfinder Heinrich Schlüter seine Heimat bis zu seinem Tod am 1. Januar 1947 wirklich noch einmal wiedergesehen hat, ist nicht bekannt. Nach Haus geschrieben hat er jedenfalls oft und in den Notzeiten nach dem Ersten Weltkrieg auch dafür gesorgt, dass seine daheim am Wiehengebirge gebliebenen Geschwister, Vettern und Cousinen mit Dollars und Liebesgaben aus Beverly Hills unterstützt wurden.

Coach olympischer Atlethen

Der Pioniergeist des Auswanderers Heinrich Wilhelm Schlüter ist über seinen Unternehmens-nachfolger Walter auch bei dessen gleichnamigem Sohn Walter J. Schlueter zu entdecken: Dieser ist als erfolgreichster Coach olympischer Schwimmwettkämpfer, Gründer und Präsident des amerikanischen Schwimmlehrerverbandes sowie Erfinder des von ihm persönlich entwickelten „Delphin-Stils" in die „Hall Of Fame" des nationalen und internationalen Schwimmsports eingegangen:

In den Zeiten des Coachings bei olympischen und anderen internationalen Schwimmwettbewerben errangen Schluelers Schüler allein 13 Weltrekorde, 49 US-nationale Rekorde, 29 US-Senior-Championate und 35 weitere, internationale erste Preise.

Bei sechs Olympiaden zwischen 1948 und 1968 war der vorherige Weltkrieg II-Flieger offizieller Trainer sämtlicher olympischen Schwimmmannschaften der Vereinigten Staaten. Schluelers berühmteste Zöglinge: Die Weltrekordler Marilyn Ramenofsky und Don Schollander.

Walter J. („Walt") Schlueter II. erhielt nicht nur Lehraufträge an berühmten Sporthochschulen (Washington University, University of Portland, Arizona State University), sondern trainierte bis zu den 80er-Jahren auch die jeweils nationalen Schwimm-Eliten von Mexiko und Kanada.

Ein anderer Nachfahre des Auswanderers Heinrich Schlüter aus Unterlübbe (Westfalen) in Amerika, Dr. Theodor W. Rall, brachte es bis zum Professor für Biochemie und Pharmakologie an der Virginia University und arbeitete u. a. 10 Jahre als persönlicher Assistent des weltberühmten Hormonforschers und Nobel-Preisträgers von 1971, Dr. Earl Sutherland.

***

Wesentliche Daten und familiäre Hintergrundinformationen zu dieser Geschichte verdankt der Autor dem Physiker und Schlüterschen Familienforscher Dr. rer. nat. Bruno Könemann aus Bad Salzuflen.

Heinr. Theodor Canisius aus Allendorf: Redakteur, Verleger, Partner Lincolns

Ein Westfale aus dem Sauerland, Heinrich Theodor Canisius (1826–1885), hat Mitte des 19. Jahrhunderts an der Seite des republikanischen US-Präsidenten Abraham Lincoln politische Geschichte und als Zeitungsverleger und Redakteur ein spannendes Kapitel amerikanischer Demokratiegeschichte geschrieben. Später verfasste der Sauerländer als amerikanischer Botschafter in Wien eine damals vor allem in Europa populär gewordene, romanhafte Biographie über den charismatischen amerikanischen Präsidenten.

*I*n die Chronik seiner Heimatstadt Sundern, Ortsteil Allendorf (Hochsauerlandkreis) ging Theodor Canisius als jugendlicher Teilnehmer der so genannten, im März 1848 gottlob friedlich verlaufenen „Allendorfer Revolution" ein, die der örtliche Heimatverein „Fickeltünnes e.V." als Auftakt zum 600-jährigen Stadtjubiläum Allendorfs im Jahre 2007, als lustiges Bühnenstück inszeniert und erstaufgeführt hat.

So fröhlich-friedlich, wie auf der Bühne heute nachgespielt, waren die Zeiten im preußisch beherrschten Sauerland damals freilich nicht.

Seinen amerikanischen Biographen hat Theodor Canisius nach heimlicher Flucht 1849/50 in die Vereinigten Staaten zu Protokoll gegeben, während seiner vorangegangenen Zeit als Medizinstudent in Deutschland „wegen demokratischer Betätigung" verfolgt worden zu sein. Aus amerikanischer Sicht war Canisius also ein waschechter „Fortyeighter" (Achtundvierziger)!

Allendorfer holten ihre Flinten zurück

Pfarrer Josef Clute-Simon aus Meggen, ein gebürtiger Allendorfer, schrieb 1924 die Ereignisse der „Allendorfer Revolution" nach Hörensagen nieder. Danach war hauptsächlicher Anlass jenes sagenhaften Marsches der Allendorfer auf das adlige Haus Amecke/von Wrede eher ein eigenwilliger Verwaltungsakt des um 1848 amtierenden Rentmeisters Stöter gewesen.

Stöter hatte den freien Allendorfer Bürgern wegen angeblicher Wilderei kurzerhand ihre Flinten abnehmen und selbige auf Schloss Amecke deponieren lassen. Diese wollten die Allendorfer aus gutem Recht zurück haben – und be-

kamen sie auch, ohne dass ein Schuss fiel. Im Gegenteil: Der einsichtige Stöter lud die „Revolutionäre" sogar zum Umtrunk ein! So geht jedenfalls die Sage.

Hochwürden Clute-Simon kommt in diesem Zusammenhang in seiner episch breit und launig angelegten Erzählung über die „Allendorfer Revolution" schließlich auch auf „Lehrers Theodor" zu sprechen, dem vom Gymnasium in Brilon ausgebüxten Ältesten des Allendorfer Dorfschulmeisters Johannes Franz Canisius. Letzterer stammte aus Wülfte bei Brilon, hatte ein Mädchen aus Allendorf geheiratet und deswegen gerade hier berufliche und heimatliche Wurzeln geschlagen.

Theodor habe sich in seinem Freiheitsdrang und demokratischem Reden mit den Lehrern in Brilon mächtig angelegt, sei schließlich der Schule verwiesen worden und nach Haus gelaufen. Doch damit nicht genug der jugendlichen Umtriebe des jungen Mannes.

Nach kurzer Versteckzeit auf Vaters Dachboden ging der vom Feuer der Revolution in den großen Städten erfasste Jüngling unbeirrt seinen demokratischen Neigungen nach, indem er wöchentlich mehrmals nach Arnsberg wanderte, wo er sich mit Gleichgesinnten traf und für die Arnsberger „Intelligenzblätter" angeblich „aufrührerische Artikel" verfasste.

Mit den „Intelligenzblättern" im Gepäck und demokratischen Parolen pro Pressefreiheit und freiem Wahlrecht für alle soll Theodor Canisius nicht nur seinen Vater, sondern auch viele andere Allendorfer gegen die Preußische Staatsmacht aufgebracht haben. Genaues, außer der sagenhaf-

*Trotz intensiver Recherchen in Europa und Über-
see konnte von Theodor Canisius aus Allendorf
kein Porträt aufgetrieben werden. Stattdessen
hier ein Bild von der „Allendorfer Revolution"
des Jahres 1848, nachgestellt durch Mitglieder
des Vereins Fickeltünnes e.V.: Marsch der Revolutionäre nach Schloss Amecke!*

ten Revolutionsstory, weiß man in Allendorf bis
heute jedenfalls nicht. Ende 1848 verlieren sich
Canisius' Spuren in der Heimat.

Theodor Canisius war um und vor 1848 nicht
der einzige Sauerländer „Revoluzzer":

- Schon 1833 beteiligte sich Lorenz Degenhardt
  aus Eversberg an Studentenunruhen in Heidelberg und floh noch im selben Jahr nach St. Louis, wo er sich mühselig als Postmitarbeiter, der
  Briefe mit deutschen Anschriften zu entziffern
  hatte, durchschlug. Außerdem arbeitete er als
  schlecht bezahlter „Winkeladvokat". Degenhardt
  starb 1845 – man sagt, aus Heimweh.

- Hermann Grasshoff, Meschede, sitzt in den Re-
  volutionsjahren 1948/49, zusammen mit dem
  Dichter Fritz Reuter, wegen seines demokratischen Engagements in Festungshaft. Reuter
  widmet Grasshoff später sein Werk „Ut mine
  Festungstid".

In den USA: „Dr. Canisius"

In den Volkszählungslisten der Vereinigten
Staaten, Bundesland Illinois, taucht der Allendorfer Revolutionär 1850 als „Theodore Canisius"
wieder auf. Über die ersten Jahre in der „Neuen

Welt" wissen wir von amerikanischer Seite nur,
dass Canisius 1851 in St. Louis eine achtzehn-
jährige Deutsche namens Emma heiratete. Und,
Jahre später: „He was a doctor". Canisius sei Arzt,
„während der deutschen Revolution 1848 aktiv
gewesen und kurz danach ausgewandert".

Unklar ist und bleibt vorerst, wann und wo
Theodor Canisius Medizin studiert hat und welche
Universität ihm den Doktorhut verliehen haben
könnte. Deutsche Universitäten müssten danach
erst noch reihenweise befragt werden. Amerikanische Quellen schweigen sich beharrlich aus.

1858 gründet Dr. Theodor Canisius (ab diesem
Jahr führt er den Doktortitel) am damaligen katholischen Bischofssitz Alton (Illinois) die Zeitung
„Freie Presse", verkauft diese jedoch bereits nach
der zweiten Ausgabe. Stattdessen erwirbt er aus
dem Erlös und mit Hilfe eines Kredits von einem
deutschstämmigen Bankier in der Landeshauptstadt Springfield die im Südteil des Landes führende deutsche Zeitung „Illinois Staats-Anzeiger".

Inzwischen ist Canisius mit dem Anwalt und
Präsidentschaftsbewerber Abraham Lincoln bekannt geworden. Und Lincoln nutzt konsequent
die Chance, den noch finanzschwachen, aber offenbar schreibgewaltigen Demokratieverfechter
aus Westfalen für sich zu gewinnen bzw. auf gute
amerikanische Weise für seine republikanische
Partei „einzukaufen" – ein Wahlkampfstil, wie er
zum Befremden bei uns „alten Europäern", in den
USA bis in das 21. Jahrhundert hinein gang und
gäbe ist und in Amerika als durchaus legal und
sogar „clever" gilt.

Der eine US-Historiker schreibt, Canisius sei
damals einfach Pleite gewesen. Wohlwollendere
Biographen sprechen von einem sauberen 400-
Dollar-Deal. In einem geheim gehaltenen Vertrag
von Mai 1859 übernimmt Abraham Lincoln den
„Illinois Staats-Anzeiger" zu 100 Prozent.

Gleichzeitig wird Dr. Theodor Canisius Geschäftsführer und bleibt leitender Redakteur. Unter
e i n e r Bedingung: dass die Zeitung konsequent
die republikanische Linie des Präsidentschaftsbewerbers Abraham Lincoln hält.

Lincoln dankt seinem Freund Canisius

Das muss der anfänglich mit den Demokraten in USA sympathisierende Canisius wohl lini-

entreu durchgehalten haben. Jedenfalls bestätigte ihm Ende 1860 der inzwischen zum Präsidenten der Vereinigten Staaten gewählte Abraham Lincoln in einem persönlichen Dankbrief: *„Sie haben den Vertrag treu erfüllt und sich unserer republikanischen Sache würdig erwiesen."* Mit gleicher Post überträgt Lincoln seinem Parteifreund aus dem Sauerland erneut und ohne Gegenrechnung das volle Eigentum an Verlag, Druckerei und Zeitung.

Dass Theodor Canisius in die Reihe der persönlichen Freunde des späteren Siegers im amerikanischen Bürgerkrieg, Lincoln, aufrückte, verdankte er vor allem seinem Einfluss als Meinungsbildner bei seinen deutschen Landsleuten in Illinois. Diese waren weitgehend noch in Europa geboren. Ihr volles Wahlrecht wurde von den englisch sprechenden, bereits im Lande geborenen Amerikanern bzw. „Knownothings" und teilweise auch von demokratischen Politikern heftig bestritten.

Deutsche „Achtundvierziger" wie Körner oder Schurz setzten eindeutig auf Lincoln und seine These der Gleichberechtigung aller Amerikaner, ob im Lande oder noch in Europa geboren. Schurz war während der Nominierungsphase für den Präsidentschaftskandidaten der *„Architekt eines klug ausgedachten Netzwerks für politische Meinungsbildung pro Lincoln"*, wie Werner Baroni in seiner Arbeit „Die deutschsprachige Presse in den USA" feststellt.

Und: *„1860 wurden in den Staaten 650 englische und sage und schreibe 525 deutsche Tages- und Wochenzeitungen gedruckt!"*

Da waren die deutschen Zeitungen und ihre Hunderttausende von Lesern für das politische Wahlgeschäft eine äußerst wichtige Zielgruppe.

Im ganzen Land bekannt und sogar von der Presse in Europa zitiert wurde Theodor Canisius durch die Veröffentlichung eines persönlichen Briefes von Abraham Lincoln an Canisius. Lincolns Schreiben war die Antwort auf eine briefliche Rückfrage von Canisius, wie Lincoln (am Beispiel der Gepflogenheiten des Staates Massachusetts aufgezäumt) konkret zum Wahlrecht der deutschen, soeben (oder noch nicht) „naturalisierten" deutschen Einwanderer in Illinois stehe.

Auf den Punkt gebracht: Ob es für Lincoln auch, wie etwa bei den „Knownothings" oder

manchen anderen Kandidaten, Wähler verschiedener Klassen (je nach Herkunft oder Geburtsland) gebe. Ferner, ob Neueinwanderer von Wahlen vorerst ausgeschlossen werden könnten.

Lincoln antwortete sinngemäß: *„Ich bin in Eile, entgegne Ihnen jedoch eindeutig dies: Alle Menschen, die hier bei uns leben und Amerikaner sind, haben grundsätzlich dieselben Rechte!"*

Gleichzeitig sprach sich Lincoln eindeutig für ein Ende der Sklaverei in den USA aus, ohne jedoch bereits konkrete Wege dahin aufzuzeigen.

Canisius als Konsul in Wien: Demission wegen Garibaldi

Präsident Abraham Lincoln dankt seinem Freund Dr. Theodor Canisius von Washington aus noch auf andere Weise. Er ernennt ihn zum Botschafter (Konsul) der Vereinigten Staaten am kaiserlichen Hofe in Wien!

Hier in der KuK-Metropole an der Donau entwickelt sich der hochgewachsene und Berichten zufolge sehr gut aussehende Westfale aus dem Sauerland bald zu einer Leuchte der Gesellschaft. Und hier verfasst er binnen weniger Monate in deutscher Sprache eine romanhaft angelegte, phantasievolle Biographie über seinen Freund und Präsidenten Lincoln. Das glänzend formulierte, nach Meinung von Wissenschaftlern freilich „von den Tatsachen her eher sehr großzügig abgefasste" Buch erreichte in Deutschland und Österreich/Schweiz eine erstaunlich große Leserschaft und mehrere Neuauflagen.

Doch dann passierte dem gebürtigen Westfalen, während in seiner neuen Wahlheimat noch der amerikanische Bürgerkrieg tobte, ein diplomatisches Malheur. Im geheimen Auftrag seiner Regierung war Botschafter Canisius mit dem italienischen Freiheitshelden und gefeierten Feldherrn Garibaldi in Verbindung getreten. Das Ziel war, Garibaldi als Armeeführer für die amerikanische Nordstaaten-Allianz zu gewinnen.

Die Sache kam durch Indiskretion eines Beteiligten heraus. Italien protestierte. Canisius wurde abberufen, um jedoch schon Monate später, rehabilitiert, als Konsul erneut ausgesandt zu werden – nun jedoch auf weniger exponiertem Posten.

So sehen wir Theodor Canisius in konsularischer Mission u. a. in Birmingham (England), beim Norddeutschen Staatenbund und zuletzt auf Samoa.

Mutter reiste dem Sohne nach gen Amerika

Theodor Canisius war ein Sohn aus zweiter Ehe des Lehrers Johannes F. Canisius aus Allendorf. Als sein Vater 1855 gestorben war, beschlossen auch die Mutter Anna Maria geb. Latterich und einige ihrer weiteren Kinder auszuwandern. Die damals 58-jährige Mutter ist laut Schiffslisteneintrag am 4. November 1858, in Begleitung ihrer 26-jährigen Tochter Maria, mit dem Segler „Industrie" von Bremen her in New Orleans eingetroffen.

1860 wird ihr Wohnort mit Fredericktown, Madison (Missouri) angegeben. Der Sohn Georg, 1828 in Allendorf geboren und von Beruf Schmied, ist jetzt auch dabei.

Theodor Canisius hatte fünf Kinder: Eugene (1853 geboren), Ada (1857), Arthur (1861), Bianca und Edgar (beide 1865 in Wien geboren).

In der Volkszählungsliste des Staates Illinois (Census) von 1870 finden wir die ganze Familie, einschließlich der Eltern, wieder – bis auf die erstgeborene Tochter Eugene, die entweder verheiratet fortgezogen war oder bereits verstorben gewesen sein muss.

„Theodor-Canisius-Straße" in Allendorf

Theodor Canisius lebt 1870 mit seiner Familie zurückgezogen auf einer Farm in Aurora, Illinois. Er stirbt am 4. Dezember 1885 im Alter von erst 59 Jahren.

Die Heimatgemeinde Allendorf im Sauerland hat zu Ehren ihres berühmten 48er Revolutionärs eine Straße nach Theodor Canisius benannt. Im 9. Wiener Gemeindebezirk gibt es eine „Canisiusgasse".

Diese ist nach Auskunft von Dr. Ludwig Neunlinger von der Wiener Stadt- und Landesbibliothek jedoch „nach dem hl. Prediger Petrus Canisius (1521-1597) benannt worden", hat also mit dem Sauerländer Auswanderer nichts zu tun.

Weitere und vor allem wissenschaftliche Forschungen über diesen großen Westfalen in der „Neuen Welt" hat es hierzulande bisher offensichtlich noch nicht gegeben.

Erst durch einen Anruf des Sunderner Arztes Dr. Friedrich Schulte-Kramer wurde der Autor dieses Buches auf den in Amerika berühmt gewordenen Sauerländer, Freund und Geschäftspartner Präsident Abraham Lincolns aufmerksam.

Die daraufhin vom Autor und seinen Freunden im „www.amerikanetz.de" „angezapften" historischen Archive dies- und jenseits des Atlantiks brachten wenigstens in den USA überraschende Einzelheiten über das Leben und Wirken dieses großen Westfalen zutage. Wobei auch dort – und vor allem erst hier in Westfalen – leider immer noch viele Fragen offen bleiben, weswegen eine weitere Forschung in diesem Fall ratsam, ja, dringend notwendig erscheint.

Was ist zum Beispiel mit Fritz Canisius aus Damme (Dümmersee), den Netzwerkpartner Professor Dr. Antonius Holtmann per 9. August 1849 in der Passagierliste des im Hafen von Baltimore landenden Seglers „Johannes" fand? War dieser, mit Frau und Baby als „Farmer" registrierte Canisius vielleicht ein Verwandter und damit Wegbereiter von Theodor Canisius?

Für Oktober 1863, Schiff „Industrie", weist Prof. Holtmann in Baltimore die Brüder Hermann (20) und Johann (18) Canisius als Einwanderer aus Deutschland nach. 1868 folgt ihnen die 54-jährige Dina Canisius mit dem Dampfer „Baltimore".

Waren dies Verwandte von Theodor Canisius aus dem Sauerland? – Fragen über Fragen!

***

Was auch fehlt: Ein Bildnis unseres „Heros" Theodor Canisius. Dabei ist es ganz und gar unwahrscheinlich, dass ein so bedeutender Mann weder in Amerika noch an seinen diplomatischen Wirkungsorten weder gemalt noch fotografiert worden sein sollte. Alle bisherigen Nachforschungen, selbst im Nationalarchiv des Staates Illinois, sind bislang im Sande verlaufen.

Auch in Sundern-Allendorf besitzt niemand, soweit wir herausfinden konnten, ein Bild des Ortshelden und heimischen „Achtundvierzigers" Theodor Canisius.

Der heimatverbundene Arzt Dr. Friedrich Schulte-Kramer aus Sundern hofft: „Vielleicht taucht wenigstens noch bis 2007 ein Canisius-Porträt auf. Das wäre dann zum Allendorfer Stadtjubiläum ein richtiger Knüller!"

„Achtundvierziger" Wilhelm von Laer: Gründungsvater der „Westfälischen Landschaft"

Der „Achtundvierziger"- Demokrat und politische Amerikaflüchtling Friedrich Wilhelm von Laer aus Herford (1829–1926) war während seines US-Aufenthalts von 1850 bis 1859 alles andere als ein westfälischer Auswanderer-Hero. Während seines politischen Asyls betrieb der wissensdurstige und experimentierfreudige junge Mann auf Farmen der „Neuen Welt" eher praktische Agrar- und Sozialstudien. Seine hierbei insbesondere aus einer völlig neuartigen landwirtschaftlichen Finanzierungspraxis gewonnenen Erfahrungen und Einsichten setzte von Laer nach seiner späteren Rückkehr in die Heimat konsequent in ein Westfälisches Jahrhundertwerk um: Der Gründung eines in Westfalen dringend fehlenden Realkreditinstituts für den finanziell ausgebluteten, kapitalsuchenden Bauernstand namens „Westfälische Landschaft". Diese neue, zentrale genossenschaftliche Einrichtung hat seit ihrer Gründung im Jahre 1877 und unter jahrzehntelanger Leitung ihres Generallandschaftsdirektors Friedrich-Wilhelm von Laer in Westfalen Entwicklungsgeschichte geschrieben.

*A*ls Spross einer angesehenen Adelsfamilie auf Rittergut Oberbehme (Kreis Herford) erlebte Wilhelm von Laer bereits als Kind den Niedergang des in seinem Heimatkreis weitverbreiteten Leinengewerbes und das wachsende Elend der Tagelöhner, Heuerleute und Kötter auf den Dörfern. Schon während seiner Gymnasialzeit in Bielefeld bekam der junge Mann Kontakt zu den dortigen demokratischen Kreisen. Als Jurastudent in Heidelberg und Bonn machte er sich bald auch die Forderungen der Burschenschaftler nach Pressefreiheit und allgemeinem Wahlrecht zu Eigen, ohne jedoch die aufständischen Parolen eines Marx, Engels, Grün oder Kriege zu übernehmen. Bereits als Zwanzigjähriger schloss er sein juristisches Studium mit Auszeichnung ab.

Der aus Bünde stammende Arzt Dr. Hermann Schauenburg, Wilhelm von Laer als junger Referendar in Paderborn und Herford sowie der Herforder Gymnasialoberlehrer Quidde strebten keinesfalls politische Veränderungen durch Gewalt an. Sie standen vielmehr für eine friedliche, demokratische Veränderung der Gesellschaft und leisteten dafür Überzeugungsarbeit. Der Tenor war, die unwissende, notleidende Bevölkerung in Wort und Schrift über ihre Lage aufzuklären und

„Achtundvierziger" Wilhelm von Laer in den 90er-Jahren des 19. Jahrhunderts als Generallandschaftsdirektor

Vorschläge zur Verbesserung der bislang so bedrückenden Lebensumstände zu machen.

Aus diesem Grund ließ sich Wilhelm von Laer vom Redakteur des „Boten für Stadt und Land",

Hier wuchs der „Achtundvier-ziger" Wilhelm von Laer wohl-behütet auf: Wasserschloss Gut Oberbeh-me in Kirch-lengern, Kreis Herford

Quidde, als freien Mitarbeiter werben. Überdies hielt von Laer im Herforder Bildungsverein regelmäßig kostenlose „Vorträge zur Hülfe des gemeinen Volkes".

Sein Ziel war dabei, „die ungebildeten kleinen Leute" der Region über ihre beruflichen und staatsbürgerlichen Rechte aufzuklären und ihnen „Hilfe zur Selbsthilfe" zu vermitteln. Verbunden damit war die Gründung einer speziellen „Bibliothek für das gemeine Volk", deren Bestände aus privaten Spenden finanziert wurden.

Auf diese Weise, so glaubten die Freunde von Laer und Schauenburg, könne der Bildungsstand des Proletariats schon bald gehoben und bei diesem staatsbürgerliches Verständnis sowie die Bereitschaft zu sozialer und demokratischer Mitarbeit geweckt werden.

Idee: Auswandern nach Westpreußen

Dazu verfasste Wilhelm von Laer mehrere Denkschriften, in denen er den Behörden vernünftige Vorschläge machte, wie man die katastrophale Lage der Arbeiter im übervölkerten, verarmten Ostwestfalen grundlegend bessern könne. Hierbei schlug er unter anderem eine Auswanderung ganzer Dorfgemeinschaften vor. Allerdings nicht nach Amerika, sondern innerhalb der eigenen Nation – nach Westpreußen.

All diese Aktivitäten innerhalb des Herforder Demokratenkreises riefen das Misstrauen der Staatsorgane hervor. Diese vermuteten eher Revolution und Umsturz. Entsprechend wurden die Akteure systematisch bespitzelt.

Von Laers gemäßigt aufklärerische Schriften und sachbezogenen Vorträge waren jedoch so klug und gewaltverneinend angelegt, dass es der Polizei selbst über Jahre nicht gelang, ihm irgendein Vergehen anzuhängen. Bis sein Freund Quidde 1849 verhaftet und im Lande eine allgemeine Hexenjagd „wegen revolutionärer Umtriebe" einsetzte.

Hinzu kam die Vereidigung neuer preußischer Beamter am 30. Januar 1850 in Paderborn. Zu den Aufnahmekandidaten gehörte auch der Justizreferendar Wilhelm von Laer. Als von Laer den Schwur auf König und Verfassung leisten sollte, lehnte er angesichts der gerade einem neuen Höhepunkt zustrebenden Jagd auf Teilnehmer der zusammengebrochenen 48er Freiheitsbewegung ab. Solange dem Volke nicht ein Mindestmaß an Rechten gewährt werde, könne er diesem Staat nicht dienen!, gab der Freiheitsheld von Laer mutig zu Protokoll.

Verhaftung und Verurteilung des Kollegen und Gesinnungsfreundes David Groneweg in Gütersloh und Münster dürften für Wilhelm von Laer den Ausschlag zu seiner fast überstürzten Flucht gegeben haben.

Am 13. Mai 1850 bestieg Wilhelm von Laer in Bremen heimlich den Zweimaster „Minna". Am

7. Juni betrat er in New York bereits amerikanischen Boden. Eine offizielle Auswanderungsgenehmigung wurde dem Flüchtling erst im Juli 1851 durch seinen einflussreichen Vater auf Oberbehme beschafft, der den Herforder Behörden gegenüber angab, sein Sohn befinde sich auf einer für die Landwirtschaft wichtigen, mehrjährigen Studienreise, – was in gewisser Weise (und aus späterer Sicht) ja auch stimmte!

Trotz der plötzlichen Abreise hatte von Laer sein „Abenteuer Amerika" verhältnismäßig gut vorbereitet: Vom Vater und dessen Freunden besaß er mehrere Empfehlungsschreiben für New York, darunter auch eine Einladung bei der Familie Hermann Garlichs, Schwiegersohn des Herforder Landrats von Borries auf dem benachbarten Rittergut Steinlacke. Hinzu kamen Verwandte der Familien Groneweg, die sich bereits in Ohio aufhielten und ebenfalls bereit waren, den Flüchtling aufzunehmen. Anzunehmen ist überdies, dass es auch eine Verbindung zu dem damals noch lebenden 48er Revolutionsteilnehmer Hermann Kriege und dessen Familie in New York bzw. Chicago gab.

In der „Neuen Welt" angekommen, boten sich dem Juristen und Landwirt Wilhelm von Laer jedenfalls mehrere Möglichkeiten, Fuß zu fassen.

Das Beste wäre wohl der Einstieg in eine deutschsprachige Anwaltskanzlei in New York gewesen, die ihm bereits früher geflohene, prominente demokratische Freunde angeboten hatten. Das Zweite war die Chance, mit der wenige Tage später eingetroffenen Familie Groneweg nach Ohio zu ziehen, wo sich David, August und Ludwig Groneweg als Farmer ansiedeln wollten und wofür sie gottlob auch genügend Kapital mitbrachten. Ihnen war es nämlich noch Monate vor der Ausreise gelungen, wertvolle Grundstücke im Herzen Güterslohs günstig zu verkaufen.

Laer im New Yorker „Shakespeare Hotel"

Wilhelm von Laer wählte zunächst jedoch anscheinend einen revolutionären Weg. Es zog ihn in das Hauptquartier der geflohenen und von New York aus agierenden deutschen Kommunisten rund um Hermann Kriege mit Namen „Shakespeare Hotel". Hier verkehrten u. a. auch die Bielefelder Revolutionäre Nasse, Rempel und Grün.

Nicht, dass von Laer sich diesen Radikalsozialisten im Gefolge des französischen Utopisten Charles Fourier anzuschließen gedachte. Doch von hier aus hatten die so genannten „Phalangen" damals in den USA versuchsweise mehrere Großfarmen gegründet, in denen „gemeinwirtschaftlich" gelebt und gearbeitet wurde. Alles gehörte allen gemeinsam, alles wurde nach einstimmig beschlossenen Statuten gemeinsam gebaut, erledigt und, wenn es lief, genossen. Eine Art begrenztes Paradies auf Erden.

Der aus Lienen stammende deutsche Revolutionsführer Hermann Kriege hatte darüber in seinen Schriften dies- und jenseits des Atlantiks immer wieder begeistert geworben. Nun war Wilhelm von Laer als Landwirt neugierig. Könnte so etwas Phantastisches in Nordamerika mit seinen fast unendlichen Landreserven wirklich funktionieren?

Streit wegen Leerung der Nachttöpfe

Wilhelm von Laer hat über mehrere Monate Tagebuch geschrieben. Zuerst deutsch. Dann halb deutsch, halb englisch. Dann ganze Passagen grammatikalisch korrekt in Landessprache. Er beschreibt das Land, die Menschen, alles, was ihm in der Farmwirtschaft begegnet, bis zu Märkten, Straßen- und Eisenbahnverkehr.

Nur über seine Erfahrungen in der utopischen Kommune in New Jersey findet sich keine Zeile. Stattdessen hat von Laer, erst als er Jahrzehnte später in Münster lebte, seinen Kindern und Enkeln spannende „Geschichten aus Amerika" erzählt und dabei auch schon mal schmunzelnd über seine Erlebnisse mit der „Phalange"-Gemeinde berichtet, nämlich, dass dort zwar „auf dem Papier" alles demokratisch gleichberechtigt geregelt gewesen sei. Dennoch habe es letztendlich in der Praxis nicht funktioniert, weil einige Mitglieder der Farmgenossenschaft eben doch immer etwas gleicher als die anderen sein wollten, sprich: für sich persönliche Vorteile herausnahmen, wie häufiger Marktbesuch in der Stadt, Drückebergertum auf dem Feld oder im Umgehen schmutziger Hausarbeit.

Warum er, Wilhelm Laer, bereits schon nach kurzer Zeit die Mitgliedschaft aufkündigte? Das habe mit einem simplen Hilfsdienst in der Kommune zu tun gehabt. Der stets einsatz- und hilfsbereite Wilhelm wurde aufgrund seiner Gutmütigkeit nämlich ohne jede Begründung viel häufiger zum Nachttopf-Leeren eingeteilt als andere! Dies untergrub seine Solidarität derart, dass er sich eines Morgens enttäuscht davonmachte.

Seine anfängliche Idee, in New York City allein einen ambulanten Milchhandel aufzuziehen, erwies sich rasch als undurchführbar.

Wilhelms Neugier galt als nächstes der praktischen Landwirtschaft auf gewöhnlichen Farmen Neuenglands. Als einfacher Landarbeiter studierte er auf dem Feld und im Stall, wie die Amerikaner ihre Äcker bestellten, was sie ernteten und wie sie Viehzucht und eventuell Veredlung betrieben.

Hier kam er, beim Vergleich mit der Arbeit auf dem elterlichen Gut in Oberbehme, immer wieder ins Staunen: „Sie kennen nicht die vorteilhafte Fütterung im Stall. Viele arbeiten in den Tag hinein, ohne nachzudenken, wie man es besser machen könnte, oder sind einfach nur faul und für Neues nicht ansprechbar!", hält Farmhelfer Laer in seinen Notizen fest.

Als Landarbeiter sah er, wie das Milchvieh sommers und winters auf der Weide gehalten wurde. Ställe gab es vielfach gar nicht. Dabei hatte er bei seinen landwirtschaftlichen Praktika auf dem elterlichen Gut gelernt, wie rohstoffsparend und ertragreicher eine Stallfütterung ist. Dies, so schrieb Wilhelm nach Haus, werde er den Amerikanern jetzt auf Dollar und Cent schmackhaft zu machen versuchen.

Hatte er schon mit einem Vortrag im sozialistischen „Shakespeare Hotel" über „Die soziale Verantwortung des Farmers in unserer Zeit" Schiffbruch erlitten – das war das Letzte gewesen, was man von dem „Lateinischen" aus Westfalen hören wollte! – so unternahm er auf dem Betrieb der Familie Blauvelt in Germantown einen erneuten Versuch mit negativem Ausgang: Er wollte den Blauvelts in der Praxis zeigen, um wie viel vorteilhafter Stallfütterung (statt Freilandhaltung) sei.

Rat: „Geh in deinen Beruf zurück!"

Mrs. Blauvelt war dem jungen Deutschen wirklich zugetan. Sie mochte ihn wegen seines Fleißes, seiner Bescheidenheit und seines großen Wissens. Wilhelm hätte so lange bleiben können, wie er wollte. „Aber bitte bitte keine Veränderun-

Wilhelm von Laers Vater: der 1801 geborene Gutsbesitzer auf Oberbehme Carl Friedrich von Laer

gen, junger Mann", mahnte die Farmherrin. „Dann müssen wir ja noch m e h r arbeiten. Warum sollen wir Käse herstellen? Wir haben doch auch so genug zu essen!"

Entnervt kündigte Ratgeber von Laer. Die Chefin schrieb ihm ein sehr gutes Zeugnis, aber erteilte ihm den mütterlichen Rat: „Du solltest als einfacher Farmhelfer nicht verderben, was du auf der Schule zu Haus gelernt hast und kennst. Deshalb ist das Beste, du gehst in deinen studierten Beruf zurück!"

Dies tat Wilhelm von Laer jedoch nicht, sondern jetzt entsann er sich der Einladung des früheren juristischen Kollegen Groneweg aus Gütersloh und dessen Bruder August nebst Vetter Ludwig, diesen auf ihren inzwischen gekauften, gut gehenden Farmen bei Dayton am Ohio zur Hand zu gehen.

Eine Woche später war von Laer an den Oberen Seen, wo es ihm landschaftlich, klimatisch und mitmenschlich ausgesprochen gut gefiel und er sich sogleich in die neue Arbeit stürzte. Landarbeit und Viehwirtschaft gingen ihm nun schon „gut amerikanisch" von der Hand.

Zusätzlich begannen die Westfalen gemeinsam, Apfel-, Birnen-, Pflaumen- und Pfirsichplantagen anzulegen. Dabei waren Wilhelms Rat und Ideen allenthalben gefragt und anerkannt. Endlich hatte er bei den westfälischen Freunden so etwas wie ein Zuhause.

In seinen Lebenserinnerungen beschreibt David Groneweg Wilhelm von Laer aus dieser Zeit als einen ungewöhnlich klugen wie liebenswerten, dabei hart arbeitenden Partner, dem damals kein Weg zu weit und kein Job zu schwer gewesen sei. Auffallend sei nur Wilhelms ständiges Hinterfragen allen Tun und Handelns und sein unwiderstehlicher Drang, neueste technische und chemischbiologische Erkenntnisse in der Feld- und Viehwirtschaft sofort in der landwirtschaftlichen Praxis auszuprobieren.

Ziel: eigene Musterfarm in Amerika

Auf den Farmen der Familie Groneweg entstand mit der Zeit zwischen Wilhelm von Laer und der noch jugendlichen Tochter des Juristen David Groneweg, Luise („Witta"), eine herzliche Freundschaft, woraus viele Jahre später die erste Familiengründung Wilhelms werden sollte. Zunächst jedoch hatte von Laer den Wunsch, nach so viel praktischer Landarbeit selbst eine (Muster-)Farm zu besitzen.

Dazu bot sich drei Jahre nach seiner Ankunft in Amerika unweit der Gronewegschen Besitzung eine gute Gelegenheit. Das Einzige, was dem angehenden Farmbesitzer fehlte, war das Startkapital. Er wollte schon seinem Vater schreiben, Geld zu schicken. Doch dann geschah, aus Wilhelms Sicht, ein Finanzierungswunder.

Der örtliche Bankier streckte ihm ohne große Formalitäten die nötigen Mittel vor, um auf einen Schlag 50 Hektar Acre (oder auch mehr) zu kaufen. Als Sicherheit dienten das Grundstück und die künftigen Erträge. Zinssatz allerdings 10 v. H. „Darlehnshöhe fast unbegrenzt – je mehr Land, desto mehr Kredit", vermerkte Wilhelm von Laer

staunend in seinem Tagebuch. Absicherung nur durch den erworbenen Grund und Boden sowie eine Garantie der staatlichen Landagentur.

So etwas war dem Juristen von Laer aus Deutschland völlig unbekannt. Wer in der Heimat weder Eigenkapital noch hundertprozentige Sicherheiten bieten konnte, bekam als Bauer keinen Kredit (unabhängig davon, dass es erst wenige Geldinstitute gab). Und schon lange nicht hätte es auf diese Weise daheim in Westfalen für einen Habenichts Geld zum Landerwerb gegeben!

Wilhelm von Laer soll in Ohio ein tüchtiger Farmer gewesen sein. Sein späterer Schwiegervater David Groneweg schreibt von gut bestellten Äckern, sauberen Ställen und gesundem Vieh auf dem Laerschen Betrieb. Und, dass Wilhelm mit der Zeit und auf dem eigenen Anwesen begriffen hätte, dass es zwischen Landwirtschaft in Westfalen und einem Farmbetrieb in den USA doch ein himmelweiter Unterschied sei.

Erkenntnis: „Geborene" Amerikaner brauchten keinen Rat von Europäern

Schließlich: Dass die „geborenen Amerikaner" oder bereits ansässig gewordenen Einwanderer aus Deutschland von nachkommenden Landsleuten nichts weniger wünschten als kluge Ratschläge, wie man dies und jenes besser machen könne. Auch oder gerade im Politischen.

Schließlich seien all die Forderungen nach politisch-demokratischen Freiheiten in Europa, drüben in den USA längst erfüllt. Und genau deswegen bedürfe es in der „Neuen Welt" weder politischer Agitatoren noch kluger deutscher Ratgeber für die „richtige" Landwirtschaft in Übersee.

Wilhelm von Laers spätere Schwiegereltern Groneweg zogen 1854 ungeplant von heute auf morgen nach Westfalen zurück. Grund war die schwere Krebserkrankung von Lisette Groneweg, für die es nach Überzeugung ihres Mannes nur noch bei dessen altem Jugendfreund in Gütersloh, dem Chirurgen Dr. Stohlmann, echte Heilungschancen zu geben schien.

Zu Haus als Landwirt auf Oberbehme

Wilhelm von Laer selbst verließ seine Farm in Ohio fünf Jahre später ebenfalls und reiste 1859

Wilhelm von Laers Altersruhesitz und Ferienhaus für Kinder und Enkel: Haus Dorsel bei Telgte

heim nach Oberbehme. Anlass mag Heimweh nach Angehörigen und Freunden, wohl auch nach der fernen, geliebten „Witta", aber auch die Krankheit des Vaters gewesen sein, an dessen Stelle Wilhelm von Laer nach seiner Rückkehr tatsächlich zwei Jahre das elterliche Gut nach bestem Wissen führte.

Rückblickend erscheint bemerkenswert, dass Wilhelm von Laer wegen der ihm seinerzeit vorgeworfenen „demokratischen Umtriebe" in den 40er-Jahren und seiner 1850er Flucht, nach der Heimkehr im Jahre 1859 offenbar keinerlei Schwierigkeiten entstanden. Dies dürfte wohl nicht nur dem Einfluss seines Vaters, sondern gewiss auch der Fürsprache eines hochgestellten Vetters, des Landrats Dr. Rudolf von Borries auf Nachbargut Steinlacke, zu danken gewesen sein.

Der frisch gebackene Gutsverwalter auf Oberbehme war, was damalige moderne Landwirtschaft in Deutschland betraf, natürlich nicht mehr auf dem Laufenden. Deswegen nahm er sofort Verbindung zu allen erreichbaren landwirtschaftlichen Forschungs- und Verbandsstellen in Münster auf. Seine Erkenntnis: Technik und Chemie hatten in den letzten 10 Jahren umwälzende Fortschritte gemacht. Aber wer auf dem platten Lande wusste davon? Wer konnte die neuen Ackerbau- und Viehzuchtkenntnisse in die Praxis umsetzen?

Begegnung mit Schorlemer-Alst

Wilhelm von Laer war einer der ersten modernen Landwirte, der mit überlieferten Anbaumethoden Schluss machte, strenge Saatgutveredlung betrieb, systematisch Grün- und Mineraldünger einsetzte und auf absolute Hygiene bei der Zucht und im Stall setzte. Zugleich machte er sich bei dem Gründer und Vorsitzenden des Landwirtschaftlichen Provinzialverbandes sowie Bauernvereinspräsidenten Dr. Freiherr Burghard von Schorlemer-Alst für den systematischen Aufbau einer schlagkräftigen landwirtschaftlichen Selbstverwaltung nebst Forschungseinrichtungen in Westfalen stark.

Damit lief Wilhelm von Laer in Münster offene Türen ein, zumal Schorlemer-Alst längst gleiche Pläne verfolgte. Schon lange suchte dieser einen Mann wie Wilhelm von Laer. Kurzentschlossen bot er ihm die Stelle eines Generalsekretärs für den „Provinzialverband Westfalen-Lippe" – verbunden mit dem Titel eines Ökonomierates – an. Von Laer schlug ein und sah sich so bereits 1862 an den Schalthebeln bäuerlicher Zukunftsplanung und Selbstverwaltung seiner Heimat!

Von 1860 an schrieb Wilhelm von Laer nicht mehr politische Texte, wie früher in der Herforder Presse, sondern Fachbücher, und zwar „zur Belehrung des Bauernstandes". Ein Titel folgte dem anderen, mit oft vielfachen Neuauflagen:

- „Die Ackergahre / Brache und Ersatz der Pflanzennährstoffe",
- „Plaggendüngung oder Mergel?" mit einer Abhandlung über die Verhältnisse des Münsterlandes,
- „Die Grundsätze eines neuen Vorflut-Gesetzes" für ganz Preußen.

Bald gehörte von Laer dem „Landes-Ökonomie-Collegium" an und befasst sich als gefragter Buchautor auch mit so komplizierten Themen wie Getreidezölle, Anerbenrecht in Westfalen und der Auswirkung erhöhter Getreidezölle. Schließlich wird er Mitherausgeber der „Geschichte des westfälischen Bauernstandes".

1862 führt Wilhelm von Laer seine große Liebe aus amerikanischen Tagen, Luise („Witta") Groneweg als seine Frau nach Münster heim. Als der erste Sohn Paul vier Jahre und die Tochter Anna gerade sechs Wochen alt ist, stirbt „Witta" 1866 an einer Lungenentzündung.

Im September 1867 geht der Witwer auf Gut Scheda bei Hamm mit Anna Sümmermann eine zweite Ehe ein. Mit ihr hat Wilhelm von Laer einen weiteren Sohn namens Friedrich, der in seinen Mannesjahren erster evangelischer Landrat im katholischen Paderborn werden sollte.

Um 1897 erfüllt sich Wilhelm von Laer einen Jugendtraum: Er übernimt bei Telgte einen 500 Morgen großen, völlig heruntergewirtschafteten Schultenhof und gestaltet diesen im Laufe der Jahre zu seinem gepflegten Landsitz „Haus Dorsel" um. 1907 wird hier sogar ein neues Herrenhaus im Stil des berühmten Barockbaumeisters Schlaun errichtet.

Größtes Lebenswerk: Bäuerliches Real-Kreditinstitut „Westfälische Landschaft"

Sein eigentliches Lebenswerk schuf Wilhelm von Laer mit der „Westfälische Landschaft", einem Realkreditinstitut zur speziellen Finanzierung bäuerlicher Investitionen in Ausbau und Modernisierung unverschuldet in Not geratener Güter und Höfe. Davon gab es damals, nach den Jahrzehnten schwerer wirtschaftlichen Niedergangs in Westfalen, auch „Armenhaus Preußens" genannt, Tausende.

Soviel war für die Initiatoren Schorlemer-Alst, Landrat Dr. Rudolf von Borries (Vorsitzender

des Minden-Ravensberger Hauptvereins, Bielefeld und Herford) sowie Generalsekretär Wilhelm von Laer absolut klar: Alle neuen Landbau-, Dünge und Zuchtmethoden würden auf Dauer nichts nützen, wenn Westfalens Bauern zuvor nicht von ihren drückenden Lasten befreit würden. Und hier setzte von Laers geniale „amerikanische Idee" zur Finanzierung des gewaltigen Reformprojekts an.

Westfalens Landwirtschaft musste zur soliden Regelung seiner Finanzen und Wirtschaft ein „maßgeschneidertes" Kreditinstitut von öffentlichem Rang bekommen!

Am 5. April 1877 entwarf Wilhelm von Laer vor den in Münster versammelten Repräsentanten der westfälischen Städte, Kreise und Stände und in Gegenwart von Reichsminister Dr. Friedethal (Berlin) sein „Konzept zur Errichtung eines Pfandbrief-Instituts". Das dabei beschlossene Statut war bereits am 15. Juli genehmigt. Oberpräsident Freiherr von der Recke-Horst übernahm als Staatskommissar die Oberaufsicht. Die Liste des meist mit Adligen besetzten Verwaltungsrats liest sich wie ein Westfälischer Bauern-Gotha. Das Direktorium führt Landes-Ökonomierat Wilhelm von Laer an.

Nach 25 Jahren 59 Millionen Mark an 3 372 Betriebe ausgeliehen und 0 Mark Verlust

Als der spätere Generallandschaftsdirektor Wilhelm von Laer nach 25 Jahren Bilanz zog, hatte die Westfälische Landschaft an 3 372 Grundbesitzer bereits für 59 Millionen Mark Darlehn herausgelegt. Andererseits waren bereits 3,6 Millionen Mark zur Tilgung zurückgeflossen. Mit Genugtuung vermerkt von Laer in seinem Jubiläumsbericht: *„Einen Verlust hat die Landschaft, … weder an Zinsen noch an Kapital, noch sonst wie erlitten."* Und: Man habe all dies *„gänzlich ohne fremde Hülfe"* geschafft!

Dass die Risiken einerseits denkbar niedrig und die aktiven Beleihungsgrenzen andererseits relativ hoch angesetzt werden konnten, verdankte die „Landschaft" einem durch von Laer meisterhaft ausgeklügelten wie sehr objektiven Bewertungsverfahren.

Auf Vorschlag des Bankchefs bestellte der Verwaltungsrat landesweit 200 unabhängige, vereidigte Schätzer. Diese prüften und urteilten vor Ort ausschließlich nach sachlichen Kriterien die antragstellenden Gutsbetriebe und Höfe

- auf Qualität ihrer Ländereien,
- Beschaffenheit der Gebäude, Erträge
- und persönliche Inhaberverhältnisse.

Die sich daraus ergebenden Punktzahlen lieferten der Bank schließlich verlässliche Daten zur Berechnung einer tragbaren Beleihungsgrenze.

200–250 % Ertrags-Steigerung

Als die „Westfälische Landschaft" endlich ihr eigenes Bankgebäude an der früheren Münsterschen Pferdeschwemme einweihte, sprach ihr Direktor Wilhelm von Laer von 70 Millionen Mark ausgeliehenen Kapitals. Die Taxatoren hätten auf den Höfen in Westfalen binnen 30 Jahren eine Ertragssteigerung zwischen 200–250 v. H. festgestellt. Dies sei das stolze Ergebnis des segensreichen Zusammenwirkens aller inzwischen gegründeten, landwirtschaftlichen Fördereinrichtungen:

„Wir haben jetzt an der Universität einen Lehrstuhl, ein dichtes Netz landwirthschaftlicher Schulen und Lehranstalten für die ganze Provinz. Wir haben bei uns die zweitgrößte deutsche landwirthschaftliche Versuchsstation mit 17 meist promovierten Chemikern und viele blühende Vereine ..."

Landesökonomierat Wilhelm von Laer hatte selbst den Vorsitz des Kuratoriums der von ihm gegründeten „Agrikulturchemischen Versuchsstation" in Münster übernommen, um die wissenschaftliche Forschung voranzutreiben. Ob beim Aufbau von Landwirtschaftskammer, Agrarpresse oder schließlich der Preußischen Central-Genossenschaftskasse in Berlin: Wilhelm von Laer, „Mann der ersten Stunde", stand als Initiator und gefragter Ratgeber überall in der ersten Reihe.

Bis zum 90. Geburtstag Chef der Bank

„Lebenslänger" als jeder andere Bankvorstand in Deutschland, führte von Laer „sein" Institut am Münsterschen Ludgeriplatz bis zu seinem 90. Geburtstag am 9. Juni 1919. Erst dann legte der hochgeehrte Generallandschaftsdirektor die Führung der Bank in jüngere Hände. Sein besonderer Stolz: In den 42 Jahren seiner Direkti-

on bei der „Westfälische Landschaft" praktisch keine Kreditausfälle zu verantworten gehabt zu haben!

Anschließend waren dem Reformator der Westfälische Landwirtschaft bis zu seinem Tod am 17. März 1926 noch sieben Jahre des Ruhestands im Kreise seiner Familie auf Gut Dorsel und bei seinem ältesten Sohn in Kassel vergönnt.

***

2004 jährte sich zum 175. Mal der Geburtstag dieses durch seine demokratischen Ideen, Reden, Schriften und agrarpolitischen Pioniertaten in Westfalen berühmt gewordenen „Achtundvierzigers" aus dem Kreise Herford.

Einer der Urenkel Wilhelm von Laers, Dr. Hermann von Laer, außerplanmäßiger Professor für Wirtschaftspolitik am Institut für Sozialwissenschaften der Hochschule Vechta, hat zum Familientag aller Nachkommen am 28. Juni 2003 auf Gut Dorsel Berichte, Dokumente und Erinnerungen Wilhelm von Laers sowie maßgebender Zeitgenossen in einer Broschüre zusammengefasst und diese dem Verfasser freundlicherweise zur Verfügung gestellt. Dadurch konnten die bisher noch sehr lückenhaften Informationen über diesen beispielhaften westfälischen Früh-Demokraten und politischen Amerikaflüchtling Wilhelm von Laer in seinem Heimatkreis Herford ergänzt und das vielfältige Lebensbild eines wahren „Hero" der deutschen Demokratiebewegung inhaltlich abgerundet werden.

Zugleich vermittelte uns Hermann von Laers Gedenkbroschüre für seinen Urgroßvater Wilhelm von Laer bisher unbekannte Einblicke in das Leben und die Flucht weiterer „Achtunvierziger" Demokraten nach Amerika, wie der Mitglieder des heimlichen Gütersloher „Schachclubs" rund um den Richter und Anwalt David Groneweg sowie den Philologen und lippischen Vorzeigerevolutionär Julius Vordtriede.

Bruder Adrian Wewer aus Harsewinkel: Baukastensystem für Kirchenbau in den USA

Wohl keiner unserer westfälischen Auswanderer des 19. Jahrhunderts hat in seinem Leben derart viele Kirchen, Altäre, Klöster, Schulen, Gemeinde- und Krankenhäuser gebaut wie der in Harsewinkel geborene Franziskanerbruder Adrian Wewer (1836–1914). Das Provinzialarchiv des Ordens in den USA zählt weit mehr als 100 bedeutende kirchliche Bauten auf, die der gelernte Zimmermann, Maurer und spätere Laienbruder des Franziskanerklosters in Warendorf seit seiner Aussendung 1862 durch den Provinzialoberen Othmar Maasmann (Paderborn) nach Teutopolis in Ohio für katholische deutsche Einwanderergemeinden entworfen und in den Weiten der „Neuen Welt" an den Oberen Seen sowie zwischen Mississippi/ Missouri und der kalifornischen Pazifikküste geplant und errichtet hat.

Kirchbaumeister Adrian Wewer aus Harsewinkel

Dabei hatte schon einer seiner handwerklichen Vorgänger aus Westfalen, der bereits 1833 mit Eltern und Geschwistern von Ostbevern ausgewanderte Joan Caspar Gäher (Goer) in Minster, Wapakoneta (Partnerstadt von Lengerich) und den umliegenden zentralen westfälischen Einwanderungsgebieten Ohios mehr als 20 meist hölzerne Gemeindekirchen für seine katholischen Landsleute aus der alten westfälischen Heimat geschaffen.

Das war jedoch erst der Anfang! Überall, wo die in immer größeren Scharen eintreffenden Katholiken aus Münster- und Sauerland, Hochstift Paderborn und der Region Osnabrück-Oldenburg sesshaft wurden und ihre neuwestfälischen Dörfer gründeten, war es ihr oberstes Ziel, als geistlich-soziales Zentrum ein eigenes Gotteshaus mit sonntäglicher Messfeier und anderen priesterlichen, für sie absolut lebenswichtigen Amtshandlungen zu bekommen.

Die ersten Bischöfe jenes damaligen, „wilden Westens" erbaten von den Heimatdiözesen ihrer Gläubigen aus Münster und Paderborn brieflich und bei persönlichen Besuchen immer wieder dringend Priester und Ordensleute für den Einsatz in dieser unzivilisierten Prärie. Einer jener

daraufhin Ausgesandten war der Laienbruder Adrian, mit weltlichem Namen Antonius Wewer, Sohn des Totengräbers Mauritz Wewer und dessen Frau Catherina, geborene Rolf, aus Harsewinkel.

Als „gelernter" Bauhandwerker kam Bruder Adrian für seinen im Aufbau befindlichen Orden zwischen Chicago, Cincinnati und St. Louis gerade zur richtigen Zeit: In St. Louis und dem nahen Quincy, Illinois, Zentrum Herforder und Münsterländer Einwanderer, standen nämlich zahlreiche Kirchbauprojekte an.

Bruder Adrian griff zu Papier, Bleistift, Zollstock und gab dieses Handwerkszeug als Zimmermeister und Architekt für die nächsten 50 Jahre nicht mehr aus der Hand.

Der Westfale wurde zum größten katholischen Kirchbaumeister des amerikanischen Westens. Und als er 1908 in seinem dortigen Heimatkloster „St. Anton von Padua" zu St. Louis die 50-jährige Ordenszugehörigkeit feierte, überreichte ihm sein bester Freund und Abt des Benediktinerklosters in Conception (Missouri), Frowin Conrad, vor den zu seinen Ehren versammelten Bischöfen und Priestern aus ganz Nordamerika einen handgeschriebenen Dankbrief von Papst Pius X. aus Rom!

Die neugotische Kirche St. Francis Solanus in Quincy, Illinois: eines der ersten Gotteshäuser, das der Pater aus Westfalen in der „Neuen Welt" baute

Es ist nicht nur allein die hohe Zahl von Kirchenbauten gewesen, die diesen großen westfälischen Pionier auszeichnet. In die amerikanische Baugeschichte des 19. Jahrhunderts trug sich der Westfale aus Harsewinkel erst durch seine geniale Idee ein, für die vielen tausend neu entstandenen und entstehenden deutschen katholischen Gemeinden bedarfsgerechte und doch zumindest optisch „heimatnahe" sowie vor allem preiswert zu errichtende Gotteshäuser anzubieten.

Ähnlich wie sein evangelischer Landsmann und Baumeisterkollege Heinrich Schlüter aus Oberlübbe (Kreis Minden-Lübbecke) in Chicago, entwickelte Bruder Adrian Wewer für seine kirchlichen Auftraggeber rund um St. Louis ein Baukasten-System. Sein klug erdachtes Grundangebot bestand aus drei Muster-Gotteshäusern.

- Erstens: einer dreischiffigen Kirche im neugotischen Stil, wie er sich gerade auch in seiner Heimat Westfalen entwickelt hatte.
- Vorlage Nummer zwei: eine Kirche gleichen Ausmaßes, ebenfalls dreischiffig, jedoch im Stil einer Basilika (neuromanisch).
- Drittens: ein breiter Saalbau ohne Seitenschiffe, oft mit neobarocker Innenausstattung.

An deren Stelle rückten später teilweise neobarocke Kirchbauten im indianischen „Adobe"-Stil des US-Südwestens zwischen Santa Fé , San Diego und Los Angeles.

Markenzeichen: „Style Brother Adrian"

Indem Bruder Adrian für diese Grundmuster – nach jeweiligem Wunsch der auftraggebenden Gemeinde – beliebig viele Variationen zuließ und selbst anbot, war der Westfale auf dem amerikanischen Markt gestalterisch, preislich und von den Bauzeiten her praktisch unschlagbar, ferner als Unternehmer mit seinem individuellen und bald in ganz Nordamerika berühmten „Style Brother Adrian" nahezu unangreifbar.

Denn Pater Adrian arbeitete nie auf eigene Rechnung, sondern ließ seine Pläne stets von ortsansässigen Handwerkern ausführen, und diese wurden von den Gemeinden direkt gestellt und bezahlt.

Der Ruf des Kirchbauspezialisten aus St. Louis drang schon nach wenigen Jahren bis zu den Rockey Mountains und nach Kalifornien. Doch zunächst hatte Adrian Wewer mit seinen laufenden Projekten im Mittleren Westen und an den Großen Seen mehr als genug zu tun, zumal Reisen in den weiten Westen damals mit wochenlangen, gefährlichen Trails per Pferd und Wagen verbunden waren.

Dies änderte sich jedoch schlagartig, als ab den siebziger Jahren ein durchgehendes Eisenbahnnetz den Mittleren Westen und die Pazifikküste miteinander verbanden: Nun wurde der Zug Adrian Wewers gebräuchlichstes Verkehrsmittel.

Der Fernzug ist Pater Adrians „Baubüro"

Bald kannte man Bruder Adrian in den Fernzügen zwischen St. Louis und Los Angeles, Chicago und San Francisco als prominenten Dauer-Reisenden. Die tagelangen Zugfahrten nutzte er zum Planen und Zeichnen. In katholischen Gemeinden mit Kirchbauwünschen ging die Rede um: Wer ihn, den nordamerikanischen Gotteshausexperten, ziemlich sicher „zu Haus" antreffen und in Ruhe sprechen möchte, kauft sich am besten ein Billett exakt für jenen Zug, in dem der Pater gerade mal wieder zwischen Atlantik und Pazifik (oder zwi-

Blick in das hoch aufragende Kirchenschiff von St. Francis Solanus. Vorbild soll die Überwasserkirche in Münster gewesen sein

mit ausdrücklicher Genehmigung seines Generalats auch für andere katholische Kongregationen in Nordamerika!

Bei San Franciscos Wiederaufbau dabei

Von 1906 bis 1908 hielt sich Adrian Wewer fast ständig in Kalifornien auf. Grund war das große Erdbeben von 1906 in San Francisco, mit Tausenden von Toten und unzähligen zerstörten Bauten, darunter fast alle Kirchen. Nicht wenige von ihnen hatte der Pater früher selbst geplant und bauen lassen. „Nicht jammern, sondern anpacken. Gott will es so!", mit diesen (überlieferten) Worten soll der unermüdliche Gottesmann aus Westfalen den Wiederaufbau der erdbebenzerstörten, kirchlichen Gebäude angekurbelt und binnen weniger Jahre tatsächlich geschafft haben.

Hierbei dürfte er jedoch seine (nur scheinbar) unverwüstliche Gesundheit überfordert haben. Pater Adrian übernahm in den folgenden Jahren, bis er Ende 1913 ernsthaft an Erschöpfung litt und krank wurde, zwar noch etliche Bauplanungen. Doch im Februar 1914 musste sich der damals erstmals in seinem Leben ernsthaft erkrankte Achtundsiebzigjährige total erschöpft in das von ihm selbst erbaute St. Joseph's Hospital in San Francisco begeben, wo er am 15. März desselben Jahres starb.

Pater Adrians Grab befindet sich auf dem St. Mary's-Friedhof in Oakland, hoch oben über der weiten Bucht von San Francisco.

Seine Werke überlebten den westfälischen Zimmermann und Laienpriester in vielfältiger Weise. So wurde die von ihm noch geplante St. George-Kirche in Hermann, Missouri (einer besonders stark von Westfalen und Lippern besiedelten Stadt) erst zwei Jahre nach seinem Tode gebaut bzw. geweiht. Und die vielen, von Bruder Adrian Wewer zu Lebzeiten geplanten und errichteten steinernen Gotteshäuser, Klosteranlagen und Krankenhäuser, vor allem jene von ihm entwickelten speziellen „Indianerkirchen" des US-Südwestens in ihrem einzigartigen Adobe-Stil, zeugen großenteils bis heute als stolze Denkmäler von der großen Baukunst und einzigartigen Lebensleistung dieses bedeutenden Mannes und Ordensbruders aus Westfalen.

schen den Oberen Seen und dem Golf von Mexiko) unterwegs ist.

In der ellenlangen Liste sämtlicher bedeutenden kirchlich-katholischen Bauten, darunter auch zahlreiche Krankenhäuser, die im US-Franziskanerarchiv aufgeführt werden, ragen St. Patrick's und St. Francis Solanus in Quincy (IL), St. Anthony of Padua in St. Louis (MO), St. Anthony in Melrose (NY), St. Joseph's in Cleveland (OH), Immaculate Conception in Omaha (NE), St.Mary's Phoenix (AZ), St. Elizabeth in Denver (CO), St. Joseph in Los Angeles (CA), Saint Anthony Seminary in Santa Barbara (CA), St. Francis in Sacramento (CA) und die „Deutsche Kirche St. Bonifatius" in San Francisco, heraus. Die herrliche, neuromanisch gestaltete Kirche der Benediktiner-Abtei in Conception, Missouri, nebst weitläufiger Klosteranlage, nicht zu vergessen.

Bruder Adrian wirkte nämlich auch ordenübergreifend. Außer für die Franziskaner baute er

Franz Boas aus Minden: Bedeutendster Anthropologe seiner Zeit auf der Welt

Kein anderer westfälischer Amerikaauswanderer des 19. Jahrhunderts hat in den USA als Forscher so viele wissenschaftliche Entdeckungen gemacht und weltweite Anerkennung gefunden wie Professor Dr. Franz Boas aus der früheren preußischen Regierungsstadt Minden. Franz Boas galt zu seiner Zeit als weltweit wohl bedeutendster Anthropologe, ferner als einer der größten Ethnologen, Linguisten, Folkloristen und Archäologen auf dem amerikanischen Kontinent.

Franz Boas als junger Mann in Minden

Franz Boas erforschte Herkunft und Geschichte kanadischer Indianer sowie der Inuits in Kanada und der Arktis. Volkstümlich und vereinfacht erklärt: Die von der Wissenschaft lange vermutete Herkunft dieser Völker aus Asien und ihre nahe ethnologische Verwandtschaft mit Asiaten wurde durch ihn bewiesen.

Seine vielleicht größte wissenschaftliche Leistung war der Nachweis, dass die Kultur eines Volkes ausschließlich das Produkt einer langen Kontinuität von historischen Einflüssen ist und absolut nicht von ihrer Sprache und Rasse abhängt.

Franz Boas wurde am 7. Juli 1858 als drittes Kind der liberalen jüdischen Mindener Kaufmannsfamilie Meier Boas geboren. Schon sehr früh entwickelte er als Schüler ausgesprochene Neigungen für Biologie, Mathematik, Geographie und Musik.

Nach dem Abitur im Februar 1877 belegt der junge Mann zuerst in Heidelberg, danach in Bonn und Kiel die Fächer Mathematik, Physik, Geographie und Ethnologie. 23-jährig schreibt Franz Boas in Kiel seine Doktorarbeit über ein ganz und gar außergewöhnliches Thema: „Beiträge zur Erkenntnis der Farbe des Wassers".

Unterbrochen durch seinen einjährigen Militärdienst in Minden, bereitet sich Boas von Berlin aus auf eine geografisch-ethnologische Expedition nach Cumberland Sound in Baffin Land, Kanada, vor.

Im Sommer 1883 bricht er an Bord des Forschungsschiffes „Germania" auf. Länger als ein Jahr lebt er unter Eskimos, betreibt seine anthropologischen Feldstudien und zeichnet nicht nur

Geschichte und Lebensweise, Sprache und Gesang seiner Gastgeber auf, sondern sammelt und beschreibt auch ihre überraschend vielfältige Kunst. Seine anschließend in Deutschland veröffentlichten Aufzeichnungen unter dem Titel *„Baffin Land, Geographische Ergebnisse einer in den Jahren 1883 und 1884 ausgeführten Forschungsreise"*, machen Franz Boas auf einen Schlag in der Fachwelt bekannt. Prompt bekommt der junge Wissenschaftler eine Assistentenstelle am berühmten Berliner Museum für Völkerkunde.

1886 habilitiert sich Boas an der Berliner Friedrich-Wilhelm-Universität und wird Privatdozent für Geographie. Doch sehr rasch gibt der forschungsbesessene Professor seinen Lehrauftrag zurück mit dem Ziel einer zweiten Expedition an die kanadische Nordwestküste. Erneut erforscht er das Leben der Eskimos, diesmal auf noch breiterer Basis und mit strengster wissenschaftlich-systematischer Vorgabe.

Nur zwei Jahre darauf ist Boas wieder – zu einer dritten Expedition - im Nordwesten Kanadas.

Doch zwischenzeitlich wendet sich der inzwischen auch in Übersee Aufmerksamkeit erregende deutsche Forscher den Vereinigten Staaten zu. Das hat zunächst eher private Gründe.

Auf einer früheren Harzreise hatte Franz Boas, in Begleitung seines in New York lebenden Onkels

Der weltberühmte amerikanische Anthropologe als Titelheld des Magazins „TIME", Ausgabe Nr. 19

Prof. Dr. Abraham Jacobi, die hübsche Deutschamerikanerin Marie Krakowizer kennen und lieben gelernt.

So nahm Boas 1887 die ihm beiläufig angebotene Stelle eines Mitherausgebers der neu herausgekommenen wissenschaftlichen Zeitschrift „Science" an, zog nach New York und heiratete. Sein ein Jahr darauf veröffentlichter Aufsatz über die zweite und dritte Expedition zu den Eskimos kommt in Englischer Sprache bei der „Government Printing Office" in Washington D.C. heraus.

Mit diesem Buch ist Franz Boas auch in den USA ein populärer und gefragter Wissenschaftler. Schritt für Schritt werden ihm hohe akademische Weihen und Positionen zuteil:

Dozent an der Clark University Worcester, Assistent der Anthropologischen Abteilung der Chicagoer Weltausstellung (1892), American Museum of Natural History in New York und hier Kurator für Ethnologie und Somatologie, Wahl in die National Academy of Sciences der USA (1900), Kurator des American Museum of Natural History, New York (1900–1905), Gründung der Gemanistic-Society of America, Direktor der International School of Archaeologie and Ethnologie in Mexico (1911–1912). Dieses war übrigens, auf Anregung von Professor Boas, ein Gemeinschaftsprojekt der Universitäten Columbia, Harvard und Berlin.

Sein drittes, bahnbrechendes Buch bringt Professor Dr. Boas 1895 in Berlin heraus, Titel: „Indianische Sagen von der Nord-Pazifischen Küs-

te Amerikas". Es wird beiderseits des Atlantiks ein Bestseller.

Neben seiner Lehrtätigkeit am naturgeschichtlichen Museum in New York übernimmt Boas an der Columbia University das Lektorat für Physikalische Anthropologie und bereitet seine vierte und größte „Jesup-Northpacific-Expedition" vor, die sich über fünf Jahre hinzieht und vor allem der Erforschung frühester Besiedlung des nordamerikanischen Kontinents sowie der Kultur seiner Ureinwohner dient.

Bereits 1899 war Franz Boas zum Ordentlichen Professor für Anthropologie an der Columbia University in New York berufen worden – eine Stelle, die er bis zu seiner Emeritierung im Jahre 1936 beibehalten hat.

Ab 1910 Buch auf Buch

Ab 1910 folgt nun Buch auf Buch – ein neues Forschungsergebnis jagt das andere. Insgesamt bringt es Professor Boas auf mehr als 600 wissenschaftliche Veröffentlichungen, von unzähligen zusätzlichen Aufsätzen in der Fach- und Tagespresse nicht zu reden.

Seine bedeutendste Publikation war und bleibt jedoch wohl „The Mind of Primitive Man", 1911 in New York erstmals herausgekommen.

Dieses Buch erscheint 1920 unter dem Titel „Kultur und Rasse" in Berlin. Seit 1955 gibt es diesen Band in Deutschland unter der Überschrift „Das Geschöpf des sechsten Tages". *„Ein Buch, das dank seiner Fülle von Feststellungen, der methodischen Gedankenführung und kühlen Sachlichkeit fundiert aufräumt mit dem gefährlichsten aller Mythen, dem Rassismus!"*, urteilt Dr. Heinz Grandmann 1966 in einem Vortrag der Gesellschaft für deutsch-jüdische Zusammenarbeit, Minden und stellt dann weiter mit Genugtuung fest: *„Endlich, wenn auch reichlich spät, haben wir in Minden nun auch auch eine Franz-Boas-Straße!"*

Als Begründer eines völlig neuen Forschungs- und Lehrsektors in der Wissenschaft ist der gebürtige Westfale nach und nach *„der bekannteste Anthropologe in Amerika geworden"* schreibt sein Biograph Douglas Cole 1988 in einer Publikation des Mindener Geschichtsvereins. Cole zitiert den Berliner Forscher Prof. Georg Elwert, der anlässlich einer 1987 stattgefundenen Ausstellung „Wissenschaften in Berlin" meint: *„Der bedeutendste ... aus der Berliner Ethnologie hervorgegangene Forscher war ohne Zweifel Franz Boas."*

Boas' langjährige, exakte Untersuchungen an Menschen verschiedener Rassen hätten bewiesen, *„dass die Schädelmasse und die aus Vergleichen gewonnenen Schädelindizien erheblich auch von nichtgenetischen Faktoren bestimmt sind. Damit war ein wesentlicher Baustein der (bis dahin üblichen) anatomischen Rassenforschung zerstört".*

Ehrendoktor der Universität Kiel

1931 wurde Professor Dr. Franz Boas die Ehrendoktorwürde der Universität Kiel verliehen. Hocherfreut reiste Boas nach Europa und hielt anlässlich der akademischen Ehrung an seiner alten Alma Mater einen damals, wegen massiv aufkommender, antijüdischer Naziparolen in Deutschland höchst aktuellen, aufrüttelnden Vortrag unter der Überschrift „Kultur und Rasse" entsprechend seinem, 1920 unter demselben Titel herausgekommenen „Bestseller".

Durch dieses aufsehenerregende Buch waren bereits ein Jahrzehnt zuvor die wahnwitzigen und durch nichts begründeten Rassentheorien der Nationalsozialisten wissenschaftlich eindeutig widerlegt worden.

Ein Jahr vor seinem Besuch in Kiel war Boas in seiner Heimatstadt Minden gewesen, um an der Feier zum 400-jährigen Bestehen des Mindener Gymnasiums teilzunehmen. Als Jubiläumsgeschenk überreichte er dem völlig überraschten Leiter seiner früheren Schule 3 500 RM, die er und sein Freund Willy Meyer, gleichfalls gebürtig aus Minden an der Weser, an ihrem jetzigen Wohnort New York zusammengelegt hatten.

Franz Boas hat sich vor, während und nach dem Ersten Weltkrieg in den USA politisch und sozial wie kaum ein anderer Deutschamerikaner offen zu seinem Herkunftsland bekannt. Insbesondere seine Kritik am Eintreten der USA in den Krieg gegen Deutschland und die seinem Herkunftsland nach der Niederlage auferlegten schweren Reparationslasten trugen ihm viel Kritik und teils sogar massive Anfeindungen ein.

1920 bis 1928 sammelt Boas als Präsident einer von ihm ins Leben gerufenen Gesellschaft für Nothilfe zu Gunsten der deutschen und ös-

terreichischen Wissenschaften massenweise Kleidung, Lebensmittel und Geld. Seine international bekannt gewordene „Notgemeinschaft" half unter anderem auch der Berliner Philharmonie, durch massive finanzielle Unterstützung zu überleben.

Deutschland und viele Deutsche haben ihm das nicht gedankt. Stattdessen wurden seine Bücher 1933 in Berlin durch Hitler und seine Vasallen öffentlich verbrannt – nur weil Boas Jude war.

Das hat Franz Boas, diesen wahren deutschen Patrioten in der „Neuen Welt", der zeitlebens stolz auf seine Herkunft aus dem Lande Goethes, Schillers und Beethovens gewesen ist und sich gern auf die moralischen Wurzeln seiner Mindener Stammfamilie aus der demokratischen 1848er Revolution berief, ins Mark getroffen und bis an sein Lebensende zutiefst geschmerzt.

Als Professor Dr. Franz Boas am 21. Dezember 1942 in New York während eines Begrüßungsessens zu Ehren des vor den Nazis aus Frankreich geflohenen Völkerkundlers Professor Paul Rivet 84-jährig an plötzlichem Herzversagen starb, nannte ihn die „New York Times" in ihrem Nachruf den *„Größten seines Fachs in der ganzen Welt".*

Der gebürtige Mindener war inzwischen, wegen seiner bahnbrechenden Forschungen auf vielen Gebieten, von nicht weniger als 25 wissenschaftlichen Akademien sowie anthropologischen und geographischen Gesellschaften aus 12 Ländern Amerikas und Europas jeweils zum Ehrenmitglied ernannt worden.

Gletscher nach Boas benannt

Das schönste Denkmal setzten Franz Boas seine früheren und ebenfalls der Forschung verschriebenen akademischen Schüler, indem sie zwei geographisch bis dahin „weiße Flecken" Nordwest-Kanadas nach ihm benannten.

Auf Southampton-Island in Kanada bzw. Globen und Landkarten in aller Welt künden „Boas Glacier" und „Boas River" in Zukunft von dem weltberühmten Forscher aus Minden in Westfalen.

Familie Derenthal aus dem Warburger Land: vom Indianer-Missionar in Wisconsin bis zur Muster-„Stock-Farm" in Minnesota

60 amerikanische Familien des Namens Derenthal stammen von Bauernhöfen in Körbecke, Rösebeck, Lütgeneder, Eissen, Natzungen und Istrup (Kreis Höxter) ab. Stammhof aller Derenthals aus dem früheren Kreis Warburg ist die so genannte „Marienburg" in Körbecke gewesen, ein 70 Hektar großes Anwesen, das im Jahre 1855 in eine heute vom ehemaligen Kloster Marienmünster aus verwaltete Familienstiftung aufging.

Franziskanerpater Ignaz (Odoric) Derenthal aus dem Warburger Land (1856–1934)

Der wohl bedeutendste Auswanderer dieser Sippe war Ignaz Derenthal, am 14. Juli 1856 in Rösebeck geboren und 1875 in die USA ausgewandert: Er wurde als Franziskanerpater Odoric Derenthal 1885 Missionar bei den Chippewa-Indianern im Norden Wisconsins, baute Schulen, Berufsbildungsstätten, Kirchen und erwarb dabei um die ganze Region derart große, bleibende Verdienste, dass ihm Shawano County noch im Jahre 2004 auf seiner aktuellen Homepage in memoriam ein langes, ehrendes Kapitel widmet.

Auf seinem landwirtschaftlichen Fachgebiet, ebenfalls erfolgreich und bedeutend, war ein im Jahre 1885 unter dramatischen Verhältnissen heimlich von Berlin nach New York und weiter bis Brownsville (Minnesota) geflohener Vetter des Indianer-Missionars namens Heinrich August Derenthal aus Istrup im Warburger Land.

Dessen „East Side Stock" Farm in Wykoff, Minnesota, galt zwischen 1895 und bis in die Zeit nach dem Zweiten Weltkrieg im ganzen Land als Musterbetrieb für Vieh und Getreidebau.

Mit seiner Herdbuchzucht, Saatgut-Veredlung und einer geschickten Direktvermarktung selbst erzeugter Produkte schrieben Heinrich August Derenthal (1859–1935) und dessen gleichnamiger Sohn bis in die fünfziger Jahre des 20. Jahrhunderts für Minnesota ein wichtiges Kapitel landwirtschaftlicher Agrargeschichte.

Transatlantische Familienbande Brief für Brief zusammengesucht

Der Kaufmann Engelbert Derenthal aus Brakel hat die transatlantische Geschichte seiner Sippe in Jahrzehnten Stein für Stein, besser: Brief für Brief, zusammengesucht. Angefangen hatte es mit mündlich überlieferten Stories von den Derenthals in Amerika.

Immerhin gab es noch bis in die 50er-Jahre des 20. Jahrhunderts zwischen den Vettern von hüben und drüben regelmäßigen Schriftverkehr!

Familienakten und Gemeindearchive wurden durchstöbert, in neuer Zeit schließlich Internetadressen in der „Neuen Welt" genutzt. Das vorläufige Endergebnis kann sich sehen lassen.

Als im Jahre 2004 die ersten Folgen einer neuen Serie im „Landwirtschaftlichen Wochenblatt" über berühmt gewordene Westfalen in Amerika erschienen waren, präsentierte Leser Engelbert Derenthal dem Autor seine eigenen „US-Helden":

„Ich glaube, ich habe auch noch eine Geschichte für Sie!" Und die beginnt um die Mitte des 19. Jahrhunderts.

Familien-Kettenwanderung ab 1851

1851 wagte Heinrich Derenthal aus Eissen als erstes Familienmitglied den Weg über den „Großen Teich". Von ihm ist nichts weiter überliefert. Es darf aber angenommen werden, dass er positive Nachrichten nach Haus geschickt hat. Denn noch zu der Zeit, als sein Neffe Ignaz aus Rösebeck, Sohn des Bauern Theodor Ignaz Derenthal und dessen Frau Maria, geb. Wieners, in Rüthen und Warburg die Schulbank drückte, waren Clemens Martin Derenthal aus Körbecke (1866), die Gebrüder August (1867), Aloys Ferdinand (1876), Eduard Alfons (1882) und Ferdinand Derenthal (1885) aus Natzungen ebenfalls in die „Neue Welt" gezogen.

Die Spuren von einer der ausgewanderten vier Derenthal-Brüder aus Natzungen, nämlich von Aloys Ferdinand, entdeckte Sippenforscher Engelbert Derenthal in New York City: *„Dieser ließ sich in New York City nieder und betrieb in Brooklyn, zusammen mit seinem Schwager Frederik Schalk, eine gutgehende Brauerei."*

Von einem Urenkel des Bierbrauers Aloys Ferdinand namens William Derenthal hat Familienchronist Derenthal erfahren, dass jener New Yorker Uronkel in erster Ehe mit einer Ida Wenige und, nach deren Tod, in zweiter Ehe mit Agatha Wiemers verheiratet war, *„und dass er ein recht wohlhabender Mann gewesen sein soll"*.

Hoferbe wurde Mönch und Missionar

Ignaz Derenthal war der erstgeborene Sohn des Bauern Theodor Ignaz Derenthal in Rösebeck. Nach den Regeln des Warburger Landes hätte dieser nun Hoferbe werden müssen. Das überließ der junge Mann jedoch seinem zwei Jahre jüngeren Bruder Bernhard. Er selbst sah sich schon früh zum Priestertum berufen und trat deswegen 1873 in Warendorf dem Orden der Franziskaner bei, der sich zu jener Zeit von Paderborn und St. Louis aus gezielt um die Mission der Indianer des US-Nordens bemühte.

Insofern mögen Briefe und Berichte verschiedener Onkel und Vettern aus Übersee durchaus Einfluss auf Ignaz' Ordenswahl und späteren missionarischen Einsatzort gehabt haben.

Ignaz stellte sich mit seiner Entscheidung für die geistliche Laufbahn ganz in die Familientradition: Zu diesem Zeitpunkt waren bereits sieben Vorfahren und Vettern dem Ruf ihrer Kirche gefolgt und Priester bzw. Ordensleute geworden.

Ausführliche Studien führten Ignaz Odoric Derenthal an mehrere europäische Hochschulen, bis er am 30. Juni 1875 von seinen Oberen an den Mississippi geschickt wurde. In St. Louis war gerade die neue Abtei und Universität der Franziskaner fertig geworden. Im nahen Quincy mit seinen vielen Katholiken aus dem Münsterland lernte Bruder Odoric die praktische Gemeindearbeit kennen, und nachdem er im Mai 1880 zum Priester geweiht worden war, begann der missionarische Dienst im Norden.

Im Wigwam bei den Chippewas

Erste Station war die Stadt Superior in Wisconsin. In deren damals noch wildem Umland lebten, außerhalb jeglicher Zivilisation, 125 indianische Familien des Stammes der Chippewa. Kein Weißer, kein Haus im Umkreis von 300 Kilometern: Da blieb für die Nacht nur das Indianerzelt!

Hier predigte und taufte der Missionar, von hier aus fuhr er mit Pferd und Wagen vier Jahre lang von Wigwam zu Wigwam. Dann schickte ihn sein Abt nach Keshena nahe dem Lake Michigan. Der Auftrag war, ein Internat für 100 indianische Schüler zu bauen. Dazu war eine 100 Indianerfamilien umfassende Missionsgemeinde seelsorgerlich zu betreuen.

Der Andrang zur Schule war so groß, dass Pastor Odoric Derenthal sein Internat nicht nur auf 170 Plätze erweitern, sondern auch einen Assistenten anfordern musste: den Laienpriester Krake, mit dem zusammen zwei weitere Gemeinden am Michigansee zu betreuen waren.

1892 bekamen Gemeinde und Internat auch eine eigene Pfarrkirche. Das erforderliche Geld wurde vor allem von den vielen westfälischen Gläubigen in Minnesota aufgebracht.

Großer Preis für Derenthals Lebenswerk

Als Lehrer waren an dem Internat namens „St. Joseph's Indian Industrial School" fünf weitere Or-

East Side Stock Farm
H A Derenthal
BREEDERS AND SHIPPERS OF
CHESTER WHITE SWINE
WYKOFF, MINNESOTA

Briefkopf der Derenthal-Farm in Wykoff, Minnesota: Werbung für Schweine der Rasse „White Chester"

Aloys Derenthal braute in New York Bier und betrieb in Brooklyn mit seinem Partner eine große Brauerei. Diese alte Bierflasche erinnert daran

densbrüder sowie sechs Ordensschwestern im Einsatz. Die indianischen Schüler standen im Alter zwischen 6 bis 23 Jahren und bekamen Unterricht in Englisch, Landwirtschaft, Gartenbau, Kochen, Wäscherei sowie dem Tischler- und Schuhmacherhandwerk.

Die Arbeit unter Leitung von Bruder Odoric aus dem westfälischen Rösebeck war derart erfolgreich, dass „St. Joseph's Indian School" bei der „Columbian Exposition" im Jahre 1893 mit einem großen Preis ausgezeichnet wurde.

Ein Jahr danach ließ Pastor Derenthal in Stockbridge eine weitere Missionsstation bauen. Wieder war der Westfale Bauherr und Architekt in einer Person. Und auch Geldbeschaffer!

Dabei hatte es 1884, kurz vor Derenthals Ankunft in dieser Gegend und erneut 1891, verheerende Waldfeuer und Siedlungsbrände gegeben. Trotzdem gelang es dem Geistlichen aus Westfalen, im weiten Umland genügend Geld zum Wiederaufbau und Unterhalt seiner Internats- und Gemeindeeinrichtungen zu sammeln.

1930 sah Pater Ignaz Odoric Derenthal seine Heimat im Warburger Land noch einmal wieder. Vier Jahre später, am 15. September 1934, setzte der Tod seinem unermüdlichen Schaffensdrang zur Ehre Gottes ein Ende.

Generalskutscher Heinrich A. Derenthal: In Berlin gingen ihm die Pferde durch

Zurück zur „East Side Stock Farm" in Wykoff bei Rochester (Minnesota) und deren Gründer Heinrich A. Derenthal.

Heinrich August Derenthal hatte es beim Militär in Berlin bis zum Kutscher eines Generals gebracht. Eines Tages im Frühling 1885, so ist bruchstückhaft überliefert, ließ Frau Generalin zu einer Fahrt durch die Hauptstadt anspannen. Doch während der Kutschpartie gingen plötzlich die Pferde durch; das Gefährt kippte um. Die Frau des Generals kam mit dem Schrecken davon. Die Schuld am Unfall schob sie jedoch ihrem Kutscher Derenthal in die Stiefel. Dieser nahm daraufhin Hals über Kopf Reißaus.

Mit Hilfe von Freunden gelang es ihm, Berlin und Preußen heimlich zu verlassen. Es wird berichtet, der General und seine Frau hätten die Vorwürfe gegen ihren Kutscher später zurückgenommen, ihn rehabilitiert und um seine Rückkehr nach Berlin gebeten. Doch das war für den Auswanderer, als er in Minnesota erst einmal Fuß gefasst hatte und ein Jahr später auch sein Bruder Hermann Josef eingetroffen war (der später krankheitshalber wieder heimreiste), kein Thema mehr.

Hatte sich Heinrich Derenthal sein Brot in Minnesota zunächst als Zimmermann verdient, so verlegte er sich doch bald auf Farmwirtschaft mit Schwerpunkt Viehzucht. Inzwischen hatte er auch geheiratet – natürlich eine Deutsche. Und die Kinder bekamen allesamt urdeutsche Namen aus der alten Heimat: Heinrich August, Anton, Wilhelm, Mathilde und Anna.

Als der Farmgründer am 17. Oktober 1935 starb, besaß er bereits ein Anwesen von 100 Hektar. Spezialisierung auf Tierzucht und Direktvermarktung in der Stadt Rochester (wo sich heute die weltbekannten Mayo-Kliniken befinden) begründeten seinen Wohlstand.

Der „Macher": Heinrich August II.

Zu ihrer überragenden Bedeutung kam die Derenthalsche „East Side Stock Farm" aber erst unter Führung des Sohnes Heinrich August II. Dieser, seit 1915 mit Ednar Paulson, norwegischer Abstammung verheiratet, betrieb Viehzucht, Mast und Versand seiner Erzeugnisse im großen Stil gewerbmäßig. Daneben machte er sich einen Namen (und Geld) als wortgewaltiger Viehversteigerer.

Auf der „East Side Stock Farm" wurden „Chester Whites"-Schweine, Holsteinisch-Friesische Hochleistungsrinder, New-Hampshire-Hühner und im großen Stil Truthähne gezüchtet. Derenthals Truthahnangebot, insbesondere zum traditionellen Thanksgiving Ende November, umfasste verschiedene, marktgerechte Sorten, zum Beispiel preiswerten „Truthahn normal" oder „Truthahn Luxus" (extra mit Milch gefüttert).

Je nach Jahreszeit, bot Heinrich August Derenthal II. auf den Märkten „Truthahn lebend" oder „Truthahn geschlachtet/ausgenommen" an.

Ähnlich spezifiziert ging der ideenreiche Farmer aus dem Warburger Land auch bei seiner Schweinehaltung vor: *„Der Erfolg, der mir im vergangenen Jahr zuteil wurde"*, lässt er in mehreren *landwirtschaftlichen Fachzeitungen des Landes mitteilen, „hat mir Mut gegeben, meine Anstrengungen zu vergrößern und euch mit noch besserem Zuchtmaterial zu versorgen!"*

Maschinenring und „Halbpartnerschaft"

Schon in den 30er-Jahren des 20. Jahrhunderts gründete Heinrich A. Derenthal II. mit Nachbarfarmen kostensparende Maschinengemeinschaften und erfand für Getreidebau und -zucht ein ganz spezielles Kooperationsmodell unter der Bezeichnung „Halbpartnerschaft". Darüber berichtete er 1949 seinem Vetter, dem Landwirt Joseph Derenthal aus Istrup: *„Ich besitze das Land und liefere das Saatgetreide. Dafür erhalte ich (nach der Ernte) das ganze Stroh und Heu. Vom Getreide erhält mein Halbpächter die Hälfte. Dafür verrichtet er sämtliche Arbeiten!"*

Hiermit hatte der clevere Farmer das Problem der ständig wachsenden Arbeitslöhne für Farmhelfer auf fast geniale Weise gelöst.

Heinrich August Derenthal II. schrieb seinem Vetter im Warburger Land bis zu seinem Tode regelmäßig Briefe und hielt ihn über den landwirtschaftlichen Fortschritt in der „Neuen Welt" und speziell auf seiner Musterfarm auf dem Laufenden. Besonders stolz war er auf seine äußerst ertragreiche neue Hafersorte „Bonda". Vom Landwirtschaftsinstitut Minnesota geprüft und mit Bestnoten versehen, schickte er 1949, ein Jahr nach der deutschen Währungsreform, in einer bruchsicheren Holzkiste 16 Pfund anerkanntes Saatgut dieser Sorte nach Istrup.

Istruper Boden für „Bonda" zu schwer

Leider geriet der Hafer nicht so, wie der Vetter aus Amerika gehofft hatte: Die schweren Tonböden am Nordrand der Warburger Börde erwiesen sich für „Bonda" als ungeeignet.

Heute gibt es den Ort Wykoff und die dortige Musterfarm der Familie Derenthal nicht mehr. Beide Töchter des letzten Inhabers, Heinrich August Derenthal II., ergriffen Berufe außerhalb der Farmwirtschaft.

Mit ihnen starb an diesem Platz der Name Derenthal aus, wenngleich dieser, durch die zahlreichen übrigen Auswanderer jener alteingesessenen, westfälischen Sippe aus dem Hochstift Paderborn, in den USA bis in die Gegenwart, vom Atlantik bis zum Pazifischen Ozean, weiterhin präsent ist.

Stromberger Griesediecks brauten in St. Louis mehr Bier als der Urahn von Anheuser-Busch

Westfälische Bierbrauer haben mit ihrem daheim über Jahrhunderte erworbenen Familien-Know-how während des 19. und 20. Jahrhunderts in den USA Wirtschaftsgeschichte geschrieben. Die Familie Griesedieck aus Stromberg beherrschte zur Jahrhundertwende von St. Louis (Missouri) aus den Markt, noch vor dem Uhrahn der heutigen „US-Number One", Anheuser-Busch!

Bier-Baron
Henry Griesedieck

*K*leiner, aber feiner als die an der expandierenden Getränkefront getrennt kämpfenden, jedoch gemeinsam ihre Konkurrenz schlagenden Brüder und Vettern Griesedieck, baute sich an der US-Ostküste Heinrich Lembeck aus dem westmünsterländer Osterwick mit der Produktion von Ale und Lager-Bier ein völlig anders geartetes Getränke-Imperium auf. Weil der Osterwicker darüber hinaus viel Gutes für seinen damaligen Wohnort New Jersey tat, wurde in Greenville Area sogar eine achtspurige Avenue nach ihm benannt.

Eines haben beide westfälischen Brau-Imperien in der „Neuen Welt" jedoch gemeinsam: Ihre Gründerfamilien sind spätestens mit der dritten und vierten Generation ausgeschieden, die Brauereien längst von Wettbewerbern gekauft und neuen, noch größeren Konzernen einverleibt worden!

In Stromberg fing alles an

„Griesedieck Brothers Beer" (GB) hatte seinen Ursprung im traditionsreichen Wallfahrtsort Stromberg. 1765 existierte bereits unter den drei örtlichen Wirtschaften im Dorf das Gasthaus „Zu den drei Kronen", mit angeschlossener Brennerei und Brauerei. Eigentümer: Johann Heinrich Griesedieck. Er wird als Ahnherr aller in den USA später erfolgreich mälzenden und brauenden Griesediecks und ihrer stolzen Firmen wie „Griesedieck Brewing", „Griesedieck Brothers", „Falstaff" und „Stag" betrachtet.

Von den vier Söhnen des Johann Heinrich Griesedieck gingen im 19. Jahrhundert drei nach Missouri. Franz (1827 geboren) machte den Anfang. Anton Griesedieck (1829–1896) segelte 1869 mit seinem jüngeren Bruder Heinrich auf dem Weg über Holland hinterher. Im selben Jahr hatte Anton noch in der Heimat seine zweite Frau Gertrud Ostberg aus Stromberg geheiratet, die ihm bald darauf nachfolgte (und 1896, nach seinem Tod, heimkehrte).

Die Brüder blieben im boomenden St. Louis hängen, weil sie sofort lohnende Arbeit fanden. Bald waren sie in ihrem erlernten Fach als Brauer und Mälzer in verschiedenen Stadtteilen erfolgreich tätig – jeder für sich in einem damals grenzenlos wachsenden Getränkemarkt. Erst in der zweiten Einwanderer-Generation taten sich die jeweiligen Söhne und Vettern zu in sich geschlosse-

nen Familienunternehmen zusammen – so erfolgreich, dass damals bereits altansässige Brauereien wie Busch oder Anheuser das Fürchten lernten.

Dabei war es weniger das kämpferische Vorgehen der einzelnen Familienstämme, das den Erfolg brachte, sondern Griesediecks sorgsam geheim gehaltenen, über Jahrhunderte bewährten Braurezepturen brachten ein Bier, das vor allem beim deutschstämmigen Publikum genau den richtigen Geschmack fand. Griesedieck-Beer („GB") übersetzte man schon bald landauf, landab mit „G. B. = Good Beer".

US-Stammvater Anton Griesedieck

Der am 31. März 1829 in Stromberg geborene Anton Griesedieck kam erst mit 40 Jahren nach St. Louis und hatte sein Brauerhandwerk zu Haus von der Picke auf gelernt sowie die väterliche Brauerei jahrelang geführt. Als er im Winter 1869 in St. Louis eintraf, gründete er zusammen mit seinem Bruder Heinrich erst einmal eine Mälzerei. Diese fand als Zulieferer der mehr als 50 ortsansässigen Brauereien so viel Zuspruch, dass die Brüder binnen acht Jahren genug Geld verdienten, um die renommierte örtliche Thauner Brauerei zu kaufen.

Kurz darauf wurde auch die Brauerei Staehlin übernommen. Und unter Zusammenlegung beider Häuser entstand endlich die erste eigene „A. Griesedieck Brewery Company". Dass diese 1890 in die Hände eines Familienkonsortiums (St. Louis Brauereigesellschaft) überführt und später als „Phoenix Brewery" weiterlief, hat mit dem großen Verdrängungskrieg aller selbstständigen St. Louis Bierbrauer gegen ein rabiat auftretendes englisches Syndikat zu tun: Britische Finanzleute wollten unter riesigem Kapitaleinsatz in St.Louis den gesamten Biermarkt „plattmachen".

Anton Griesediecks Kriegslist dagegen lautete kurz und bündig: *„Wenn die ihr Geld zusammenwerfen und uns kaputtmachen wollen, dann schließen wir Westfalen uns gegen die Engländer zusammen!"* So entstand unter Beteiligung sämtlicher Griesedieck-Familienstämme eine Holding unter dem Namen „National Brewing Co".

Freilich ging Antons Rechnung nur zum Teil auf. Einige seiner Brüder, Vettern und Neffen konnten den verlockenden Angeboten des mit Geld um sich werfenden, englischen Syndikats doch nicht widerstehen und machten Kasse.

Verkauft und woanders neu geb(r)aut

Doch, kaum hatten diese ihre Brauereigebäude an die Engländer verkauft, eröffneten sie in anderen Stadtteilen von St. Louis, im benachbarten Belleville usw. clever neue *Griesedieck Breweries*. Mit größtem Erfolg. Denn eines wurde bei allem fachlichen und geschäftlichen Wettstreit nie an die Konkurrenz verraten: das uralte Erfolgsrezept für reingebrautes westfälisches Bier aus Stromberg!

Unter Zukauf weiterer Wettbewerber entstand mit der Zeit eine zweite Griesedieck-Holding, zu der allerdings auch familienfremde Brauer Zugang hatten, die „Independent Brewery Company" (IBC). Diese hielt sich jedoch nicht lange im Markt. Anton Griesedieck fand die plausible Erklärung: *„Zuviele Häuptlinge mit hohen Einkommen, aber zu wenig Indianer!"*

Kurz bevor Anton Griesedieck 1896 ausgerechnet beim Skatspiel mit Freunden aus Westfalen in der von ihm mitgegründeten Liederkranzhalle an Herzversagen starb, hatte er mit seinen Söhnen noch unter dem Namen „Griesedieck Kunsteis-Gesellschaft" die erste Fabrik zur synthetischen Herstellung von Eis im Lande eröffnet.

Bis dahin hatte man wintertags den zugefrorenen Mississippi abgeeist und die dabei gewonnenen Eisbarren für die sommerliche Bierkühlung in unterirdischen Kavernen am Flussufer des Mississippi gelagert.

Brauerei Griesedieck Brothers Brewing Company um 1880 in St. Louis

Welche Bedeutung Anton Griesedieck in den nur 27 Jahren seines Schaffens in St. Louis gewonnen hatte, geht aus einem redaktionellen Nachruf in der Lokalpresse hervor, der mit den Worten beginnt: *„Anton Griesedieck, berühmtester und angesehenster deutscher Bürger, ein Mann, dessen Name einen angenehmen Ruf in der Stadt hatte, starb plötzlich in der letzten Nacht an einem Herzschlag."*

„Bier-Baron" Heinrich Griesedieck

Dabei war Anton Griesediecks Bruder Heinrich (geboren am 21.11.1838 in Stromberg) als Bierbrauer und Gründer von „Griesedieck Brothers Brewery Company" eher noch erfolgreicher. Ja, Heinrich Griesedieck ging sogar als „Bier-Baron" in die amerikanische Brauereigeschichte ein und schaffte es zusammen mit seinen Söhnen Anton, Henry, Raymond, Robert und Edward, an der bis dahin führenden Familie Busch vorbei (bis zum Eintritt der Prohibition, 1920–1933) unter allen Bierproduzenten in St. Louis die Nummer 1 zu werden!

Während der Prohibition brachten sich „Griesedieck Brothers" mit der Produktion von alkoholfreien Getränken sowie einem neuen Biertyp („without alcoholics") mehr schlecht als recht über die Runden. Umso stärker stieg der neue Boss, Joseph („Papa Joe") Griesedieck, anschließend von St. Louis aus in das nationale Biergeschäft ein.

1937 wurde bei „Griesedieck Brothers" in St. Louis die damals modernste Brauerei des Kontinents errichtet. In vielen Bundesländern entstanden Zweigbetriebe.1950 betrug der Bierausstoß 1 Million Barrel (etwa 1,6 Mill.Hektoliter).

Das Ende des Brauerei-Imperiums: „Onkel Sam" schlug gnadenlos zu

Gleich nach Ende der Prohibition hatte „Papa Joe" Griesedieck mit dem Kauf von „Lemp Brewery" die nationale Biermarke „Falstaff" erworben. Damit war der Griesedieck-Clan auf einen Schlag drittgrößter Anbieter auf dem ganzen Kontinent. Andere Quellen sprechen freilich von einer Übernahme der „Griesedieck Brothers" durch „Falstaff", ein mächtiger Wettbewerber, bei dem sich zuvor bereits klammheimlich konkurrierende, kapitalstarke Mitglieder außenstehender Familienmitglieder der Griesediecks eingekauft hatten.

Wie dem auch gewesen sein mag, nach dem Tode von Edward Griesedieck im Jahre 1955 machte die Großfamilie Kasse. Ergebnis: „Onkel Sam", der amerikanische Staat, schöpfte den größten Teil des Kapitals ab, und das Ende war unausweichlich. Ein neuer Bier-Gigant namens Carling (später Carling O'Keefe Ltd.) übernahm Griesedieck Brothers bzw. Falstaff.

Übrigens haben sich die Brüder und Vettern Griesedieck in den 30er-Jahren von Omaha (Nebraska) aus auch einen Namen als Tierfutter-Produzenten gemacht. Sie verarbeiteten die während des Brauprozesses übrig gebliebenen Rohstoffe zu hochwertigem, gekörntem Kraftfutter für Rinder, Milchvieh und Pferde - ein Markt, der heute noch besteht.

Unter den Biermarken „Falstaff" und „Stag" werden Griesedieks Bierbraurezepte aus dem westfälischen Stromberg bis heute in Amerika geführt. Regional ist kürzlich in St. Louis sogar ein Bier unter dem alten Traditionsnamen Griesedieck neu auf den Markt gekommen, um in einem Dutzend „Inns" und Restaurants der Region gezapft zu werden.

Professor Dr. Walter Kamphoefner, geboren in der Nachbarschaft von New Melle MO, kann sich von seiner Jugend her noch gut an Griesedieck-Bier erinnern: „Es hatte bei unseren Vätern und Großvätern einen sehr guten Ruf!"

Die Urzelle der Griesedieckschen Bierbraukunst, das Gasthaus mit Landwirtschaft an der Münsterstraße 6 in Stromberg, ist noch bis 1999 durch Joseph Griesedieck sen. fortgeführt worden. Mit dessen Tod endete eine dreihundertjährige westfälisch-deutschamerikanische Bierbrautradition.

***

Entscheidende Hinweise und Informationen zu dieser Geschichte verdankt der Autor Frau Maria Wulff aus Hamm, der Privatbrauerei Pott aus Oelde und dem Oelder Feuerwehrbeamten Joseph Griesedieck jun. aus Stromberg, Münsterstraße 6.

Maria Wulff besitzt sogar noch ein Kassenbuch der Gastwirtschaft und Brauerei Griesedieck in Stromberg, demzufolge der Oelder Arzt und später berühmt gewordene Auswandererführer und Gründer von Westphalia Missouri, Dr. Bern-

Josef (Joe) Griesedieck (1863–1938), Gründer der Falstaff-Brauerei

hard Bruns, im Jahre 1832 im Hause Griesedieck mehrfach Heu und Hafer für sein Reitpferd gekauft hat. Bekanntlich stammten die Großeltern von Bruns' Frau Henriette, geb. Geisberg, aus Stromberg.

Deserteur Heinrich Lembeck aus Osterwick: Bierbrauer und Mäzen in New Jersey

Der gelernte Tischler Heinrich Lembeck aus dem west-
münsterländer Osterwick (1826–1904) war kein „gebo-
rener" Bierbrauer wie etwa die Brüder Griesedieck aus
Stromberg. Auch dachte er während seiner Wanderjahre
in Deutschland zunächst gewiss nicht an eine Auswande-
rung nach Amerika. Erst während seines preußischen Mili-
tärdienstes ab 1846 entschied er sich im März 1848 Hals
über Kopf zur Desertion und Flucht in die „Neue Welt".

Heinrich/Henry Lembeck

einrich Lembeck hatte sich damals in Zivil an einer Demonstration der Demokraten in Münster beteiligt und fiel auf. Doch bevor ihn seine Häscher festsetzen konnten, nutzte er das nächste, viertägige dienstfreie Wochenende zur Flucht.

Die notwendige Eile war so groß, dass er sich nicht einmal von seiner Mutter, einer bettelarmen Witwe, verabschieden konnte. Dabei hatte er bei Antritt des Urlaubs seinen Heimatort Osterwick als Ziel angegeben. Erst durch einen Brief aus Rotterdam erfuhr die Familie, Heinrich sei auf dem Weg nach New York.

Auswanderer- und Ahnenforscher Martin Holz aus Rosendahl-Osterwick, der die Lebensgeschichte des amerikanischen Bierverlegers Henry Lembeck erforscht hat, weist nach Studium damaliger Militärakten gründlich nach, wie rücksichtslos und penetrant preußische Behörden damals im Münsterland über Jahre Personen und deren Familien verfolgten, die sich dem Wehrdienst verweigerten oder, wie der Füselier Heinrich Lembeck, sich heimlich außer Landes begaben.

Selbst dann noch, als bewiesen war, dass Lembeck längst in Amerika Fuß gefasst hatte, wurde ihm in Münster militär- und privatrechtlich der Prozess gemacht. Das begann mit dem Auftrag des Chefs der 5. Kompanie im 13. Infanterie-Regiment an den Amtmann in Osterwick, nach dem Deserteur zu suchen und ihn festzunehmen.

Desertions-Prozess in Abwesenheit

Als das Amt Osterwick berichtet, Lembeck sei ohne Wissen seiner Angehörigen ausgewandert, wird von Wesel aus trotzdem die „Arretierung" des Flüchtlings verlangt. Der Desertions-Prozess sei bereits eröffnet worden.

Inzwischen ist der Landrat von Coesfeld eingeschaltet worden. Amtmann Gröninger bekommt noch mehr Druck herauszufinden, unter welchen Umständen der Soldat das Weite gesucht habe und ob er oder seine Angehörigen etwa Vermögen besäßen, das man konfiszieren könne.

Der Coesfelder Gerichtsbote Baumann stellt vor Ort in Osterwick laut Brief vom 9. Juni 1849 fest, angeblich habe der Deserteur von einem Ladendiener aus dem Dorf einen Vorschuss bekommen, um nach Amerika zu reisen.

„Arrest" über 50 Reichsthaler

Die völlig verzweifelte Mutter des Gesuchten erklärt dem Beamten in einem Protokoll (das sie mit drei Kreuzen unterzeichnet): *„Ich bin mit voller Dispositionsfähigkeit nach Absterben meines Ehemannes in überschuldetem Vermögen sitzen geblieben!"* Der verschwundene Sohn habe deswegen keinerlei Erbschaft zu erwarten. Auch der kränkliche Bruder Joseph und die beiden Schwestern seien völlig mittellos.

Trotzdem musste die Mutter unterschreiben, dass sie und ihre Familie sich einem zu verhän-

Firmenlogo der Brauerei Lembeck & Betz

genden „Militärurteil und dem folgenden Arrest" zu unterwerfen habe. Dieses folgte postwendend unter dem 29. Dezember 1849: „50 Reichsthaler wegen des Verbrechens der Desertion des Bernhard Heinrich Lembeck".

Dieser Betrag war unter den gegebenen Verhältnissen absolut uneinbringlich, wie Amtmann Groninger aus Osterwick seinem Landrat Mersman beschwörend und unter genauester Beschreibung der Lembeckschen Notlage im März 1850 mitteilt und um Nachsicht bittet. Trotzdem lässt die übergeordnete Behörde von ihrem „Arrest" über 50 Taler nicht ab.

Ob das Geld bei der bettelarmen Witwe irgendwie und irgendwann eingetrieben werden konnte, entzieht sich der Kenntnis des Chronisten. Jedenfalls blieb die unbarmherzige Forderung wohl bis zu ihrem Tode bestehen.

Zunächst Zimmermann in New York

An der Ostküste der USA arbeitete Heinrich Lembeck nach seiner Ankunft anfangs als Tischler und Zimmermann bei der „Herring Safe Company" in New York. Anschließend erleben wir ihn als fleißigen Angestellten eines Gemüsehändlers. Lembeck entpuppte sich dabei als wahres Verkaufstalent und sah sich schon bald als Agent eines Gartenbaubetriebs unterwegs.

Dabei kam er mit dem deutschstämmigen Brauer John F. Betz, New York City, in Kontakt. Hier übernahm der Westfale zunächst die Ver-

kaufsleitung. Dann beschloss Betz, im benachbarten Jersey City die Produktion spezieller Getränke wie Ale (Leichtbier) und Portbier aufzunehmen – Produkte, die vor allem von Einwanderern verlangt wurden.

Spezialität: hochwertiges Lager-Bier

So zog Heinrich Lembeck nach New Jersey und baute die neue Produktionsstätte auf. Nicht lange und Betz übertrug Lembeck die volle Geschäftsleitung. Gleichzeitig gründete Lembeck eine eigene Aktiengesellschaft, deren Präsidentschaft der gebürtige Osterwicker ebenfalls übernahm.

Sein langjähriger, treuer Sekretär war übrigens der Sohn eines Havixbecker Auswanderers – Henry L. Keller, Eltern: Ferdinand Keller und dessen Frau Maria Catharina, geborene Lembeck!

Lembecks Ale und Port verkauften sich prächtig, doch erst richtig los ging es mit der zusätzlichen Produktion von qualitativ hochwertigem Lager-Bier.

Bald waren 17 nebeneinander liegende Stadtgrundstücke mit Werksanlagen, teils bis zu sechs Stockwerke hoch, bebaut: Brauerei, Bierlager, Kühlhaus, Verkaufsgebäude. Zusätzlich errichtete Lembeck zusammen mit der Firma Watkins aus New York ein riesiges neues Mälzerhaus.

Im Jahre 1893 besaß die Firma 24 Lieferwagen und 12 weitere Fahrzeuge, die als „ale trucks" (Halbbierlastwagen) bezeichnet wurden. Für den Vorspann hielt „Lembeck & Betz" einen riesigen Stall mit 83 Pferden, wie die damalige „Evening News" stolz berichtete. Ob für den Transport des Biers zur Kundschaft damals zusätzlich noch die Erie-Eisenbahn und Schiffe genutzt wurden, ist nicht bekannt, darf jedoch durchaus vermutet werden.

Bald war „Lembeck & Betz Eagle Brewery" wegen der Qualität seiner Biere nicht nur in New Jersey, sondern auch in der City von New York ein Begriff. „Nicht Masse, sondern Klasse" lautete Lembecks Geschäftsgrundsatz. Persönlich kümmerte er sich bis ins Alter um Mitarbeiter und Kunden. Berichtet wird auch, dass er, heimlich als einfacher Gast getarnt, Gaststätten und Restaurants aufsuchte und sein eigenes Bier nachfragte bzw. dessen Ruf testete.

Firmenwerbung Lembeck & Betz per Kutschpartie

Einer der Erfolgreichsten an der Ostküste

In einer zeitgenössischen Biographie heisst es u. a. über ihn: „*Henry Lembeck und John F. Betz begründeten eine der erstrangigen, bestgeführten und finanziell erfolgreichsten Brauereien an der ganzen Ostküste der Vereinigten Staaten!*"

Bereits 1889 habe die Firma Lembeck & Betz 50 000 Barrel (Fass) Ale und Port sowie jährlich 250 000 Barrel Bier produziert und Bier bzw. Getränke in einem Gesamtwert von 3 Millionen Dollar umgesetzt.

Als erfolgreicher und inzwischen durch Bier reich gewordener Bürger New Jerseys beteiligte sich Heinrich Lembeck an vielen öffentlichen Einrichtungen. So war er einer der Gründer der „Greenville Banking and Trust Company", diente ehrenamtlich als Vizepräsident der „Third National Bank of Jersey City" und betätigte sich darüber hinaus als republikanischer Kommunalpolitiker, Städteplaner und Architekt.

Mehr als 52 Häuser wurden nach den Plänen des Westmünsterländers errichtet. Als Tischler und Zimmer-

mann hatte er die Berechnung von Bauten gelernt und dies nach seiner Auswanderung nicht vergessen. In New Jersey machte er ein Hobby daraus.

Die Villa an der Old Bergen Road (heute Lembeck Avenue), in der Heinrich Lembeck bis zuletzt lebte, steht heute noch. Sie gehört inzwischen zu den Gebäuden für das „New York Street Project", das 1987 von den Ordensschwestern „St. Joseph im Frieden" gegründet wurde.

Die Brauerei „Lembeck & Betz Eagle Brewing Company" hingegen existiert längst nicht mehr. Ihre Gebäude gehören zum historischen Distrikt der Stadt New Jersey und wurden 1997 zu Gunsten der „Jersey City Golden Door Charter School" teilweise abgerissen.

Der Osterwicker Auswanderer Heinrich Lembeck, der in seiner neuen Heimat zweimal verheiratet war und insgesamt 11 Kinder hatte, starb, als Unternehmer und Wohltäter in New Jersey und an der gesamten Ostküste hochangesehen, am 26. Juli 1904. Sein Grab befindet sich auf dem „Bay Cemetery" in Bayview, New York City.

Zeppelin als Werbeträger für Lembeck & Betz über New York

Heinrich Brockmeyer: in Amerika ein Kultur-„Hero", zu Haus ganz unbekannt

Heinrich Conrad Brockmeyer (1826–1906) aus Neuenknick, Kirchspiel Windheim/Weser hat in dem Nachschlagewerk berühmter amerikanischer Geistesgrößen, dem „Dictionary of Modern American Philosophers" über seinen Tod hinaus einen Ehrenplatz bekommen. Neben anderen deutschstämmigen Berühmtheiten wie Albert Einstein, Theodor Adorno, Hannah Arendt, Franz Boas oder Friedrich Hayek.

Brockmeyer gilt als Begründer angewandter Hegelscher Philosophie in Wissenschaft, Schule, Religion und Politik der Vereinigten Staaten. Darüber hinaus machte er sich einen Namen als demokratischer Landes- und Bundespolitiker und brachte es in Missouri immerhin bis zum stellvertretenden Gouverneur. Jedoch war und ist in Brockmeyers westfälischer Heimat bislang von alledem nichts bekannt. Bis auf einen vergilbten Aktenvermerk im NRW-Landesarchiv Detmold, wonach sich dieser junge Preuße 1845 als Neunzehnjähriger unerlaubt nach Amerika abgesetzt habe.

Auch dieses wäre in Ostwestfalen-Lippe unbekannt, würde nicht der Amtmann zu Petershagen für das preußische Innenministerium einen Bericht über den am 11. August 1826 geborenen, verschwundenen Sohn des Landwirts Wilhelm Brockmeyer und dessen Frau Luise, geborene Bismark, auf dem Gehöft Neuenknick Nr. 45 verfasst haben.

Heinrich Brockmeyer hätte nämlich im Jahre 1847 in Minden Soldat werden müssen. Weil er sich dem jedoch durch Flucht entzogen hatte, wurde nicht nur eine Fahndung nach ihm ausgeschrieben, sondern das 21 Morgen große Besitztum der Eltern mit einer Strafe von 50 Mark belegt. Außerdem sollte ein später eventuell zu erwartendes Erbe des ausgewanderten Sohnes eingezogen werden.

Dazu ist es allerdings nicht gekommen, wie das Landratsamt Minden 1851 gegenüber der Regierung erklärt: *„Es wird nämlich dem ausgetretenen Sohn dereinst schwerlich ein Vermögen zufallen, da die Besitzung der Eltern höchst unbedeutend ist!"*

Henry C. Brokmeyer, vermutlich eine Aufnahme aus dem Jahre 1866

Wie ist Brockmeyer nach Amerika gesegelt?

Brockmeyers frühe Wege nach und in den USA liegen im Dunkeln. Es scheint, dass der junge Mann nicht sofort die „Neue Welt" angesteuert hat. Sein Name findet sich weder 1845 noch 1846 in einer der US-Schiffslisten östlicher Hafenstädte oder von New Orleans. Lediglich ein Eintrag von Mai 1849 auf dem Segler „Schiller" von Bremen nach Baltimore könnte auf einen damals 24-jährigen Passagier gleichen Namens passen. Als Herkunftsort gibt dieser Heinrich Brockmeyer allerdings „Tenhorst" an. Eine solche Gemeinde ist in Deutschland heute laut Telefonadressbuch nicht auffindbar.

Jedenfalls ist „unser" Brockmeyer etwa um 1850 in St. Louis aufgetaucht und hat hier zunächst als Gerber sein Brot verdient. Während der verheerenden Epidemien in Missouri und speziell in St. Louis wich der junge Mann als Handwerker nach Memphis (Tennessee) und Columbus (Mississippi) aus. Die Jahre bis 1854, als er sich in St. Louis zurückmeldete, nutzte Henry C. Brokmeyer, wie er sich fortan als naturalisierter Amerikaner schrieb, um auf dem Georgetown College gründlich Englisch zu lernen. Danach nahm er an der Brown University ein Studium der Philosophie auf.

Zu Schul- und Studienabschlüssen kam es allerdings nicht, wie im „Dictionary of Missouri Biographie" von 1999 zu lesen ist: *„Seine Neigung, wissenschaftliche Autoritäten infrage zu stellen, führte zum Verweis von beiden Einrichtungen!"*

1854 sucht sich Henry Brokmeyer einträgliche Jobs bei verschiedenen metallverarbeitenden Firmen in St. Louis und spart eifrig Geld zum Kauf wissenschaftlicher Bücher und für weitere Studien. Um seine bereits angesammelten, bescheidenen Rücklagen möglichst rasch zu vermehren, beteiligt er sich wagemutig an sehr riskanten Bodenspekulationen im Außenbereich der Mississippi-Metropole und ... verliert dabei fast alles.

Philosophisches Selbststudium in der Hütte

Enttäuscht zieht sich Brokmeyer daraufhin in eine einsame Hütte nach Warren County (Missouri) zurück. Hier, in der Wildnis, unter ärmlichsten äußeren Verhältnissen, beginnt er nun mit harter Selbstdisziplin unverdrossen ein philosophisches Selbststudium. Sein Idol ist dabei der deutsche Theologe und Philosoph Friedrich Hegel (1770-1831), Schöpfer eines ersten, einheitlichen Systems deutscher Philosophie sowie Vordenker berühmter Herolde demokratischer Freiheiten in Deutschland, an ihrer Spitze Karl-Marx-Freund Ludwig Feuerbach.

Hegel und dessen These, göttlich bestimmtes Handeln auf Erden müsse den Kirchen grundsätzlich abgenommen und stattdessen allein demokratisch legitimierten Staatsführungen anvertraut werden, faszinierte auch Marx und Engels. Und genauso Henry Brokmeyer, von dem angenommen werden darf, dass ihm Marxistische Agitation, wie sie der revolutionäre Bielefelder Kreis um Grün und Kriege landauf-landab betrie-

Die handschriftlich von H. C. Brokmeyer ausgestellte Satzung der „St. Louis Philosophical Society"

ben hatte, von zu Haus aus nicht unbekannt gewesen sein dürfte.

Ein unbändiger innerer Drang, das Gelernte und seine im Selbststudium gewonnenen Erkenntnisse nun auch an die Gesellschaft weiterzugeben, führte Brokmeyer zurück nach St. Louis, damals die bevölkerungsreichste Metropole im Mittleren Westen der USA und wo ab 1858 unter dem Namen „Washington University" die erste Hochschule dieser Stadt entstand.

Entscheidender Kontakt mit William Harris

Einer der zuerst eingestellten Hochschullehrer war William T. Harris, der von der kultivierten Ostküste der Vereinigten Staaten kam. Dieser sollte später als Superintendent eines für die USA ungewöhnlichen, kombiniert deutsch-amerikanisch geprägten Schulwesens in St. Louis Stadtgeschichte schreiben.

Harris stammte aus einer puritanischen Familie in Connecticut, war in Yale ausgebildet worden und hatte eine große Hochachtung für die Kultur gebildeter deutscher Einwanderer. So nimmt es nicht Wunder, dass während seines späteren, zusätzlichen Dienstes als Schulaufseher (1868–1880) an den Grundschulen in der City, neben Standard-Englisch, ebenbürtiger Unterricht in deutscher Sprache geradezu selbstverständlich wurde.

Dazu trug anfangs die Tochter aus einer führenden St. Louisianer Intellektuellenfamilie, Susan Blow, entscheidend bei. Diese hatte während eines Europaaufenthalts das deutsche Schulwesen studiert und dabei auch die große Bedeutung von Kindergärten erkannt. Dies alles, ergänzt um ihre Erfahrungen mit deutschen Schulgründungen in den USA, ließ sie zu einer glühenden Verfechterin der Einführung des Kindergartens nach deutschem Vorbild werden, zunächst in ihrer Heimatstadt St. Louis, ab 1870 dann innerhalb der ganzen Nation.

Darüber hinaus entwickelten Superintendent William T. Harris, Susan Blow und weitere Mitglieder des deutschamerikanischen Intellektuellenzirkels von St. Louis ein spezielles Unterrichtsmodell für Grundschulen, das den kulturellen und öffentlichen Bedürfnissen dieser damals stark von deutschen Einwanderern geprägten Metropole entsprach. Das Ziel war, grundsätzlich landes-, das heißt englischsprachig zu unterrichten; parallel dazu jedoch gleichzeitig deutsche Sprache, Schrift und Kultur zu pflegen. Derart simultaner Unterricht begann 1864 zunächst testweise an fünf Schulen und fand so viel Zuspruch, dass er bald auf alle Stadtteile ausgeweitet werden musste.

- Nach 10 Jahren nahmen bereits die Hälfte sämtlicher Grundschüler von St. Louis am regulären Deutschunterricht teil.
- 1880 boten 52 der insgesamt 57 „Public Schools" das spezielle englisch-deutsche Schulprogramm an.

Professor Dr. Walter Kamphoefner, der in der Nähe von St. Louis aufgewachsen ist und die schulischen Verhältnisse in St. Louis' Vergangenheit besonders gut kennt, stellt fest: *„Man muss heute sagen, dass Anglo-Amerikaner damals gegenüber anderssprachigen Einwanderern viel größere Toleranz gezeigt haben, als Historiker ihnen nachträglich zutrauen. Denn immerhin hatten in jenen Jahren nahezu ein Viertel aller Schüler (konkret zwischen 5 000 und 6 000 Mädchen und Jungen, die an den genannten ‚Primary Schools' Deutschunterricht nahmen) überhaupt keinen deutschen Ursprung!"*

Schicksalhaftes Treffen in der Bücherei

Zurück in die Zeit vor dem amerikanischen Bürgerkrieg: 1858, gewissermaßen ein Schicksalsjahr des Selfmade-Philosophen Henry Brokmeyer, alias Heinrich Brockmeyer aus Neuenknick nahe der westfälischen Landesgrenze zum früheren Königreich Hannover.

Brokmeyer stöberte in einer öffentlichen Bibliothek der City gerade mal wieder nach philosophischer Literatur. Dabei kam er mit dem zufällig ebenfalls anwesenden Professor Harris ins Gespräch. Harris fand an dem aufgeweckten, offenbar klugen jungen Mann sofort Gefallen und nahm ihn mit zu dem gerade in seiner Gründung begriffenen „Saint Louis Kant Club".

Dessen Initiatoren nun waren ebenso gebildete Angloamerikaner wie intellektuelle Deutsche aus der vorherrschenden Einwandererszene. Nicht lange, und Henry Brokmeyer stand hier, wie auch in der kulturellen und politischen Szene von St. Louis, mitten im Geschehen, ja, wurde schon bald zu einer Art Moderator und führendem Kopf dieser einflussreichen Runde.

Man beschäftigte sich mit deutscher Philosophie, zunächst – wie der Name der Vereinigung verrät – vorrangig mit den Werken Immanuel Kants. Doch standen schon bald auch englischsprachige Philosophen auf dem Programm. Und nun brachte Brokmeyer auch noch Friedrich Hegel und dessen aufregende, hochaktuellen kulturpolitischen Thesen ins Gespräch!

Damit auch alle amerikanischen, englischsprachigen Mitglieder des Saint Louis Kant Club den großen Hegel lesen und verstehen können sollten, vor allem dessen berühmtes Werk über die Logik, bat William T. Harris seinen neuen Freund Henry Brokmeyer, Hegel vom Deutschen in das Eng-

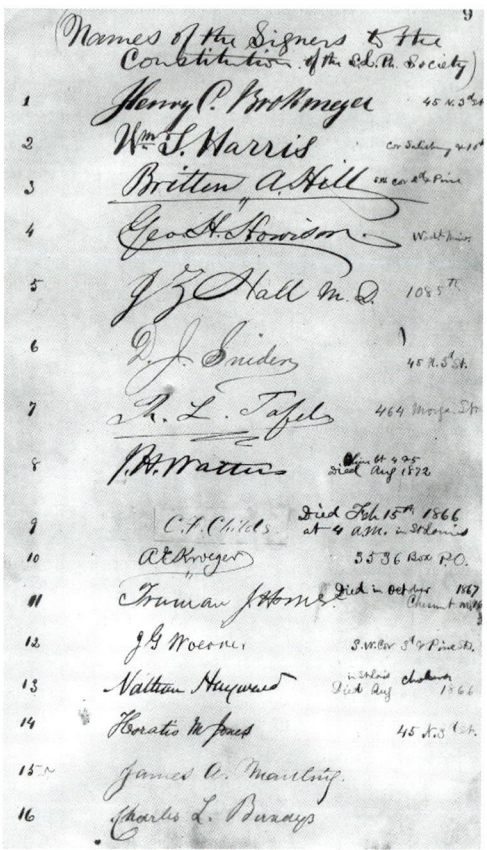

Unterschriften der Gründungsmitglieder. Auf dem ersten Platz der Initiator der Philosophischen Gesellschaft von Saint Louis, Henry C. Brokmeyer

lische zu übersetzen. Das tat Brokmeyer mit Feuereifer, und wenngleich dieses sein Erstlingswerk als Übersetzer auch unvollkommen blieb – dies war im damaligen „Frontier" am Mississippi eine große geistige Pioniertat, die ihm unter den Intellektuellen des Mittleren Westens Respekt und Anerkennung eintrug.

Ferris: „Brokmeyer war mein Lehrer!"

Ferris und Brokmeyer arbeiteten als glühende Verehrer Hegels, rührige Herolde deutscher wie amerikanischer Literatur und speziell bei den „St. Louis Hegelianern", Jahrzehnte eng zusammen. Wie viel Professor Ferris der deutschstämmige Freund Henry Brokmeyer bedeutete, bekannte Harris lange Zeit später, und zwar im Jahre 1890, als er seinen wissenschaftlichen Bestseller „Hegel's

Logic: A Book on the Genesis of the Categories of the Mind" in der Öffentlichkeit vorstellte.

Brokmeyer sei bezüglich Hegels Philosophie tatsächlich sein Lehrer gewesen. Erst dessen Übersetzungen hätten ihm nämlich die Augen geöffnet und ihn zum eigentlichen, tiefen Verständnis Hegels geführt.

Ferris wörtlich zur Person Brokmeyers, bewundernd und (wegen der gelegentlich recht seltsamen Verhaltensmuster seines Freundes) wohl auch leicht schmunzelnd: *„Für Henry waren Hegels Erkenntnisse weitaus mehr als nur eine Lehre oder gar ein Spiel. Vielmehr nahmen sie ihn zeitlebens total gefangen und bestimmten entscheidend seinen bisherigen, gesamten ‚Way of Live!'"*

Präsident der Philosophischen Gesellschaft

Erneute Rückblende, nun in das Jahr 1866. Der Bürgerkrieg war vorbei, die allgemeine Verwirrung und Unordnung groß. Besonders im geistig-kulturellen und dem politischen Zusammenleben.

Der aus dem Krieg unversehrt heimgekehrte Henry Brokmeyer ergriff die Initiative und eröffnete mit Gleichgesinnten die geradezu berühmt gewordene „Saint Louis Philosophical Society", Gründungspräsident: Henry Brokmeyer. Professor Harris übernahm den Posten des Sekretärs und zugleich Redakteurs einer eigenen neuen Zeitschrift unter dem Titel „Journal of Speculative Philosophy".

In diesem Blatt wurden fortan nicht nur regelmäßig die Ansichten der eigenen Clubmitglieder dargelegt, sondern Harris und Brokmeyer publizierten darin ebenso Werke und Essays von Ludwig Feuerbach, J. B. Stallo, Karl Rosenkranz, W. Emmerson oder James Ward. Besonderer Wert wurde auf ein ausgewogenes Verhältnis zwischen deutsch- und englischsprachigen Veröffentlichungen bzw. philosophische Beiträge aus beiden großen Sprachgruppen gelegt.

Brokmeyer hat einmal all jene, mit Veröffentlichungen geehrten Autoren scherzhaft als *„meine Hilfstruppen für die Philosophische Gesellschaft"* bezeichnet.

Der nach seiner Zeit in St. Louis an der berühmten Berkeley University lehrende Professor

George H. Harrison (1834–1916) beschreibt das „Saint Louis Movement", dem neben Brokmeyer und Harris auch er selbst angehört hatte, rückblickend und mit großem Respekt so: *„Das war vor allem eine Ansammlung sehr wissensdurstiger junger Männer, begierig, ihre intellektuellen Kapazitäten an der Person Hegels zu messen."*

Wer ist Nr. 1: St. Louis oder Chicago?

Was dem „Saint Louis Movement" und seinem geistigen Motor Henry Brokmeyer trotz aller Anstrengungen und engen Fäden zu Kultur, Wirtschaft und Politik über die 60er-Jahre hinaus allerdings nicht gelang: Die Vorherrschaft von St. Louis als bis dahin unbestrittener Metropole für den ganzen Mittlern Westen, gegenüber dem aufstrebenden Chicago dauerhaft zu erhalten.

Im Gegenteil – am Ende seiner politischen Laufbahn musste Brokmeyer zugeben, das wirtschaftlich gewaltig boomende Chicago habe inzwischen St. Louis als bis dahin kommerzielle City Nr. 1 des Mittleren Westens abgelöst.

Gleichwohl tröstete er sich und seine Anhänger mit der Feststellung, nunmehr gebe es im Herzland der Vereinigten Staaten eben z w e i führende Metropolen, von denen jedoch St. Louis – gegenüber „Beef-City" Chicago – immer noch über die stärkeren „geistigen Regimenter" verfüge. Fazit: St. Louis sei und bleibe als Zentrum des gesamten Midwest-Kulturlebens zweifelsohne „Number One"!

Als Oberstleutnant an der Front

H. Brokmeyer, der sich in seiner westfälischen Heimat dem Wehrdienst entzogen hatte, hat als überzeugter Gegner der Sklavenhaltung und Bewohner des Bundesstaates Missouri auf Seiten der Nordstaaten ganz selbstverständlich am Bürgerkrieg teilgenommen. Wie einer seiner amerikanischen Biographen berichtet, stellte er dafür sogar eine eigene Einheit auf und diente der Armee als Offizier, zuletzt als Lieutenant Colonel (Oberstleutnant).

Bittere Kriegserfahrungen und die damit verbundene Auflösung aller staatlichen Ordnung machten aus dem zuvor eher liberalen Henry Brokmeyer freilich einen entschiedenen Befürworter eines deutlich gestärkten Bundesparlaments nebst starker Exekutive in Washington D. C. Dennoch unterstützte der überzeugte Parteigänger der Union Präsident Lincoln nicht. Dieser sei ihm zu autoritär, wird als Ausspruch Brokmeyers überliefert.

Für Demokraten im Landesparlament

Bereits 1862 Mitglied der Demokraten und States Representive für Missouri, hatte Henry Brokmeyer am 16. Januar 1864 auf den Stufen des Missouri-Repräsentantenhauses in Jefferson City als spontaner Redner einen spektakulären Auftritt. Seine öffentliche Aufforderung an die versammelten Landespolitiker: *„Unterstützt und stärkt unsere Bundespolitik, jedoch nicht Abraham Lincoln!"*

Mit diesen und anderen politischen Aktionen verschaffte sich Henry Brokmeyer bei der Bevölkerung von St. Louis auf breiter Ebene politische Reputation. Kein Wunder, dass man ihn 1871 in den Senat seines Bundesstaates Missouri wählte, dem er bis 1875 angehörte und in dem er sogar Vorsitzender des Justizausschusses wurde, ohne selbst Jurist zu sein.

1875 nahm Brokmeyer dann an der konstituierenden Versammlung des neugewählten Missouri-Parlaments teil, wobei er sich wortgewaltig für strikte Kürzungen aller staatlicher Ausgaben einsetzte.

1876 schließlich erreichte der Ex-Westfale Henry Brokmeyer mit der Wahl zum Vize-Gouverneur von Missouri sein bis hierher höchstes politisches Amt in der „Neuen Welt". Ein Jahr später wird er sogar als „acting governor", also amtierender Ministerpräsident, aufgeführt.

Rückzug in die Wildnis Oklahomas

Ende der siebziger Jahre sagt Henry Brokmeyer dem Capitol in Jefferson City und der Politik endgültig Ade. Ähnlich wie viele seiner alten Weggefährten aus dem „Saint Louis Movement" und von den „Saint Louis Hegelians", ist ihm die neue politische Klasse in Landes- und Bundespolitik zuwider.

Enttäuscht zieht er sich zurück – diesmal in das ferne, von Weißen noch kaum besiedelte Oklahoma, um hier in Frieden und in seiner Erinnerung an das vermeintliche „Goldene Zeitalter Amerikas" zu leben.

Spöttische Zungen haben behauptet, Brokmeyer sei nach Oklahoma gezogen, um den hier von der Bundesregierung zwangsweise angesiedelten, aus ihrer angestammten Heimat vertriebenen Indianern Hegelsche Philosophie zu lehren.

Als Tatsache überliefert ist, dass der Mann aus Westfalen sich sozial und mitmenschlich hingebungsvoll um die bedauernswerten, vielfach notleidenden und dahinvegetierenden Indianer in Wildwest Oklahoma kümmerte, dabei jedoch unbeirrt weiter seinen Hegel studierte.

Ob Henry Brokmeyer eine Familie gründete, Kinder gehabt hat, weitere Bücher schrieb oder wem er einen möglichen Nachlass vererbt hat – alles das harrt zumindest von Deutschland aus noch der weiteren Erforschung des Lebens dieses ohne Zweifel großen Westfalen in der „Neuen Welt". Immerhin, sein Sterbedatum ist bekannt – der 26. Juni 1906; sein Grab auch, und zwar auf dem Bellefontain-Friedhof in St. Louis, wo er die meiste Zeit seines Lebens verbracht hatte. Sein heute noch vorhandener Grabstein trägt den Namen Henry Brokmeyer und den ehrenden Zusatz: „Dichter – Staatsmann – Philosoph".

Brockmeyer ging in die US-Literatur ein

Unter den zahlreichen Veröffentlichungen des wissenschaftlichen Autodidakten Henry Brokmeyer gilt seine Novelle „Mechanic's Diary" (Handwerker-Tagebuch) als versteckte (leider lückenhafte) Autobiographie des berühmt gewordenen Amerikafahrers.

Der amerikanische Historiker William Goetzmann urteilt: „Mechanic's Diary" ist vielleicht die interessanteste aller Veröffenlichungen, welche die Saint Louis Hegelianer hervorgebracht haben, weil sie aufzeigt, wie Brokmeyer die philosophische Theorie mit dem praktischen Leben in Einklang bringen wollte!"

Henry Brokmeyer ist auch in die Bürgerkriegs-Literatur eingegangen – durch die Novelle „The Rebel's Daughter" (Die Tochter des Rebellen) aus der Feder seines Freundes Woerner. Und zwar als „Professor Rauhenfels" – ein extrem „harter Knochen", wie es wörtlich übersetzt heißt.

Dies wirft ein bezeichnendes Licht auf die ungewöhnlichen wie typischen Charaktermerkmale

des multibegabten Eigenbrötlers Henry Brokmeyer. Er sei aufbrausend, ausgesprochen dickköpfig und ungeheuer hartnäckig in der Durchsetzung seiner Ziele gewesen, heißt es in den Erinnerungen seines langjährigen Freundes und Zeitgenossen Professor Harris: „Selbst auf der Jagd nach Truthähnen hatte ‚Brok' plötzlich seine philosophischen Erleuchtungen. Für ihn war Hegels Dialektik eben ständig präsent und ein Schlüssel zur Lösung aller möglichen Probleme unserer amerikanischen Gesellschaft, bis in das hohe Regierungsgeschäft hinein!"

C. F. G. Meyer aus Ilwede, Stemweder Berg – vom Schäferjungen zum Pharma-Millionär

Vom Tellerwäscher zum Millionär – das war und ist im 19. Jahrhundert bei Millionen deutschen Auswanderern Richtung „Neue Welt" ein Wunschbild gewesen und ... in den meisten Fällen leider auch geblieben. Dennoch, der Traum vom „großen Glück": Amerika machte ihn (wenn auch nicht gerade millionenfach) hier und da wahr!

D ass es solche Traumkarrieren tatsächlich gegeben hat, dafür steht Christian Friedrich Gottlieb Meyer (1830–1905) aus Ilwede bei Haldem, Stemweder Berg: *„Gott hat seinen reichen Segen auf mich ... geschüttet"*, schreibt der spätere, weltweit operierende Pharma-Händler, Wholesale-Spezialist und Multimillionär von St. Louis zur Wende des 19. in das 20. Jahrhundert allen Freunden und Bekannten in der alten Heimat. *„Um Euch zu zeigen, dass Gott in wunderbarer Weise meine Arbeit gesegnet und mich wie auf Fittichen getragen hat."*

Auf ihrem Höhepunkt kurz nach der Wende in das 20. Jahrhundert erwirtschaftete die Firma „Meyer Brother Drug Wholesale" einen jährlichen Profit (Rohgewinn) von 22 Millionen Dollar, den sich der Gründer Friedrich Meyer aus dem ostwestfälischen Ilwede (nach Steuern, Investitionen und Abschreibungen) mit seinem Bruder Wilhelm partnerschaftlich teilte. Damit waren die Gebrüder Meyer auch für amerikanische Verhältnisse sehr reich.

In einem Kotten in Ilwede geboren

Friedrich Meyer, im Kotten des Meyerhofes Ilwede Nr. 25 geboren, verlor seinen Vater, den Schäfer Johann Heinrich Meyer, bereits als Vierjähriger. 1838 zog Friedrichs Mutter mit den Kindern aus zwei Ehen auf eine frei gewordene Schäferei im benachbarten hannoverschen Stemshorn, nahe Lemförde. Der dortige Schäfer Hermann Gerke, Friedrichs Schwager, war 1836 mit seiner Frau Marie-Margaretha geb. Meyer nach Fort Wayne, Indiana, ausgewandert. Margaretha war eine Schwester der Gebrüder Meyer aus 1. Ehe des Vaters.

Inzwischen hatte Friedrich Meyer praktisch als Kind das Schäferhandwerk erlernt und an Stel-

Multimillionär C. F. G. Meyer aus Ilwede

le seines verstorbenen Vaters mit frühen Jahren die elterliche Herde übernommen. Jahrelang zog Friedrich mit Schafen und Schäferkarre als Obdach von Hof zu Hof. Gerade 17 Jahre alt und den drohenden Militärdienst vor Augen, starb nun auch die Mutter.

Das gab den Ausschlag: Im September 1847 packten Friedrich und sein damals 24-jähriger Bruder Wilhelm kurz entschlossen ihre selbst gezimmerten Koffer und bestiegen in Bremerhaven den Dreimaster „Swanton" unter Kommando von Kapitän Duncan.

Siebeneinhalb Wochen bis New Orleans

Erst siebeneinhalb Wochen später, am 17. November 1847, erreichte das Schiff mit Mühe und Not New Orleans.

Die „Swanton" war, wie C. F. G. Meyers Urenkelin Marylynn Meyer Greeson herausgefunden hat, einer der ersten Transatlantik-Segler, die einen primitiven Dampfmotor an Bord hatten. So wird berichtet, nach vielen Motoreinsätzen während windstiller Tage auf hoher See seien sämtliche mitgenommenen Kohlen verfeuert gewesen, so dass Kapitän Duncan bei der letzten Flaute vor dem Ziel kurzerhand einen der drei Masten kappen und verfeuern ließ. Als dieses Brennmaterial auch noch nicht reichte, soll Duncan sogar Möbel der Passagiere in den Ofen gesteckt haben.

Auswandererexperte Professor Dr. Antonius Holtmann von der Universität Oldenburg (DAU-SA) bestätigt, dass es 1847 bereits solche ersten, mit Dampfmaschinen bestückte, englische Segler gegeben habe. Diese Geschichte könne insofern also stimmen. Doch in der von Professor Holtmann vorgelegten, kompletten Schiffsliste der „Swanton" vom 17. November 1847 tauchen weder C. F. G. (wie sich Friedrich Meyer seit der Abreise von Bremen fortan lebenslang schrieb) noch sein Bruder Wilhelm auf.

Ob beide, was bei jungen, wehrdienstfähigen Männern nicht selten vorkam, zur Tarnung bewusst unter falschem Namen nach Amerika gereist sind?

In Händen eines gewissenlosen Agenten

Ihre Überfahrt im billigen Zwischendeck bezahlten die Brüder Meyer übrigens aus kargen Ersparnissen und Zuschüssen der Verwandtschaft. Organisiert wurde die Passage „durch einen Mann von hinter Lemförde", schreibt C. F. G. Meyer in seinen Erinnerungen. Dieser Schurke habe, wie die Brüder Meyer leider zu spät erkannten, „zu jenen gewissenlosen Agenten gehört, welche arme Leute wie uns in einer Art Seelenhandel gruppenweise an Überseeschiffe verschacherten.

Diesem Manne schlossen wir uns also an und vereinbarten, zunächst nach Cincinati zu gehen. Wo diese Stadt lag, wussten wir zwar nicht genau", fährt C. F. G. fort, „denn wir hatten keine Ahnung von Geographie und den verschiedenen Weltteilen und Distanzen!"

Man habe die Reise tatsächlich mehr oder weniger „blindlings, nur vertrauend auf Gott", angetreten. Und in lebhafter Erinnerung an die schreckliche Schiffspassage: „Wir wurden einge-

pfercht wie das Vieh und auch fast wie Tiere versorgt. Noch heute schaudert es mich ..."

Ab New Orleans reisten die Brüder per Dampfschiff den Mississippi und Ohio hoch, bis Cincinnati. Während hier die meisten Reisegefährten aus der Gegend zwischen Stemweder Berg und Damme/Dümmersee blieben, um zu siedeln (rund um Cincinnati hatten die Dammer Einwanderer mit ihrem Anführer Stallo bereits Anfang der dreißiger Jahre gesiedelt und Gemeinden wie Stallotown bzw. Minster gegründet), zogen C. F. G. und Wilhelm Meyer noch 170 Meilen – überwiegend zu Fuß – weiter zu ihrem dort gerade ansässig gewordenen Schwager Hermann Gerke in der Nähe von Fort Wayne im „Frontier-State" Indiana.

Durch Eis und Schnee zum Schwager

Inzwischen schrieb man Dezember 1847. Flüsse und Kanäle froren zu. Schiffe lagen fest. Nur unter größten Strapazen ging es auf dem Landweg nordwärts: „Durch eine wilde Gegend, in einem Lande, dessen Sprache wir nicht verstanden." Umso dankbarer sei man für die Hilfe anderer, bereits angesiedelter Westfalen und Hannoveraner gewesen: „Das waren, Gott sei Dank, meist Plattdeutsche wie wir!"

Im Blockhaus von Schwager und Schwester wurden die total erschöpften Brüder C. F. G. und Wilhelm Meyer herzlich aufgenommen. Von hier aus erkundeten sie dann, nach Wochen der Erholung, gemeinsam die umliegende, damals noch weitgehend unbewohnte Prärie.

Mit Äxten und Beilen im Urwald

Ihren ersten Lebensunterhalt verdienten sich die beiden als Waldarbeiter beim Bäumeroden. Das hatten sie zu Haus gelernt und dafür auf Rat des Schwagers von zu Haus extra scharfe Äxte und Sägen mitgebracht – ihr Glück!

Die Gebrüder Meyer wären wahrscheinlich, ebenso wie der im 20. Jahrhundert durch seine pfiffigen Briefe aus Amerika berühmt gewordene „plattdeutsche" Mecklenburger Jürnjakob Swehn Jahrzehnte später und hunderte von Meilen weiter im Norden, „nur" zufriedene Farmer auf selbst gerodeter Scholle geworden. Ein durchaus annehmbares Schicksal tausender Westfalen, Lipper und Niedersachsen in den Weiten der „Neuen Welt" –

Kotten des Meyerhofes in Ilwede Nr. 25: Unter diesem Dach ist Christian Friedrich Gustav Meyer geboren worden

wenn C. F. G. nicht so neugierig auf das Leben in der sagenhaften Wildweststadt Fort Wayne und die Welt außerhalb des üblichen bäuerlichen Horizonts gewesen wäre!

So machte sich C.F.G. eines Sonntags auf den Patt, wie er in seinen Erinnerungen berichtet, und wurde in der Stadt angesprochen, ob er einen Job suche. Prompt bekam C. F. G. Meyer in der City Arbeit als Dienstbote. Ohne Lohn, dafür aber frei Kost und Logis und: kostenloser Besuch einer „englischen" Schule. Denn das hatte der clevere deutsche Einwanderer schon bald herausgefunden: *„Mit Plattdeutsch kommst du hier nicht weiter."*

Die Inschrift im Torbogen des Kötterhauses bestätigt die Zugehörigkeit zu Hof und Familie Meyer

Als „Ladenschwengel" angefangen

Ein Landsmann, Heinrich Schwegmann aus Bramsche, verschaffte C. F. G. einen ersten bezahlten Job bei einem Gemischtwarenhändler in Fort Wayne. Einige Wochen später war der anstellige junge Mann bei seinem Boss „Ladenschwengel" (Verkaufshelfer). Und schon bald durfte

C. F. G. einen Mitarbeiter einstellen – seinen Bruder Wilhelm!

Dann bekam Friedrich Meyer unverhofft eine weitere, geradezu zukunftsweisende Chance. Der einzige Apotheker in Fort Wayne, Reed, suchte dringend einen cleveren Lehrling. Mr. Reed hatte von dem tüchtigen Verkäufer Meyer gehört, schickte einen Boten und C. F. G. schlug sofort ein.

In Englisch war C. F. G. inzwischen ziemlich firm. Aber von Latein hatte er keine Ahnung. Medikamente verkaufen ohne lateinische Sprachkenntnisse?

C. F. G. erweiterte seine Feierabendschule: Bei einem zum Farmer gewordenen deutschen „Achtundvierziger" wurde Latein gebüffelt. Das ermöglichte dem emsigen Apothekenlehrling schon bald, klug daherzureden und zumindest das eine oder andere aufgedruckte Rezept korrekt zu deuten.

Friedrich aus Ilwede bewährte sich in Reeds Apotheke mehr und mehr, und das nicht nur im Verkauf, sondern auch als Hersteller von Heilkräutern. Hatte der junge Mann davon doch aus seiner Zeit als Schäfer nicht nur eine Ahnung, sondern dank seiner naturverbundenen Mutter auch solide praktische Kenntnisse – von Reinfarntinktur, Pfefferminzextrakt und Alraunenmelisse bis zu Huflattichtee und Johanniskraut.

Katastrophenjahr 1849: Cholera!

Dann kam das Katastrophenjahr 1849, für C. F. G. Meyer allerdings ein raketenhafter beruflicher Aufstieg in der Apotheke!

Damals wurde der größte Teil der USA von einer verheerenden Cholera-Epidemie überzogen. Unzählige Menschen starben, vor allem in den großen Städten wie St. Louis und New Orleans. Auch die Siedlungen und einsamen Farmen unserer Einwanderer auf dem Lande blieben nicht verschont. Ganze Familien und Ortschaften in der so genannten „Plattdeutschen Prärie" wurden durch die Krankheit von heute auf morgen ausgelöscht.

Einwanderer aus Westfalen, wie eine gerade in Missouri eingetroffene katholische Dorfgemeinschaft aus dem westlichen Münsterland, die es mit Mühe und Not bis hierher geschafft hatte, wurden von heute auf morgen, bis auf wenige Familien, dahingerafft. An manchen Orten gab es nicht einmal genug Überlebende, um all die vielen Toten in Massengräbern beizusetzen.

Weil der Chef die Cholera hatte, führte Lehrling C. F. G. Meyer die Apotheke

Auch Apotheker Reed bekam die Cholera. Er überlebte zwar, musste seiner Apotheke jedoch monatelang fern bleiben. Schließen? Das schien, angesichts der vielen Kranken in Fort Wayne, ganz und gar unmöglich. Doch so sehr sich Mr. Reed und seine ärztlichen Freunde auch um einen berufserfahrenen Vertreter des Inhabers bemühten – sie fanden niemand.

So wurde C. F. G. Meyer als einziger Mitarbeiter nach nur einjähriger Lehre plötzlich für ein halbes Jahr Apotheker und Heilmittelhersteller in einem. Und er machte seine Sache zur größten Zufriedenheit der dankbaren Kundschaft und mit dem Segen aller Prärie-Ärzte derart gut, dass ihn Mr. Reed gleich nach seiner Genesung zum Teilhaber ernannte. Meyers Hauptaufgabe künftig: Herstellung bzw. Einkauf von Medikamenten sowie aller daneben noch geführten Drogerieartikel einschließlich Lebensmittel, Brennstoffe und Alkoholika.

Fort Wayne galt damals als wichtiges Versorgungszentrum für die „Frontier", Trapper, Trailer, Teamster und Farmer in tiefer Wildnis.

Die Bischofsstadt Cincinnati hingegen war bereits, ebenso wie St. Louis oder Indianapolis, eine rasant wachsende Metropole und vor allem an den hohen Ufern des Ohio überwiegend von Deutschen bewohnt. Keine werdenden Großstädte der USA übten auf den Jahr für Jahr anschwellenden Strom westfälischer Einwanderer eine derart große Anziehungskaft aus wie diese genannten Cities mit ihren „German Heritages".

Plattdeutsch war hier, bis weit über die Wende zum 20. Jahrhundert hinaus, neben dem Hochdeutsch der Kirchenmänner und „lateinischen" Einwanderer, eine überall in der Öffentlichkeit zu hörende, selbstverständliche Umgangssprache.

Die Gebrüder Friedrich und Wilhelm Meyer sprachen und schrieben allerdings längst Englisch (Bruder Wilhelm arbeitete ein Leben lang seinem unternehmerisch höher begabten jüngeren Bruder zu und wurde dafür mit dauerhafter C. F. G.-Teilhaberschaft belohnt) und nahmen alle sich bietenden Chancen für naturalisierte Einwanderer in der „Neuen Welt" konsequent wahr.

Partner mit 40 000 $ herausgekauft

Schon als Hilfsarbeiter, kleine Angestellte und danach bald sehr erfolgreiche, gut bezahlte Verkäufer steckten die Gebrüder Meyer jeden Dollar, den sie erübrigen konnten, in den Sparstrumpf.

1852 hatte C. F. G. bereits so viel Geld auf der Bank, dass er sich mit 1700 Dollar (ein Teil davon aus einem privaten Darlehn) in einen örtlichen Drugstore einkaufen konnte. Im Jahr darauf war er mit Unterstützung seines Bruders sogar in der Lage, den früheren Alleininhaber und Partner mit 40 000 Dollar, davon erneut ein Teil bei Landsleuten geliehen, abzufinden und hinauszukomplimentieren. Jetzt war C. F. G. alleiniger Chef und sein mitarbeitender Bruder Wilhelm verlässlicher, stiller Teilhaber!

C. F. G.s nächste Idee war, eine Baumschule zu eröffnen. Auch hierbei nahm er seinen Bruder Wilhelm mit ins Boot. Gemeinsam kauften die beiden vor den Toren von Fort Wayne 20 Morgen Land und begannen, darauf vor allem für die boomenden Märkte von Cincinnati und Indianapolis Blumen, Gartensträucher, Obst- und Zierbäume einschließlich deutscher Linden und Weiden, aufzuziehen.

Haupterwerbszweig blieb jedoch die Firma „Meyer Brother" in Fort Wayne, Einzelhandel und Wholesale (Großhandel). Wobei der Einzugsbereich in den ersten Jahren auf die engere Region begrenzt war. Dies änderte sich 1865, zum Schluss des amerikanischen Bürgerkriegs, schlagartig, als ein wohlhabender Nachbar namens C. Fischer die Gebrüder Meyer fragte, ob diese für seinen Sohn, nebst einer ungewöhnlich hohen finanziellen Geschäftseinlage, Verwendung hätten.

Riskante Ansiedlung in St. Louis

„Ich besprach die Sache mit meinem Bruder. Doch stellten wir fest, dass wir für unsere laufenden Geschäfte inzwischen selbst genug Kapital verfügbar hatten", heißt es in den Erinnerungen des früheren Schäferjungen vom Stemweder Berg.

Trotz ausreichender eigener Kapitalbasis nahm C. F. G. das Angebot dennoch an und entschied sozusagen „aus dem Bauch heraus".

Der „Neue" und Bruder Wilhelm sollten fortan Drugstore- und Gärtnereigeschäfte in Fort Wayne führen. Christan Frederick Gottlieb Meyer dagegen wollte, angesichts des riesigen Marktes in seiner Branche, mit allem Kapital in die inzwischen nahezu 100 000 Einwohner große Boom-City St. Louis reisen und dort einen neuen Großhandel aufziehen.

Noch 30 Jahre zuvor hatte St. Louis lt. Brockhaus' Conservations-Lexikon aus dem Jahre 1835

Zur Renovierung von Turm und Schiff „seiner" baufällig gewordenen Dielinger Dorfkirche stiftete CFG Meyer um die Jahrhundertwende 1899/1900 rund 10 000 Reichsmark

erst 10 600 Einwohner gezählt. Für den Bundesstaat Missouri nennt Brockhaus gerade mal 118 000 „freie Einwohner" plus 25 000 Sklaven.

Im September 1865 sehen wir C. F. G. bereits in St. Louis am Werk. Aus der Übernahme einer hier gerade zusammengebrochenen Handelskette entsteht von heute auf morgen „Meyer Brother Wholesale St. Louis" (Großhandlung).

Anfangs gab es unerwartete Probleme, die für den wagemutigen Deutschamerikaner C. F. G. um ein Haar in die Pleite geführt hätten.

Bürgerkriegsbedingter Geldmangel und ebenso jahrelang versiegter Strom europäischer Ein- wanderer brachten eine zwar kurze, jedoch tiefe Depression. Meyer konnte die getätigten Geschäftsübernahmen nicht finanzieren. *„Ich wäre am Ende gewesen, wenn nicht ein ehrbarer deutscher Mann aus St. Louis zu mir Vertrauen gehabt und mir vorübergehend Kapital vorgestreckt hätte"*, erinnert sich C. F. G. dankbar.

1867 war's endgültig geschafft. Nun ging es mit den Geschäften von „Meyer Brother" in St. Louis, wie auch am Gründungsort Fort Wayne, nur noch aufwärts.

C. F. G schrieb ab jetzt und bis zu seinem Lebensende auf allen Betätigungsfeldern nur „schwarze Zahlen". Firma „Meyer Brother Co." (das Co. fiel bald wieder weg) bot das größte Sortiment der Branche, machte die besten Preise und kaufte da, wo ihr die Konkurrenz zu schaffen machte, Wettbewerber einfach auf. Lieferaufträge kamen inzwischen auch aus Kansas, Ohio und bald sogar aus den Metropolen des US-Ostens einschließlich „Far West".

Geschäftsausdehnung auf ganz Amerika

Die Folge war, dass C. F. G. Meyer vorübergehend mehrere Zweiggeschäfte gründete. Neben dem eigentlichen Gründungssitz Fort Wayne entstanden blühende Filialen in Kansas City (1879) und Dallas, Texas (1884). Alle diese Zweighandlungen ließ C. F. G. jedoch nur so lange bestehen, wie der kontinentale Warenverkehr zum Kunden noch wochenlang und mühsam per Pferd und Wagen über holprige Trails führte. Bis das Eisenbahnnetz zum Süden und Westen nach 1870 endlich komplett war und „Meyer Brother" vom zentralen St. Louis aus seine inzwischen Tausende von Kunden quer über den Kontinent hinweg binnen weniger Stunden und Tage per Eisenbahn beliefern konnte!

So konzentrierte C. F. G als Big Boss „Meyer Brother" spätestens etwa ab 1880 mit seinem gesamten Handel, der auch Öle und Bennstoffe umfasste, auf St. Louis, wo die Firma mit ihren Büros, Fuhrpark und Lägern in Downtown einen kompletten Häuserblock umfasste.

Wie groß und marktbeherrschend seine bald mit Handelspartnern aus vielen Ländern Europas und Asiens verkehrende Großhandlung für Drogerieartikel, Arzneimittel und Gemischtwaren in der Metropole am Zusammenfluss von Mississippi und Missouri war, geht aus folgender Beschreibung C. F. G. Meyers aus der Zeit um 1890 hervor:

„Augenblicklich haben wir in Saint Louis über 400 Angestellte im Geschäfte. Im Comptoir (Büro) allein sind über 100 Personen. Drei jun-

ge Leute sind ausschließlich mit der Handhabung der täglichen Poststücke beschäftigt, indem täglich über 1 000 Briefe, Fakturas u.s.w. geöffnet und geschlossen werden."

Beziehungen auf der ganzen Welt

Und: „Unsere Geschäftsverbindungen erstrecken sich über die ganze Welt, und unser Kredit ist ein vollständig unbeschränkter."

Man bestelle die Ware inzwischen rasch und sicher weltweit per Kabel in England, Frankreich, Deutschland, Italien und Spanien, selbst im fernen Indien und Japan.

Stolz teilt C. F. G. mit, dass ihm kürzlich ein deutscher Geschäftspartner „nur auf meinen guten Namen" bereitwillig 400 000 Mark ohne alle Sicherheiten kreditiert habe.

Solch weltweite Geschäftsverbindungen waren für den obersten Chef und, neben seinem Bruder Wilhelm als Teilhaber, Hauptinhaber Christian Frederick Gottlieb Meyer mit ausgedehnten Reisen zu den Partnern in allen Erdteilen verbunden. C. F. G. schonte sich nicht und war viele Jahre monatelang per Schiff und Eisenbahn geschäftlich unterwegs.

Am liebsten freilich besuchte C. F. G. privat seine alte Heimat und darin Brüder, Schwäger, Onkel, Vettern und Neffen am Stemweder Berg. Speziell seine alte Dielinger Schule und die ehrwürdige, gotische Dorfkirche, wo er getauft und als Vierzehnjähriger konfirmiert worden war, hatten es ihm angetan. Genauso der Meyersche Stammhof in Ilwede Nr. 25 am Südwesthang des Stemweder Berges. Stand hier doch schließlich jener Fachwerkkotten, in dem er das Licht der Welt erblickt hatte.

Dankbarer Sohn seiner Heimat: 10 000 Mark für Dielinger Kirche

Dankbar erinnert sich C. F. G. in vielen überlieferten Briefen seiner gottesfürchtigen Mutter, ferner der Lehrer Schwettmann (Dielingen) und Fischer (Stemshorn): „Wenn die Resultate auch bescheiden waren, so kam dies daher, dass man zu jener Zeit ‚Vielwissen' beim Bauernstand für etwas Überflüssiges gehalten hat."

Bei einem seiner Heimatbesuche Ende des 19. Jahrhunderts sah C. F. G. Meyer, dass „seine"

Dielinger Dorfkirche dringend einer Renovierung bedurfte. Prompt bot er der Gemeinde an, *„in Erinnerung an die frohen Tage meiner Jugend"* die Kosten zu übernehmen. Bereits am 27. April 1899 protokolliert das Presbyterium: „C. F. G. Meyer stellt der Gemeinde 10 000 Mark zur Renovierung der Dielinger Kirche zur Verfügung."

Zuvor jedoch entwarf C. F. G. einen detaillierten Terminplan, Vorgabe: Immer erst dann, wenn bestimmte Arbeiten zur Zufriedenheit erledigt und abgenommen worden seien, werde gegen Rechnungsvorlage von St. Louis aus bezahlt. Nicht früher. Und immer nur *„für ordentlich getane Arbeit"*.

So kam es auch. Nach drei Jahren strahlte das Gotteshaus innen und außen wie neu. 1902 zog das Presbyterium per Protokoll die Schlussbilanz, wörtlich: *„Das zugesagte Geld von C. F. G. Meyer ist restlos übergekommen!"*

Gebrüder Meyer und deren Familien geschäftlich und privat eng verbunden

Über seine Familienverhältnisse in Amerika wissen wir nur so viel, dass C. F. G. Meyer 1854 in Fort Wayne Franziska Teresa Schmidt aus dem französischen Elsaß geheiratet hat; ferner, dass er mit dieser Frau sieben Söhne und zwei Töchter hatte und schließlich mit seiner Franziska Teresa bis ans Lebensende offensichtlich sehr glücklich gewesen ist.

Ebenso, wie Friedrich und Wilhelm Meyer zeitlebens zugfeste Brüder und in allen ihren Geschäften unzertrennliche Partner waren. Einschließlich ihrer in Amerika gegründeten Familien.

Der Ältere, Wilhelm Meyer, heiratete zum ersten Mal 1851 eine Caroline Schröder. Als diese bei der Geburt ihres dritten Kindes starb, trat der Witwer 1860 mit seiner zweiten Frau, Juliana Gerke, vor den Traualtar. Wilhelm Meyer hatte insgesamt sechs Kinder und verbrachte den größten Teil seines Lebens in Fort Wayne. Auch er reiste, mehrfach mit seinem Bruder Friedrich, in die alte Heimat am Stemweder Berg.

Leider griff Wilhelm nicht so gern zur Feder wie sein jüngerer Bruder. Deswegen wissen wir über seinen Lebenslauf im Einzelnen längst nicht so gut Bescheid, wie über unseren „Auswanderer-Helden" Christian Friedrich Gottlieb Meyer.

Bei Kur in Bad Homburg gestorben

Als amerikanischer Multimillionär konnte sich C. F. G. Meyer praktisch alles leisten, und er genoss seinen Reichtum auch. So bereiste der auf seine westfälischen „Roots" stets sehr stolze Deutschamerikaner die antike Welt in Griechenland und Italien, verlebte ein ganzes Jahr der Erholung an der Riviera und auf Madeira. Und mehrfach kam er zur Kur nach Deutschland.

Während solch eines Kuraufenthalts an der Seite seiner Frau erlag er am 11. Juli 1905 in Bad Homburg einem Herzleiden. Seine letzte Ruhestätte fand der gebürtige Westfale Christian Frederick Gottlieb Meyer auf Wunsch von Frau und Kindern auf dem Friedhof seiner lutherischen „Concordia" Kirchengemeinde in St. Louis.

Die Leitung des damaligen Handelsimperiums „Meyer Brother Drug Wholesale" ging nach dem Tod ihres Gründers an dessen gleichnamigen Sohn C. F. G. II über. Dieser wiederum übertrug den weitverzweigten Familienbetrieb seinem ebenfalls nach Christian Friedrich Gottlieb Meyer senior benannten Sohn, C. F. G. III.

Mit diesem letzteren Stammhalter ist die ruhmreiche Geschichte des Hauses „Meyer Brother" zu St. Louis zu Ende gegangen.

So, wie Gründungsboss C. F. G. I missliebige Konkurrenten ohne viel Federlesen einfach aufgekauft hatte, weil sie ihm geschäftlich im Wege waren, so übernahm zur Mitte des 20. Jahrhunderts ein inzwischen noch Größerer der Branche aus Dallas (Texas) die Firmengruppe „Meyer Drug Wholesale" und formte daraus einen neuen, kontinentalen US-Marktmacher: „FoxMeyer".

***

Der Autor dankt Wochenblatt-Leser Heinrich Meyer aus Stemwede-Haldem, Eigentümer des Hofes Meyer unter der früheren Hausnummer Ilwede Nr. 25, für die freundliche Bereitstellung von Dokumenten, Zeitzeugnissen, Briefen, genealogischen Daten und Bildern. Ohne seine Zuarbeit hätte diese Geschichte nicht geschrieben werden können.

Gottlieb Viehe aus Mennighüffen: Ein Amerikaner als Missionspräses im früheren Deutsch-Südwestafrika

1844 fünfjährig mit Eltern und sechs Geschwistern nach Indiana (USA) ausgewandert, 1862 als zwanzigjähriger Missionsschüler nach Deutschland heimgekehrt, 1865 von der Rheinischen Missionsgesellschaft als Missionar nach Deutsch-Südwestafrika ausgesandt, 1901 schließlich als Missionspräses in Okahandja (Namibia) gestorben: Das ist die Geschichte des Bauernjungen Carl Friedrich Wilhelm Gottlieb Viehe aus Mennighüffen, Krell 54.

G enau genommen, hätte Gottlieb Viehe (*27.03.1839; † 15.01.1901) bei der Taufe durch den damaligen Mennighüffener Pfarrer Gustav Weihe den Familiennamen Niederstuke bekommen müssen. Sein Vater war nämlich ein geborener Landwirtssohn namens Johann Hermann Heinrich Niederstuke (1803–1879) aus Quernheim bei Bünde. Doch als dieser im März 1830 auf der seit 1637 urkundlich erwähnten Stätte Krell Nr. 54 die Colonatstochter Anne Cathrine Marie Elisabeth Viehe heiratete, nahm er den Hofnamen an. Folglich bekamen auch sämtliche zwölf Kinder des Ehepaares den Hausnamen der Mutter und Hofeigentümerin, nämlich V i e h e .

Der westfälische US-Auswanderer Gottlieb Viehe als Missionspräses in Deutsch-Südwestafrika

Kettenwanderung ab Mennighüffen

Mit der Familie Viehe begann 1844 im Kirchspiel Mennighüffen die erste Kettenwanderung von Mennighüffen nach Nordamerika. Bis etwa 1890 folgten weitere 350 Dorfbewohner. Das waren meist notleidende Heuerlinge, Spinner und Weber. Nicht so die Familie Viehe.

J. Hermann Niederstuke stammte von einem „zweispännigen" Hof im benachbarten Quernheim. Vermutlich dürfte er von dort etwas Geld mitgebracht haben. Im Urkataster von 1826 wird ferner das „Colonat" Viehe mit 12 Morgen (3 Hektar) zugehörigem Land angegeben. Auf solchen Besitzungen im Ravensberger Land, „Kuhstätten" genannt, wurde auch in jenen sehr schlechten Jahren nicht gerade gehungert. Gleichwohl: Auf dem Besitztum lagen hohe Lasten. Ein damaliger Güterauszug führt mehr als 300 Taler Schulden auf, davon allein 200 Taler aus einer Hypothek zu

Gunsten der Rentmeisterin Huchzermeyer auf dem benachbarten Gut Schockemühle.

Im Fall der Auswandererfamilie Viehe liegen dank glücklicher Umstände aufschlussreiche Dokumente vor, wie und an wen die Amerikafahrer ihren Besitz verkauft und sich rechtzeitig das nötige Geld für Überfahrt und Landerwerb in der „Neuen Welt" beschafft haben.

Hof für 1 475 Taler verkauft

Demnach erschien der „Colonus" Johann Hermann Heinrich Viehe, Krell 54 nämlich am 24. August 1844 zusammen mit seinem Nachbarn Friedrich Christoph Möller von der Stätte Krell Nr. 58 in der Kanzlei des „Königlich-Preußischen Justizrats und amtlichen Notarius" Heinrich Ludwig Beckhaus zu Bünde. Anlass dieses Besuchs: Verkauf der Stätte Viehe „als Ganzes mit Lust und

Last" für 1 475 „Taler Courant" an den Nachbarn und „Colonus" Möller.

Möller, der Viehe bereits früher 48 Taler geliehen hatte, verpflichtete sich an diesem Tag unwiderruflich, der Familie Viehe das Kaufgeld von 1 475 Taler bis zum 28. September 1844 bar auszuzahlen und überdies sämtliche eingetragenen Hypotheken auf dem Vieheschen Besitztum zu übernehmen. Bis zu diesem Tag habe Viehe seinerseits Haus und Hof mit allem, was dazugehöre, dem Möller zu übergeben. Andererseits sei es Viehe gestattet, die heranreifenden Früchte seiner Felder noch abzuernten und sein Haus bis zum Abreisetag zu bewohnen.

So muss es denn auch gekommen sein. Dennoch ist Käufer Möller unmittelbar nach Abreise der Familie Viehe Mitte Oktober 1844 nach Bremen bzw. Bremerhaven arg in Bedrängnis geraten. Offenbar hatten nämlich sowohl Johann Heinrich Hermann Viehe (geborener Niederstuke) als auch Notar Beckhaus übersehen, dass Viehes Ehefrau Anne Cathrine Marie Elisabeth entweder immer noch als Eigentümerin der Stätte Krell 54 im Grundbuche stand, oder zumindest seit ihrer Eheschließung Miteigentümerin des Vieheschen Anwesens geblieben war.

Reitender Bote Bünde-Bremerhaven

Jedenfalls schickte der Notar um den 18. Oktober herum eiligst einen reitenden Boten zu seinem Kollegen D. Carl Philippi in Bremen. Diesem gelang es tatsächlich noch, die Eheleute Viehe rechtzeitig vor ihrem Absegeln in Bremerhaven zu erreichen und in Gegenwart eiligst herbeigerufener, verlässlicher Zeugen (Spediteur J. Georg Clausen und Sprachlehrer Hermann Kuhlmann) unverzüglich einen Zusatzvertrag aufzusetzten.

Demzufolge erklärte sich die Ehefrau Viehe mit dem Inhalt des seinerzeit durch ihren Mann abgeschlossenen Kaufvertrages mit persönlicher Unterschrift „ohne alles Wenn und Aber" einverstanden!

Die Viehes zogen nicht ganz ins Ungewisse. Vielmehr dürfte für sie das Signal zur Auswanderung bereits Jahre früher von einem Vetter, dem Müller Caspar Heinrich Viehe aus Dünne bei Bünde gekommen sein. Dieser hatte sich nämlich im Sommer 1842 als gerade Zwanzigjähriger der drohenden preußischen Wehrpflicht entzogen und bei Nacht und Nebel nach Nordamerika abgesetzt.

Der Müllergeselle Viehe aus Dünne reiste damals mit einer größeren Auswanderergruppe aus dem Bünder Land. Das Ziel war der Bundesstaat Indiana, wo die US-Regierung dringend Siedler suchte und riesige Busch- und Waldareale nahezu kostenlos zu haben waren.

Tatsächlich hat sich der Traum des Familienvorstandes Johann Hermann Viehe von einer riesengroßen Farm drüben erfüllt – allerdings erst nach Jahrzehnten schwerster Rodungsarbeiten in der Wildnis von Freelandville, Indiana. Gottlieb Viehe hat später darüber geäußert, der Vater sei während seiner Kindheit und Jugendzeit tagsüber praktisch nie zu Haus, sondern immer im Busch gewesen und habe dort lebenslang „Ackerland gemacht".

Fromme und gottesfürchtige Mutter

Die Erziehung der Kinder lag allein in Händen der Mutter. Und die war in Mennighüffen, einem Zentralort der *„Ravensberger Erweckungsbewegung"*, extrem fromm und gottesfürchtig erzogen worden. Und was er an biblischem Wissen und vor allem Glaubensgewissheit nicht aus der eigenen Familie bekommen hatte, dürften dem aufgeweckten Gottlieb vermutlich die lutherischen Einwandererpastoren Tölke und Hoffmeister, frühere Zöglinge der Rheinischen Missionsgesellschaft zu Barmen, vorgelebt und beigebracht haben.

Apropos *„Ravensberger Erweckungsbewegung"*: Mennighüffens damaliger Pfarrer Gustav Weihe machte sich nicht nur als Prediger, sondern, nach Vorbild seines fortschrittlichen Vaters, auch als Landwirt einen Namen.

Die Weihes predigten den Gemeindekindern nämlich nicht nur Gottes Wort, sondern auch ertragreichen Ackerbau. Fruchtwechsel mit Anbau von Klee und Luzerne, Vorspann durch Kühe statt Pferden (Weihe: „Pferde kosten Hafer, geben aber keine Milch!") und regelmäßiger Anbau von Kartoffeln kamen im Kirchspiel Mennighüffen viele Jahre früher in Mode als im umliegenden Ravensberger Land. Dies brachte selbst bei der Regierung in Minden Lob und Anerkennung.

Nur eines konnte Pastor Weihe, zugleich Aufseher für das marode Schulwesen am Ort, trotz aller Eingaben an die Regierung nicht durchsetzen: Die Einteilung der Schulkinder in Jahrgangsklassen und entsprechender Einsatz zusätzlicher, qualifizierter Lehrer. Größtes Hindernis war dabei die konsequente Weigerung Mennighüffer Familienväter, etwas mehr Schulgeld zu zahlen und vor allem ihre Kinder, speziell in den sommerlichen Hauptarbeitszeiten der Landwirtschaft, regelmäßig Jahr für Jahr zur Schule zu schicken.

Das Augustineum aus der Zeit Gottlieb Viehes in Okahandja

Jungen und Mädchen wurden auf Höfen und in Spinnstuben selbstverständlich als Arbeitskräfte gebraucht. Lesen und Schreiben nur fürs Nötigste – man sprach ja eh nur Plattdeutsch miteinander, ohne dieses zu schreiben. Und entsprechend fast ausnahmslos plattdeutsch zogen Mennighüffens Auswanderer etwa ab 1840, Bibel, Katechismus und Gesangbuch in ihren massiven, hölzernen Koffern, in ganz und gar unerschütterlichem Gottvertrauen nach Amerika.

Im Mittleren Westen der USA, zu jener Zeit eine riesengroße Wildnis westlich von Ohio und Mississippi bis hinauf an die Großen Seen, wurde damals von der Rheinischen Mission durch „erweckte" lutherische Prediger gezielt missioniert. Der Einsatz zahlreicher entsandter oder selbst ernannter Missionsprediger galt zunächst den Indianern, dann aber mehr und mehr der geistlich-kirchlichen Versorgung Hunderter neu gegründeter, evangelischer Pfarreien.

Einer der berühmtesten Einwandererpastoren war der aus Ostwestfalen stammende Pastor August Rauschenbusch (1816–1899). Viele, vor 150 Jahren beschlossene Gründungsprotokolle mit den Namen westfälischer Einwanderer in Indiana, Ohio, Illinois, Missouri und Wisconsin sind von ihm verfasst worden. So auch das Statut jener Kirchengemeinde, die Johann Hermann Viehe in Freelandville (Indiana) mitgründete.

In der Nachbarpfarrei Clifty (Bartholomew County), unterschrieb Rauschenbusch das Gründungsprotokoll von 1852 sogar als erster und vermerkte zur Kirchenordnung dieser „deutsch-evangelisch-lutherischen St. Pauls-Gemeinde" ausdrücklich: „... *unveränderter Augsburgischer Confession!"*

„Kanzelverbot" für Auswanderer-Pastor

Ja, Pastor Rauschenbusch, dessen Vater Superintendent in Altena (Westf.) war, reiste ab 1840 selbst mehrere Male als Anführer von westfälischen Lutheranern über den Atlantik und richtete ihnen drüben ihre Pfarreien ein. Wie er bei Heimatbesuchen ebenso eifrig für die geistlichen und politischen Freiheiten in der Neuen Welt warb.

Ein anderer bedeutender „Auswandererpastor" aus der Ravensberger Erweckungsbewegung war ab 1851 der aus Bielefeld stammende frühere Löhner und Vlothoer Prediger August Schmieding (1804–1879). Er, der 1850 als Witwer in Vlotho-Valdorf ein Verhältnis mit seiner Magd gehabt haben soll und deswegen seine Stelle verlor, hat nach seiner Auswanderung als vielfacher Gründer evangelischer Gemeinden sowie dazugehöriger Schulen in Quincy (llinois) und den Mississippi aufwärts, ein bedeutsames Kapitel amerikanischer Regionalgeschichte geschrieben.

Zurück zu Gottlieb Viehe. Seinem Konfirmator Hoffmeister fielen schon früh die ungewöhnlich hohe Intelligenz, der Wissensdurst und die tiefe Frömmigkeit des heranwachsenden Knaben auf. Da in der Wildnis rund um Freelandville, Westphalia und Clifty, Indiana, damals an einen geordneten Schulbetrieb nicht zu denken war, dürfte ihm der Pastor vermutlich Privatunterricht erteilt haben. Dieser soll auch noch nach der Konfirmation und Ausbildung des jungen Mannes zum Farmer und Zimmermann fortgesetzt worden sein. Bis es der Pfarrer fertig brachte, dem inzwischen zwanzigjährigen „Überflieger" Gottlieb einen Ausbildungsplatz bei der Rheinischen Missionsgesellschaft in Barmen zu beschaffen.

Nach drei Jahren „fertiger" Missionar

Im Frühling 1862 schiffte sich Gottlieb Viehe in New York nach Bremen ein und nahm anschließend in Barmen sofort einen Platz im Anfängerseminar ein. Griechisch, Latein, Deutsch, Bibelkunde, Katechese – Gottlieb lernte leicht und umfassend. Nach nur drei Jahren konnte er mit Erfolg seine Prüfung ablegen und feierlich ordiniert werden. Jetzt war er offiziell „fertiger" Missionar.

Zu den zentralen Missionsgebieten der Rheinischen Mission gehörte das damalige Deutsch-Südwestafrika. Hereros, Dama, Nama, Buschmännern und Hottentotten sollte im Sinne des Pietismus das Wort Gottes und endlich Frieden untereinander gebracht werden. Der damalige Missionspräses Dr. Hugo Hahn wünschte sich vor allem Gottesmänner aus der Ravensberger Erweckungsbewegung. Und in der Tat hat keine Region Deutschlands derart viele Südwestafrika-Missionare hervorgebracht wie die damals außergewöhnlich fromme Gegend zwischen Minden und Lübbecke, Herford, Bielefeld und Gütersloh. Darunter als einer der ersten auch der gebürtige Mennighüffener Gottlieb Viehe.

Schon auf dem Seminar hatte Viehe möglicherweise die Grundzüge der Eingeborenensprachen im heutigen Namibia mit ihren kennzeichnenden Schnalzlauten studiert. Die rechte Sprachlehre begann aber erst nach der Aussendung im Dezember 1866 vor Ort.

Zwar bestanden bereits hier und da in dem weitestgehend unerschlossenen Land erste Missionsstationen, doch ständige Stammeskriege, die Schwierigkeiten der Verständigung und unzureichende Gebäude stellten Missionar Viehe und seine Amtsbrüder vor schier unlösbare Probleme.

Erste Missionsstation in Otjimbingwe

In Otjimbingwe arbeitete Gottlieb Viehe zunächst an der Seite von Präses Dr. Hahn. Danach baute er in Omaruru die erste europäische Missionsstation auf. 1869 heiratete Viehe in Otjimbingwe die damals 29-jährige Minette Vogt aus Gütersloh. Sie war ihm beim Bau und der Führung des ersten, primitiven Pfarrhauses eine große Stütze und gebar ihm drei Kinder: Heinrich, 1872 (1883 gestorben), Gottlieb (1874) und Dorothea (1876, spätere Frau des Asien-Missionars Beisenherz).

Zusätzlich adoptierten die Viehes ein 1896 geborenes Herero-Waisenkind namens Philippus Karmupindi. Wobei darauf geachtet wurde, dass Philippus trotz seiner schwarzen Hautfarbe stets die gleichen Rechte wie seine weißen Geschwister hatte. So etwas war in der damaligen Zeit strenger Rassentrennung absolut ungewöhnlich und setzte Gottlieb Viehe bei seinen deutschen Landsleuten mancher Kritik aus.

Auch mit den deutschen Behörden in Windhoek und Berlin focht der furchtlose und geradlinige Viehe im Interesse seiner Schützlinge, vornehmlich die dominierenden, stolzen Hereros, manchen Strauß aus. Insbesondere der fortschreitende Verkauf von Herero-Weideland an Siedler aus Europa und die daraus erwachsende Not der Eingeborenen führten zu zahlreichen Eingaben und Beschwerden bei der Kolonialverwaltung – leider meist ohne die erwünschte Wirkung.

Viehe selbst hat 1899 alles mögliche versucht, den Herero-Häuptling Samuel Maharero davon abzuhalten, die 10 000 Hektar große Stammesfarm Okakango zu verkaufen, um seine Schulden zu bezahlen – vergebens. Dass Maharero so viele Schulden angehäuft hatte, ist auf Trunksucht zurückzuführen. Reisende Geschäftsleute hatten den Häuptling und viele seiner Männer an den Alkohol gebracht und dadurch das Unglück heraufbeschworen!

Hohes Ansehen bei den Stämmen

Viehes Eintreten für die Bedürfnisse der Eingeborenen und die Kenntnis ihrer Sprachen und Geschichte brachte ihm bei den Stämmen hohes Ansehen. Mit den Häuptlingen verkehrte Gottlieb Viehe in ihrer Sprache und lehrte sie und ihre Angehörigen Lesen und Schreiben. Einer seiner besten Freunde war ein Oberhäuptling, mit dem er etliche Jahre zusammen an einem Ort lebte und der, aus freien Stücken heraus überzeugt, sich taufen ließ.

Gottlieb Viehes bleibender Verdienst für den heutigen demokratischen Staat Namibia ist, dass er Sprachbücher für Eingeborene schuf und sich von den Häuptlingen ihre Stammesgeschichte erzählen ließ, um diese später aufzuschreiben. Bis dahin gab es keine geschriebene Geschichte der Herero, Nama oder Bergdama. Freilich nahm eine Malaria-Erkrankung mit frühem Tod am 19. Januar 1901 dem volksnahen Missionar aus Mennighüffen bzw. Amerika zu früh den Stift aus der Hand.

Doch die Arbeit war begonnen. Viehes Nachfolger, Dr. Heinrich Vedder aus Enger/Westfalen, konnte das begonnene Werk nach 1904 weiter- und über Jahrzehnte zu Ende führen. Mit dem Ergebnis, dass das heutige Namibia eine geschriebene und gedruckte Stammesgeschichte hat.

1887/88 in Deutschland und USA

Zurück zu Lebzeiten unseres „Helden". 1887/88 reiste Gottlieb Viehe mit seiner Familie zur Erholung nach Deutschland. Während Frau und Kinder in Gütersloh und Bielefeld blieben, machte er Visite bei den Verwandten in Amerika. Von April bis August 1888 besuchte Viehe seine Ursprungsfamilie in Freelandville, Indiana. Daneben predigte er in zahlreichen lutherischen Gemeinden zwischen St. Louis und den Großen Seen und sammelte dabei Geld für seine Heidenmission in Afrika.

Mit neuen Kräften kehrte Missionar Viehe (war er durch die Naturalisierung während seiner Jugend in den USA nun eigentlich Amerikaner, oder aufgrund der langen Abwesenheit und des Einsatzes für eine Europäische Missionsgesellschaft wieder Deutscher?) 1889 nach Hereroland zurück.

1866 hatte Dr. Hahn in Otjimbingwe unter dem Namen Augustineum ein so genanntes „Gehülfenintitut" zur Ausbildung von einheimischen Lehrern und Katecheten gegründet. Dessen Leitung und gleichzeitige Umsiedlung an den sichereren Ort Okahandja, Sitz des Oberhäuptlings der Herero, wurde Viehe übertragen. Gleichzeitig übernahm Gottlieb Viehe das Amt des „Ephorus" bzw. Präses für sein spezielles Missionsgebiet in Deutsch-Südwest.

Hier hat sich Missionar Viehe in den folgenden 10 Jahre gegenüber den deutschen Behörden als unermüdlicher Anwalt der Eingeborenen, aber auch für das florierende Schulwesen in Südwest eingesetzt. In „seinem" 1872 aus Lehmsteinen gebauten Missionshaus ist 1885 übrigens zwischen dem kaiserlichen Bevollmächtigten Dr. Göring und Herero-Häuptling Samuel Maharero der so genannte Schutzvertrag des Deutschen Reiches mit den Hereros abgeschlossen worden.

Ein schwerer Schicksalsschlag war der frühe Tod sei-

Viehe und seine Missionskollegen hielten die Eingeborenen an, „züchtige, anständige" Kleidung zu tragen. Und die Missionarsfrauen zeigten ihnen, wie man aus Stoffresten in einer Art Patchwork schattenspendende Kopfbedeckungen und weitschwingende Kleider näht. Daraus ist eine Stammesmode geworden, wie sie hier von einer Hererofrau vom Waterberg vorgeführt wird

ner Frau Minette im Februar 1894. Eine zwei Jahre später eingegangene Ehe mit der 45-jährigen Clara Rothe währte nur bis zu Viehes plötzlichem Tod Anfang 1901.

Schulausbildung der Kinder in Westfalen

Gottlieb Viehes Kinder Gottlieb und Dorothea bekamen ihre Schulbildung in Ostwestfalen. Gottlieb wohnte von 1887 bis 1889 zusammen mit 40 weiteren Missionarskindern im Gütersloher Johanneum und ging hier zur Schule. Seine Schwester war bei mütterlichen Verwandten in Bielefeld untergebracht und nahm dort einige Jahre am allgemeinen Schulunterricht teil.

Nach dem Tode Viehes im Jahre 1901 und seiner Beisetzung auf dem Friedhof in Okahandja kehrte seine zweite Frau Clara nach Deutschland zurück. Sie starb 1934 in Gudauen, Ostpreußen.

Viehe junior: als Lutheraner Presbyterianer geworden ?

Noch zu Lebzeiten von Missionar Viehe und während der schulischen Ausbildung in Ostwestfalen korrespondierten Vater und Sohn lebhaft über die richtige Berufswahl des Sohnes. Mal wollte Gottlieb junior Zimmermann, mal Farmer in Deutsch-Südwest, mal Pfarrer in den USA werden. Seine Spur verliert sich nach Besuchen seiner Onkel, Tanten und Vettern in Indiana sowie Studien in St. Louis und Chicago, zu Beginn des 20. Jahrhunderts in der „Neuen Welt".

Eine weitläufige Verwandte der Viehes aus Westphalia (Indiana), Carolyn Smith, will herausgefunden haben, dass Gottlieb Viehe junior wahrscheinlich die Konfession gewechselt habe und bei den Presbyterianern als Pfarrer eingetreten sei. Carolyns Kommentar gegenüber dem Verfasser:

„Gut, dass dies sein Vater nicht mehr erlebt hat. Gottlieb Viehe senior war ja doch, wie aus allen seinen Schriften hervorgeht, ein eingefleischter Lutheraner und echter Ravensberger Dickkopf, der sicher kein Verständnis für einen Konfessionswechsel seines Sohnes aufgebracht hätte!"

Brüder des Afrikamissionars: nach Selbststudium Anwalt und Mediziner

Carolyn Smith, die auf mehreren Deutsch-

Gottlieb Viehes Nachfolger als Ephorus und Missionspräses: Dr. Dr. Heinrich Vedder aus Enger

land- und Südafrikareisen die „Roots" der Viehes gesucht hat und vor allem auf den Spuren des Missionars Gottlieb Viehe gereist ist, forschte im Auftrag des Verfassers Ende 2004 auch in Büchereien und Archiven von Westphalia (Vincennes) und in St. Louis.

Dabei ist im Frühling des Jahres 2005 herausgekommen, dass zumindest zwei weitere Söhne des Mennighüffener Amerikafahrers von 1844, Johann Hermann Viehe geborener Niederstuke, ebenfalls ungewöhnlich Karriere gemacht haben.

Friedrich Wilhelm Viehe, geboren am 9. Februar 1832 in Mennighüffen, brachte es in Selbststudium und nach abschließendem Hochschulbesuch zu einem führenden Rechtsanwalt und 1859 zum leitenden Richter am Gericht zu Vincennes. 1877 gehörte er der Gesetzgebenden Versammlung, 1879 und 1881 dem Senat des Staates Indiana an. Mehrere Jahre bekleidete F. W. Viehe, neben der Arbeit in seiner großen, eigenen Anwaltspraxis, das Ehrenamt eines City Attorney (Städtischer Anwalt).

Als der Jurist 1888 auf tragische Weise den Tod fand (er hatte versehentlich, statt einer ärztlich verordneten Medizin, Salmiakgeist getrunken), würdigte die Presse den gebürtigen Westfalen als großen „Hero".

Friedrich Wilhelm Viehe sei ohne Zweifel einer der fähigsten Juristen im ganzen Land gewesen und habe sich nicht nur um die Rechtsprechung, sondern auch als Mitglied des Rates der Stadt, Förderer der Universität und Mäzen beim Bau des Rathauses von Vincennes verdient gemacht.

Stolz wird auch noch vermerkt, dass der Verstorbene zu Lebzeiten mit Lizzie Sage/Kirby verheiratet war, deren Urahn John Kirby bereits im Jahre 1635 mit dem Segler „Hopewell" an der Ostküste gelandet sei.

Sohn und Enkel des Auswanderers: Führende Homöopathen in den USA

Und dann ist da noch Gottlieb Viehes Bruder Caspar Heinrich, geboren am 4. März 1837 in Mennighüffen. Ebenfalls ein geistiger „Überflieger"; nach harter Selbstschulung Besuch der High School von Henderson (Kentucky) und Evansville (Indiana), Studium am College für Homöopathische Medizin in Missouri, schließlich prominenter Facharzt (M. D.) in Evansville, Indiana.

Doch damit nicht genug der Ärzte innerhalb des westfälischen Viehe-Clans.

Beide Söhne von Caspar Heinrich Viehes , Carl Georg Viehe (geboren 1869 in Centralia, Illinois), wie auch dessen Bruder Richard Frederick Viehe (geboren 1877 in Freelandville, Indiana) studierten Medizin, wurden an den Universitäten New York bzw. Philadelphia promoviert und machten sich nicht nur als angesehene homöopathische Ärzte, sondern auch als führende Mitglieder ihrer homöopathischen Fachorganisation sowie der American Medical Association auf dem ganzen Kontinent einen Namen.

Einer der Söhne von Dr. Richard F. Viehe, John S. Viehe, wurde Kaufmann, baute in New Jersey einen landesweit agierenden Hardware-Großhandel auf und tauchte in den 60er-Jahren des 20. Jahrhunderts als erster Nachfahre der ausgewanderten Familie Viehe beim Autor auf mit dem Ziel, seine „Roots" zu finden.

So kam der Stein ins Rollen und nach über vier Jahrzehnten unermüdlichen Aktenstudiums durch mehr als ein Dutzend Mitwirkende in Europa, den USA und Afrika diese ganz und gar ungewöhnliche wie faszinierende Auswanderergeschichte zustande.

***

Bei der Informationsbeschaffung für diese Geschichte haben Pastor Walter Moritz, Werther >WAWMoritz@aol.com<, Heimatforscher Heinz Vögding, Löhne-Mennighüffen und die amerikanische Familienforscherin Ca-

Viehes Grab und Gedenkstein auf dem Gemeindefriedhof in Okahandja

rolyn Smith, Westphalia (Indiana), vielfältig mitgeholfen.

Berühmte Söhne westfälischer Auswanderer: Flugzeug-Pionier William Boeing und US-Präsidentenberater Reinhold Niebuhr

An einem Sommertag Ende der 80er-Jahre klingelte im Büro des Verfassers mittags das Telefon. Am anderen Ende der Leitung die Chefredaktion des Mindener Tageblatts, Heinz Waehler: „Bei uns in der Redaktion sitzt ein Mister Gardener aus Amerika. Dieser behauptet, Astronaut und Urenkel des Auswanderers Ernst Böhne aus Unterlübbe zu sein. Mister Gardener sucht seine Roots. Kannst Du ihm weiterhelfen?"

William Boeing, Gründer der Boeing-Flugzeug-Werke und Sohn des westfälischen Amerikafahrera Wilhelm Böing

Dale A. Gardener fand, mit Hilfe von Eberhard Brandhorst (Kommunalarchiv Minden) und des Heimatvereins Ober- und Unterlübbe, nach einigem Suchen tatsächlich zu seinen Wurzeln, und zwar auf dem Bauernhof Böhne in Unterlübbe-Eicksen. Von hier war nämlich der Bauernsohn Ernst Heinrich Böhne (1816-1880) zusammen mit seiner Frau Friederike geb. Meyer in den 50er-Jahren des 19. Jahrhunderts nach Minden (Illinois) ausgewandert. Dale Gardeners Aufzeichnungen bestätigten: Der alte Böhne aus Eicksen ist tatsächlich sein „Great-great-grandpa" gewesen!

Diese Familienzusammenführung bedeutete nicht nur für den Weltraum-Hero aus Amerika, sondern ebenso für seine wiedergefundenen westfälischen Verwandten am Nordhang des Wiehengebirges ein außergewöhnliches Ereignis, und brachte dem Mindener Tageblatt überdies einen echten „Knüller". Dale A. Gardener ist nämlich jener berühmte US-NASA-Pionier, der seinerzeit als erfolgreicher Kommandant der legendären ersten Raumfähre „Challenger" ein neues Kapitel Weltraumgeschichte aufschlug!

Als der Verfasser seinen Freund und Ratgeber Professor Walter Kamphoefner von der Texas A&M-University fragte, ob Dale A. Gardener denn nun wohl der „allergrößte" Nachfahre westfälischer Amerikaauswanderer sei, meldete der Experte aus den USA Bedenken an: „Ich kenne

da zwei Söhne (nicht nur Urenkel) westfälischer Auswanderer, die auf ihren Gebieten absolute Berühmtheiten geworden sind und bis in unsere Tage hinein die Welt vielleicht noch dauerhafter beeinflussen!", meinte Kamphoefner und nannte

- den Theologen, Philosophen und „Ethikberater amerikanischer Regierungen", Professor Dr. Reinhold Niebuhr, dessen Vater aus Lippe stamme,
- Flugzeugbauer William Boeing, Nachfahre einer alten Schultenfamilie aus Heeren bei Unna. Williams Vater, der Kaufmann Wilhelm Böing, sei von Hohenlimburg im Märkischen Kreis nach Amerika ausgewandert und damit ein echter Westfale gewesen.

Wer im Hauptquartier des weltgrößten Flugzeugherstellers Boeing in Seattle elektronisch anfragt, bekommt zwei „wissenschaftliche" Biographien auf den Bildschirm gezaubert, die eines gemeinsam haben: Der Vater des Flugzeugkonstrukteurs sei ein Hesse aus Limburg an der Lahn gewesen.

US-Biographen irren: Wilhelm Boeing, alias Böing, war kein Hesse, sondern Westfale

Der am 19. April 1846 in <u>Hohenlimburg</u> geborene und 1868 nach Detroit gesegelte Wilhelm Böing ist in der Tat der Stammvater jener Flugzeugbauerdynastie Boeing in Amerika.

Dabei befanden sich die ursprünglich von dem seit über 600 Jahren bestehenden Schultenhof in Heeren abstammenden Böings mindestens seit Anfang des 18. Jahrhunderts als Unternehmer und Kaufleute knapp 50 Kilometer weiter südlich im Bergischen Land, wie der Münsterländer Buchautor Gisbert Strotdrees („Fremde in Westfalen/Westfalen in der Fremde") vor Ort recherchiert hat. Und: Hier in Hohenlimburg sei Vater Wilhelm Ludwig Böing lebenslang ansässig und ein angesehener und wohlhabender Geschäftsmann gewesen.

Der spätere Auswanderer Wilhelm Böing besucht das Gymnasien in Lippstadt und Arnsberg. Nach dem Abitur leistet er seinen Militärdienst und nimmt 1866 als Vizefeldwebel am Preußisch-Österreichischen Krieg teil. Im Range eines Unterleutnants beendet der junge Mann plötzlich seine militärische Laufbahn und beschließt, unverzüglich auszuwandern.

Ob es die Kriegserlebnisse oder ein Streit im Elternhaus gewesen ist – offenbar ohne jede finanzielle Unterstützung des Vaters schifft sich der damals Zweiundzwanzigjährige nach den USA ein; Ziel ist die aufblühende Industriestadt Detroit.

Wilhelm Böing (rechts) zusammen mit seinem Bruder kurz vor der Auswanderung nach Amerika

Detroit und St. Louis schon ab 1833 Ziel von Sauerländern

Detroit war damals vorrangiges Ziel vieler Emigranten aus dem benachbarten Sauerland. Amerikanetzwerkmitglied Dierk Stoetzel (M. A.) aus Köln weist im Hochsauerlandkreis bereits ab 1833 erste, recht prominente „Scouts" ab Meschede und Umgebung Richtung St. Louis und „Obere Seen" nach, zum Beispiel Dr. Josef Hypolit Pulte, Sohn des Kreisphysikus Dr. Hermann Josef Pulte aus Meschede. Josef Pulte folgte 1834 seinem älteren Bruder Dr. Hermann Pulte nach St. Louis. Letzterer war bereits 1833, zusammen

mit 100 weiteren Auswanderungswilligen aus Meschede, Brilon, Warstein, Belecke und Soest nach Nordamerika gesegelt, Ziel teils St. Louis, teils Detroit.

Joseph Pulte galt später als „Vater der Homöopathie" in den USA und Mitgründer des Instituts für Homöopathie in New York, ferner eines „J. H. Pulte Medical Collage" zu Cincinnati und war in der „Neuen Welt" eine Berühmtheit.

Zur selben Zeit (1833) verließ der 22-jährige Jurist Lorenz Degenhardt aus dem sauerländischen Eversberg seine Heimat Richtung St. Louis. Dieser war „Frühmärz-Demokrat" und wurde als solcher in Heidelberg als „Unruhestifter" verfolgt. Lorenz Degenhardt starb 1858 an der Schwindsucht. Ein Grabstein mit dem Namen des verstorbenen Eversberger Frühdemokraten ist noch heute auf dem Friedhof der katholischen St. Bonifatius-Kirche bei St. Louis zu finden.

Entdecker einer Wertschöpfungskette: Boeing senior kauft ganze Wälder ein

Zurück zu dem westfälischen Amerikafahrer Wilhelm Böing, der seinen Hausnamen jenseits des Atlantiks auf „Boeing" amerikanisierte.

Arm, wie er ist, nimmt Wilhelm Boeing zunächst jeden Job an: Landarbeiter, Holzstapler, Assistent eines Eisenwarenhändlers in Detroit. Hier lernt Boeing Marie Ortmann, ebenfalls westfälischer Abstammung, kennen. Die beiden heiraten. Wilhelm wird Assistent seines Schwiegervaters, der eine Holzhandlung führt.

1875, so hat Gisbert Strotdrees herausgefunden, stirbt zu Haus in Hohenlimburg der Vater. Wilhelm ist einer der Haupterben. Mit dem ererbten Vermögen aus Deutschland eröffnet Wilhelm Boeing nun ein eigenes, neuartiges Holzgeschäft. Er handelt dabei nicht nur mit Balken und Brettern, sondern sein Erfolgsrezept für möglichst viel Profit ist, ganze Wälder zu erwerben, die Schlag auf Schlag gefällten Bäume zu Nutzholz zu verarbeiten und dieses frei Baustelle zu liefern.

Dieses „Big Business" (heute würde man von einer optimalen Wertschöpfungskette sprechen) trug dem cleveren Westfalen binnen kurzem ein Millionenvermögen ein. Doch damit nicht genug.

Bald wurde es Wilhelm Boeing in seinem Einzugsgebiet Michigan, Wisconsin und Minnesota zu eng. Er ging weiter nach Westen, über die Rocky Mountains hinaus bis Oregon, Washington und Kalifornien. Hier erwarb der inzwischen zum echten Amerikaner gemauserte William Boeing nach und nach riesige Wälder und Ländereien.

Außerdem kauft sich Boeing daheim in Detroit bei den Stahlkochern ein und beteiligt sich sogar im großen Stil an lokalen Banken. Weihnachten 1890 zieht er sich in Detroit überraschend eine schwere Erkältung zu, an der er kurz darauf, erst 44-jährig, stirbt.

Boeing-Erbe besucht die besten Schulen

Der ehemals bitterarme Einwanderer hinterlässt seiner Frau, dem Sohn William sowie der Tochter Caroline (Marguerite ist mit vier Jahren gestorben) ein ganzes Konglomerat von Firmen und Vermögensanteilen. So ist es für die Witwe ein Leichtes, ihren Sohn William auf die besten Schulen zu schicken: zunächst nach Vevey in der Schweiz, anschließend in New York.

William Boeing wird Ingenieur und verliert 1910 sein Herz an die gerade aufkommende Fliegerei. 1915 fliegt er bereits selbst, ein Jahr später konstruiert er in Seattle ein Wasserflugzeug. Seine erste Firma heißt „Pacific Aero Produes Company", Vorgängerin der bald weltweit bekannt werdenden „Boeing Airplane Co".

Das Unternehmen expandiert von Jahr zu Jahr. Die Weltwirtschaftskrise bringt eine kurze Unterbrechung des rasanten Aufstiegs. Doch danach kommen Regierungsaufträge.

Boeing baut Flugzeuge für Militär und Privatwirtschaft gleichermaßen. Die gewaltige Expansion wird selbst Präsident Roooevelt in Washington D. C. unheimlich: „Aus nationalen Sicherheitsgründen" erwirbt die Regierung eine Aktienmehrheit. William Boeing wird großzügig ausgezahlt.

Von dann an ist der Sohn des westfälischen Einwanderers aus dem Jahre 1868 Privatier mit einem Milliardenvermögen. Fortan züchtet er auf seiner riesigen Ranch am Pazifik edle Pferde. Im Zweiten Weltkrieg steigt William Boeing noch einmal als Chefberater bei den Boeing-Werken ein, engagiert sich danach als Sponsor zahlreicher karitativer Einrichtungen und verlegt seinen Wohnsitz von 1950 an weitgehend auf eine Luxusyacht. Auf ihr stirbt der weltberühmte Nachfahre des westfälischen Stammes der Böings 1956 im Alter von 74 Jahren.

Reinhold Niebuhr: „Lehrer der Nation"

Seine Biographen bezeichnen ihn schlichtweg als „Präzeptor Amerikas" – Lehrer der Nation. Kein geistiger Kopf habe im 20. Jahrhundert einen derart großen moralischen Einfluss auf Präsidenten und Regierungen in den Vereinigten Staaten gehabt wie er. Niemand habe US-Administrationen in Washington D. C. derart kritisch die klaffende Lücke zwischen moralischem Anspruch und praktischem Tun vor Augen gehalten wie der Moraltheologe Reinhold Niebuhr (1892–1971), behauptet sein Biograph Richard Wightman Fox.

Kein Kirchenmann hat für den weltweiten ökumenischen Dialog der christlichen Konfessio-

Prof. Dr. mult. Reinhold Niebuhr

nen im 20. Jahrhundert so viel erreicht wie dieser Sohn eines Einwanderers aus Lippe, der 1948 in Amsterdam erstmals sämtliche Kirchen evangelischen Bekenntnisses, dazu Anglikaner sowie die Vertreter der Orthodoxie, an einen Tisch brachte.

Die Nationalbibliothek in Washington D.C. nennt mehr als 60 VIP-Bücher (very important), Tausende von Streitschriften und Expertisen dieses glänzenden, theologisch-sozial motivierten amerikanischen Denkers des 20. Jahrhunderts. Seine Werke füllen die Regale der berühmtesten amerikanischen und englischen Universitäten, wo er studiert und gelehrt hat, an ihrer Spitze Harvard, Princeton, Yale, New York, Oxford und Cambridge.

Vier US-Präsidenten: Roosevelt, Eisenhower, Truman und Johnson und zahlreichen anderen, zugehörigen amerikanischen Politikern jener Zeit diente er als „moralischer Ratgeber" und unabhängiger Staatskritiker zugleich.

Nach Niebuhrs Überzeugung war der Kampf gegen die Hitlerdiktatur unumgänglich. Die wahllose Bombardierung deutscher und japanischer Städte hingegen sei unmoralisch gewesen. Wegen der seiner Überzeugung nach moralisch ebenfalls nicht vertretbaren, massiven militärischen Intervention der USA in Korea und mit Blick auf zu befürchtende, ähnlich harten amerikanischen Waffeneinsatz in Vietnam trat Niebuhr schließlich unter Protest von seinem Amt als Moralwächter der amerikanischen Nation zurück.

Reinhold Niebuhrs moralische Kritik passt in das 21. Jahrhundert

Unter den zahlreichen aufsehenerregenden Büchern des Querdenkers Reinhold Niebuhr schlug 1932 „Moral Man and Immoral Society" (Moralistischer Mensch und unmoralische Gesellschaft) wie eine Bombe ein. „Eine Interpretation der Christlichen Ethik" (1935), „Christentum und Macht der Politik" (1941), „Kinder des Lichts und Kinder der Dunkelheit" (1944) und „Demokratische Experimente der Vergangenheit und Zukunft" schlugen in dieselbe Kerbe und hielten der Nation kritisch und in einer bis dahin nie gekannten Offenheit den Spiegel vor:

„Unsere größte nationale Schwäche ist vielleicht unsere übertriebene Vorstellung von der Tugendhaftigkeit Amerikas", kritisierte Niebuhr.

„Wir glauben, Amerika sei einzigartig in der Welt, ... ein Volk von unerreichter Großzügigkeit und Güte. Gott, so nehmen wir an, ist stets auf unserer Seite, und zwar dank einem besonderen Bund, den wir mit dem Allmächtigen geschlossen haben", - Thesen, die (vorausschauend) durchaus auf das Tun und Denken des gegenwärtigen Präsidenten der USA, George W. Bush und seine oft sehr selbstgerecht handelnde Administration bezogen sein könnte und damit auch im 21. Jahrhundert hochaktuell sind.

Der führende amerikanische Politikwissenschaftler Hans Morgenthau (nicht zu verwechseln mit dem Erfinder des so genannten Morgenthauplans!) bezeichnete Reinhold Niebuhr denn auch bereits 1961 als „den größten lebenden Politikphilosophen Amerikas im 20. Jahrhundert" und „einen Mann von höchster moralischer Kompetenz".

Akademische Plattform Niebuhrs waren vor allem seine herausragenden Lehraufträge für Christliche Sozialethik (1928–1960), u. a. an der Columbia University New York. Aus dieser wissenschaftlich unabhängigen Position heraus wurde er seinerzeit zu einem der maßgebenden Vordenker für das revolutionäre „New-Deal- Programm" Präsident Theodore Roosevelts in den 30er-Jahren.

Zeitweilig und aufgrund seiner praktischen sozialen Erfahrungen als Pfarrer in Arbeitergemeinden Detroits neigte Reinhold Niebuhr zum linken Flügel der Gesellschaft, ohne sich jedoch jemals mit den Kommunisten zu arrangieren. So gründete er u. a. eine Liberal-Sozialistische Partei der USA und zog dafür kurzzeitig sogar in das Landesparlament ein.

Vater ging 1881 von Lippe nach Amerika

Schon der Vater, Gustav Niebuhr vom traditionsreichen lippischen Vollmeierhof Niebuhr in Lage-Hardissen Nr. 6, war Theologe. Gustav Niebuhr, geboren am 28. Januar 1863, hatte seine Heimat zusammen mit dem drei Jahre jüngeren Bruder Louis, nach einem Streit mit dem herrischen Vater, im Frühjahr 1881 per Schiff „Weser" Richtung Illinois verlassen.

Louis Niebuhr zog weiter nach Nebraska, während Gustav auf der Farm seiner Cousine Caroline Hummermeier, geborene Lüttmann, und deren Mann Wilhelm Obdach fand. Diese Verwandten finanzierten dem hochbegabten lippischen Abiturienten Gustav Niebuhr denn auch sein Theologiestudium am evangelischen Eden-Seminar in St. Louis. Gerade ordiniert, zog der 22-Jährige quer über den Kontinent bis San Francisco. Mutig übernahm er die soeben von deutschen Einwanderern gegründete ev. St. Johannisgemeinde auf dem Signal Hill.

Verheiratet mit der Tochter eines dortigen Missionars, folgte Gustav Niebuhr zunächst einem Ruf nach Wright City, Missouri, dann als reisender Prediger in St. Charles, Missouri, schließlich in das Pfarramt an der St. Johannisgemeinde in Lincoln, Illinois. Hier gestaltete Gustav Niebuhr von 1902 bis zu seinem Tode im Jahre 1913 nicht nur ein blühendes kirchliches und schulisches Leben, sondern gab seiner evangelisch-reformierten Kirchengemeinschaft auch als Synodaler und zeitweiliger Tagungspräsident für ganz Amerika eine dauerhafte Verfassung.

Reinhold Niebuhrs bittere Erfahrungen als Prediger für die Arbeiter von Detroit

Reinhold Niebuhr erblickte am 21. Juni 1892, sein Bruder Helmut Richard zwei Jahre später das Licht der Welt. Er studierte Theologie am Elmhurst College und an der Yale University. 1915–1928 war er Pfarrer in Detroit und setzte während dieser Zeit nebenbei seine Studien insbesondere in Geisteswissenschaften fort. Die harte Realität des Arbeiterdaseins in Detroit und eine Reise 1923 nach Eu-

Pastor Gustav Niebuhr, lippischer Auswanderer vom Hof Niebuhr in Hardissen und Vater des berühmten Gelehrten und US-Präsidentenberaters Reinhold Niebuhr. Eine Aufnahme von 1910

ropa und durch das daniederliegende Deutschland bestärkten ihn in seinen grundsätzlichen Zweifeln am amerikanischen Kulturoptimismus, dem vorherrschenden religiösen Fortschrittsglauben und an Amerikas selbsternannter Rolle einer jedermann glückbringenden „God's own country"

In den 20er-Jahren wandte sich Niebuhr eher pazifistischen Ideen zu, fand Vorbilder in theologischen Vordenkern wie Kirkegaard und Karl Barth und stellte als Hochschullehrer und Schriftsteller Politikern höchst unangenehme Fragen nach den himmelweiten Unterschieden zwischen ihrem jeweiligen ethisch-sozialen Bekenntnis und realem Tun im Alltag. Seine Ausgangsbasis war und blieb dabei stets ein lebensnahes, praktisches Christentum über alle Konfessionen hinweg. Als seine unumstößliche Erkenntnis formulierte er: *„Dass der gewohnten Grundhaltung der Amerikaner, wonach der Mensch gut ist und im Vertrauen auf die Güte seiner Absichten und ihrer Durchführbarkeit, die Welt beherrschen und glücklich zu machen vermag, entschieden widersprochen werden muss."*

Niebuhr weiter: *„Die Menschengeschichte ist leider kein Erfolg. Der Grund dafür liegt in den*

Stammhof der Familie Niebuhr in Lage-Hardissen, Lippe: Hier wurde Gustav Niebuhr geboren und verbrachte er seine Jugend bis zum Abitur in Lemgo

Schwächen und Fehlern, die dem Menschen im Wesentlichen anhaften; theologisch bezeichnet man das die Erbsünde."

Nicht nur Moral predigen, auch moralisch leben und handeln! lautete das Credo des bald an die führenden amerikanischen Universitäten berufenen Redners und Lehrers Professor Dr. Reinhold Niebuhr, den Hochschulen und Staat als „Lehrer Amerikas", trotz seiner oft harschen Kritik am „American Way of Life" über die Jahre mit hohen akademischen und nationalen Auszeichnungen ehrten.

„Niebuhr war kein Stubengelehrter, vielmehr ein mutiger Vordenker, der in die Politik eingriff und Amerika vor Überheblichkeit warnte. Ein Christ, der christliches Handeln im Alltag der Nation glaubwürdiger machen wollte", heißt es in einer Würdigung Niebuhrschen Denkens und Wirkens nach dessen Tod am 1. Juni 1971 in Stockbridge, Massachusetts.

Der Bruder Reinhold Niebuhrs, Richard, studierte gleichfalls Theologie, wurde Pfarrer und ein bekannter Moraltheologe von hohem Anspruch.

In einem Dutzend Bücher befasste er sich, ebenso wie sein älterer Bruder Reinhold, mit der großen Kluft zwischen moralischem Anspruch und Wirklichkeit im politischen Leben der USA. Besonders skeptisch betrachtete Richard Niebuhr das in der breiten amerikanischen Öffentlichkeit weitgehend unkritisch dargestellte „Kingdom of God in America" (Gotteskönigreich Amerika).

Trotz seiner beachtlichen theologischen und philosophischen Arbeiten konnte Richard Niebuhr niemals auch nur annähernd an die Bedeutung seines weltberühmten „großen Bruders" anknüpfen.

***

Dank sagt der Autor für die Bereitstellung von Informationen, Daten und Schriften der National Library, Washington D.C., der Texas A&M-University, Gisbert Strotdrees (Landwirtschafts-Verlag, Münster) und besonders Dipl.-Volkswirt Klaus Niebuhr in Lage-Hardissen für freundliche Einsicht in den bis 1410 zurückführenden Stammbaum der Familie Niebuhr (1410: „Niggebuer zu Herdessen").

Wittenborgs aus Lippe als Ärzte und Professoren in Memphis und Harvard

Der Lipper August Hermsmeier-Wittenborg (1883–1941) hat es in den USA bis zum Professor und Dekan der University of Memphis, Tennessee gebracht. Dessen 1914 geborener Sohn Martin schaffte als Mediziner sogar den Sprung auf einen Lehrstuhl für Radiologie an Amerikas ältester und bis heute berühmtester Universität von Harvard, Boston. Vater und Sohn Wittenborg, wie sich der Stamm Hermsmeier-Wittenborg seit der Einwanderung in die USA ab 1905 nennt, haben als Forscher und Lehrer von Generationen ärztlichen Nachwuchses auf ihrem Fachgebiet ein bedeutendes Kapitel US-Medizingeschichte im 20. Jahrhundert geschrieben.

Ursprung der in Übersee berühmt gewordenen Ärztefamilie Wittenborg ist das lippische Dorf Matorf bei Lemgo. Hier, auf einem 30 Hektar großen Bauernhof, kam der Stammvater aller amerikanischen Wittenborgs im Jahre 1883 als August Hermsmeier-Wittenborg zur Welt.

Der Vater und Hoferbe wandte sich, statt der Landwirtschaft, dem Kaufmannsberufe zu und zog deswegen nach Hannover. Sein ererbter Hof wurde an Nachbarn verpachtet. So wuchs Hermsmeier-Wittenborg junior in einer Großstadt auf, ohne jedoch die Verbindung zu den Verwandten und zum viele Jahrhunderte alten Stammhof der Sippe in Matorf jemals aufzugeben.

Ob August Hermsmeier-Wittenborg junior keine Lust hatte, Soldat zu werden oder was ihn sonst bewogen haben könnte, in die Fremde zu gehen, ist nicht bekannt. Jedenfalls schloss sich der junge Mann 1905 seinem Onkel Martin Wittenborg bei dessen Auswanderung nach Amerika an. Ziel der beiden war der US-Bundesstaat Tennessee.

Martin Wittenborg muss nicht nur einiges Geld mitgenommen, sondern auch eine besonders enge Verbindung zu seinem Neffen gehabt haben, was nach der Ankunft in Übersee zu einer Adoption führte. Danach erlaubte Wittenborg seinem Adoptivsohn, an der University of Memphis Medizin zu studieren. Genau dies war bereits in Deutschland der sehnliche Wunsch des jungen Mannes aus Lippe bzw. Hannover gewesen.

Schon bald nach dem Grundstudium spezialisierte sich der heranwachsende Arzt auf das Fach Anatomie. Mit der englischen Sprache hatte er nie ein Problem. Mitschüler berichteten später in einer Festschrift auf ihren verehrten Mentor: *„Wittenborg war im Englischen besser als wir geborenen Amerikaner!"*

August Wittenborg schloss sein Studium einschließlich Promotion bereits 1910 mit Bestnoten ab. Damit war der ehrgeizige Mediziner jedoch noch nicht zufrieden.

Deutschland galt damals hinsichtlich medizinischer Lehre und Forschung als fortschrittlichstes Land der Welt. Also schiffte sich Wittenborg 1910 nach Europa ein, um seine Kenntnisse an den führenden medizinischen Universitäten in Berlin und Wien zu vervollständigen.

Nach Ende dieser zusätzlichen Studien kehrte Dr. Wittenborg nach Memphis zurück, allerdings nicht allein. In der alten Heimat hatte er nämlich die deutsche Kapitänstochter Ida Schück kennen gelernt und zur Frau genommen.

Dem Ehepaar August und Ida Wittenborg wurden zwei Kinder geboren: Ida (1912) und Martin (1914).

Dr. Wittenborg bekam bereits zwei Jahre nach der Geburt seines Stammhalters an der University of Memphis eine Professur für Medizin. Dies war übrigens die erste wissenschaftliche Festanstellung in diesem Hause und für die Sparte überhaupt. Bald galt Professor Dr. August H. Wittenborg weit über Tennessee hinaus als anerkannter Experte und hochgeschätzter Lehrer seines Fachs.

Da starb 1916 seine über alles geliebte Frau. Plötzlich stand der erst 33-jährige Wissen-

Professor August (Hermsmeier)Wittenborg etwa 1910 mit seiner deutschen Frau Ida, geborene Schück

schaftler mit zwei unmündigen Kindern allein im Leben.

Fotoalben der Familie Hermsmeier-Wittenborg im lippischen Matorf zeigen, wie sich der junge Witwer, neben seiner Hochschultätigkeit, liebevoll und ausdauernd um Tochter und Sohn kümmerte, ihre alltägliche Versorgung und Schulbildung sicherstellte und vor allem jedes Wochenende und die Schulferien nutzte, um mit den Kindern zusammen zu sein und später, als sie heranwuchsen, die Vereinigten Staaten zu bereisen.

Gleichzeitig stürzte sich Professor Wittenborg mit Leidenschaft und Ausdauer in seine Arbeit als Hochschullehrer für Anatomie, und der weitere berufliche Erfolg war nicht aufzuhalten, obwohl der gebürtige Lipper selbst während des ersten Weltkrieges immer noch die deutsche Staatsbürgerschaft besaß und sich erst 1921 als Amerikaner naturalisieren ließ.

Als es 1918 um die Nachfolge für den damaligen, schwer erkrankten Dekan der medizinischen Fakultät, Herbert Brooks ging, fiel die einstimmige Wahl auf Professor Wittenborg, damals bereits weithin bekannter und angesehener Leiter des Anatomischen Instituts der Universität von Memphis.

Dieses Votum der Leitungsgremien für einen Deutschen wurde zu einer Zeit, als die USA sich im Krieg mit dem überseeischen Kaiserreich befanden, für eigentlich unmöglich und deswegen als Sensation gewertet. Andererseits galt die Wahl des Deutschen aber auch und gerade als überzeugender Vertrauensbeweis für die außerordentlich hohe fachliche und menschliche Wertschätzung, deren sich der in Lippe geborene Wissenschaftler erfreute.

August H. Wittenborg enttäuschte die Verantwortlichen und Studierenden der Universität nicht: Unter seiner Führung gewann die University of Memphis in medizinischen Fachkreisen der USA hinsichtlich Forschung und Lehre einen erstklassigen Ruf.

A. H. Wittenborg Building

Mit dem Neubau des Universitätsgebäudes in den Jahren 1925/1926 setzte sich Professor Wittenborg über seinen späteren Tod im Jahre 1941 hinaus ein bleibendes Denkmal. In dankbarer Erinnerung an seine großen Verdienste um eine fachlich hervorragende Ausbildung von Generationen praktischer Ärzte in diesem Haus zierte man den Eingang der alten Anatomie mit dem eingemeißelten Namen „Wittenborg". Und bei der späteren Erweiterung des riesigen Gebäudekomplexes der medizinischen Fakultät auf dem Universitätskampus gingen seine dankbaren Schüler in der Verehrung ihres „Old Witt" noch einen großen Schritt weiter, indem sie Anatomie und Neurobiologie die Bezeichnung „A. H. Wittenborg Building" gaben – ein Name, der bis heute in großen gotischen Lettern über dem Hauptportal prangt und von den außerordentlich großen Verdiensten des gebürtigen Lippers um die Universität und deren Studenten kündet.

August Wittenborg hat mit seinen Kindern nicht nur die Vereinigten Staaten vielfältig bereist, sondern in den 20er- und 30er-Jahren auch mehrfach Deutschland besucht und dabei der lippischen Heimat seine Aufwartung gemacht.

Bei einer solchen Deutschlandtour ließ Professor Wittenborg seine Tochter Ida für ein Jahr „zu Haus", um ihr in Weimar und Hildesheim eine solide hauswirtschaftliche Ausbildung zu ermöglichen.

Bekam Ida Ferien, wurden diese fast selbstverständlich bei dem von Hannover auf seinen Hof in Matorf zurückgekehrten Großvater August Hermsmeier-Wittenborg verbracht. Mit weitreichenden Folgen für das damals gerade 18 Jahre alte, weltoffene Mädchen aus Amerika.

Der Erbe eines benachbarten landwirtschaftlichen Betriebes, Werner Führing, verliebte sich unsterblich in die hübsche Ida, stieß auf spontane Gegenliebe und hielt in aller Form um ihre Hand an. Dem Vater im fernen Memphis und Großvater in Matorf soll es erst die Sprache verschlagen haben. Letztendlich jedoch willigten beide ein. Glückliches Resultat:

Als Amerikanerin in Lippe geblieben

Ida Wittenborg wurde Frau Führing und damit für das weitere Leben in der Urheimat ihres Vaters eine zufriedene und vom Landleben bis ins hohe Alter begeisterte Bäuerin im lippischen Matorf!

Der Bruder Martin hingegen blieb, wie sein Vater, in der „Neuen Welt", nahm in Baltimore ein Medizinstudium auf und spezialisierte sich dabei auf neuzeitliche Kinderheilkunde.

Ähnlich wie sein Vater, erreichte auch den inzwischen promovierten Mediziner Wittenborg junior schon früh der Ruf an eine Hochschule, in diesem Fall an die „US-Number One", nach Harvard. Hier in Boston erwarb Professor Dr. Martin Wittenborg nicht nur als exzellenter Lehrer und Forscher einen Namen, sondern machte seinem Vater überdies auch als langjähriger Chef der größten Bostoner Kinderklinik alle fachliche Ehre.

***

Die wesentlichen biographischen Daten zu dieser Auswanderergeschichte verdankt der Autor dem Historiker Gisbert Strotdrees aus Münster.

„Roots" von „Columbia"-Chef William McCool führen zu Familien Peithmann und Huck in Hille

Als am 1. Februar 2003 über Texas die NASA-Raumfähre „Columbia" verglühte, starb mit der Mannschaft auch deren 41-jährige Commander William McCool aus San Diego. Was hierzulande bisher niemand wusste und erst durch den Besuch des „Wochenblatt"-Abonnenten Hermann Peithmann aus Hille-Südhemmern, im Dorf 10, bei Autor Friedrich Schütte bekannt wurde: Die „Roots" dieses berühmten und (durch das von ihm selbst nicht verschuldete Unglück) ums Leben gekommenen Astronauten führen zurück auf die Bauernhöfe Peithmann und Huck in Unterlübbe bei Minden!

H ermann Peithmann (70) kann aus seiner Großfamilie gleich zwei amerikanische „Helden" nennen. Das ist, außer dem verunglückten „Columbia"-Chef McCool, der Indianerforscher Professor Irvin M. Peithmann aus Hoyleton (1904–1981) bei New Minden, Illinois. Dieser kam im 20. Jahrhundert als Archäologe der South Illinois University, Volkskundler und wissenschaftlicher Buchautor im Laufe seines Lebens zu hohen akademischen Ehren. Er darf seit 1979, laut „US Who's who", für ganz Amerika als prominent bezeichnet werden – neben vielen deutschamerikanischen Weltberühmtheiten wie etwa Albert Einstein, William Boeing oder Carl Schurz.

Gemeinsamer westfälischer Vorfahre beider genannten Heroes aus dem Familien-Clan der Peithmanns ist Landwirt Friedrich Gottlieb <u>Eberhard</u> Peithmann (1808–1889) vom Hof Unterlübbe Nr. 16, Kreis Minden. Dessen Sohn Eberhard Richard <u>Hermann</u> (1838–1920) wanderte 1866 mit 4 000 Mark Abfindung in der Tasche nach Hoyleton, Illinois aus, wo unter vielen anderen Verwandten und Nachbarn aus dem alten Kirchspiel Bergkirchen bereits eine Schwester verheiratet war. Zu ihr zog der junge Mann, um sich anschließend einen eigenen Farmplatz zu kaufen und darauf eine Familie zu gründen.

Der daheim gebliebene Bauer F. G. Eberhard Peithmann (Vater von E. R. Hermann Peithmann) gilt heute nicht nur als deutscher Urahn des berühmt gewordenen amerikanischen Archäologen

Columbia-Commander McCool: Vorfahren stammen aus dem westfälischen Unterlübbe bei Minden

Professor Irvin Peithmann, sondern ebenso des Astronauten William McCool.

Bei „Columbia"- Commander McCool sind die „Roots" nur etwas verschlungener. Zwar ist jener Eberhard Peithmann auch sein Vorfahre, nämlich der Urururgroßvater. Doch mit Ururgroßmutter Louise (1833–1873), die den Nachbarjungen Louis Huck vom Hof Unterlübbe Nr. 1 heiratete und mit diesem gleichfalls nach Hoyleton, Washinton County (Illinois) zog, wurde die Namenslinie Peithmann verlassen.

Eine Urenkelin von Louise Huck, geb. Peithmann war Professor Audrey McCool, geborene Huck. Sie heiratete Mitte des 20. Jahrhunderts den US-Piloten schottischer Abstammung Barent McCool. Sie ist die Mutter des berühmten Marines, langjährigen NASA-Testpiloten, Astronauten und „Columbia"-Commanders William McCool.

Wie Audry McCool mit dem furchtbaren Ende ihres Sohnes in der Raumfähre (patriotisch) umgegangen ist, berichtete das „Reno Gazette Journal" Ende 2004: *„Mein guter Junge. Er war ein Held. Es ist schrecklich. Doch, trotz aller Trauer: Unser US-NASA-Programm muss weitergehen!"*

Mit Landvermessung in Oklahoma fing die Forschung auf den Indianerspuren an

Professor Irvin Peithmann hatte in Hermann Peithmanns Sohn Edward Henry einen bemerkenswerten Großater. Nicht nur, dass dieser „Ed" Peithmann, trotz früher beruflicher Malaria-Erkrankung das biblische Alter von 102 Jahren erreichte. Prärie-Farmer „Ed" aus Hoyleton nahm kurz vor der Wende vom 19. in das 20. Jahrhundert von einem republikanischen Gesinnungsfreund in Illinois kurzentschlossen einen Regierungsposten zur Neuvermessung und Parzellierung des „Indianerstaates" Oklahoma an. Und damit beginnt eine spannende Geschichte.

Edward Peithmann war nach der Heimkehr auf die elterliche Farm etwa ab 1904 für seine Enkel „ein wunderbarer Erzähler vieler guter Stories aus dem Old Wild West", wie sich Irvin Peithmann später in einem seiner zahlreichen Bücher erinnert. *„Das hat mich eigentlich erst auf die berufliche Spur und schließlich zur Archäologie und systematischen Erforschung indianischer Kulturen gebracht!"*

Dabei war „Ed" Peithmanns Mission als Fahrer, Proviantmeister und schließlich Landmesser im damals noch wilden, unwegsamen Oklahoma alles andere als lustig, ja – im Grunde sogar tieftraurig.

Regierung teilte Indianerland auf

Der Kongress in Washington D. C. hatte nämlich wieder einmal dem Drängen der weißen Siedler nachgegeben und beschlossen, auch das letzte, den aus dem Osten, Norden und Südwesten über Jahrzehnte vertriebenen Indianerstämmen „auf alle Zeit, so lange das Gras wächst und das Wasser fließt" überlassene Land in Oklahoma wieder abzunehmen. 10 Millionen Hektar „ackerfähige" Prärie sollten für 0,5 $ bis zu 5 $ je Acre an nach-

Professor Irvin Peithmann

rückende weiße amerikanische Farmer verkauft werden. Doch bevor es dazu kommen konnte, mussten die riesigen, „jungfräulichen" Flächen parzelliert werden.

Damals hatten die Indianer bereits unter großen Verlusten und Aufgabe ihrer Stammesidentitäten etliche, verlustreiche Zwangsumsiedlungen hinter sich. Grausame Feldzüge wie die Schlacht gegen die restlichen Sioux und Cheyenne 1876 am Little Big Horn sowie das Kesseltreiben 1890 bei „Wounded Knee" in Süd-Dakota, wo die US-Armee 350 Sioux mit Kanonen zusammenschoss, waren nur noch so etwas wie das Schlusskapitel zum endgültigen Untergang der traditionellen indianischen Stammeskultur in den USA.

Nach all der schweren Verfolgung und Vertreibung von Indianern aus ihren Stammesgebieten während des 19. Jahrhunderts gelten heute der schier endlose Leidensweg der Cherokesen von Georgia nach Oklahoma sowie der Seminolen (Unzivilisierten) von Florida auf dem *„Weg der Tränen"* zu den letzten Reservaten in Oklahoma, als die wohl unwürdigsten Kapitel weißer Landnahme in einer (gegenüber dem alten Europa) vermeintlich humaneren „Neuen Welt".

Alles das hatte Edward Peithmann bei seinem Vermessungsdienst in Oklahoma rasch erkannt, und schon bald wandelte er sich zu einem wahren Freund und Beschützer der Eingeborenen, soweit es sein staatliches Amt eben noch zuließ. Doch mit Erledigung des Vermessungsauftrags und der

Irvin Peithmann bei der Arbeit, Interview mit vertriebenen Indianern

Rückkehr nach Illinois endete Edwards persönliches Engagement in Oklahoma – um danach allerdings von seinem Enkel Irvin in den folgenden Jahrzehnten umso konsequenter und systematischer wieder aufgenommen zu werden.

Peithmanns prähistorische Zufallsfunde

Den beruflichen Einstieg schaffte Irvin über Zufallsfunde. Zuerst entdeckte er daheim auf den Äckern in Washington County seltsame geschliffene Steine, dann Waffenspitzen, Knochen und Pfeile. Richtigerweise ordnete er diese den Ureinwohnern Amerikas zu und informierte die Universität von Southern Illinois. Deren Fachleute fanden so viel Gefallen an dem „Mann mit der goldenen Nase", dass sie ihn von der Stelle weg als archäologischen Helfer engagierten.

Von Grabung zu Grabung wurde Peithmann, der weder eine Universität besucht noch eine reguläre wissenschaftliche Ausbildung erworben hatte, bekannter. 1951 führte ihn der Zufall auf eine Spur, die ihn auf einen Schlag auf dem ganzen Kontinent bekannt machen sollte.

Bauarbeiter wollten im Modoc-Felsen gerade eine überhängende Höhle sprengen. Irvin Peithmann kam buchstäblich darauf zugelaufen und gebot sofort Einhalt. Was er dann in der teilweise bereits freigelegten Höhle vorfand, übertraf alle seine Vorstellungen: prähistorische Skelette und

Waffen, Keramik und Schmuck über Schmuck! Hinzugezogene Spezialisten aus mehreren Ländern datierten die Fundstücke auf ein Alter von bis zur Altsteinzeit, etwa 10 000 Jahre vor Christus. Das war in Fachkreisen eine Sensation und erregte weltweit Aufsehen. Mit einem Schlag war Peithmann berühmt.

Französischen Einfluss auf der Prärie ergraben

Und als der Forscher westfälischen Geblüts dann auch noch in der alten französischen Prärie du Rochér systematisch nach den frühesten Siedlungsstellen europäischer Einwanderer grub und fündig wurde (einer seiner Beweise: Franzosen hatten hier bereits ein erstes Indianerreservat geschaffen) und gründlich die bislang von der Wissenschaft unbeachtet gelassenen Ureinwohner Floridas erforschte, stieg Peithmann Stufe um Stufe in der wissenschaftlichen Hirarchie empor.

Ihm zu Ehren wurde das 1978 eröffnete Museum im früheren französischen Fort de Chatrés „Peithmann-Museum" benannt.

Ab 1950 war Irvin Peithmann Kurator für Archäologie an der University of Southern Illinois. Bis über 1970 hinaus lehrte er als Professor und Fachbeauftragter für Freilandstudien „seiner" Universität. Im Mittleren Westen, in Florida, Alabama und Georgia führte er zahlreiche wis-

Irvin Peithmann (rechts) mit John Allen beim Betrachen eines indianischen Artefakts

senschaftliche Grabungen mit oft aufsehenerregenden Ergebnissen durch. Nebenbei berief der Präsident der Universität von Southern Illinois Professor Irvin Peithmann, bis zu dessen Emeritierung im Jahre 1973, zu seinem ständigen fachwissenschaftlichen Assistenten.

Während der 42 Jahre dauernden Tätigkeit im wissenschaftlichen Stab dieser Universität, davon 38 Jahre als archäologischer Forscher und Lehrer, verfasste Professor Peithmann zahllose Expertenberichte über die großenteils selbst erforschte bzw. ergrabene Frühgeschichte und das Alltagsleben, Bräuche und armselige Ende der großen Indianerstämme Nordamerikas. Ob in den USA, Kanada, Mexiko oder Mittelamerika: Wo immer neue Funde zur Vor- und Frühgeschichte der amerikanischen Ureinwohner gemacht wurden, war Irvin Peithmann (meist) als Super-Experte dabei!

In „US Who's who" unsterblich geworden

Im Jahre 1979, drei Jahre vor seinem Tod, nahm die Zeitschrift „US Who's who" den deutschstämmigen Wissenschaftler in ihr Register auf und reihte ihn damit als Mitglied dieser „Hall of Fame" in die lange Reihe der amerikanischen „Unsterblichen" ein. Dabei führte „US Who's who" auch die bedeutendsten Veröffentlichungen seines neuen „Hero" auf, wie „Broken Peace-Pipe", und „The

unconquered Seminole Indians".

Letzteres Buch beschreibt aus der Feder Peithmanns (der Ehrenhäuptling zahlreicher Indianerstämme war und wegen seiner stets qualmenden Pfeife den Namen „Man-Burning-Pipe"/Mann mit brennender Pfeife) bekam, Geschichte und Kultur der Indianer auf der Halbinsel Florida. Und zwar von der Zeit v o r dem „Weißen Mann" über die spanischen und dann amerikanischen Einflüsse, bis hin zur Vertreibung und Aufgabe aller völkischen Identität. Ernüchternd – und doch auf dem ganzen Kontinent ein Bestseller.

Die Auflage erreichte binnen kurzer Zeit mehr als 500 000 Exemplare!

„DAUSA" und die niedersächsisch-westfälische Auswandererforschung im Osnabrücker Land

In Osnabrück und im benachbarten Oldenburger Münsterland hat nach dem Zweiten Weltkrieg die zentrale und wissenschaftlich fundierte Forschung nach dem Schicksal mehrerer Hunderttausend Amerikaauswanderer des 19. Jahrhunderts offenbar früher begonnen als in Westfalen. Trotz eines damals gleich schweren, politischen und wirtschaftlichen Schicksals der notleidenden Bevölkerung dieser beiden geographisch, mitmenschlich und religiös zusammenhängenden Großregionen, gab es bis in die Gegenwart hinein eine grenzübergreifende, systematische Zusammenarbeit professioneller und privater Forscher eher nur bei Sonderprojekten und in Einzelfällen: Die Landesgrenze zwischen den Bundesländern Niedersachsen und Nordrhein-Westfalen wirkt seit dem Zweiten Weltkrieg wie eine Sperrmauer!

D abei ist die Auswanderungsdichte im Osnabrücker und Südoldenburger Land zwischen 1830 und 1900 mindestens ebenso stark gewesen wie im benachbarten Nord-Münsterland und im Ostwestfälischen.

Professor Dr. Antonius Holtmann von der Universität Oldenburg schätzt die Zahl aller Amerikafahrer innerhalb des heutigen Bundeslandes Niedersachsen vorsichtig auf 400 000. Schwerpunkt: der „Leineweber-Gürtel" rund um Osnabrück, Dümmersee-Gebiet und Südoldenburg. Wie in Westfalen und Lippe, seien es hier vor allem auch die Spinner, Weber und Heuerlinge gewesen, die ab 1830 aus bitterer Existenznot heraus ihr Glück in Übersee gesucht und dort ihre „Little Gemanies" gebildet hätten.

64-mal „Neu Hannover" in Amerika

Osnabrücker und Oldenburger gehörten damals zum Königreich Hannover, und zu Ehren ihres Heimatlandes gründeten sie in den USA nicht weniger als 64-mal „Neu Hannover". Dabei stehen Pennsylvania mit 18 und Ohio mit sechs Städten und Dörfern namens Hannover an der Spitze.

Seit 1986 hat Professor Holtmann die Gründe und Auswirkungen der Massen-Emigration in die USA zu seinem Schwerpunktthema gemacht. Seit 1990 sind Holtmann und seine Mitarbeiter in der Forschungsstelle „Deutsche Auswanderer in den USA" (DAUSA) in der Lage, in- und ausländischen „Roots"-Suchenden Einblick in Passagierlisten (1800–1897) und in Kirchenbücher evangelischer Gemeinden zu verschaffen. In Cincinnati z. B. haben sich viele Emigranten aus dem deutschen Nordwesten niedergelassen, im Südosten von Indiana vor allem Lutheraner aus dem Osnabrücker Land, in Oldenburg/Indiana Katholiken aus dem Oldenburger Münsterland und in Scribner/Nebraska („New Oldenburg") Lutherische aus dem Umfeld der Stadt Oldenburg (um 1870).

Passagierlisten als Namensquellen

Seit 1990 werden bei der DAUSA, einer Einrichtung des Instituts für Politikwissenschaft der Universität Oldenburg, 1 586 Rollen Mikrofilm mit erhalten gebliebenen Passagierlisten von Seglern und Dampfern aus Europa aufbewahrt, auf denen auch unzählige Westfalen und Lipper registriert sind (1800–1897).

Dank der Initiative von Antonius Holtmann sind die Kirchenbücher vieler dortiger deutscher Gemeinden auf Mikrofilm aufgenommen worden. Sie stehen Interessenten in der DAUSA zur Verfügung. Genealogische und biographische Nachforschungen in den verfügbaren Beständen der DAUSA werden für einen Unkostenbeitrag von € 25,– pro Stunde übernommen. Wer jedoch selbst sucht, sucht kostenlos!

Dr. Wolfgang Grams (Oldenburg) gründete einen transkontinentalen Besucheraustausch unter dem Motto „Routes to the Roots"

Oldenburger reisten früher als Westfalen

Beim Vergleich der Auswanderungsströme von Niedersachsen und Westfalen in die USA gibt es viele Parallelen und Gemeinsamkeiten, vor allem im Bereich der Landesgrenze zwischen Osnabrück und dem Dümmersee. Vom Zeitablauf her besteht jedoch ein kleiner Unterschied: Der Zug nach Amerika hat im Bereich Südoldenburg und Osnabrücker Land mindestens ein bis zwei Jahre vor den ersten westfälischen Trecks aus dem Kreise Tecklenburg begonnen. Doch auch im Oldenburgischen und Osnabrückischen waren es, wie in Westfalen und Lippe, zuerst einige wenige Männer, die als „Scouts" vorausreisten und für ihre nachfolgenden Landsleute in der Fremde den Weg in eine neue Heimat erkundeten.

Wie und was sie als Kundschafter von dort nach Haus schrieben, hatte auf ihre Familien und Dörfer daheim entscheidenden Einfluss. Man kann ohne Übertreibung behaupten: Erst dadurch kam die Kettenauswanderung richtig in Gang!

Wegbereiter um 1830: Franz-Josef Stallo

Das Oldenburger Münsterland hat einen solchen „Vorzeige-Pionier", der schon ungewöhnlich früh für sich und seine Landsleute eigenständig einen Weg in die unbekannte „Neue Welt" suchte und fand – der katholische Buchbinder Franz-Josef Stallo (1793–1833) aus Damme am Dümmersee.

Stallo war am 22. Juni 1831 nach zweimonatiger Seereise allein mit seinen vier Kindern in New York eingetroffen und per Kanalboot über die Großen Seen bzw. mit Pferd und Wagen und zu Fuß nach Cincinnati gereist. Dieser mutige „Scout" hat dort vor allem Südoldenburger Katholiken um sich geschart und im Jahre 1832 etwa 160 km nördlich von Cincinnati in den sumpfigen Urwald hinein die Siedlung „Stallotown" (seit 1836 „Minster") gebaut.

Schon ein Jahr darauf meldeten Heinrich Ronnebaum und Heinrich Plaspohl aus Damme, wie Professor Holtmann herausgefunden hat, ihr „Oldenburg" in Indiana (100 km westlich von Cincinnati) als Wohnort an. Dem folgte 1839 das gemeinsam von Osnabrückern und Westfalen gegründete „Teutopolis".

Lahmeiers „Lied aus Amerika" mobilisierte deutsche Behörden

Ein ganz außergewöhnlicher Pionier war Franz Lahmeier aus Ostercappeln. Lahmeier hatte im Oktober 1832 Baltimore erreicht. Er war Drechslergeselle von Beruf und „concessionier gewesener Zahnauszieher", wie später entstandene Polizeiakten der Landdrostei Osnabrück melden.

Lahmeiers Anfang 1833 in Baltimore gedruckte und schon im folgenden Frühjahr in der Heimat verbreitete „Schmähschrift" hat die Behörden zwischen Bremen und Münster, von der Ems bis an die Weser, in helle Aufregung versetzt. Sie enthält

Johann Heinrich zur Oeveste aus dem Osnabrücker Land und dessen Frau Regina, geborene Geist. Dieses Bild wurde um 1850 in Cincinnati, Ohio, aufgenommen

nämlich ein von Hand zu Hand weitergereichtes, 49-strophiges „Lied aus Amerika", worin die heimatliche Obrigkeit verhöhnt, das freiheitliche Leben in Amerika hingegen verherrlicht wird.

Das literarisch zwar holprige, in Westfalen und Niedersachsen damals gleichwohl sehr populäre Schmähgedicht auf die drückenden politischen Verhältnisse sowie die große wirtschaftliche und soziale Not in der Heimat beginnt so:
„Heil Dir Columbus, sei gepriesen,
Sei hochgelobt in Ewigkeit.
Du hast uns einen Weg gewiesen,
Der uns aus harter Dienstbarkeit
Erretten kann, wenn man es wagt
Und seinem Vaterland entsagt."

Niedersächsischer Top-Chronist: Johann Heinrich zur Oeveste

Ein Zeitgenosse des Auswandererpioniers Franz-Josef Stallo aus Damme war der Lutheraner Johann Heinrich zur Oeveste (1801–1878) aus Rieste bei Osnabrück.

Zur Oeveste hatte Mitte Mai 1834 Baltimore erreicht und war einige Wochen später in Cincin-nati, wo er sich an der Gründung der Norddeutschen Lutherischen Kirche beteiligte. Diese wurde im Volksmund auch die „Plattdeutsche" und „Osnabrücker Kirche" genannt.

Heinrich zur Oeveste gilt als einer der Gründungsväter der „Vereinigten Evangelischen Lutherischen und Reformierten St. Johannes Gemeinde am White Creek". Ab 1849 nannte sich diese Gemeinschaft dann „Deutsche Evangelisch-Lutherische St. Johannes Gemeinde am White Creek".

Das ganz Außergewöhnliche: Seit 1847 wurden hier Reformierte aus dem Tecklenburger Land, ferner Unierte aus dem Ostwestfälischen nicht mehr zum Heiligen Abendmahl zugelassen!

Professor Holtmann entdecke mehr als 30 Briefe, die der strenge lutherische Kirchenpionier zur Oeveste an seine Eltern und Verwandten daheim schrieb. So war es möglich, dessen amerikanischen Lebensweg nahezu lückenlos nachzuvollziehen. Zugleich gelten diese Briefe bei der DAUSA als Musterbeispiel für eine sich über Jahrzehnte erstreckende, realistische Beschreibung damaliger Verhältnisse in einem Hauptzielgebiet deutscher Amerikafahrer.

Zur Oevestes Briefe: Gegenstück zu Westfalens US-Post von „Jette" Bruns

Die „Korrespondenz zur Oeveste" stellt sozusagen das „evangelische" Gegenstück zu jenen vielen hundert Briefen dar, die die katholische Emigrantin und Arztfrau Henriette (Jette) Bruns aus Oelde, Westfalen zwischen 1836 und 1890 von Westphalia, und Jefferson City (Missouri) ihrem geliebten Bruder Heinrich Geisberg nach Münster schrieb, und die der Nestor der westfälischen Auswandererforschung nach dem Zweiten Weltkrieg in den USA, Professor Dr. Adolf Schroeder, in seinem bewegenden Buch „Hold Dear, As Always, Jette" zum größten Teil veröffentlicht hat.

Wer mehr über die Beschreibungen des Osnabrücker US-Hero Johann Heinrich zur Oeveste und darüber hinaus über die Kettenwanderung im 19. Jahrhundert aus dem Osnabrücker und Oldenburger Land in die USA wissen möchte, wendet sich an:

DAUSA Carl von Ossietzky Universität Ammerländer Heerstr. 114-118, 26111 Oldenburg, Telefon: 0 44 86-84 84, Fax: 0 44 86-93 91 26 E-Mail: *dausa@uni-oldenburg.de* Internet: *www. dausa.de<*

Privatanschrift: Antonius Holtmann, Brüderstraße 21a, 26188 Edewecht-Friedrichsfehn.

Niedersachsen fanden auch Briefe aus dem westfälischen Ochtrup

Auf den Internetseiten der DAUSA *(www. dausa.de)* gibt es viele Informationen, auch die vollständige, kommentierte und bebilderte Veröffentlichung der Briefe des Johann Heinrich zur Oeveste *(www.uni-oldenburg.de/nausa/buchf. htm)*, dazu den Hinweis auf die Edition der Briefe (1853) des westfälischen Auswanderers Heinrich Brandes aus dem früheren westmünsterländer Textilzentrum Ochtrup („Für Gans America Gehe ich nich Wieder Bei die Solldaten . . ."). Diese Briefe gibt es gedruckt im Buchhandel (Verlag Edition Temmen, Bremen).

***

Aus der Arbeit der Forschungsstelle ist das Unternehmen „Routes to the Roots" hervorgegangen. Dieses organisiert kulturhistorische Konzepte, wissenschaftliche und touristische Dienstleistungen sowie Studienreisen für amerikanische Besucher wie auch deutsche Reisegruppen auf den Spuren der Amerikaauswanderer in die USA. Ansprechpartner ist Dr. Wolfgang Grams, Babenend 127, 26127 Oldenburg, Tel. 04 41 -9 62 04 33, Fax 04 34, *>ROUTES@T-ONLINE.DE<* http.: *>www. routes.de<* (Mitglied *>www.amerikanetz.de<*

Westfälische und südniedersächsische Auswanderungsforscher bündeln ihr Fachwissen in „www.amerikanetz.de"

I n Westfalen, Lippe und im angrenzenden Niedersachsen wird seit Jahrzehnten intensiv nach Ursachen und Folgen der Massenauswanderung des 19. Jahrhunderts Richtung Nordamerika geforscht. Privat, akademisch, dies- und jenseits des Atlantiks. Der eine sucht seine ausgewanderten Verwandten, ein anderer erforscht die Amerikaauswanderung einer Sippe, eines Dorfes oder der ganzen Region aus sozialen oder politischen Gründen. Erfahrungsgemäß recherchieren die meisten „Roots"-Suchenden allein, gewöhnlich in enger Verbindung zu Archiven, Universitäten oder Kirchengemeinden.

Generell benötigen sämtliche Auswandererforscher, gleich welcher Motivation, optimale Quellen. Umso verwunderlicher ist es, dass es bislang unter den mehreren hundert privaten und professionellen Forschern auf den Spuren unserer Amerikafahrer des 19. Jahrhunderts in Westfalen sowie dem angrenzenden Niedersächsischen, noch kein spezielles Netzwerk zum Erfahrungs- und Datenaustausch gab. Das ist nun seit kurzem anders.

Am 15. Februar 2003 haben sich im Kommunalarchiv Herford erstmals maßgebende Auswandererforscher der Region Ostwestfalen-Südniedersachsen getroffen, um ihre Erfahrungen auszutauschen und beschlossen, durch Bündelung aller Kräfte und Einsatz modernster Kommunikationsmittel effizienter zu arbeiten.

Teilnehmer waren überwiegend Hobby-Forscher, aber auch erfahrene kommunale Archivare, promovierte und habilitierte Fachwissenschaftler sowie Repräsentaten deutsch-amerikanischer Städtepartnerschaften in Westfalen-Lippe.

Auf dieser betont privaten Wochenend-Tagung und zwei weiteren Mitgliederversammlungen im Juni 2004 und Anfang 2005 kam es nicht nur zu einer einmütig beschlossenen künftigen regionalen und fachlichen Arbeitsteilung bei der Beantwortung unzähliger genealogischer Anfra-

gen von Übersee, sondern es wurden zusätzlich bedeutsame Beschlüsse für die Zukunft gefasst.

• Erstens: Gründung eines über das Internet gesteuerten regionalen Netzwerks >*www.amerikanetz.de*<

• Zweitens: Aufbau einer zentralen Stelle für Auswanderer-Literatur, Fachaufsätze bis zu Magisterarbeiten und Dissertationen. Damit verbunden (das Wichtigste): Erarbeitung einer speziellen Bibliographie für die Nutzung per Internet.

Beide Vorhaben sind inzwischen durch Mitglieder des bislang 40-köpfigen Netzwerks in Grundzügen verwirklicht worden.

>*www.amerikanetz.de*< ist seit dem Frühling des Jahres 2003 im Netz und während der ersten zwei Jahre seines Bestehens von mehr als 10 000 „Roots"-Suchern aus dem In- und Ausland besucht worden. Unter den Fragestellern zum Thema „Auswanderung" befanden sich überwiegend Privatpersonen, aber auch Universitäten aus Europa, den USA, aus Kanada, Israel bis Australien.

Das Erfreulichste: Rund drei Viertel aller Anfragen konnten anhand von Daten aus den Kommunalarchiven und privaten Mitgliederdateien in erfreulich kurzer Zeit positiv beantwortet werden.

50 CDs mit 6,3 Mio. Namen

Hierbei leistet das Kommunalarchiv Herford als zentrale Verwahrstelle für über 50 CDs mit rund 6,3 Millionen Namen deutscher Einwanderer in den USA eine entscheidende Hilfe. Bei diesen CDs handelt es sich um aktuelle Datenträger, die Professor Dr. Walter Kamphoefner von der Texas A&M-University für das Netzwerk beschafft und kostenlos zur Verfügung gestellt hat. Sie enthalten unter anderem die Angaben der Volkszählung (US-Census) von 1860 bis 1910 (noch nicht ganz vollendete Endstufe).

Bei der Dienststelle „Stadtarchiv und Landesgeschichtliche Bibliothek" des Oberbürgermeisters von Bielefeld ist inzwischen in ehrenamtlicher Arbeit von Ulrike Kunze (M. A.) und unter der leitenden Betreuung durch Dr. Monika Minninger die geplante „Bibliographie zur Amerikaauswanderung – Buchbestand der Landesgeschichtlichen Bibliothek Bielefeld" (nebst Signaturen) entstanden und seit Anfang 2005 per Internet *(>www. amerikanetz.de<)* einsehbar. Die Bibliographie umfasst Bücher und Aufsätze unter den Rubriken „Allgemeines", ferner „Westfalen und Lippe" sowie „Nachbargebiete". Hierin werden sowohl Grundlagenforschung, grenzübergreifende Spezialliteratur als auch eine mögliche geographische Erweiterung des Teilnehmerkreises von *>www. amerikanetz.de<* fortlaufend aktualisiert bzw. berücksichtigt.

Die Landesgeschichtliche Bibliothek Bielefeld ist eine öffentliche Einrichtung, die zu den üblichen Konditionen direkt und kostenlos ausleiht und dem allgemeinen Fernleihsystem der deutschen Bibliotheken angeschlossen ist.

Bevor diese Bibliographie im Internet erscheinen konnte, wurde sie zunächst allen Netzwerkmitgliedern vorgelegt. Diese hatten dadurch die Möglichkeit, den besagten Bielefelder Buch- und Schriftenbestand aus ihren privaten Archiven zu ergänzen. Die bislang bei Netzwerk-Mitgliedern aufbewahrten Eigen- und Fremdpublikationen (vor allem aus Amerika) gehen in die Hunderte und waren der breiten Öffentlichkeit bisher verschlossen.

Private Archive nutzbar gemacht

Zumindest ein Teil solcher gedruckten und unveröffentlichten Arbeiten wurden und werden von Seiten der Landesgeschichtlichen Bibliothek erworben oder fotokopiert. Überdies haben inzwischen bereits zahlreiche Mitglieder des Netzwerks der genannten, zentralen Bibliothek ihre bislang privat verwahrten, einschlägigen Druckwerke, Dokumente und Bilder geschenkt oder als Dauerleihgabe überlassen.

„Webmaster" des Netzwerks ist in seiner Freizeit Studiendirektor Frithjof Meißner aus Verl (Kreis Gütersloh). Dieser hat *>www.amerikanetz.de<* im Frühling 2002 auf eigene Kosten eingerichtet, zum Laufen gebracht und sorgt seitdem mit Unterstützung seines Sohnes Jochen Meißner sowie dessen Freund Christian Wemhoff für die laufende Pflege

und Aktualisierung der Homepage.

Nach neuestem Modell haben seit dem Frühling 2005 sämtliche Mitglieder des Netzwerks daheim von ihrem eigenen PC aus die Möglichkeit, ihren Teil der gemeinsamen Homepage von sich aus und in eigener Verantwortung laufend zu ergänzen und zu aktualisieren.

Wer bei *>www.amerikanetz.de<* – trotz aller darin gespeicherten Anschriften Bezugspersonen, Archive und Literaturangaben –wider Erwarten nicht zu seinem Ziel kommen sollte, der kann sich an den auf der Website genannten Koordinator Friedrich Schütte wenden. Hier laufen seit den 60er-Jahren des 20. Jahrhunderts viele bewährte Kommunikationsstränge zum Thema „Amerikaauswanderung von Westfalen nach Übersee" (und umgekehrt) zusammen, wodurch es auch in manchem „hoffnungslosen Fall" möglich sein wird, heimische oder überseeische „Roots"-Suchende doch noch auf die richtige Spur zu bringen.

Kostenlose Mitgliedschaft

Auswandererforscher, Archive bzw. Suchende auf den Spuren unserer Amerikaauswanderer, die noch nicht Mitglied von *>www.amerikanetz.de<* sind, haben die Möglichkeit, sich nach vorheriger Nachricht und Legitimation beim Webmaster jederzeit per E-Mail unverbindlich und beitragsfrei anzumelden. Das Netzwerk ist weder ein Verein noch ein Verband. Auf Vorstand, Satzung und Mitgliederbeitrag wird bewusst verzichtet. Alle Teilnehmer arbeiten, jeder auf seinem Spezialgebiet, je nach Zeit und Kraft, ehrenamtlich mit und bilden so eine Interessengemeinschaft, die in dieser Weise und als absolute „Nonprofit-Vereinigung" (nach amerikanischem Vorbild) in Westfalen bisher wohl einmalig sein dürfte.

In Westfalen gibt es für 19 Orte in den Vereinigten Staaten von Amerika 17 „Sister Cities"

17 Städte und Gemeinden in Westfalen und Lippe haben nach dem Zweiten Weltkrieg – meist andauernd bis heute – 19 Partnerschaften mit Orten in den Vereinigten Staaten von Amerika geschlossen. Teils offiziell, teils inoffiziell und eher privat. Die überwiegende Zahl dieser Sister-City-Verbindungen entstand zwischen 1960 und 1990. Anlass waren in den meisten Fällen private Kontakte zwischen Bürgern von hüben und drüben, wobei sehr oft die „Roots" eine entscheidende Rolle spielten.

Bei der Suche nach eingewanderten Vorfahren aus Westfalen kamen nach dem Krieg von Jahr zu Jahr mehr Amerikaner nach Deutschland, um vor Ort ihre „Roots", die Herkunft der ausgewanderten Vorfahren, zu erkunden. Vor allem wollten sie wissen, warum ihre Ahnen eine so schöne Heimat – meist auf Nimmerwiedersehen – Richtung „Neue Welt" verlassen hatten.

So entdeckten und entdecken bis heute Hunderttausende Amerikaner in Westfalen und dem benachbarten Niedersachsen alte, in zwei Weltkriegen verschüttete Verwandtschaften neu. Genauso, wie Alteingesessene hierzulande überrascht erfahren, dass ihre Sippe aus jener Zeit der Massenauswanderung nach Amerika, in Übersee mit oft Hunderten von Nachfahren gleichen Namens vertreten ist. Und dies in Orten, die nicht selten den selben Namen wie ihr eigenes Heimatdorf oder ihre Heimatstadt tragen.

Das amerikanischen Generalkonsulat in Düsseldorf nennt 17 verschiedene Partnerschaften zwischen Städten/Gemeinden in Westfalen und den USA, Schwerpunkt Mittlerer Westen. Eine 18. Partnerschaft (Löhne – Columbus (IN) und eine 19. Verbindung für Rödinghausen – Pemberville (OH) fügen wir hinzu, außerdem vier „Sister Cities" aus dem unmittelbaren Grenzgebiet NRW-Niedersachsen, denn sie wirken teils bis nach Westfalen hinein.

20 Jahre nach dem Zweiten Weltkrieg wurde 1956, auf Vorschlag des damaligen US-Präsidenten Dwight D. Eisenhower, dessen Vorfahren namens Eisenhauer aus Süddeutschland stammten, die Organisation „Sister-Cities International" gegründet. Zweck:

Die Menschen der in zwei Weltkriegen verfeindeten, dennoch sozusagen blutsmäßig miteinander verwandten Völker auf der Ebene von Städten und Gemeinden zusammenzubringen und einander über den Atlantik hinweg sowohl politisch als auch kulturell und mitmenschlich als Freunde zu begegnen. Schwerpunkt: Der Austausch von Jugendlichen und Studenten.

„Twinnings", in den USA nur teilweise durch „Sister-Cities International" betreut

Dieser Organisation sind allerdings nicht alle nachfolgend aufgeführten US-Partnerstädte angeschlossen. Das hat meist zwei Gründe:

Erstens kostet die Mitgliedschaft Geld. Zweitens forderte SCI in der Vergangenheit von beitretenden Städten in den USA die Erfüllung bestimmter Voraussetzungen. Da es sich bei nicht wenigen der westfälischen Schwesterstädte in den Vereinigten Staaten um kleine Kommunen handelt, haben deren Verantwortlichen eine SCI-Mitgliedschaft bisher oft nicht für erforderlich gehalten.

Andererseits ist bei manchen deutschen Städten und Gemeinden, nach einer anfänglichen Euphorie für internationale Partnerschaften in aller Welt, eine gewissen Ernüchterung oder sogar Zurückhaltung eingetreten, insbesondere bei Kommunalpolitikern und Behörden. Gründe dafür gibt

Wilbert und Vera (†) Kohlmeyer, Gründer der Sister-City-Verbindung zwischen Waterloo und Porta Westfalica und Gründungshelfer bei zahlreichen weiteren Partnerschaften zwischen Westfalen und USA

es manche, angefangen von den hohen Summen, die vor allem große deutsche Städte in den 50er- und 60er-Jahren in offizielle Besuchsreisen zu Partnern im europäischen Ausland, aber auch bis nach Südostasien und Japan, gesteckt haben.

Politiker zahlen ihre Reisekosten heute meist aus der eigenen Tasche

Anfangs bestritten Politiker auf einer Sister-City-Tour ihre Reisekosten kaum aus eigener Tasche. Das war für sie Dienst. H e u t e ?

In den Partnerschaftskontakten „unserer" Sister-City Verbindungen von Westfalen nach Nordamerika gibt es erfreulich viele Beispiele dafür, wie politische Mandatsträger bei den fälligen Besuchsreisen ihre Kosten wirklich privat beglichen haben und auch weiterhin selbst bezahlen wollen, so, wie es für alle anderen Mitreisenden seit eh und je ganz selbstverständlich ist.

Andererseits wissen es Offizielle in Städten und Gemeinden zu schätzen, wenn Verantwortung für die Pflege und den Ausbau der Beziehungen von hüben nach drüben, in die Hände von Partnerschaftsvereinen gelegt werden kann, – private Träger, die wiederum alle speziellen Interessen und den Austausch auf kultureller, schulischer und sportlicher Ebene bündeln.

So hat man beispielsweise in Ostwestfalen sehr gute Erfahrungen damit gemacht, die gesamte Verantwortung und Arbeit einem örtlichen oder auf Kreisebene arbeitenden „Deutsch-Amerikani-

schen Freundeskreis e.V." (DAFK) zu übertragen. Das ebenfalls privat agierende Pendant dazu ist in Übersee jeweils eine „Sister City Commission". Oft werden wegen der fortlaufenden Auswanderungsforschung auch noch Heimat- und Geschichtsvereine bzw. in Amerika örtliche „Historical Societies" einbezogen.

Dabei tauschen verschwisterte Städte dann durchaus eindrucksvolle Urkunden über eine freundschaftliche Zusammenarbeit aus, und das meist mit Stadtwappppen, Siegel und Unterschriften. Offizielle Partnerschaftsdokumente sind dies gleichwohl meist nicht.

Und es bedarf auch durchaus nicht immer einer offiziellen Verschwisterung per Ratsbeschluss, um dauerhafte Sister-City-Kontakte zu begründen. Die Offiziellen der Kreisstadt Herford haben einem Dokumentenaustausch zum Beispiel nur unter der Voraussetzung zugestimmt, dass im Verhältnis zwischen den Schwesterstädten Herford und Quincy (Illinois) stets die Rede von einer „Bürgerpartnerschaft" sein soll, bei der erfreulicherweise auch der Kreis Herford mitwirkt.

Die Arbeit und Verantwortung dafür, dass es tatsächlich zum regelmäßigen Austausch von Schülern, Studenten, Feuerwehr, Sportgruppen, Pädagogen, Kirchenleuten, Politikern und Journalisten kommt, besorgen auf jeder Seite des Atlantiks der zuständige DAFK-Präsident und ein kreativer, fleißiger Sekretär. Alles ehrenamtlich und außerhalb des eigentlichen Berufs „nach Feierabend"!

In Quincy gibt es mehrere traditionsreiche „Herforder Stadtquartiere". Sie sind in den zurückliegenden 15 Jahren unter dem Slogan „German Village Improvement Project" gründlich restauriert worden

Wo Stadt- oder Gemeindeverwaltungen ihre Partnerschaftsarbeit noch in alleiniger Regie und ohne Zuarbeit von Vereinen bzw. Ehrenamtlichen betreiben, ist hier und da Langeweile bis zur Interessenlosigkeit eingetreten, und das sowohl diesseits als auch jenseits des großen Meeres. Sicheres Merkmal fehlender Anschubkräfte ist, wenn es innerhalb mehrerer Jahre weder eine Reise zu den Freunden in Amerika noch einen Gruppenbesuch von dort gegeben hat und höchstens noch Neujahrsadressen ausgetauscht werden.

Politische Verspannung USA – Europa stört Sister-City-Arbeit bisher nicht

Neuerdings wird häufig die Frage gestellt, ob man wegen politischer Verspannungen zwischen der US-Regierung und Europa und speziell aufgrund der amerikanischen Irakpolitik nicht auch eine allmähliche Entfremdung zwischen dem „alten Westfalen" und seinen Freunden bzw. Vettern in der „Neuen Welt" befürchten müsse.

Zunächst einmal: Die Terroranschläge vom 11. September 2001 haben seinerzeit nicht nur in Deutschland allgemein eine große Welle der Solidarität zu den angegriffenen Vereinigten Staaten und seinen Bürgern ausgelöst, sondern von unseren deutschen US-Partnerstädten aus gegenüber den Freunden und Vettern in allen Sister Cities zu

unzähligen, ganz persönlichen, bewegenden Beileids- und Beistandsbekundungen geführt.

Natürlich gab es auch im „geschwisterlichen" Dialog über Terrorbekämpfung, Irak-UNO-Sanktionen und Vorgehen der Bush-Administration in Nahost, über den Atlantik hinweg lange Diskussionen und oftmals große Verständigungsprobleme. Doch sind bisher von keiner der nachfolgend aufgeführten Sister Cities hüben wie drüben etwa der Golfkrieg und dessen Folgen angeführt worden, um die bisherigen partnerschaftlichen Kontakte, vor allem Besuchsreisen und Jugendaustausch, zu kürzen oder gar einzustellen.

Partnerstädte müssen nicht gleich groß sein

Wie groß muss eine Stadt oder Gemeinde hüben wie drüben sein, damit es zu einem fruchtbaren Dialog unter Gleichen kommen kann? Anders gefragt: Müssen Partnerstädte etwa gleich groß sein, damit der Austausch klappt?

Dass es für den nachhaltigen Erfolg einer überseeischen Städtepartnerschaft nicht von Entscheidung ist, wenn die amerikanische „Twinning"-Gemeinde ein Dorf von nur einigen hundert Einwohnern ist, beweisen seit 15 Jahren die 48 000 Einwohner große Flächenstadt Melle im westfälisch-niedersächsischen Grenzgebiet und New Melle in Missouri.

New Melle zählt gerade mal 230 Bürger, ist jedoch Zentralort für eine große Region mit einigen tausend Bewohnern und rasch wachsender wirtschaftlicher Bedeutung. Bisher war es kein Problem, den auf alle zwei Jahre vereinbarten, offiziellen Besucher-Austausch einzuhalten. Darüber hinaus gibt es gegenseitige Vereinsbegegnungen und sogar gemeinschaftliche US-Studienreisen.

Wilhelm Roeper, Vorsitzender und Motor des Deutsch-Amerikanischen Freundeskreises Melle - New Melle: „Eher haben wir das Problem, unsere Begeisterung für deutsch-amerikanische Freundschaft auf die nächsten Generationen zu übertragen! Da lässt doch das Interesse mit den Jahren offenbar auf beiden Seiten deutlich nach ...".

Fünfzig Jahre „Sister Cities International": Westfälisch-lippische Bestandsaufnahme

In den Jahren 2004 und 2005, also fast 50 Jahre nach dem Start von „Sister Cities International" durch US-Präsident Dwight D. Eisenhower, hat >www.amerikanetz.de< bei 17 Partnerstädten in Westfalen-Lippe (die Kontakt zu 19 Städten und Gemeinden in den USA haben) schriftlich nachgefragt, wie die jeweilige Verbindung seinerzeit begonnen hat und was daraus im Laufe der Zeit geworden ist. Die Antworten fallen Stadt für Stadt und von Gemeinde zu Gemeinde sehr unterschiedlich aus.

Wir gehen bei unserer folgenden „Zwischenbilanz" in alphabetischer Reihenfolge vor.

1. Billerbeck – Englewood (Ohio)

Urheber dieser bis heute florierenden Patenschaft sind die Gebrüder Edward und Richard Kemper. Diese fanden 1981 auf dem Hof Kemper/ Rohlfing in Bockelsdorf (Kirchspiel Billerbeck, Münsterland) die „Roots" ihres von hier ausgewanderten Urgroßvaters Franz Kemper. Schon Wochen später schlug Edward Kemper der Stadt Billerbeck eine „Sister-City-Verbindung" vor.

Ohne erst die Antwort aus Billerbeck abzuwarten, ließ „Ed" an den Ortsausgängen Englewoods bereits vorab Hinweisschilder zur erhofften Partnerschaft mit Billerbeck aufstellen. Offiziell zog dann der Rat der Stadt Billerbeck im September 1983 mit einem entsprechenden Beschluss nach, und noch im selben Jahr tauchte die erste, 49-köpfige Besuchergruppe von Englewood in Billerbeck auf!

Ein Jahr darauf genoss (umgekehrt) eine starke Gruppe Billerbecker Bürger die Gastfreundschaft von „Neu Billerbeck" (Englewood), Ohio, und nun war der Bann endgültig gebrochen. Seit dieser Zeit findet nicht nur unter den Erwachsenen beider Städte, sondern seitens vieler Jugendlicher von hüben nach drüben ein regelmäßiger, fruchtbarer Austausch statt.

In einer Broschüre zum 700-jährigen Bestehen Billerbecks und gleichzeitigem 20-jährigen Bestehen (1982 – 2002) der Partnerschaft Englewood - Billerbeck wird in deutscher und englischer Sprache ein jährlicher, auf fünf Wochen und jeweils acht Teilnehmer begrenzter Jugendaustausch in Gastfamilien als besonders wichtiges Dauerprojekt herausgestellt. Dabei haben beide Seiten genau festgelegt, unter welchen Voraussetzungen (etwa erst ab 16 Jahren) Jugendliche reisen können und welchen eigenen, finanziellen Beitrag sie leisten müssen.

Inzwischen wurde der Austausch in Sonderfällen sogar auf berufliche Praktika ausgeweitet. Joe Kemper zum Beispiel arbeitete gleich für ein ganzes Jahr als Kfz-Mechaniker in Billerbeck. Umgekehrt, nahm der Billerbecker Student Tobias Melzner Ed. Kempers Angebot an, drüben für ein Vierteljahr im YMCA-Zentrum Englewood zu arbeiten. Unterbringung bei früheren Gasteltern.

Inzwischen gibt es zwischen Hunderten von Familien in Billerbeck und Englewood enge, persönliche Freundschaften, die bei regelmäßigen gegenseitigen Besuchen, in vielen Briefen und alltäglichem E-Mail-Verkehr vertieft werden.

Hier für weitere Informationen Kontaktadressen:

Sister-City-Club Billerbeck-Englewood e.V. Hermann Kemper, Graute Laun 14, 48727 Billerbeck >ekemper@donet.com< Jugendaustausch: Maritta Melzner, Bockelsdorf 27, 48727 Billerbeck; Stadt Billerbeck: >*www.billerbeck.de*< Stadt Englewood: >*webinfo@englewood.oh.us*<

2. Borgholzhausen – New Haven (Missouri)

Diese Partnerschaft wurde 1994 durch Rat und Verwaltungen beider Städte besiegelt. Die Initiative dazu kam von amerikanischer Seite. In New Haven haben seinerzeit Hunderte Auswanderer von Borgholzhausen und Umgebung gesiedelt. Allein von einem Schiff gingen 1844 62 Borgholzhausener bei „Millers Landing"/Missouri, heute New Haven, an Land, um sich in der damaligen Wildnis neue Existenzen aufzubauen.

Gegen 1990 hatten bereits Nachbarstädte wie New Melle (mit Melle, Kreis Osnabrück), Hermann (MO) und Arolsen sowie Washington (MO) mit Marbach (Hessen) Partnerschaften geschlossen. In der Partnerschaftsurkunde zwischen Borgholzhausen und New Haven vom 17. April 1994 wird ausdrücklich betont, dass die Erforschung der gemeinsamen Wurzeln eines der wichtigen Anliegen dieser Völkerverbindung über den Atlantik hinweg sein solle.

Seitdem haben bis heute gegenseitige Besuche von Bürgergruppen, aber auch der Spitzen von Rat und Verwaltung stattgefunden. Vor allen fanden viele hundert Familien im Kreis Gütersloh und in New Haven in der Zwischenzeit wechselseitig ihre verwandtschaftlichen Beziehungen wieder. Wie z. B. die Familie Herbert Brune, die erst durch die Verbindung zu New Haven erfuhr, dass sie drüben „Cousins" hat!

Koordinator aller Aktivitäten ist der Deutsch-Amerikanische Freundeskreis Borgholzhausen - New Haven / Missouri e. V. Vorsitzender: Lothar Ropohl, Haller Weg 6, 33829 Borgholzhausen, Tel. (0 54 25) 65 32, >*lorowo@web.de*< New Haven: >*info@newhavenmo.com*<

3. Dortmund – Buffalo (New York)

1950 schickte Buffalos Bürgermeister Mruck seinem Kollegen Fritz Henßler in der noch weitgehend bombenzerstörten Stadt Dortmund einen symbolischen Schlüssel der Stadt Buffalo.

Die überwiegend deutschstämmigen Bürger seiner Industrie-City am Erie-See wünschten, mit der wiedererstehenden westfälischen Industriemetropole freundschaftliche Beziehungen aufzunehmen! Weitere 24 Jahre gingen allerdings noch ins Land, bis die Stadt Buffalo über das dortige deutsche Konsulat ein offizielles Angebot für eine Städtepartnerschaft nachschob. Bekräftigt durch einen entsprechenden Beschluss des Rates der Stadt Buffalo vom 8. Oktober 1974.

Doch bevor der Rat der Stadt Dortmund am 4. Juli 1977 einer Verschwisterung endgültig zu-

stimmte, gab es „zum Test" erst einmal wechselseitige Besuche der Ratsherren, von Schülern, Musikern und Wirtschaftsexperten. Den endgültigen Durchbruch brachte dann eine große „Buffalo-Woche" in Dortmund. „Motor" auf amerikanischer Seite war damals (und bis in das Jahr 2004 hinein!) der Professor für deutsche und russische Sprache am Canisius College in Buffalo, Dr. James McGoldrick.

Umgekehrt, gab es im Oktober 1977 in Buffalo die ersten „Dortmund-Tage", auf denen Bürgermeister Willi Spaenhoff in aller Form die endgültig unterschriebene Sister-City-Urkunde überreichte.

Koodiniert wird die Partnerschaftsarbeit Dortmund – Buffalo beim Amt für Angelegenheiten des Oberbürgermeisters und Rates, Ansprechpartnerin: Frau Jutta Dalka >*Jutta.Dalka@stadtdo.de*< Weitere Infos: >*www.dortmund-projeckt.de*< Sister-City-Commission Buffalo: Mr. J. Roetter, City Hall Buffalo, >*Redwing117@aol.com*<

4. Dortmund – Pittsburgh (Pennsylvania)

Diese, erst 2001 gestartete Kooperation zweier ähnlicher Industrie- und Dienstleistungsmetropolen in Europa und USA läuft beim US-Generalkonsulat in Düsseldorf zwar als Dortmunds zweite offizielle Sister-City-Verbindung, stellt im Grunde jedoch eine neue, hauptsächlich auf Wirtschafts- und Wissenschaftsaustausch basierende internationale Zusammenarbeit dar. Initiatoren waren zur Jahrtausendwende die Wirtschaftsförderungs Einrichtungen in Dortmund und Pittsburgh.

Im Jahre 2002 unterschrieben die Bürgermeister, Repräsentanten der jeweiligen Wirtschaft sowie Universitätsrektoren die Kooperationsurkunde. Vereinbarter Arbeitstitel: „PiDo 2010". Unter diesem Kürzel ist inzwischen eine vielfältige Netzwerkarbeit angelaufen, bis zu einer direkten Kontaktaufnahme zwischen 40 Pittsburger und 20 ausgewählten Firmen in Dortmund. Nach gegenseitigen Besuchen beginnt inzwischen die Aufnahme praktischer Geschäftsverbindungen.

Beispielsweise wurde eine Zusammenarbeit der Mikrosystemtechnikverbände IVAM e. V. mit Sitz in Dortmund und der gleichgerichteten MEMS Industry Group in Pittsburgh vereinbart.

Vernetzt haben sich auch die Wirtschaftsförderungs-Einrichtungen beider Großstädte: Die Wirtschafts- und Beschäftigungsförderung Dortmund und die „Pittsburgh Regional Alliance".

Auf dem Hochschulsektor entstehen Partnerschaften zwischen der Universität Dortmund , der Fachhochschule Dortmund und namhaften Pittsburger Universitäten wie die Carnegie Mellon University.

Seit dem Jahre 2003 erscheint alle zwei Monate eine „PiDo 2010 Newsletter". Damit werden per E-Mail sämtliche in das Netzwerk eingebundenen Personen und Firmen beschickt. Empfänger sind inzwischen über 450 Stellen in beiden Regionen.

Ansprechstelle ist die Wirtschafts- und Beschäftigungsförderung Dortmund, Frau Dagmar Knappe >*knappe.wbf@stadtdo.de*<

5. Hamm Westf. – Chattanooga (Tennessee)

Zum 200-jährigen Bestehen der Vereinigten Staaten von Nordamerika im Jahre 1976 besannen sich viele US-Bürger auf ihre deutschen Wurzeln und suchten in unserem Land Partnerstädte. Der in Chattanooga ansässige Getränkegigant Coca-Cola schrieb deswegen gleich 2 000 Niederlassungen auf dem ganzen Globus an. In Hamm machte jedoch die US-Weltfirma Du Pont das Rennen.

Im Management dieses Unternehmens in Hamm arbeitete nämlich Dr. Bob Collins aus Chattanooga. Und dieser stellte die erste Verbindung zu Oberbürgermeister Dr. Rinsche her. 1975 machte Chattanoogas Mayor Pat Rose einen ersten Besuch, ein Jahr später kam er wieder, um zum 750. Geburtstag der Stadt Hamm zu gratulieren. Und damit war (1976) der Weg frei zur Besiegelung einer offiziellen Sister-City-Verbindung. Schwerpunkt der Partnerschaftsarbeit zwischen Hamm und Chattanooga ist seit 1979 ein regelmäßiger Schüleraustausch. Maximal je 10 Schülerinnen und Schüler aus Hamm und der Partnerstadt nehmen daran alljährlich teil. In der nun 25-jährigen Partnerschaft stehen für den Schülerkontakt vier Lehrernamen für Kontinuität und Erfolg: Hanno Grabitz und Manfred Holz aus Hamm sowie Marilyn und Dr. James Tri aus Chattanooga.

Alle zwei Jahre gibt es einen allgemeinen Bürgerbesuch in der jeweiligen Sister City. Hinzu kommen Künstler, Musikgruppen und Sportler von hüben nach drüben, wobei Chattanooga mit seiner weltberühmten Jazz-Szene und dem größten Süßwasser-Aquarium der Welt eine besonders starke Anziehung ausübt. Von dem dortigen, riesengroßen Oktoberfest nicht zu reden!

6. Hamm (Westf.) – Santa Monica (California)

Diese zweitgenannte Sister-City-Verbindung war zeitlich die erste: 1969 geschlossen, also acht Jahre vor Hamm-Chattanooga, und auf den Spuren eines Hammer Auswanderers.

In den 20er-Jahren des 20. Jahrhunderts hatte es den Hammer Bäckergesellen Anton Voß nach Amerika gezogen. Voß landete am Strand von Santa Monica, allerdings nicht touristisch, sondern als hart arbeitender Handwerker, der es dank seines Fleißes, Könnens und westfälischer Sparsamkeit bald zu einer Großbäckerei, Reichtum und hohem Ansehen im ganzen Land brachte. Nur das Heimweh blieb. Daraus entwickelte Voß gleich nach dem Zweiten Weltkrieg „seine" Städtepartnerschaft: Santa Monica – Hamm!

Der entscheidende Kontakt lief über Hamms früheren OB Dr. Rinsche, als dieser noch als Stipendiat in Colorado Springs studierte. 10 Jahre später machte Anton Voß im Hammer Rathaus den Vorschlag, Heimatstadt und Santa Monica miteinander zu verschwistern.

In Kalifornien wandte er sich in der Presse massiv gegen die Demontage aller Fabriken im Ruhrgebiet und organisierte von Amerika aus große Lebensmittel-Hilfsaktionen: Als „reicher Onkel" aus Amerika schickte der gute Mann den vielen hungernden Bürgern seiner Heimatstadt Ende der 40er-Jahre gleich zentnerweise Butter, Erbsen und Kondensmilch.

1952, 1959 und danach fast jedes Jahr machte Bäckermeister Anton Voß der Heimatstadt dann laufend seine Aufwartung, und am 9. Juli 1969 ging endlich sein sehnlichster Wunsch in Erfüllung: Der Rat der Stadt Hamm beschloss einstimmig, Santa Monica zur „Sister City" zu nehmen!

Anton Voß ist 1975 in Santa Monica gestorben. Zuvor war ihm wegen seiner Verdienste um die Partnerschaft noch das Bundesverdienstkreuz verliehen worden.

Städtepartnerschaften werden in Hamm von >*www.Internationaler Club Hamm I.C.H.*< koordiniert. Kontakt Stadtverwaltung: Uwe Sauerland, >*info@stadt.hamm.de*<

7. Herford – Quincy (Illinois)

Zwischen 1970 und 1990 haben die Heimatvereine aller Gemeinden und Städte des Kreises Herford in einem bislang landesweit einzigartigen Forschungsprojekt systematisch und flächendeckend die Massenauswanderung von schätzungsweise 20 000 Kreisangehörigen während des 19. Jahrhunderts nach Nordamerika erforscht. Regie führte der Kreisheimatverein. Beteiligt waren mehr als 20 lokale, hierfür allesamt jahrelang in ihrer Freizeit ehrenamtlich tätige Lehrer, Beamte, Journalisten und Studierende. Im heutigen Kommunalarchiv liefen alle Fäden zusammen. Sämtliche Ergebnisse und Namen von Emigranten wurden abschließend in fünf Büchern der Reihe „Wittekindsland" dokumentiert.

Eine Ausgabe befasst sich speziell mit den Auswanderern aus Herford und dem Amt Herford-Hiddenhausen. Darin wurde dargestellt, wie allein

Unterzeichnung der Partnerschaftsurkunde 1990 im Herforder Rathaus, v.l.n.r. Bürgermeister Verne Hagström (Quincy), Bürgermeister Dr. Gerhard Klippstein (Herford). Stehend dahinter der Vertreter des Kreises Herford, Schulamtsleiter Günter Lücking

1852 auf einem Schiff über 150 Herforder Lutheraner nach Quincy, Illinois gesegelt sind. Recherchen, an denen sich auch US-Professor Dr. Walter Kamphoefner beteiligte ergaben, dass von rund 40 000 Einwohnern in Quincy Stadt und Land mindestens 6 000 dortige Bürger „Herforder Wurzeln" haben. Unabhängig von mehr als 1 600 katholischen Münsterländern, die lt. Michael Brinkmann, Quincy Historical Society, diese Stadt am Mississippi während des 19. Jahrhunderts ebenfalls zu ihrer neuen Heimat erkoren.

1989 gab es eine erste Gruppenreise von Herford nach Quincy. Daraus entwickelte sich sowohl auf Ebene der Bürgermeister als auch vieler privater Familien ein derart guter Dialog, dass 1993 eine Städtepartnerschaft begründet und durch feierlichen Austausch entsprechender Urkunden besiegelt werden konnte. Vereinbart wurde darin nicht nur „auf der Ebene der Vereine und Verbände" ein gegenseitig reger Besuchsaustausch der (oft miteinander verwandten) Bürger, sondern auch ein ständiger genealogischer Datenabgleich zwischen dem Kommunalarchiv Herford und der Historical Society Quincy sowie enger kultureller Kontakt unter allen Vereinen.

Träger der Partnerschaft ist auf Herforder Seite der Deutsch-Amerikanische Freundeskreis Herford - Quincy e.V., Anlaufadresse: Sekretär Wolfgang Silger, Kreisarchiv >*W.Silger@Kreis-Herford.de*<, in Quincy die „Sister City Commission", Sekretariat: Mechthild Kosin >*mecki@travelhouseofquincy.com*<.

8. Ladbergen – New Knoxville (Ohio)

Als Ladbergen im Tecklenburger Land und New Knoxville (Ohio) 1976 Partnerschaftsurkunden austauschten, war das nur die Bestätigung einer bereits seit 140 Jahren bestehenden, engen Beziehung: Von 1830 bis 1930 sind von Ladbergen nachweislich 1 310 Bürger nach den USA ausgewandert, davon die meisten nach Knoxville, das eigentlich auch „Ladbergen" heißen sollte. Dies wurde damals jedoch durch einen Landagenten namens Veitel verhindert, der den ersten Siedlerfamilien Kuckhermann, Schulte und Fledderjohann 1832 zwar sehr gutes Land zu ungewöhnlich günstigem Preis überließ, allerdings eine Bedingung stellte: dass

Wie sehr die Massenauswanderung Deutscher nach den USA im 19. Jahrhundert die Kultur und vor allem Sprache beider Länder nachhaltig geprägt hat, wurde auf einer internationalen Tagung führender Wissenschaftler beider Länder im Oktober 2004 im Zentrum für Interdisziplinäre Forschung (ZIF) der Universität Bielefeld deutlich, an der auch Mitglieder des westfälischen Amerikanetzwerks und der Sister-City-Arbeit beteiligt waren.
Hier (von rechts nach links) die Professoren Drs. Walter Kamphoefner, Texas, Jan Wirrer, Bielefeld und Wolfgang Helbich (Bochum/Erfurt) im Gespräch über den Einfluss der (plattdeutschen) Sprache auf den Kulturaustausch.

„Einen Partnerschaftsverein haben wir nicht. Zuständig ist die Gemeindeverwaltung." Von hier aus wurden bisher auch alle Gruppenreisen nach New Knoxville und Gastprogramme für Besuchergruppen aus „Neu Ladbergen" (USA) koordiniert. „Das meiste läuft jedoch Jahr um Jahr unter den Familien von hüben und drüben ab", erklärt Vorzimmerdame Ingrid Vogelsang: „Unsere Partnerschaft lebt vor allem in und von den Familien. Das ist ein verlässliches, festes Band der Freundschaft auch für die Zukunft!" Kontakte: Gemeindeverwaltung Ladbergen, Eckhard Schroer >schroeer@ladbergen.de<

9. Lengerich – Wapakoneta (Ohio)

1991 suchte die Stadt Wapakoneta, Ohio, im Münsterland eine deutsche Partnerstadt. Der Vorsitzende des Heimatvereins Lengerich, Wilhelm Mersmann, nahm die Sache wegen seiner ganz persönlichen Verbindung zu Wapakoneta sofort in die Hand. Seine Mutter und der erste Mann auf dem Mond sowie prominentester Bürger Wapakonetas, Neil Armstrong, haben dasselbe Ur-Elternhaus in Ladbergen!

Am 19. Juli 1994 unterzeichneten in Wapakoneta Vertreter beider Städte die Freundschaftsurkunde. Mitte November desselben Jahres nahm bereits der neu gegründete „Verein zur Förderung der Freundschaft zwischen den Städten Lengerich und Wapakoneta" seine Tätigkeit auf. Dieser hat sich zur Aufgabe gemacht, den Schüler-Jugend- und Familienaustausch sowie Besuchsreisen und die jeweilige Betreuung überseeischer Besucher aus der Partnerregion in Lengerich zu organisieren.

Vorsitzender ist seit der Gründung Oberstudiendirektor i. R. Dr. Hubert Assig, Kamp 76, 49525 Lengerich, Telefon 0 54 81 - 3 76 50, >assig@t-on-

der neue Ort nach seiner verstorbenen Frau, einer geborenen Knox, benannt würde.

Was Alt- und Neu Ladbergen überdies verbindet, sind die unvergessenen Hilfssendungen von New Knoxville Richtung Ladbergen nach dem ersten und zweiten Weltkrieg. Und – der weltberühmte amerikanische Astronaut Neil Armstrong, erster Mensch auf dem Mond, ist ein Urenkel des 1865 heimlich in die Gegend von New Knoxville ausgewanderten Ladberger Landarbeiters Friedrich Kötter.

In ihrer Partnerschaftsurkunde haben beide Gemeinden 1976 versichert, ihre bereits seit 14 Jahrzehnten bestehende Verwandtschaft durch Besuche der Familien von hüben nach drüben sowie Freundschaften unter den Jugendlichen beider Gemeinden auch in Zukunft zu erhalten und zu vertiefen.

Gemeindedirektor Wolfgang Menebröcker zur Organisation der Sister-City-Verbindung:

line.de<. Die touristischen Fäden laufen bei Geschäftsführerin Brigitta Biester zusammen >*tourist-information@lengerich.de<* Kontaktadressen Wapakoneta: >*info@sistercities.us<* (Jeff Mahoney) und >*jb@exit111.com<*

Zum zehnjährigen Bestehen sind im Sommer 2004 mehr als 30 Gäste aus Wapakoneta erschienen. Zur Feier des Jubiläums erhielt Lengerich im Herzen der Stadt einen „Wapakoneta-Platz"!

10. Lienen – St. Marys (Ohio)

„Vater" dieser jüngsten Sister-City-Verbindung im alten Tecklenburger Land ist der amerikanische Pfarrer i. R. Arnold W. Meckstroth aus St. Marys gewesen. Dieser hatte bereits bei den artnerschaften Ladbergen – Knoxville und Lengerich – Wapakoneta Pate gestanden und 1994 erstmals den Wunsch des Rates der 8 000 Einwohner großen Stadt St. Marys in den hübschen Erholungsort am Südhang des Teutoburger Waldes getragen.

In Lienen war man zunächst zurückhaltend. Doch 1995 kam mit den ersten persönlichen Kontakten sowie einer Bürgerbefragung der große Durchbruch und eine Einladung des Lienener Rates an die Offiziellen von St. Marys, das nur 12 km von Wapakoneta und New Knoxville entfernt liegt.

Im Juni 1995 wurde in Lienen die erste Besuchergruppe aus der künftigen Sister City begrüßt, ein Jahr später waren 35 Lienener Bürger in St. Mary zu Gast. Nach beiderseits herzlichster Gastfreundschaft entstand dann 1996 nicht nur ein „Förderkreis zur Vertiefung der Freundschaft zwischen Lienen und St. Marys", sondern beide Städte traten 1999 auch offiziell Sister Cities International und dessen Programm zum Kultur- und Jugendaustausch bei.

Den Schüleraustausch organisiert Lienen zusammen mit dem Freundschaftsverein der Nachbarstadt Lengerich und dem dortigen Gymnasium.

Kontaktadressen Lienen: >*gerhard_schomberg @web.de<* Am Bullerbach 14, 49536 Lienen, Gemeinde Lienen >*info@lienen.de<.* St. Marys: Kathy Langsdon, 15563 State Route 116, St. Marys (Ohio) 45885

11. Löhne – Columbus (Indiana)

Auch diese, im Jahre 1993 durch einen Austausch entsprechender Freundschafts-Urkunden beider Städte begründete Partnerschaft hat ihre Wurzeln in der Mitte des 19. Jahrhunderts: Hobby-Auswandererforscher Hans Günter Lichte (†) hatte herausgefunden, dass nicht nur aus seiner Sippe, sondern von weit mehr als 100 Löhner Familien Angehörige nach Columbus, in das benachbarte Westphalia, Clifty und Umgebung ausgewandert sind.

Auf mehreren Besuchsreisen knüpfte Lichte auf den Spuren der Auswanderer in Columbus Freundschaften, die schließlich zu Kontakten auf Bürgermeisterebene und einer Sister-City-Verbindung führten. „Macher" waren Hans Günter Lichte und High-School-Deutschlehrer Artur Schwenk aus Hope bei Columbus.

Doch bevor es Lichte gelang, in Löhne den nötigen Trägerverein nach Herforder Vorbild zu gründen, erlitt er im Jahre 1998 während eines Besuchs im Hause seines Freundes „Art" Schwenk einen tödlichen Herzinfarkt. Damit nicht genug: Nur ein Jahr später erlag Schwenks Frau und Kollegin Marsha Schwenk einem Krebsleiden. Artur Schwenk legte daraufhin sein Lehramt nieder, verließ die Schule und wechselte zur Theologie.

Seitdem werden die Kontakte, so gut es geht, auf Ebene der Bürgermeisterbüros am Leben gehalten.

Löhnes Bürgermeister (bis 2004), Werner Hamel, hat Columbus 2003 erstmals besucht und dort herzliche Aufnahme und viel Interesse für eine Fortführung der Städteverbindung gefunden. Entscheidend wird jedoch sein, ob die dortigen Schulen und Vereine in das geplante Austauschprogramm dauerhaft einsteigen.

Für Ostwestfalen gäbe es eigentlich einen weiteren, *wirtschaftlichen* Anlass, die Verbindung zu der reichen Stadt Columbus mit dem größten Dieselmotorenwerk in den Vereinigten Staaten zu pflegen: Columbus ist Standort des einzigen US-Zweigwerks der Firma Claas Mähdrescher aus Harsewinkel!

Kontaktadresse „Partnerschaften" der Stadt Löhne: >*F.Buenz@loehne.de<*

12. Lüdinghausen – Deerfield (Illinois)

Es begann sehr früh (1957) und wurde bereits 1962 offiziell: Lüdinghausen und Deerfield (IL.) sind „Sister Cities"!

Die Idee kam seinerzeit von Lüdinghausener Seite. Stadtverordnete Cilly Kaiser fand in einer amerikanischen Zeitung den Wunsch zahlreicher deutschstämmiger US-Städte (darunter auch von Deerfield), sich mit einer gleichgroßen deutschen Stadt zu verschwistern. Zu jener Zeit stand gerade das 650-jährige Bestehen Lüdinghausens bevor.

Zwar wurde es zum Jubiläum nichts mehr. Aber 1959 tauschten die Bürgermeister Holmquist (Deerfield) und Heinrich Voß (Lüdinghausen) erste „Goodwill"-Adressen aus. Lüdinghausens Rat bildet eine Arbeitsgemeinschaft „Deutsch-Amerikanische Begegnung".

1960 gibt der farbige Sänger George Goddmann aus Deerfield in der Steverstadt ein bejubeltes Partnerschaftskonzert. Lüdinghausens Bürger empfangen die erste Besuchergruppe aus Illinois. Lüdinghausens Stadtoberhaupt wird danach dankbar zum Ehrenbürger von Deerfield ernannt.

Zwei Jahre darauf schickt Deerfield eine Partnerschaftsurkunde nach Lüdinghausen: „Den Bürgern von Lüdinghausen ... verliehen als Anerkennung für ihre Mitarbeit an der internationalen Freundschaft, die sie durch die Städtegemeinschaft mit Deerfield in Illinois bewiesen haben."

Danach enden die offiziellen Kontakte. Zwar reisen einzeln noch ältere Deerfielder Bürger nach Lüdinghausen und Lüdinghausener Touristen gen Deerfield. Die Presse berichtet groß über eine jeweils freundschaftliche Aufnahme in der „Sister City". Aber dann brechen die Gespräche ab.

40 Jahre später ist im Rathaus Lüdinghausen von einer Städtepartnerschaft Lüdinghausen-Deerfield keine Rede mehr. Eine darauf angesprochene Mitarbeiterin der Verwaltung: „Daran kann sich hier im Moment niemand direkt erinnern. Die Sache ist wohl nach und nach eingeschlafen."

13. Münster – Fresno (California)

Die 1986 offiziell besiegelte Partnerschaft zwischen der westfälische Landeshauptstadt Münster und Fresno mit seinen 500 000 Einwohnern (Fresno-Clovis Metropolitan-Area) ist 1981 aus einem persönlichen Kontakt des damaligen Oberbürgermeisters Dr. Pierchalla und der nach Fresno ausgewanderten Familie Roland Gade entstanden.

Im Mittelpunkt der Freundschaftsverbindung steht eine Kooperation mit Studentenaustausch der Westfälischen Wilhelms-Universität und der California State University Fresno. Weitere Hochschulen, Bibliotheken, Orchester und ein Kongresszentrum sind einbezogen.

Daneben bemühen sich beide Partner, durch regelmäßigen Schüleraustausch sowie Einzelpraktika Studenten und Jugendlichen das jeweils andere Land menschlich und kulturell nahe zu bringen. Dabei waren und sind auch Auszubildende von Handwerk und Handel beteiligt.

Derzeit reisen jedes Jahr 14 junge Münsteraner für zwei Monate studienhalber nach Fresno. Im Gegenzug kommen ebenso Jahr um Jahr 10 Schüler und Studenten von Fresno nach Münster. Die Besucher leben jeweils privat in Gastfamilien.

Partnerschaftsarbeit und Schüler-/Studentenaustausch werden von Anfang an durch einen „Verein zur Förderung des Jugendaustausches zwischen Münster und Fresno" (Vorsitzender H. Deneke) unterstützt.

Kontaktadressen in Münster: >*partnerstadt @stadt-muenster.de*< Christiane Lösel: >*loesel @stadt-muenster.de*< City of Fresno : >*tourfresno @aol.com*<

14. Paderborn – Belleville (Illinois)

Diese seit 1988 bestehende und 1990 offiziell besiegelte deutsch-amerikanische Städtefreundschaft darf, unabhängig von anderen, ebenfalls über lange Zeit gut entwickelten „Twinnings", als beispielhaft bezeichnet werden. Hier haben sich Partner gesucht und gefunden, die beidseits in bedeutenden, kirchlichen Metropolen, ferner traditionsreichen Bildungszentren leben und mitmenschlich offensichtlich dieselbe (Herzens-) Sprache sprechen.

Hinzu kommt als zusätzlich verbindendes Band der Freundschaft eine glückliche genealogisch-kirchliche Nähe. Bezeichnungen wie Paderborn, St. Libori oder St. Bonifatius - alle diese, der 1200-jährigen Bischofsstadt Paderborn vertrauten Namen und Heiligen gibt es (dank der Einwanderer aus dem Hochstift Paderborn) seit dem

Die eigentlichen „Macher" der Städtepartner-schaft in Paderborn: Erste Präsidentin Ellen Rost (†) und Dr. Otmar Allendorf, seit Gründung des Deutsch-Amerikanischen Freundeskreises Pader-born – Belleville e.V. dessen Sekretär

19. Jahrhundert ebenso in der Kreisstadt Belleville („Neu Paderborn") und Umgebung!

Angefangen hatte es 1988 mit einer Botschaft aus Belleville, einer der ältesten, von deutschen „lateinischen" Achtundvierzigern bis heute ge-prägten Stadt der USA: Bürgermeister Richard Brauer (†) fragte über Vera Kohlmeier (†), (Präsi-dentin Sister Cities International im Staate Illinois) nach einer passenden „Sister City". Vera Kohlmeier gab die Frage einem gerade zu Besuch weilenden Freund aus Ostwestfalen weiter. Und dieser stellte über einen Zeitungsartikel den Kontakt zur Stadt Paderborn her.

In Paderborn fand die Idee bei der damaligen Landtagsabgeordneten Ellen Rost (†) und dem Leiter der Volkshochschule, Dr. Otmar Allendorf, sofort begeisterten Zuspruch. Spätestens beim folgenden Vorstellungsbesuch des Belleviller Bür-germeisters nebst Gattin und (postwendend) ei-ner Paderborner Gruppenvisite in Belleville war

auch der letzte Zweifler im Rat der Stadt Pader-born überzeugt.

1990 wurde ein Deutsch-Amerikanischer Freundeskreis Paderborn-Belleville e. V. gegrün-det. Stadt, Kirche und Universität stellten sich von Anfang an hinter die Arbeit des Vorstandes. Selbst Erzbischof Kardinal Degenhardt (†) trat als (Eh-ren-) Mitglied bei.

Schüler- und Studenten-Austauschprogram-me wurden organisiert, Vereine hüben und drü-ben füreinander interessiert, ein gemeinsamer „Newsletter", Titel: „Das Mitteilungsblatt" ins Le-ben gerufen, mehrere genealogische Forschungs-objekte angeschoben und gemeinsam Bücher (teils zweisprachig) herausgebracht. Durch jähr-lich zahlreiche Veranstaltungen kamen mit den Jahren tatsächlich Tausende von Menschen bei-der Städte deutsch-amerikanisch miteinander ins Gespräch.

So hat es der Deutsch-Amerikanische Freun-deskreis (DAFK) unter seinen Präsidenten Ellen Rost (†) und Bernd Broer geschafft, diese Organi-sation in der breiten Öffentlichkeit zu einer brei-ten gesellschaftlichen Plattform zu verhelfen. Das ist in Westfalen bislang einmalig. 370 Mitglieder, darunter selbstverständlich auch der Bürgermeis-ter, Landrat, Repräsentanten der Universität, des Handwerks, von Handel und Industrie, geben dem Verein eine ungewöhnlich breite Basis und Repu-tation.

Durch diese breite gesellschaftliche Präsenz auf allen Ebenen bürgerlichen Miteinanders hat der DAFK Paderborn – Belleville e. V. als zentra-ler Träger aller partnerschaftlichen Aktivitäten inzwischen die wirtschaftliche Möglichkeit, den Jahr für Jahr lebhaften Jugend- und Studenten-austausch wirksam zu unterstützen. Und es gibt kein großes Fest hüben und drüben, an dem nicht jeweils eine Partnerdelegation von Übersee teil-nimmt!

Das Neueste: Der DAFK Paderborn-Belleville prämiert an der Universität herausragende Arbei-ten mit Geldpreisen, die speziell das deutsch-ame-rikanische Verhältnis zum Inhalt haben. Der erste Preisträger wurde im Jahre 2003 durch ein Fach-gremium ausgewählt und mit einer ansehnlichen Fördersumme bedacht.

Kontakadressen: DAFK Paderborn-Belle-

Unterzeichnung der Partnerschaftsurkunde am 2. September 1990 durch die Bürgermeister Richard A. Brauer (†) (links) und Wilhelm Lüke (rechts) im Rathaus zu Paderborn

ville Geschäftsführer Dr. Otmar Allendorf >o.allendorf@paderborn.de<, Homepage: >www.dafk-paderborn.de<

Belleville Sister Cities, Inc. Präsidentin: Doris Roach, P.O. Box 333 Belleville IL. 62222-0333 USA.

15. Porta Westfalica – Waterloo (Illinois)

Diese älteste ostwestfälische Städtepartnerschaft unter dem Logo „PortaLoo" ist aus einer von vielen US-Mitglieder-Reisen der früheren Spadaka Minden-Porta Westfalica e. G. Mitte der siebziger Jahre des vorigen Jahrhunderts entstanden.

Bei einem Besuch in New Minden, Hoyleton und St. Louis, Illinois, lernten sich u. a. Helmut Macke und die Vizepräsidentin von Sister Cities International, Vera Kohlmeier aus Waterloo, kennen. Beide entdeckten jeweils in der Stadt und Wohnregion des anderen, ihre verwandtschaftlichen Beziehungen aus der Auswanderungszeit des 19. Jahrhunderts und vereinbarten spontan, daraus für ihre Städte eine Sister-City-Verbindung zu entwickeln.

Im Oktober 1980 bot die Stadt Waterloo Porta Westfalica offiziell die Verschwisterung an, im April 1981 wurde die „Ehe" auch von Seiten Porta Westfalicas amtlich bestätigt. Von diesem Zeitpunkt an verging kein Jahr, in dem nicht Besu-

cher aus Waterloo, Illinois, oder Porta Westfalica in der „Schwesterstadt" ihre Aufwartung machten. Hierbei entstanden im Laufe der Jahrzehnte ungezählte persönliche Freundschaften, und Musik spielte dabei stets eine besonders wichtige Rolle.

In Waterloo gibt es die „Waterloo German Band"; von Porta Westfalica aus spielten in Waterloo vielfach „Bläserkreis" und „Brass Band" auf!

Unermüdlicher Motor der Verbindung war dabei bis zu ihrem Tod im Jahre 2004 Vera Kohlmeier, die aus dieser Verbindung heraus sogar etliche weitere Sister-City-Partnerschaften anregte bzw. verwirklichen half, wie zwischen Paderborn und Belleville, Geldern und Columbia (IL) und Groß Bieberau und Millstadst (IL).

Aufgrund ihrer großen Verdienste um die deutsch-amerikanische Freundschaft und speziell die Partnerschaft Waterloo - Porta Westfalica erhielt Vera Kohlmeier am 3. Oktober 1986 als ers-

Im Jahre 1980 erhält die Gründerin der Partnerschaft Porta Westfalica-Waterloo (Illinois), Vera Kohlmeyer (†) im Rathaus von Porta Westfalica das Bundesverdienstkreuz durch den damalige Oberkreisdirektor Dr. Rolf Momburg

te Amerikanerin im Rathaus von Porta Westfalica das Bundesverdienstkreuz am Bande.

Mehrfach wurde „PortaLoo" wegen seiner vorbildlichen Austauschprogramme, besonders für Jugendliche und Studenten sowie Hilfsaktionen für Ostdeutschland, von Sister Cities International in den USA mit ersten Preisen ausgezeichnet. Auch nach fast 25 Jahren ist „PortaLoo" aktiv und hüben wie drüben nicht wegzudenken.

Träger der partnerschaftlichen Aktivitäten sind der „Verein für Partnerschaften Porta Westfalica e. V." mit dem Vorsitzenden und Koordinator des Jugendaustausches Ernst Jürgen Mundt >emundt@teleos-web.de<, Stellvertreterin und Geschäftsführerin Erika Jahnz >erika@jahnz.de<, und auf amerikanischer Seite der Trägerverein „Sister Cities PortaLoo", Präsident David Goodman; Koordinatorin Jugendaustausch: Deborah J. Cummins >dcummins@ htc.net<

16. Rödinghausen – Pemberville (Ohio)

In den 80er-Jahren des 20. Jahrhundert haben sich in der Gemeinde Rödinghausen (Kreis Herford) Besucher aus Pemberville (Ohio) gemeldet, die ihre Vorfahren direkt auf mindestens 13 Auswandererfamilien von Rödinghausen zurückführen. Ihr Wunsch ist es, die alten Verbindungen wieder aufzunehmen und eine internationale Partnerschaft herzustellen.

Bei Durchsicht der Auswandererakten ergab sich bald, dass von den rund 1 000 Männern, Frauen und Kindern, die im 19. Jahrhundert aus dem Gebiet der heutigen Gemeinde Rödinghausen in die „Neuen Welt" gezogen sind, viel mehr als nur 13 Familien in Pemberville und Umgebung gesiedelt haben und damit der dortige Kreis amerikanischer Vettern und Cousinen vierter bis sechster Generation noch viel größer ist, als ursprünglich angenommen werden konnte.

So haben denn beide Gemeinden per 23. März 1995 miteinander ein Freundschaftsabkommen geschlossen, dabei wegen der weiten Entfernung zugleich jedoch betont, aus finanziellen Gründen nur „eine Verbindung unterhalb des Standards einer offiziellen Städtepartnerschaft" herzustellen. Also: Keine offiziellen Besuchsprogramme oder Politikerreisen auf Kosten des Steuerzahlers hin und her.

Im Frühjahr 2005 berichtet der für die Kontakte Rödinghausen-Pemberville zuständige Mitarbeiter der Gemeindeverwaltung Rödinghausen, Dr. Rolf Botzet (>D.Botzet@Roedinghausen.de<), seit dem Urkundenaustausch im Jahre 1985 hätten in unregelmäßigen Abständen Verwandtenbesuche stattgefunden. Mehrere Reisegruppen aus Pemberville machten in Rödinghausen Station, um die Heimat ihrer Vorfahren näher kennen zu lernen. Neuerdings gebe es darüber hinaus auch einen gelegentlichen Schüleraustausch mit bis zu halbjährigen Schulaufenthalten hüben wie drüben.

17. Steinheim – Bourbonnais (Illinois)

Sie wäre die älteste OWL-Städtepartnerschaft mit den USA, – wenn sie denn noch lebendig wäre. Das Städtische Gymnasium Steinheim hat bereits 1975 eine Partnerschaft mit der High School in Bourbonnais/Bradley (IL) aufgenommen. Beide dazugehörigen Städte, Bourbonnais und Steinheim in Westfalen, erhoben diese zunächst florierende Verbindung nachfolgend zu einer offiziellen Sister-City-Verbindung, ohne jedoch einander jemals mit offiziellen Delegationen zu besuchen.

Steinheim erhielt anfangs den Besuch einer Schuldelegation aus Bourbonnais. Steinheims damaliger Stadtdirektor Peter Ernst machte vor 15 Jahren seinerseits eine (private) Visite in der 15 000 Einwohner großen Partnerstadt. Das war dann aber wohl schon alles.

„Der Kontakt der beiden Schulen ist abgerissen", berichtet die Stadtverwaltung Steinheim im Jahr 2004, „weil niemand dort Interesse an einer Fortsetzung des Schüleraustausches hat." Ob dennoch Schüler, die sich im Rahmen der Schulpatenschaft einmal besucht hätten, weiter Verbindungen pflegten, „entzieht sich unserer Kenntnis."

Das Gymnasium Steinheim habe inzwischen jedenfalls eine neue Partnerschule, und zwar in Wayne, Nebraska.

18. Telgte – Tomball (Texas)

Diese noch junge Sister-City-Verbindung wurde am 17. April 2000 durch Repräsentanten beider Städte im Rathaus zu Tomball (Texas) offiziell besiegelt. Der erste Kontakt war schon drei Jahre früher durch den Besuch des Ehepaares Tiews aus Tomball beim damaligen Telgter Bürgermeister Beck zustande gekommen. Frau Tiews ist eine gebürtige Telgterin, und sie war eigentlich auch „Mutter der Idee" für diese Partnerschaft – trotz der Entfernung von 7 500 km quer über den Atlantik hinweg.

Im 5 000 Einwohner großen Öl- und Industriezentrum Tomball nahe Houston hatten die Tiews bereits gute Vorarbeit geleistet. Am 15. April 1998 klingelte bei Bürgermeister Klaus Beck in Telgte das Telefon. Am anderen Ende der Leitung Tomballs Bürgermeister „HAP" Harrington: „Wir möchten mit Euch eine Sister-City-Verbindung schließen!"

Klaus Beck brachte die Sache vor den Rat. Hier wurde die Idee ausgiebig diskutiert, positives Resultat: „Nehmen wir zu den vorhandenen Partnerstädten in Russland und Polen noch eine aus Amerika hinzu, und Telgte ist dann mittendrin so etwas wie das verbindende Scharnier!"

Daraus sind inzwischen mehrere offizielle Besuche und Publikumsreisen geworden. Das Wichtigste: der jährliche Jugendaustausch. Die Organisation liegt in beiden Städten bei so genannten Freundeskreisen. Im Jahre 2000 reisten gleich 51 Telgter Jugendliche in die Partnerstadt nach Übersee und nahmen an einem großen „Crosslink" der dortigen Kirchengemeinden teil.

Im Jahr darauf erschienen 84 Jugendliche aus Tomball zum „Crosslink 2001" in Telgte. Bei der Organisation des Jugendkamps arbeiteten Förderkreis und Telgter Kirchengemeinden eng zusammen.

2004 gab es in Telgte ein zehntägiges Jugendcamp, auf dem Teilnehmer aus allen Partnerstädten zusammen mit den gastgebenden Telgtern um sportliche Lorbeeren wetteiferten. „Zugleich sollen alle Jugendlichen die unterschiedlichen nationalen Besonderheiten der Sportler aus Amerika, Russland, Polen und Deutschland kennen- und respektieren lernen, im Sinne von Sister Cities International!" freut sich das frühere (und letzte ehrenamtliche) Telgter Stadtoberhaupt. Und: „Wir können heute sagen, dass die gesamte Bürgerschaft unserer Stadt hinter den Städtepartnerschaften steht, insbesondere auch mit Tomball!"

Kontaktadressen: „Freundeskreis Telgte – Tomball e. V.", Vorsitzender: Siegfried Becker >*becker@vhs-warendorf.de*<. Schüleraustausch: Klaus Beck >*Beck-Telgte@t-online.de*<

19. Verl – Delphos (Ohio)

Verl und Delphos sind seit dem 31. März 1999 offiziell verschwistert. Die ersten Kontakte wurden 1993 durch die Visite einer Gemeindedelegation aus Delphos hergestellt, die in Verl nach den „Roots" ihres Gemeindegründers Pastor Johannes Otto Bredeick (1789–1858) suchte.

Dieser katholische Priester, geboren auf einem Bauernhof in Bornholte (Verler Land, heute Meermeier), ist wegen der großen Armut und Not der „kleinen Leute" in seiner Zeit als Domkapitular zu Osnabrück und für seine Heimat Verl zu einem bedeutenden Auswandererführer in die „Neue Welt" geworden, Ziel: Ohio USA. Und zwar zusammen mit seinem Bruder, dem ebenfalls nach Ohio emigrierten Bauern Ferdinand Bredeick aus Verl-Bornholte.

Diese beiden westfälischen „Heroes" haben in der damaligen Wildnis die Siedlungen Delphos und Ottoville gegründet. Deren meisten Neubürger stammten aus dem alten Verler Land sowie dem Umkreis von Osnabrück. Johannes Bredeick gründete die Kirchengemeinde St. Johannes und vermachte den Pfarrkindern später sein gesamtes Vermögen zum Bau eines ganz und gar ungewöhnlich großen, steinernen Gotteshauses.

Das ist die geschichtliche und genealogische Basis, auf der heute die Partnerschaft steht und überaus erfolgreich gedeiht.

Schon im Sommer 2000 erwiderte die erste offizielle Delegation aus Delphos den Partnerschaftsbesuch der Gemeinde Verl von 1999. Der nächste Verl-Besuch in Delphos konnte dann, wegen des Terrorangriffs vom 11. September 2001 auf die Vereinigten Staaten, leider erst im Jahre 2003 stattfinden.

„Man kann mit Fug und Recht behaupten, dass die Städtepartnerschaft Verl-Delphos im Leben der Menschen hüben und drüben des Atlantiks inzwischen einen festen Platz eingenommen hat!"

Informationen: >*www.verlerland.de*<, spezielle Partnerschaftsseite: >*www.verlerland.de/ usa.htm*<. Vorsitzender der Arbeitsgruppe „Partnerschaft" im Vorstand des Heimatvereins Verl e. V. ist Frithjof Meißner >*meissner@iok.net*<, zugleich zuständig für alle Schüleraktivitäten. Meißners Frau Christine stammt vom Hof Meermeier-Bredeick in Bornholte und ist damit eine Blutsverwandte der beiden Gründerväter von Delphos USA.

In Delphos liegt die Sister-City-Regie in Händen von Maryalice Davey >*MADavey@wcoil. com*<, Schüleraktivitäten: Cindy Kayser >*ckayser @wcoil.com*<.

***

Glandorf – Neu Glandorf (Ohio)

Die Gemeinde Glandorf gehört nicht zu Westfalen. Doch weil Glandorf und seine vielen Amerikaauswanderer des 19. Jahrhunderts religiös und mitmenschlich traditionell eng mit zahlreichen westfälischen Nachbardörfern verbunden waren und sind, soll auch eine dort 1976 geschlossene Partnerschaft kurz vorgestellt werden.

Wilhelm Horstmann aus Glandorf, Vikar auf Haus Havixbeck, Kaplan zu Glandorf im Dekanat Iburg, Professor für Mathematik, Physik und Botanik am Carolinum Osnabrück hat als Anführer der frühesten Glandorfer Auswanderergruppe 1833 Neu-Glandorf im US-Bundesstaat Ohio gegründet. Nach Mitteilung der Gemeindeverwaltung Glandorf (Kreis Osnabrück) sind aus dem Dekanat Iburg allein zwischen 1830 und 1930 20 katholische Geistliche als Gemeindehirten nach den USA gezogen. Davon stammten acht aus Glandorf.

Das Pfarrhaus im Hannöverschen Glandorf war damals für junge Männer aus dem Münsterland, die den Militärdienst fürchteten und heimlich von Preußen nach Amerika ziehen wollten, eine wahre Fluchtburg: Von hier aus wurde ihnen heimlich weitergeholfen Richtung Bremen.

Laut Auskunft der Gemeinde Glandorf sind die verwandtschaftlichen und kirchlichen Verbindungen zwischen Alt- und Neu Glandorf in den zurückliegenden, mehr als anderthalb Jahrhunderten nie ganz abgerissen. So lag es nahe, den Kontakt gleich nach dem Zweiten Weltkrieg familienweise zu intensivieren und zu einer Sister-City-Verbindung auszubauen. Diese wurde denn auch, nach

vorangegangenen gegenseitigen Besuchen, am 1. Juni 1976 feierlich beschlossen.

Seitdem haben Jahr um Jahr regelmäßig Besuche stattgefunden. Alle partnerschaftlichen Kontakte laufen im Münsterländer Glandorf bei der Gemeindeverwaltung zusammen >*www.glandorf.de*<, Sachbearbeiterin ist Frau Wernsmann >*wernsmann@ glandorf.de*<.

Bibliographie

Vorbemerkung

Viele der nachfolgend genannten und für dieses Buch ausgewerteten Quellen sind in der „Bibliographie zur Amerikaauswanderung/Buchbestand der Landesgeschichtlichen Bibliothek Bielefeld" (Stand 12.01.2005) aufgeführt, zu einem geringen Teil vom Verfasser selbst beschafft und durch Ulrike Kunze M.A. ausführlich dargestellt worden.

Zusätzlich zu den hier aufgeführten Quellen wurden zahlreiche, vom Verfasser aus den USA mitgebrachte Chroniken kirchlicher und politischer Gemeinden des Mittleren Westens („Little Germanies") ausgewertet. Der Verfasser hat das Material inzwischen verschiedenen ostwestfälischen Archiven zur weiteren Nutzung überlassen. Es würde den Rahmen dieser Aufstellung sprengen, alle diese, teils nur fragmentarisch vorhandenen Broschüren und Berichte hier namentlich aufzuführen.

– Allendorf, Otmar: Auf nach Amerika!, Bände I und II, Bonifatius Verlag Paderborn

– Anderson, Timothy: Domestic Industry, Sharecropping and Overseas Migration in Nineteenth Century (Diss.)

– Arpke, Jerome C.: Das Lippe-Detmolder Settlement in Wisconsin

– Baroni, Werner: Die deutschsprachige Presse in den USA

– Bertling, Albert: Chronik der Gemeinde Mastholte/ Amerikaauswanderung von Moese und Mastholte

– Blanke, Lore: Franz Arnold Hoffmann, ein Herforder an der Seite Abraham Lincolns (Diss.)

– Borries, Rainer, v.: Wittekindsland „Aus Liebe nach Amerika"

– Borries, Melitta, v.: Familienbuch der von Borries

– Brinkman, Michael: Deutscher Schulunterricht während des 1. Weltkrieges in Quincy IL. (unveröff.)

– Bundesrepublik Deutschland: 1683–1983, 300 Jahre Deutsche in Amerika

– Bundesverwaltungsamt Köln: Vom Reichskommissar für das Auswanderungswesen

– Cole, Douglas (Hrsg. Hans Nordsiek): Kindheit und Jugend von Franz Boas

– Czeschick, Wolfram: Auswanderer aus dem Paderborner Land in „Auf nach Amerika!", Bd. I u. II

– Columbia University Press (Hrsg): The Forty-Eighters/ Political Refugees of the German Revolution of 1848

– Dangberg, Grace: Carson Valley Historical Sketches of Nevada's First Settlement sowie Biographie des Heinrich Friedrich Dangberg (unvollendet) sowie Briefesammlung desselben

– Dobert, Eitel Wolf: Deutsche Demokraten in Amerika

– Duden, Gottfried: Bericht über eine Reise nach den westlichen Staaten Nordamerikas

– Fox, Richard Wightman: Reinhold Niebuhr, A Biography: Never far from the tree

– Gaul, M. Julietta: A History of the North American Western Province of the Sisters of Christian Charity

– Gentges, Margaret H.: Immigrants to Osage County and their Immigrant Ships

– Gilhoff, Johannes: Jürnjakob Swehn der Amerikafahrer

– Grams, Wolfgang: „Ferner tue ich Euch zu wissen" in Studies in German Americana, ferner „The North German Lutheran Church in Cincinnati" u. a.

– Hansen, Wilhelm: Lippische Bibliographie

– Helbich, Wolfgang und Kamphoefner, Walter D.: Deutsche im Amerikanischen Bürgerkrieg, Briefe

– Henkelmann, Norbert und Wunschhofer, Jörg: Westfälische Auswanderer aus dem 19. Jahrhundert,

– Auswanderung aus dem Reg. Bez. Münster, II.Teil

– Herzig, Arno: Abraham Jacobi und Theodor Herzberg

– Hirsch, J., u. Doherty, B.: The First Hundred Years of the Mount Sinai Hospital of New York

– Hitzemann, Herbert: Die Auswanderer aus dem Fürstentum Lippe (Diss.)

– Holz, Martin: Biographien von Henry B. Lembeck sowie Clemens August Hunck aus Duelm

– Holtmann, Antonius: Vom „finstern Winkel Deutschlands" nach Amerika sowie „Germans to America" im Dreierpack. Fallstricke und kein Ende, ferner weitere Veröff. zur Niedersächs. u. Oldenburger Amerikaausw.

– Hunsche, Friedrich E.: Auswanderungen aus dem Kreis Steinfurt, u. a. Veröffentlichungen Hunsches

– Jackson, Robert und Niermann Wilhelm: Ahnentafel der Familie Meyer in Haldem bei Nr. 25 u. a.

– Kammeier, Heinz Ulrich: „Halleluja, jetzt sehen wir Amerika!" (und neun weitere Bücher desselben)

– Kamphoefner, Walter D.: Westfalen in der Neuen Welt

– Klotzbach, Kurt: Ernst Kapp, der Gründer der lateinischen Kolonie Sisterdale; Fliegende Hufe

– Könemann, Bruno: Hundert Jahre Schlueter USA in drei Generationen

– Kotte, Eugen und Schubert, Werner: Ostbevern in Amerika

– Kuhn, Virginia (Hrsg): „Bread Broken" – Sisters of Christian Charity Sesquicentennial Edition

– Laer, Hermann, v.: Familienchronik von Laer / Lebenserinnerungen des Achtundvierzigers David Groneweg

- Laer, Wilhelm, v.: Bericht über die Lage der arbeitenden Klasse des Kreises Herford

- Lau, Alfred: Deutschland 1983 – 1993 United States of America

- Lohmeyer, Wilhelm: Die Erweckungsbewegung in Lippe im 19. Jahrhundert

- Maschke, Martin: Auswanderer im 19. Jahrhundert aus Steinhagen

- Marxkors, Heinz: Auswanderungen in die Vereinigten Staaten von Amerika im 19. Jahrhundert aus den Altkreisen Paderborn und Büren, sowie zahlreiche weitere einschlägige Bücher im Eigenverlag

- Menke, David M.: From County Ravensberg to Miller's Landing. A New Haeven Legacy

- Meyer-Greeson, Marylynn: C.F.G. Meyer

- Minninger, Monika: Ostwestfälische Vormärzflüchtlinge und Forty-Eighters in Nordamerika

- Moltmann, Günter: Deutsche Amerikaauswanderung im 19. Jahrhundert

- Moritz, Walter: Aus alten Tagen in Südwest/Missionare Gottlieb Viehe, Heinrich Vedder und andere

- Müller, Friedrich: Westfälische Auswanderer im 19. Jahrhundert (diverse Bände)

- Münch, Friedrich: Die Duden'sche Niederlassung in Missouri, u. a. Schriften Münchs

- Pasvos, Willi: Auswanderung und Auslandsreisen 1823 – 1931 aus Stadt und Amt Werl

- Rausch, Birgit: Wittekindsland, diverse Beiträge über Amerikaauswanderer aus dem Kreis Herford

- Rauschenbusch, Walther: Leben und Wirken von August Rauschenbusch, Professor zu Rochester

- Riechmann, Wolfgang: „Vivat Amerika" , Auswanderung aus dem Kreis Minden (Diss.)

- Rösche, Gerhard: Pastor August Schmieding, Pfarrer in Löhne, Valdorf und Quincy am Mississippi

- Rosenberg, Majorie, von: Elisabet Ney Sculptor of American Heroes

- Rost, Ellen: Paderborn und Belleville /Illinois (in „Auf nach Amerika!")

- Sacred Heart Province Archives: Brother Adrian Wewer, O.S.F. (1836-1914) Provincial Architect

- Schäkel, Hermann: Amerikaauswanderer aus Oberlübbe, Rothenuffeln und Unterlübbe

- Schneider, Carl E.: The German Church on the American Frontier

Schöpper, Helene: Pauline von Mallinckrodt, eine starke Frau

- Schreiber, M. Lauretta: A History of the early Foundations established by the Sisters of Christian Charity in the United States 1873-1874

Schroeder, Adolf E. / Carla Schulz-Geisberg: „Hold dear, as always" (Biographie der Henriette Bruns geb. Geisberg) sowie (Schroeder): Missouri Origins. The Landscape of Home

- Schulte, W.: Westfalen im Vormärz, hier: Heinrich Carl Julius Vortriede aus Enger

- Steffen, Otto: Beiträge zur Heimatkunde der Städte Bad Oeynhausen u. Löhne, diverse Bände

- Stetten-Jelling, Dagmar, von: Elisabet(h) Ney (1833 – 1907) Bildhauerin in Europa und Amerika

- Stohlmann, Heinrich: Beiträge zur Geschichte der Familien Wibbing-Waldmann, Tarke-Stohlmann u. a.

- Strotdrees, Gisbert: Fremde in Westfalen – Westfalen in der Fremde, sowie div. Auswandererporträts

- Viehe, Gottlieb: Unter den Hereros / Reiseberichte eines Hereromissionars/u. a.

- Thistlethwaite, Frank: Migration from Europe Overseas in the Nineteenth and Twentieth Centuries

- Thoemmes Press (Hrsg): Dictionary of Modern American Philosophers

- Thörner, Udo: Spurensuche – Auswanderer aus dem Osnabrücker Land in den USA

- University of Missouri Press (Hrsg): Dictionary of Missouri Biography: Brokmeyer, Henry Conrad

- Vedder, Heinrich: Geschichte Südwestafrikas (Herausgeber: Moritz, Walter)

- Verdenhalven, Fritz: Die Auswanderer aus dem Fürstentum Lippe, Bände I und II, sowie:

- Das Diarium Lippiacum des Amtmanns Anton Heinrich Küster (Bearb. H.P. Fink)

- Vereinigte Evangelische Mission, Wuppertal (Archiv): Persönliche Daten und Schriften Gottlieb Viehes

- Volkshochschule Paderborn: Lebensweg der Sel. Mutter Pauline von Mallinckrodt

- Westf. Ges. f. Genealogie u. Familienforschung (Hrsg): Beiträge zur Westfälischen Familienforschung

- Wesselmann, Alfred: Burschenschafter-Revolutionär-Demokrat: Hermann Kriege (Diss.)

- Wust, Klaus: Wartburg: Dream and reality of the new Germany in Tennessee

Dank

Danken möchte ich zuerst und vor allem meiner Frau Ursula für ihr über Jahrzehnte reichendes, allzeit liebevolles Verständnis, das sie von 1966 bis heute meinen mehr als 30 zeitraubenden, überdies finanziell stets aufwändigen Amerikareisen „auf den Spuren westfälischer Auswanderer" gegenüber aufgebracht hat. Ebenso dafür, dass sie mir innerhalb unserer Familie unzählige Wochen und Monate „den Rücken frei hielt", damit ich daheim in Ruhe und mit der notwendigen Konzentration recherchieren, transatlantisch kommunizieren und vor allem meine „Hero"-Geschichten zu Haus ungestört schreiben konnte. Von einer stets freundlichen Aufnahme vieler, Jahr um Jahr in unserem Hause aufkreuzenden großen Schar neuer amerikanischen Freunde und Sister-City-Akteuren ganz zu schweigen.

Ohne den hundertfachen fachlichen Rat und die ständige, überseeische Hilfe meines amerikanischen Freundes Professor Dr. Walter D. Kamphoefner wäre die Arbeit an diesem Buch wohl kaum so rasch zu einem guten Ende gekommen. Herr Professor Kamphoefner war es auch, der mir bei den Bemühungen um den Aufbau deutsch-amerikanischer Städtepartnerschaften zwischen Westfalen und der „Plattdeutschen Prärie" die entscheidenden persönlichen Kontakte verschaffte und so z.B. zu einemder Gründungsväter für die Sister-City-Verbindungen Melle – New Melle, MO und Herford – Quincy, IL wurde.

Der Redaktion des Landwirtschaftlichen Wochenblattes für Westfalen-Lippe, an ihrer Spitze der Chefredakteur, Herr Dr. Franz-Josef Budde, sowie dem dazugehörigen Redakteur und Historiker Gisbert Strotdrees danke ich für den über ein ganzes Jahr gelaufenen, auszugsweisen Vorabdruck meines Buches und die fachkundige wie behutsame Verarbeitung meiner Texte. Durch diese Presseveröffentlichungen wurde ich noch während des Schreibens durch viele Leser auf weitere, außergewöhnlicheWestfalen und Lipper in der „Neuen Welt" aufmerksam gemacht, denen anschließend in diesem Buch auch noch ein biographischer Ehrenplatz unter meinen westfälischen US-„Heroes" eingeräumt werden konnte.

In diesem Zusammenhang bedanke ich mich ebenso herzlich bei den verschiedenen historischen und genealogischen Einrichtungen Westfalens, die mir geholfen haben; an ihrer Spitze dem NRW-Landesarchiv in Detmold, ferner der Westfälischen Gesellschaft für Genealogie und Familienforschung in Münster sowie den kommunalen Archiven und ihren tüchtigen, jederzeit hilfsbereiten Mitarbeitern in Minden, Herford und Bielefeld. Hierzu gehört auch die vielfältige, forschende Unterstützung innerhalb des Münsterlandes durch einen besonders versierten Partner innerhalb des „Netzwerks westfälische Amerikaauswanderung im 19. Jahrhundert", Archivar ehrenhalber Martin Holz aus Rosendahl-Elsen.

Ein besonders herzlicher Dank gilt dem langjähri-gen Leiter der Volkshochschule Paderborn und Gründungs-Sekretär des Deutsch-Amerikanischen Freundeskreises Paderborn-Belleville, Herrn Dr. Otmar Allendorf, der mein Projekt während der jahrzehntelangen Entstehungszeit nicht nur ständig mit Rat und Tat begleitet hat, sondern mir auch wertvolles historisches Material und wichtige persönliche Verbindungen, insbesondere zu kirchlichen Stellen und Quellen, verschafft hat.

Ein herzliches Dankeschön vor allem auch jenen mir so wohlgesonnenen Forschern bzw. Autoren, die mir entgegenkommenderweise gestattet haben, Bilder aus ihren Veröffentlichungen und Archiven zur Illustration meiner Geschichten bzw. meines Buches zu übernehmen, allen voran Frau Dr. Lore Blanke und Herr Dr. Alfred Wesselmann.

Last but not least hätte ich die umfangreichste wie für mich (von der Datenbeschaffung und Kontrolle her) wohl schwierigste Dokumentation des Werdens und segensreichen Wirkens der „Sisters of Christian Charity" (Mallinckrodt-Convent US-Ost und West) nicht in der vorliegenden, gesicherten Form vorlegen können, hätten mir nicht die Mutterhäuser in den USA und in Deutschland (Paderborn) in jeder Weise freundlich beratend und historisch wegweisend zur Seite gestanden. Stellvertretend für alle „Schwestern der Christlichen Liebe", die meine Arbeit an der amerikanischen Geschichte des Ordens über Monate hilfreich begleitet haben, nenne ich Schwester Mary Ann Warwick, SCC vom Provinzial-Sekretariat der American Western Province in Wilmette bei Chicago (Illinois) sowie General-Oberin i. R. Schwester Gregoris Michels, Mutterhaus Paderborn.

Widmung

Meinen Enkelkindern

Gabriel, Leon, Ludwig, Joshua,

Nanette und Josefine

Bildnachweis

Titelseite:

- William Boeing Biography/Boeing Archives, Seattle (Boeing)
- The National Archives, Washington D.C. (Niebuhr)
- Lore Blanke, Dr. (Hans Buschbauer)
- Verfasser (New Ulm/New Melle)

Quellenangaben für die weiteren Illustrationen:

- Allendorf, Dr. Otmar: S. 93, 94, 95, 102, 104, 105
- Archiv Verfasser (Schütte): Seiten 8, 9 (2), 10 (2), 11, 14, 15 (2), 16 (2), 17, 20 (2), 21, 22, 23, 24 (3), 25, 27 (2), 28, 29, 30, 31, 35 (2), 37, 38, 42, 43, 47, 48, 50, 51, 52, 54, 55, 58, 77, 79, 80, 82, 83, 84, 86 (2), 91 (2), 100, 101, 108, 109, 115, 116, 117, 121, 123, 130, 132, 133, 134, 148, 149, 150, 152, 153, 154 (2), 155 (2), 156 (2), 157, 159 (2), 160, 161, 167, 175, 179, 200, 202, 209, 216, 218, 223, 224, 239, 240, 246, 247, 252, 255
- Blanke, Dr. Lore (Archiv): S. 3, 114, 119 (2)
- Borries, Dr. Reyner von (Familienarchiv von Borries): S. 78
- Boeing Werke, Seattle (Archiv): S. 219
- Dangberg Prof. Dr. Grace: S. 26 (2)
- Derenthal, Engelbert: S. 188, 190 (2)
- Elisabet Ney-Museum Austin/Texas: S. 163, 164
- Franziskaner-Archiv USA: S. 182
- Griesedieck, Stromberger Familienarchiv: S. 192 (2), 193, 194, 195
- Habermann, Helga und Habermann, Günter: S. 32, 33, 34
- Hermsmeier/Wittenborg Familienarchiv: S. 226
- Holtmann, Prof. Dr. Antonius: S. 234
- Holz, Martin: S. 140, 196, 197, 198 (2)
- Horstmann/Foto Vogt: S. 6
- Kamphoefner, Prof. Dr. Walter: S. 61
- Kommunalarchiv Minden: S. 56, 66, 185, 186
- Könemann Dr. Bruno: S. 166
- Lakeland College, Sheboygan County: S. 151, 153
- Landesarchiv NRW/Staats- und Personenstandsarchiv Detmold: S. 110, 111, 128
- Landwirtschaftliches Wochenblatt (Archiv): S. 70, 162 Lütke Hockenbeck, Bernadette: S. 174
- Mallinckrodt Convent/„Schwestern der Christlichen Liebe"

- Kuhn, Virginia, „Sisters of Christian Charity": S. 92, 96, 97, 99, 103 (2), 106
- Marxkors, Dr. Heinz: S. 18, 19
- Meyer, Heinrich: S. 207 (2)
- Meyer-Greeson, Marylynn: S. 205
- Museum Town of Minden-Gardnerville (Nevada): S. 36
- National Archives Washington D.C, The.: S. 12, 129, 222
- Peithmann, Hermann /Peithmann Familienarchiv: S. 228, 229, 230, 231
- Quincy Herald Whig/Peter Oakley: S. 183, 184
- Saint Louis Historical Society: S. 199
- Schifffahrtsmuseum Bremen: S. 149
- Schubert, Werner (Archiv): S. 72, 73 (2), 74 (3), 144
- Schulte-Kramer, Dr. Friedrich: S. 171
- Schulz-Geisberg, Familienarchiv: S. 40, 41, 43, 44, 45, 46, 50, 53
- Steinkamp, Ruth: S. 135, 137
- Tarke, Louis (Tarke-/Stohlmann-Familienarchiv): S. 158, 159
- Vereinigte Evangelische Mission, Barmen: S. 212, 214, 217
- WL-Bank Münster: S. 174
- Wesselmann, Dr. Alfred (Archiv): S. 120
- Westfalen-Post Hagen (Archiv): S. 220